경성대학교 한국한자연구소 번역총서 4

# 불경언어학

불경언어로 떠나는 여정

佛經語言之旅

경성대학교 한국한자연구소 번역총서 ❹

# 불경언어학

불경언어로 떠나는 여정

佛經語言之旅

축가녕(竺家寧) 지음
양도희(梁導喜) 옮김

역락

# 저자 서문

학창시절에 늘 불경 읽는 것을 즐거움으로 삼았던 기억이 있다. 그 당시에는 잘 모르는 부분은 건너뛰기도 하면서 이해할 수 있는 부분만이라도 계속해서 읽을 수는 있었다. 『화엄경法華經』, 『유마힐경維摩詰經』, 『아함경阿含經』, 『백유경百喻經』 … 늘 문장마다 모두 신성한 의미를 지니고 있는 것 같았고 읽을 때마다 뿌듯하고 큰 성취감을 느꼈다. 결국 점점 야심이 커지면서 모든 문장을 이해하고 싶어졌고 중문과에서 배운 고적古籍 독해훈련과 경전주소經傳注疏 방법을 모두 불경 텍스트에 적용하게 되었다. 하지만 일부 해독 상의 장벽은 여전히 해결할 수 없었다. 그래서 정복보丁福保의 『불학대사전佛學大辭典』, 『불광대사전佛光大辭典』을 참조하기 시작했지만 일부 종교, 철학, 의리내함義理內涵 관련 명상名相[귀로 들을 수 있는 것은 名, 눈으로 볼 수 있는 것은 相, 즉 들리고 보이는 모든 것]만 해결할 수 있었을 뿐 평소에 문언문文言文이나, 당송팔대가唐宋八大家의 글을 읽는 것처럼 불경을 유창하게 읽을 수가 없었다. 그러나 불경의 장엄하고 신성한 심리적 요인에 힘입어서 그런지 흥취는 줄어들지 않았을 뿐만 아니라 오히려 더욱더 모든 문장을 이해하여 부처님이 중생에게 거듭 당부한 말씀을 한마디도 놓치지 않으려고 했다. 이때 양임공梁任公 선생의 『불학연구18편佛學研究十八篇』을 접하게 되면서 서서히 불경언어의 특수성을 인식하게 되었는데, 그것은 바로 불경언어는 문언문도 아니고 오늘날의 백화문白話文도 아닌 천 년 전의 사회에서 사용했던 구어口語였다는 것이다. 당시에 역경 대덕譯經 大德들은 중생의 언어를 사용하여 불법佛法을 전파했기 때문에 불경의 글들은 사대부들이 쓰는 문언문이 아니고 당시 대중들의 언어였다. 그래서 불경을 이해하기 위해서는 종교적이거나, 철학적이거나, 의리적인 명상名相에만 관심을 가져서는 안 되고, 심오한 도리를 담고 있지 않는 일상생활용어를 이해하는 것이 더욱 필요했다. 그러나 이러한 구어 어휘들은 천년동안 엄청난 변화를 겪었다. 그러다보니 이 점이 바로 불교경전을 읽기 어려운 주된 원인이 되었다. 결국 불경 읽을 때 어려움을 느끼는 것은 불법이 너무 어렵고 깊어서가 아니라 언어의 장벽에 그 원인이 있었던 것이다. 따라서 불경을 이해하려면 우선 먼저 언어장벽을 극복해야 한다.

이 책의 서론에서는 단도직입적으로 불경언어학은 불경언어를 탐구하는 학문이라는 것을 강조했다. 즉, 언어학의 지식을 활용하여 불경을 이해하고 불경의 성운聲韻, 어휘語彙, 어법語法, 훈고訓詁, 문자文字를 포함한 불경의 언어 문제를 효과적으로 해결하는 것이다. 이러한 지식을 불경에 활용하는 것이 바로 '불경언어학'이다.

불경을 읽을 때 가장 중요한 것이 언어의 장벽을 뛰어넘는 것이라면, 그것이 바로 이 책을 편찬하게 된 주된 동기이자 목표라고 하겠다. 필자의 '之旅' 시리즈 저서의 목적 중 하나가 바로 깊이 탐구해서 쉽게 풀어내는 방법으로 불경언어의 깊은 뜻을 밝혀 불경에 관심이 있는 모든 독자들이 시원하게 이해할 수 있도록 하는 것이다.

따라서 '之旅' 시리즈 저서는 마치 불가에서 보시하는 일종의 임시 방편方便과 같은 것이라고 할 수 있다. 그러나 마지막에 원고를 마무리하기 전 다시 두어 번 읽어보니 여전히 책에는 적지 않은 전문용어가 발견되었는데, 이는 불학佛學과 언어학, 국학에 노출되지 않은 독자들에게는 통속성이 부족할 수 있을 것이다. 게다가 이 분야는 그렇지 않아도 심오하다고 여겨지는 불경과 관련되어 있고, 또 중문과 학생들에게도 벅찬 성운학, 문자학 등과 결합되어 있으니 더욱 어려워졌을 것이다. 그렇기 때문에 목표를 통속적이고 이해하기 쉬운 것으로 정한다는 것은 정말 어려운 도전이었다. 만약 모든 전문용어를 처음부터 하나씩 설명한다면 많은 편폭을 차지하게 되고, 책의 글자 수도 이미 예상을 초과했기 때문에 어쩔 수 없이 멈출 수밖에 없었다. 이에 학술논문 발표는 쉬운데, 깊이 탐구한 것을 쉽게 풀어내어 배경이 다른 많은 독자들을 모두 이해시키는 것이 훨씬 더 어렵다는 사실에 개탄할 수밖에 없었다. 다행히도 현대의 인터넷 검색 시스템이 매우 편리하여 독자들이 의문스러운 부분이 생길 경우 좀 더 찾아보는 것이 매우 편리해졌다. 책에서 어려운 전문용어를 만난다고 해도 키워드로 검색하면 인터넷에서 많은 관련 정보를 즉시 찾을 수 있으므로 이런 방법을 통해 하나를 알려주면 셋을 알 수 있고, 하나를 들으면 열을 알 수 있는 효과를 얻을 수 있다. 그밖에 필자의 저서 '十旅' 시리즈는 사실 상호보완하고 있기 때문에 동일한 문제에 대해 한 곳에서 상세하게 설명하면 다른 곳에서는 간략하게 설명하고, 한 곳에서 간략하게 설명하면 다른 곳에서는 상세하게 설명하고 있다. 이에 대해 필자는 독자들이 서로 검증하고 참고하는 것도 환영한다.

　이 책은 총 9장으로 되어 있으며, 제1장에서는 왜 '불경언어학'을 연구해야 하는지, 불경과 중국어는 어떻게 진화했는지에 대해 설명하고 있다. 제2장에서는 불경언어의 연구 방법을 소개하고 '以經證經이경증경[불경으로 불경을 밝히다]'의 원칙을 제기했다. 즉, 어떻게 6가지 경로를 통해 중국어 자체에서 규칙을 찾고 더 나아가 중국어로 번역한 불경언어를 해석하는가에 대해 설명한 것이다. 다음으로는 왜 '同經異譯동경이역[같은 경전 다른 번역]'의 현상이 나타났는지를 소개하고, 불경의 시대구분의 의의를 소개했다. 제3장에서는 불경문헌학에 대해 설명하고 예로부터 얼마나 많은 대장경이 생겨났는지, 불경 목록학目錄學, 역대 고승전高僧傳, 고대 역장譯場에 관련된 지식 등 네 가지 주제에 대해 논술했다. 이 부분에서는 주로 학습자들이 불경의 원시 자료를 장악할 수 있도록 도움을 주고자 했다. 제4장부터 제7장까지는 각각 어떻게 성운학, 어휘학, 어법학, 문자학의 지식을 활용하여 불경의 깊은 뜻을 탐색하는지에 대해 소개했다. 이 네 가지는 중국어를 구성하는 기본 요소이며 한문불전漢文佛典을 읽을 때 없어서는 안 될 도구들이다. 특히 성운학은 예로부터 불교에서 반드시 닦아야 하는 기본학문이었다. 제8장에서는 불경의 음의학音義學을 소개했는데, 고대의 고승들이 불경언어를 탐구할 때 사용하는 전문서적, 특히 『혜림음의慧琳音義』와 『현응음의玄應音義』를 집중적으로 소개했다. 제9장에서는 불경언어 연구의 역사를 소개했으며 특히 역대 불경 번역에서의 의역意譯과 직역直譯의 문제에 관한 필자의 견해를 제시했다. 또한 현대학자들이 불경언어 연구의 부흥에 어떻게 탁월한 공헌을 했는지도 소개했다.

이 책의 결론에서는 대만의 각 불교대학과 연구기관에서 근래에 잇달아 불경언어 관련 강좌를 개설한 상황을 소개했다. 이를 통해 대학의 종교학과, 인문역사학과, 불학원佛學院 모두 한문불전의 언어 지식을 배우는 것은 중국어 연구의 중요한 분야일 뿐 아니라 불교에서 경전을 통달하고 도를 깨닫는 중요한 법문法門이라는 점을 서서히 인식하기 시작했음을 알 수 있으며, 예측 가능한 미래에서는 이러한 인식이 더욱 보편화 되어 인문사회학자와 불제자들의 기본적인 소양이 될 것이라고 지적하고 있다.

2019년 1월 타이베이臺北에서

축가녕竺家寧

## 한국어판 서문

불교 전파의 역사를 돌이켜보면 중국은 당대唐代에 불교경전 번역이 절정에 이르렀고, 동시에 불경언어 연구의 절정을 이루었다. 불경어휘 연구를 대표하여 언어학적 관점에서 큰 성과를 거둔 것이 바로 혜림 대사慧琳 大師의 『일체경음의─切經音義』인데, 이것은 불교 사전이자 불경어휘의 대결집大結集이다. 이 책은 육조六朝 이래의 음의학音義學을 이어받았고, 불교계의 많은 고승, 대덕들이 행한 일련의 음의연구音義研究를 계승했다. 그러나 안타깝게도 이러한 부류는 철학적, 종교적, 의리적인 사전모음집으로 들어가지 못하고 불경언어학이라는 연구방향에만 집중되어 있다가 송원宋元 이래 점차 쇠퇴하였다. 결국 혜림 대사의 이 저작도 실전失傳되고 말았는데, 청말淸末에 이르러서야 학계에서 다시 볼 수 있었다.

최근 수십 년 동안 불교계·종교계·중국어 언어학계에서 점차 불경언어 연구의 의의와 가치를 발견하였고, 이 분야의 연구에서 새로운 붐이 일었다. 2002년은 중요한 전환점이었다. 이 해에 대만 중정대학中正大學에서 제1회 불경언어학 국제학술대회 개최하였는데, 세계적으로 유명한 전문가와 학자들을 초청하여 한자리에 모여 열띤 토론을 하였다. 이후 중국 본토, 한국, 일본이 잇달아 이 학술대회를 주최했다. 그 결과 지난 수십 년 동안 이 분야의 학문적 경신과 발전을 가져왔다.

필자는 대만의 여러 대학에서 박사·석사학위 과정에 이 과목을 개설하여 다수의 대학원생을 지도하였고, 이 분야의 심층 연구에 종사했으며, 불경언어학의 계승과 승계에 긍정적인 영향을 미쳤다. 교육 과정에서 줄곧 체계적이고 비교적 완전한 교과서가 필요하다는 것을 깊이 느꼈고, 지난 수십 년 동안 이 분야에 기울였던 학자들의 피나는 노력과 그들이 이룩한 풍부한 연구 성과를 수집하고 반영하기를 계속 희망했었다. 그러다보니 이러한 생각들이 불경언어학의 집필 동기가 되었다.

더욱 필자에게 감동을 주었던 것은 한국의 양도희 교수가 『佛經語言之旅』를 한글로 번역해보겠다는 의사를 밝혀 온 것이다. 양 교수는 오랫동안 중국어 언어학과 불경언어학을 연구하였고 깊은 내공을 가지고 있다. 의연하게 이 책의 번역을 맡은 양 교수가 가장 적임자라는 사실에 필자는 마음이 아주 든든하고 더더욱 영광스럽게 생각한다. 양 교수의 열정과 노력으로 이 책이 중국어권에서의 확산은 물론, 한국의 동료들도 함께 토론하고 교정할 수 있는 기회가 될 것으로 믿는다. 한글판 발행은 필자에게 더 많은 귀중한 의견을 제공하여 함께 불경언어학의 발전을 촉진할 수 있는 기회를 제공하니 이보다 더 좋은 일이 어디 있겠는가. 그런 점에서 양 교수의 번역 작업은 공덕이 무궁무진하다고 할 수 있다. 필자도 이 자리를 빌려 양 교수에게 최고의 경의敬義와 사의謝意를 표한다.

영국 웨일스 대학에서

2022년 9월 2일

# 차례

저자 서문                                           5

한국어판 서문                                      10


1장    **서론**                                    19

## 1.1. 불경언어학이란?                            21

1.1.1. 불경 문헌 자료를 파악해야 한다.            22

1.1.2. 성운학 지식을 쌓아야 한다.                 22

1.1.3. 어휘학 지식을 쌓아야 한다.                 23

1.1.4. 어법학 지식을 쌓아야 한다.                 24

1.1.5. 훈고학 지식을 쌓아야 한다.                 25

1.1.6. 문자학 지식을 쌓아야 한다.                 25

## 1.2. 불경언어학 연구의 의의와 가치             26

1.2.1. 한문불경 통독                               27

1.2.2. 중국어의 역사에 대한 이해                  37

## 1.3. 불경과 중국어의 진화                       42

1.3.1. 중국어 어휘의 진화                         42

1.3.2. 중국어 어음의 진화                         50

1.3.3. 중국어 어법의 진화                         54

2장    **불경언어학 연구 방법론**    59

2.1. 인터넷 데이터베이스의 활용    61

2.2. 이경증경以經證經: 여섯 가지 불경언어 연구 방법    71

　　2.2.1. 以經證經 방법의 제기    72

　　2.2.2. 불경언어를 통달하는 여섯 갈래 길이란?    74

　　2.2.3. 以經證經: 중국어 자체에서 규칙을 찾다    118

2.3. 동경이역同經異譯에 대한 연구    119

2.4. 불경 자료의 시대구분    142


3장    **불경문헌학**    153

3.1. 대장경의 결집結集    155

3.2. 불경 목록目錄    157

　　3.2.1. 목록과 서지학    157

　　3.2.2. 『대당내전록大唐內典錄』    158

　　3.2.3. 『출삼장기집出三藏記集』    159

　　3.2.4. 의위경疑僞經    160

　　3.2.5. 어떤 불전이 의위경인가?    161

3.3. 역대 승전僧傳    163

　　3.3.1. 승전의 분류    163

　　3.3.2. 네 승전의 체례    169

　　3.3.3. 승전을 통해 본 불교의 변천    170

3.4. 역장譯場 제도      171

     3.4.1. 역경사업에 대한 이해      171

     3.4.2. 역경이론의 탄생 - 오실본삼불역五失本三不易      173

     3.4.3. 역경이론의 발전 - 팔비십조八備十條      174

     3.4.4. 역경이론의 성숙 – 현장의 오불번五不飜      176

     3.4.5. 역장의 설립      177

     3.4.6. 한역불경에 대한 평가 문제      181


4장      **불경연구와 성운학**      189

4.1. 불교의 전파와 성운학의 발전      191

4.2. 최초의 중국어 자모      196

4.3. 승려가 설계한 등운도      201

4.4. 범한대음梵漢對音      207


5장      **불경연구와 어휘학**      229

5.1. 불경어휘와 중국어의 2음절화      231

5.2. 불경의 3음절 어휘      237

5.3. 불경의 형태소 역순 현상      257

     5.3.1. 동소이서同素異序 현상의 역사      257

     5.3.2. 중고 불경의 동소이서 양상      258

     5.3.3. 중고 불경의 동소이서 선택 기제      269

     5.3.4. 중고 불경의 동소이서 원인      273

6장     **불경연구와 어법학**     281

6.1. 불경의 어법적 특징     283

6.2. 불경의 의문문     298

6.3. 불경의 가정문     316

6.4. 불경의 피동문     336

6.5. 불경의 부사     351
　6.5.1. 시대별로 본 불경의 부사     351
　6.5.2. 번역가별로 본 불경의 부사     370
　6.5.3. 단어별로 본 불경의 부사     373

6.6. 불경의 조사     375
　6.6.1. 판단어기를 나타내는 '也'     375
　6.6.2. 서술어기를 나타내는 '矣'     379
　6.6.3. 제시어기를 나타내는 '爾'와 '焉'     381
　6.6.4. 어기를 나타내는 '耳', '夫', '哉'     382
　6.6.5. 어기를 나타내는 '者'     386
　6.6.6. 시도어기를 나타내는 '看'     386

6.7. 불경의 개사     396
　6.7.1. 개사란 무엇인가?     396
　6.7.2. 초기불경의 개사 양상     397
　6.7.3. 동진이후 불경개사의 변화     402
　6.7.4. 선종어록의 개사 특징     408

6.8. 불경의 접속사     414

6.9. 불경의 대명사     422

7장     불경연구와 문자학                                                      441

7.1. 『용감수감』과 역대 승려의 문자학 저작                                    443

7.2. 돈황사경과 속문자 연구의 전개                                            464

7.3. 승려와 『설문해자說文解字』                                              476

7.4. 불경과 이체자異體字                                                     482


8장     불경연구와 음의학音義學                                               503

8.1. 음의학이란?                                                            505

8.2. 불경 음의학 개론서 5종                                                  507

    8.2.1. 『현응-일체경음의玄應一切經音義』 25권                              507

    8.2.2. 『혜원신역대방광불화엄경음의慧苑新譯大方廣佛華嚴經音義』 2권         515

    8.2.3. 『혜림일체경음의慧琳一切經音義』 100권                             518

    8.2.4. 『가홍신집장경음의수함록可洪新集藏經音義隨函錄』 30권               524

    8.2.5. 『희린속일체경음의希麟續一切經音義』 10권                          528

8.3. 『현응음의玄應音義』와 불경                                             529

8.4. 『혜림음의慧琳音義』와 불경                                             545

## 9장   불경언어 연구의 역사                                    571

### 9.1. 불경 번역에서의 의역과 직역에 대한 이해                      573

### 9.2. 현대 학자들에 의한 불경언어 연구의 부흥                      583

9.2.1. 고대의 불경언어학                                       583

9.2.2. 한문불경의 가치에 대한 새로운 인식                         585

9.2.3. 불경언어학 학술대회의 개최                               585

9.2.4. 전문서, 논문을 통한 연구의 번영                           589


참고 문헌                                                    594

1장

서론

## 1.1. 불경언어학이란?

'불경언어학'은 불경언어를 연구하는 학문으로, 언어학적 지식을 활용하여 불경을 읽고 그 안의 언어 문제를 효과적으로 다루는 학문이다. 불경언어학은 불경의 성운聲韻, 어휘語彙, 어법語法, 훈고訓詁, 문자文字 등을 포함한다. 이처럼 언어학 지식을 불경에 활용하는 것이 바로 '불경언어학'이다.

전통 불교 연구는 종교학, 철학에 치우쳐 있는 반면, 불경언어 연구는 일종의 과학으로 언어학적 방법을 사용하며 "증거로 말을 한다有一分證據說一分話[胡適의 주장, 말이나 글은 근거가 있어야 한다는 뜻]".[1] 연구 방법에 있어서 전자는 종합적이고, 후자는 분석적이다.

넓은 의미의 불경에는 번역된 불경, 선종어록禪宗語錄, 불교와 관련된 다양한 문헌자료들이 포함된다. 이런 자료들은 수량이 매우 방대할 뿐만 아니라, 연구 방법에 있어서 성운, 어휘, 어법, 훈고, 문자 등과 같은 여러 가지 착안점이 있다. 따라서 이것들이 교차하면 수많은 연구 과제가 파생된다. 이런 점에서 불경언어학은 무궁무진한 연구 분야라고 할 수 있다. 불경언어학 분야를 학위 논문, 학술지 논

---

1    추후 본문에 간단히 덧붙이는 역주는 [ ]로 표기한다.

문 또는 학술대회 논문의 주제로 정한다면 100편이든, 1,000편이든
연구 성과를 끊임없이 쌓을 수 있어 수월하고 순조로울 뿐만 아니라
연구주제가 고갈될 염려가 없다.

 이 분야의 학문 연구에서는 기초훈련으로 다음과 같은 몇 가지
측면을 갖추어야 한다.

### 1.1.1. 불경 문헌 자료를 파악해야 한다.

 불경 문헌 자료에는 여러 가지 대장경, 선종어록, 불경 목
록, 역대 고승전高僧傳 등이 포함되어 있는데, 이 자료들의 문헌적 성
격, 판본 교감, 시기와 저자, 역사적 가치 등을 충분히 파악해야 한다.

### 1.1.2. 성운학 지식을 쌓아야 한다.

 성운학은 고음학古音學이다. 불경과 고대의 소리는 불가분
의 관계이다. 다라니, 진언, 주문, 시대별로 생겨난 음역어音譯詞는 시
대별 고대 발음을 활용해 전사轉寫하여 음역한 것이다. 따라서 번역
당시의 한자 발음을 알아야만 어떻게 그 한자로 산스크리트어를 대
역對譯했는지 알 수 있다. 한 단어가 여러 개의 한역漢譯 형식을 가지
고 있다면, 그것들의 음역원칙音譯 原則은 어떻게 되는가? 그것을 음
역할 당시의 시공간적 배경은 또 어떠한가? 공간적으로는 장안음長安
音으로 대역한 것인가? 아니면 낙양음洛陽音이나 남방의 건강음建康音

(建康; 지금의 남경)으로 대역한 것인가? 시간적으로는 동한음東漢音으로 번역한 것인가? 육조음六朝音으로 번역한 것인가? 아니면 수당음隋唐音으로 번역한 것인가? 예를 들어 중국어에 없는 복자음(pr-와 같은 부류)이나 다음절과 같이 산스크리트어 특유의 음운형식音韻形式을 만났을 때, 어떻게 1음절 자음이나 1음절의 중국어로 대역해야 하는가? 이것들은 모두 성운학적 지식을 필요로 한다. 성운학은 고대 불교계에서 창립한 학문으로 예로부터 출가한 사람들이 필수적으로 수료해야 하는 학문이었다.

### 1.1.3. 어휘학 지식을 쌓아야 한다.

어휘는 언어 구조에서 가장 빠르게 변화하는 부분이다. 평소에도 우리는 이미 젊은이들이 사용하는 많은 신조어를 이해하기 쉽지 않다고 생각한다. 인터넷에 등장하는 신조어도 우리는 잘 알지 못하는 경우가 허다하다. 사실 자세히 관찰하면 중학생들이 주고받는 말을 대학생들도 잘 알아듣지 못하는 부분이 있다는 것을 눈치 챌 수 있다. 어휘는 몇 년 사이에도 뚜렷한 신진대사를 일으키는데, 하물며 천 년 전에 번역한 불경은 말해서 무엇 하겠는가?

불경 번역이 본격적으로 이루어졌던 중고한어中古漢語 시대는 중국어가 1음절에서 점차 2음절로 바뀌는 격변의 시대이기도 하다. 상고한어上古漢語는 1음절 위주였으나 동한 위진東漢 魏晉 이후 점차 2음절의 복합어로 대체된다. 불경은 마침 이런 변화를 잘 반영하고 있다. 그래서 우리는 불경에서 2음절로 조합된 단어 중 분명 글자는 다 알고 있는데 뜻을 알 수가 없는 경우를 자주 만나게 된다. 예를 들면 '촉루囑累', '공고貢高', '교로交露', '하의下意', '칭계稱計' 등과 같은 단어들이 그러하다. 따라서 불경 어휘학은 불경언어 연구의 중점 중 하나라고 할 수 있다.

### 1.1.4. 어법학 지식을 쌓아야 한다.

어법은 주로 문장의 구조적 규칙을 연구한다. 모든 언어에는 어법이 있고 각자의 구조적 규칙이 있다. 따라서 언어가 다르면 규칙 또한 다르다. 영어에는 영문법이 있고, 산스크리트어에는 산스크리트어 어법이 있으며, 중국어에도 나름의 어법 체계가 있다. 불경을 중국어로 번역한 후에는 중국어 어법으로 바꾸어 표현한다. 왜냐하면 번역은 반드시 '신信·아雅·달達'²을 이루어야 하기 때문이다. 즉, 번역 후에는 반드시 중국어 같아야 비로소 번역의 가치가 있다.

어법도 시대에 따라 변화한다. 불경을 번역할 당시의 중고한어 어법은 현대한어, 표준어와 다르다. 불경을 읽고 연구하려면 반드시 동한시기에서 수당시기까지의 중국어 어법의 구조와 규칙을 알아야 한다. 이 방면의 지식을 갖추어야만 한문불전의 문장 표현방식을

---

2    역주: 嚴復의 번역이론으로 '信'은 원문에 충실해야 한다는 것이고, '達'은 목표 언어의 규칙에 맞게 매끄럽게 번역해야 한다는 것이며, '雅'는 예스러우면서도 우아하게 번역해야 한다는 것이다.

잘 알 수 있으며 어떻게 글자로 단어를 만들고, 단어를 조합하여 문
장을 만드는지 알 수 있다. 이런 어법 지식은 한문불전을 좀 더 효과
적으로 읽고 연구할 수 있도록 우리를 도와준다.

### 1.1.5. 훈고학 지식을 쌓아야 한다.

훈고학은 오래된 학문으로, 주로 글자의 뜻을 해석하며,
성운학, 문자학의 복합적 활용이기도 하다. 훈고학은 형形·음音·의義
를 연결하여 고서의 통독을 돕는다. 훈고학에서 다루는 의미는 문자,
어휘, 언어학적 의미의 개념이지 불경의 의리義理 차원이나, 종교 차
원, 철학 사상 차원의 의미가 아니다. 훈고학에는 예를 들어 동원어同
源詞[어원이 같은 단어] 현상, 이음색의以音索義[音으로 뜻을 찾기], 음의동원音
義同源[소리와 뜻의 기원이 같은 경우], 성훈聲訓 문제 등이 포함된다. 고대 불
교계의 훈고학을 집대성한 전문저작은 당나라의 혜림 대사慧琳 大師
가 쓴 『일체경음의一切經音義』이다.

### 1.1.6. 문자학 지식을 쌓아야 한다.

송대宋代 이전에는 인쇄기술이 없었기 때문에 불경의 전파
는 불경을 베껴 쓰는 것에 의존하였다. 그 시기 사람마다 글 쓰는 습
관이 달랐고, 글씨체의 시대적 유행 양식이 달랐으며, 한자에는 또 대
량의 이체자異體字, 고금자古今字, 정속자正俗字 등의 차이도 있었다. 그

러다보니 불경을 이리저리 돌려가며 베껴 쓰는 과정에서 사람마다 글씨체가 달랐던 관계로 같은 불경의 필사본이라 하더라도 자연스럽게 여러 가지 변형이 생기게 되었다. 그래서 불경을 읽으면서 같은 문장을 읽었는데, 이 판본은 이렇게 쓰고 저 판본은 저렇게 쓰는 경우를 많이 보게 된다. 이런 경우 두 글자가 서로 통하는 건가? 왜 이 두 글자는 서로 통하는 건가? 어떤 원칙에 의해 서로 통할 수 있는가? 아니면 잘못 베낀 것인가? 하는 의문들이 생긴다. 이런 판별은 문자학 지식을 필요로 한다.

북송 때 거란의 행균行均 대사가 편찬한 『용감수감龍龕手鑑』은 불경이체자자전이며, 송나라 이전의 불경 속자佛經 俗字들을 많이 수집해 놓아서 불경을 읽는 데 참고가 된다.

## 1.2. 불경언어학 연구의 의의와 가치

불경언어학은 두 가지 주요 목표가 있는데, 하나는 불경을 통독하는 것이고, 다른 하나는 중국어의 역사를 이해하는 것이다. 전자는 불제자들이 반드시 갖추어야 할 기본 기능이고, 후자는 언어학자에게 없어서는 안 될 기본 소양이다. 아래에서는 두 부분으로 나누어 설명하겠다.

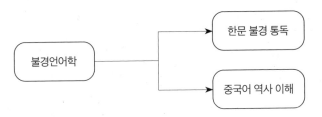

## 1.2.1. 한문불경 통독

여러분은 어릴 적부터 모나리자라는 유명한 그림이 있고, 그 그림의 모나리자가 얼마나 아름다운지, 화공의 기교, 드러난 표정, 표현된 경지가 얼마나 아름다운지에 대해 들어본 적이 있을 것이다. 선생님이 그렇게 말하고, 학우와 친구들이 그렇게 말하고, 책에서도 그렇게 소개해서 당신도 그렇게 모나리자를 알고 있는 것은 아닌가? 꼭 그렇지는 않을 것이다. 왜냐하면 진정한 인식, 진정한 감동은 반드시 당신이 직접 본 순간에 생기기 때문이다. 실제로 이 명화 앞에 섰을 때 당신은 완전히 다른 체험을 하게 될 것이다.

불경을 읽는 것이 바로 이와 같다. 당신이 어려서부터 불경 이야기를 많이 들었고, 선생님이나 학우들이 당신에게 불교 교리를 많이 설명해 주었다고 하더라도 당신이 직접 불경을 손에 들고 경건하게 읽으며 부처의 가르침을 직접 접하기만 못하며, 그 감동은 간접적으로 얻은 불법佛法과 비교할 수 없다.

불교는 종교로서든 학문으로서든 반드시 불경 자료를 읽어야 하고, 진정으로 불경 자료를 이해해야 한다.

　　종교로 볼 때 불경은 부처의 교훈이며 부처의 지혜를 사실적으로 기록한 것으로 읽고 이해하지 못하면 안 된다. 학문으로 볼 때 한문불전은 인류 역사상 가장 완전하고 방대한 불교 자원이다. 불교의 정수精髓를 이해하고 그 속의 微言大義미언대의[정교한 언어에 담긴 깊은 이치를 파악하려면 한문불전을 빼고는 다른 길이 없다. 불경은 철학, 역사, 사회, 심리, 문화 등 여러 방면의 보물을 담고 있으며, 웅장하고 거대한 대장경은 아무리 취하여도 다함이 없고 아무리 써도 없어지지 않는 무궁무진한 자료의 창고이다.

　　종교적인 측면에서 볼 때 최고 목표는 당연히 불법을 수행하고 실천하는 것이다. 그러나 원만圓滿한 정각正覺 즉, 올바른 깨달음의 피안彼岸에는 뗏목에 의지하고 인솔을 받아야 순조롭게 건너갈 수 있다. 뗏목이 있어야 방향을 찾을 수 있고, 길을 잃거나 물에 빠지지 않을 수 있다. 불경이 바로 당신이 안전하게 피안으로 건너갈 수 있게 하는 그 뗏목이다.

　　어쩌면 글자를 버리고도 직지인심直指人心하고 견성성불見性成佛할 수 있거나 봉갈棒喝로 돈오頓悟하거나, 염화拈花로 미소微笑를 이끌어 내어 책상 앞에 엎드려 부지런히 경을 읽을 필요가 없는 소수의 사람들이 있을 수 있겠지만, 그것으로부터 깨달음을 얻는 사람은 지극히 드물다. 대부분의 세속적인 중생들은 스승의 지도와 가르침, 또는 동문과의 토론이나 경전에 대한 변론을 거쳐야 할 것이다. 이런 것들은 반드시 언어문자를 통해야만 정확한 전달을 받을 수 있고 반야보리般若菩提를 찾아서 올바른 깨달음의 피안에 이를 수 있다.

좀 더 직접적인 방법은 순순히 경서經書를 읽는 것뿐이다. 불경은 붓다의 가장 직접적인 설법 기록說法 記錄으로 흰 종이에 검은 글씨로 쓴 오도법문悟道法門이기 때문이다. 따라서 부지런히 불경을 읽어야 할 뿐만 아니라 언어문자의 지식을 통해 불경을 이해해야 한다.

불경의 언어문자는 바로 피안에 이르는 뗏목이다. 비록 그것이 도구일 뿐 목표가 아니어서 글자에 집착해서는 안 되지만, 최후의 목표는 역시 배를 떠나 언덕에 오르는 것이기 때문에 절대 다수의 중생들에게는 불경의 언어문자를 통하는 것이 여전히 수성정과修成正果하고 증도성불證道成佛하는 불이법문不二法門이다.

불경을 읽고 이해한다는 측면에서 볼 때 字斟句酌자짐구작[글자와 문장을 세심히 따져보는 것]은 중요한 기본 기능이다. 총명함만 믿고 도리는 원래 하나로 일관되어 있는 것이어서 한 단어, 한 문장까지 이해할 필요가 없고 의문점이 있더라도 그냥 넘기면 된다고 생각해서는 안 된다. 이해한 부분만 보면 되니 생략한 부분은 자신의 이해력과 추리에 따라 보완하고 연결하면 된다고 생각해서도 안 된다. 이런 방식이라면 만일 개개인의 이해력이 달라서 해석이 달라지면 불법에서 벗어나게 되는 것이 아닌가? 왜 붓다의 교시는 하나였는데 결국에는 상이한 종파를 그렇게나 많이 파생시켰을까? 왜 어떤 이는 '空'에서부터 입론立論하는데, 어떤 이는 '有'에서부터 출발하는가? 왜 어떤 이는 '마음이 곧 보리수다'라고 말하는데, 어떤 이는 '보리는 본래 나무가 아니다'라고 말하는가? 왜 어떤 이는 '顯'을 주장하는데, 어떤 이는 '密'에 치우치는가? 왜 어떤 이는 '대승大乘'을 닦는

데, 어떤 이는 '소승小乘'을 닦는가? 왜 어떤 이는 속세를 피해 산에
들어가 수행하는데, 어떤 이는 속세에 들어가 중생을 제도하는가?
여러 가지 방법이 모두 효과가 있을 수도 있고 다 일리가 있을 수 있
겠지만 어느 것이 붓다의 본의本意인가?

　불경은 시대에 따라, 사회적 배경에 따라 다른 모습을 하고 있다.
위진시기에는 현학玄學으로 불법을 논했고, 수당시기에는 유학儒學
으로 불법을 논했으며, 송명시기에는 이학理學으로 불법을 논하면서
불경은 수많은 주소注疏와 전석箋釋을 남겼는데 어느 것이 붓다의 본
의本意인가?

　무수히 많은 고서古書에 직면하여 인지認知, 열독閱讀, 연구에 있어
서 학자들에게는 본래부터 '송학宋學'과 '한학漢學'이라는 다른 방향
이 있었다. 전자는 微言大義미언대의[정교한 언어에 담긴 깊은 이치]를 강조하
며 의리사상義理思想에 중점을 두는데, 후자는 문자와 훈고를 강조하
며 字斟句酌자짐구작[글자와 문장을 세심히 따져보는 것]을 중시한다. 전자는
이해력과 지혜에 의지하는데, 후자는 부지런히 공부하여 공력을 쌓
도록 한다. 어느 방향이 더 객관적이고 어느 방향이 임의적인 가변성
을 내포하고 있는가? 이 모든 것은 깊이 생각해 볼 가치가 있다.

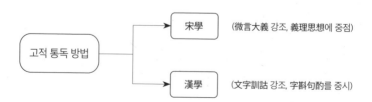

한당漢唐 학자들이 중시하는 것은 '한학'의 사고방식이었고, 엄격하게 '소학小學'을 주장하면서 성운, 문자, 훈고의 관통을 도모하고, 언어문자에 대한 인식부터 먼저 키우려고 했다. 그들은 한 마디, 한 단어도 놓치지 않으려 했는데 한 단어, 한 마디의 오해가 책 속의 본뜻을 벗어나게 할 수도 있다고 생각했다. 그래서 수많은 고서의 훈해訓解, 경전주소經傳注疏가 생겨났고 완벽한 '한학'의 체계를 갖추게되었다. 유가儒家의 경전도 그러했고, 불가의 경전도 그러했다. 불경은 동한시기에서 당나라시기에 이르기까지 많고 많은 '同經異譯동경이역[같은 경전 다른 번역]' 현상이 나타났는데, 이것은 언어문자의 변천을 겨냥해 후대의 언어로 다시 불경을 번역하면서 생겨난 현상이다. 이는 마치 오래된 뗏목이 부서져 새 배로 갈아타는 것과 같은 이치다. 이처럼 오래된 경전을 새롭게 다시 번역하는 이러한 조치는 불경 번역의 전통이 되었고, 언어라는 도구는 시대에 따라 진화할 수 있다는 것을 설명해준다. 불경의 거듭된 재번역은 고대의 고승 대덕들이 언어문자를 중시하였음을 설명해준다.

'한학'의 이러한 이념 아래 역대 불경 문헌을 읽은 경험이 축적되자 고승들은 '불경음의佛經音義'라는 학문을 세웠고 혜원慧苑, 운공雲公, 규기窺基 등은 모두 불경에 대한 인식은 반드시 字斟句酌자짐구작[글자와 문장을 세심히 따져보는 것]을 해야 한다고 강조했다. 그리하여 불경마다 음을 표기하고, 뜻을 해석하는 작업이 시작되었는데, 그들의 뜻풀이 작업은 의리·사상의 각도에서 하지 않고 언어·문자·어휘의 각도에서 이루어졌다. 수록한 불경 어휘는 모두 일상 생활용어였고,

사람들에게 어떻게 단어를 읽고 어떻게 단어를 알아볼 수 있는지를 알려주었다. 종교의 깊은 뜻을 지닌 불가의 명상名相을 수록한 것이 아니었다. 이것이 바로 '한학'의 정신이다. 이런 맥락에서 두 권의 위대한 불경언어 전문서적 현응玄應의 『중경음의衆經音義』와 혜림의 『일체경음의』가 탄생했다. 이것은 불교가 한창 흥성하던 당나라시기 시대에 순응하여 운명적으로 태어난 두 권의 집대성한 작품으로, 풍부한 번역 경험을 쌓았다는 것과 불교 전성기의 언어문자 전문저서임을 반영한다.

송명시기에 이르러 이학理學이 흥기하여 심성을 논하거나, 심오한 도리를 논하면서, 책을 묶어두고 보지를 않았는데, 이를 '송학宋學'이라 불렀다. 이때 언어문자의 학문은 쇠퇴하였고, 학자들의 말과 행동에는 뿌리가 없었고, 백가쟁명百家爭鳴으로 각자 자신의 학설만 주장하였다. 이런 배경에서 불교 또한 영향을 받아 경전 읽기는 더 이상 중시되지 않았다. 선禪을 닦으며 가만히 앉아서 부처의 이름을 읊는 것은 깨달음을 얻고 불교에 입문하는 또 다른 방법이 되었다. 그리하여 줄곧 불교계의 열쇠로 여겨지던, 백 권이 넘을 정도로 방대한 『혜림음의』조차 결국 알아보는 이가 아무도 없었고 종국에는 실전失傳되고 말았다. 이 책은 청나라 말기, 19세기에 이르러서야 비로소 일본에서 중국 본토로 돌아올 수 있었다.

명나라시기에 이르러 '송학'의 영향을 받은 불교계에는 이러한 학습 풍조의 변화상을 엿볼 수 있는 예시가 하나 있었다. 당나라시기의 수온 화상守溫 和尙이 일찍이 중국어 최초의 '자모字母'를 설계

하였는데 불교계에서는 나아가 정밀한 음표기 도표인 등운도等韻圖
를 만들어냈다. 등운도를 해석하는 규칙을 '문법門法'이라고 하였다.
명나라 비구 진공眞空에 이르러 그는 원나라 유감劉鑑의 문법에 따라
『직지옥약시문법直指玉鑰匙門法』을 편찬하여 원래 13개였던 규칙을
20개로 확대하였는데, 유감의 문법에는 크게 못 미쳤고, 오히려 불
교계의 성운학을 산산조각 내서 더 심오하고 난해하게 만들어 학자
들을 두려움의 길로 몰아넣었다. 명나라시기 여곤呂坤의 『교태운·자
서交泰韻·自序』에서는 이 이야기를 다음과 같이 기록하고 있다.

> 명나라 만력 무술년(1574)에 동년배 시어사 뇌모암雷慕菴
> 을 만나게 되어 그에게 물었다. 그는 매일매일 얘기했고, 나
> 도 눈을 반짝이며 들었으나 끝내 감당할 수가 없었다. 결국
> 시어사는 "이 等에 속하는 글자의 소리는 구결을 한 달 남짓
> 익숙하도록 읽다보면 혀도 함께 변화가 생겨 자연스럽게 소
> 리를 알게 되네."라고 말했다. 그래서 나는 어려움이 두려워
> 멈추고 말았다.

당시 많은 학자들이 그와 마찬가지로 문법門法에 곤혹을 치렀고,
나쁜 선례를 처음 만든 사람은 명나라시기의 진공 화상眞空 和尙이었
다. 사실 이 이야기의 배경요인은 바로 송나라 이후 '한학'의 쇠락으
로 더 이상 언어문자를 중시하지 않게 된 상황이다. 그러나 육조시기
부터 수나라, 당나라시기에 이르기까지 승려들은 음운에 정통했다.
송나라시기에 이르러서도 유명한 학자 정초鄭樵가 『칠음략·서七音略·

序』에서 "석씨는 참선을 큰 깨달음大悟로 삼고, 통음通音[성운학에 능통함]을 작은 깨달음小悟로 삼았다."라고 말한 적이 있다. 그가 강조하는 통음은 바로 성운학, 즉 언어문자와 관련된 학문에 통달한다는 뜻이다. 그만큼 당시 승려들은 성운학을 익히는 것과 참선하고 불학을 배우는 것 두 가지를 가장 중요하게 여겼다는 것을 알 수 있다.

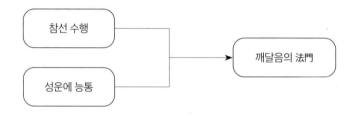

이런 배경을 보면 고대의 자모字母와 등운도가 왜 승려에게서 나왔는지 쉽게 알 수 있다. 이는 불가의 '두 가지 깨달음雙悟' 중의 하나로, 반야의 피안으로 가는 뗏목이기 때문이다.

이 문제에 대해서 다른 견해도 있었는데, '불립문자, 이심전심不立文字, 以心傳心', '직지인심, 견성성불直指人心, 見性成佛', '사사상승, 심심

상인師師相承, 心心相印'이므로 불경을 읽을 필요가 없고 언어문자에 의지할 필요가 없다고 생각하는 경우이다. '어언도단, 심행처멸言語道斷, 心行處滅', '법장과각, 실비어언지소능선法藏果覺, 實非語言之所能宣'을 찬성하면서 가장 지극한 깨달음의 진리는 언어의 길이 끊어져서 말할 수 없는 것이고, 문자로 말할 수 있는 것은 모두 진리가 아니라는 것이다. 그러나 많은 중생들에게도 과연 그럴까?

사실 위의 참뜻은 한 번 달을 가리키는 손가락에 집착하게 되면 손가락 끝의 달을 볼 수 없게 되므로 언어문자에 집착하지 말라는 뜻이지 경서를 묶어두고 보지 말라는 것이 아니며, 또 극히 일부 혜근보살慧根菩薩들만이 번잡한 언어문자를 통할 필요 없이 염화미소拈花微笑에 의지하여 봉갈돈오棒喝頓悟할 수 있을 뿐이라는 것을 알려주려는 것이다. 만약 일반 중생들도 이를 본받아 모방한다면 매우 위험한 일이며, 자칫 잘못하면 악마의 외도外道에 빠질 수도 있다. 성암 법사聖嚴 法師는 일찍이 다음과 같이 강조했다.(고종유辜琮瑜, 『성암 법사의 선학사상聖嚴法師의 禪學思』, 276쪽) "만 가지 인연을 내려놓고 절연절려絕緣絕慮[인연과 번뇌를 끊음]의 경지에 이르러 일념一念도 생기지 않는다면 언어문자는 자연스럽게 버리게 된다. 그러나 이것은 수련이 어느 경지에 도달한 후의 상황으로, 일반 중생이 쉽게 시도할 수 있는 것은 아니다." 성암 법사는 중생의 필요에 따라 중생에게 방향을 가리켜 주기 위해서는 여전히 언어문자를 사용할 필요가 있다고 강조했다.

실증적 경험으로 볼 때 불립문자不立文字를 강조하던 선종禪宗이

나중에는 오히려 글자를 가장 많이 쓰는 종파가 되었다. 당나라시기에 설법한 것은 '내증선內證禪'이었으나 송나라시기에 이르러서는 부득이하게 '문자선文字禪'으로 나아갈 수밖에 없었고 방대한 선종 어록을 남겼다.

　따라서 불법을 수행하고 깨닫기 위해서는 순순히 경전을 읽을 수밖에 없는데 이것이 바로 중생이 깨달음을 얻을 수 있는 불이법문不二法門, 즉 유일한 방법이다. 경전을 읽을 때 가장 중요한 것은 언어문자 변화의 장벽을 넘어서는 것인데, 이 장벽을 초월하려면 반드시 문자, 성운, 훈고, 어휘, 어법에 대한 견고한 기초가 있어야 한다. 이것이 바로 '불경언어학'이다.

　불경번역은 집을 개조하는 것과 같다. 즉, 인도식 가옥을 중국식 가옥으로 바꾸어 중국 사람들의 주거 습관에 맞추는 것과 같다. 번역도 이와 같아서 원저原著의 내용은 바꾸지 않고 언어 형식을 중국인의 읽기에 맞게 바꾸는 것이다.

　집을 지을 때는 편안하고, 편리하고, 채광이 잘 되어야 하고, 통풍이 잘 되어야 한다. 이것은 원전原典과 한역漢譯이 번역된 내용이 같아서 그 안에 담긴 불법은 마치 평온하고 안락한 살기 좋은 집처럼 느껴지는 것과 같다. 번역사들이 인도어를 중국어로 옮긴 후, 평온하고 안락하다는 점이 변하지 않았다면 번역으로 달라지는 것은 무엇일까? 바로 형식이다. 인도 산스크리트어의 형식과 언어규칙을 중국어의 형식과 언어규칙으로 바꾼 것이다. 중국 건축의 구조역학에 따라 대들보, 기와, 재료가 달라졌고, 큰 돔형 지붕이 두공斗栱으로 바뀌었으며, 팔각 창호, 무늬로 장식한 천정, 채색화, 인테리어도 모두 중국식으로 바뀌었는데, 이는 당시 중국인들에게 더 친숙하고 친근하게 다가갔다. 이것이 바로 번역의 목적이다.

따라서 중고시대(육조~수당) 중국 건축의 구조와 특색을 알아야 이런 가옥 구조가 어떻게 사람들이 평온하고 안락하게 살 수 있게 하는지 알 수 있다. 이러한 인식이 바로 중고한어의 지식이다. 인도식 가옥인 산스크리트어만 연구해서는 중국 고대 가옥인 한문불전의 안전함과 쾌적함이 어디에 있는지 알 수 없다.

번역을 하고 난 후, 집의 형식과 구조를 바꾸었기 때문에 이 개조된 새 집인 중고한어를 충분히 이해해야 한다. 어법, 성운, 어휘를 포함해서 말이다. 이 개조된 새 집을 알게 되면, 우리는 그것을 더 효과적으로 사용할 수 있고, 편안하게 살 수 있다. 물론 불법佛法의 내용도 이 새 집에 의존하여 효과적으로 동방의 나라東土에 전해졌던 것이다.

## 1.2.2. 중국어의 역사에 대한 이해

중국어는 세계에서 기록이 가장 완전한 언어이자 가장 오래된 자료를 보존한 언어이기도 하다. 완전성, 자료량, 유구한 역사 등 각 방면에서 비교 가능한 언어는 없다. 그래서 어떤 건강한 언어이론이든 반드시 이 가장 풍부한 언어자료 위에 세워져야 한다. 만약 불완전한 외국어 자료 위에 구축된 언어이론을 그냥 중국어에 수평적으로 이식하여 중국어를 외국이론의 실험품으로 간주하여 외국이론의 유효성을 증명하려고만 한다면, 이는 현실과 동떨어진 방법이다.

중국어의 역사는 일반적으로 상고한어(선진先秦과 양한兩漢을 포함), 중고한어(위진남북조魏晉南北朝와 수당隋唐을 포함), 근대한어(양송兩宋과 원명청元明淸을 포함), 현대한어(오늘날의 한족 공통어와 각종 현대 방언을 포함)로 구분하고 있다. 한역불경은 중고한어에 속하며, 선종어록은 부분적으로 근대한어에 속한다.

중고한어로 말하자면, 불경은 거대한 말뭉치이다. 방대한 대장경은 5천 卷 정도의 불경을 수록하고 있는데, 송나라시기에 시작된 개보장開寶藏으로부터 오늘날 결집한 대장경에 이르기까지 20여 部가 넘는다. 아무리 취하여도 다함이 없고 아무리 써도 없어지지 않는 무궁무진한 말뭉치이다. 이 자료는 중고한어의 진면목을 반영하여 마치 한 장의 사진첩처럼 우리 선조들의 웃는 모습과 목소리를 담고 있다. 불경의 언어 기록을 통해 중고한어를 복원할 수 있으므로 전체 중국어사를 구축하는 데 매우 중요한 의의와 가치가 있다.

불경언어는 한 가지 중요한 특색이 있는데, 그것은 불경언어가 문언문文言文도 아니고, 오늘날의 백화문白話文도 아니고, 중고한어의 구어라는 것이다. 그래서 고대의 문언문에 정통하더라도 반드시 불경을 이해할 수 있다고는 할 수 없다. 문언문은 경직된 글말이고 불경의 언어는 입말로 당시의 살아있는 생활언어이다. 문언문은 진화를 하지 않기 때문에 천년이 지나도 변하지 않지만, 구어는 오히려 시대와 함께 변하기 때문에 백 년, 이백 년 지나면 현저한 차이가 생기고, 오백 년, 육백 년이 지나면 읽기에 어려움이 생긴다. 그러나 대부분 불경이 천 년 전에 번역되어 천 년 전의 구어를 사용했기 때문에 시간의 격차가 가져온 언어의 격변은 가히 상상할 수 있다. 오늘날 불경 읽기가 매우 어려운데, 바로 시간적 요소와 구어적 요소 때문이다. 그래서 불경의 어려움은 언어의 장벽 때문이지 불교 교리의 심오함 때문이 아니다.

사실, 불법이 어렵고 이해하기 어려운가 하는 문제에 대해 양계초梁啓超는 『불교심리학천측佛敎心理學淺測』에서 다음과 같이 말했다. "만약 누군가가 불교경전 전장全藏 8천 권을 한마디로 요약할 수 있느냐고 묻는다면 어떻게 답할 것인가?" 양계초는 '무아無我'라는 두

글자를 제시했는데 바로 '아집을 타파하다'라는 뜻이다. 그는 모든 불법이 이 중심 사상을 둘러싸고 있다고 생각했다. 그래서 불법佛法이란 본래 사람들과 멀리 떨어져 있는 높고 심오한 철학이 아니라, 접근하기 쉬워서 중생이 모두 받아들이고 이해할 수 있는 지혜라고 보았다. 『아함경阿含經』은 불경 가운데에서도 원시 불교나 초기 불교의 경전으로 여겨지며, 붓다의 본초 가르침은 『아함경』을 토대로 삼는다. 그 내용은 당시 붓다와 제자, 왕공王公 및 다른 종교계의 인사가 주고받은 이야기가 대부분이어서 붓다 시대에 가장 가까운 기록으로 여겨진다. 사람들은 『아함경』을 읽으면서 부처님 설법의 친근함과 편안함을 느낄 수 있는데, 부처님은 깊은 철리로 중생을 곤혹스럽게 하지 않았기 때문이다. 그래서 오늘날 불경이 어렵다고 느끼는 것은 불법의 난해함 때문이 아니라 언어의 장벽 때문이다. 언어는 끊임없이 변화하는데, 구어의 진화 속도는 특히 빠르기 때문이다.

왜 불경은 당시의 문언문이 아니라 당시의 구어로 번역해야 했는가? 알고 보니 붓다가 중요한 훈시가 있었던 것이다. 당시 붓다가 제자들을 거느리고 여러 나라를 돌며 불법을 전파하고 있었는데, 제자들은 붓다에게 "불법이 이렇게 장엄하고 거룩하니 저희도 장엄하고 거룩한 산스크리트어를 사용하여 불법을 전파해야 하지 않겠습니까?"라고 여쭈었다. 왜냐하면 당시 산스크리트어는 상류층 귀족, 성직자의 언어에 속했기 때문이다. 그러자 붓다가 "그렇지 않다! 불법은 중생의 것으로, 하류층의 수많은 백성들도 모두 불법을 받아들일 권리가 있기 때문에 중생의 언어로 불법을 전파하고, 모두가 이

해할 수 있는 방언과 속담으로 불법을 전파해야 한다."라고 제지했
다. 이러한 지시는 불경언어 사용에서 따라야 할 규칙이 되었다. 고
대 중국의 고승 대덕들은 번역을 할 때 이 전통을 계승하여 당시 중
생의 구어인 백화를 채택하였던 것이다. 그래서 불법이 소수의 문인
이나 학사學士, 귀족이나 관리에 국한되지 않고 더 넓은 사회로 진입
할 수 있었고 많은 사람들이 알아들을 수 있게 되었다. 이 언어규칙
으로 말미암아 불교는 성공적으로 민간에 진입하여 전 국민의 신앙
이 되었다. 이 언어규칙은 또한 오늘날 우리가 고대 언어의 실제 모
습을 엿볼 수 있게도 해준다. 언어학자들은 더더욱 이 방대한 언어
자료를 바탕으로 중고한어를 연구하고 언어의 변화규칙을 이해하
여 중국어의 역사를 구축할 수 있다.

불경이 제공하는 중국어사 자료는 사실상 동시대 비불경언어자
료非佛經語料를 훨씬 능가한다. 동한시기 이후에는 말과 글이 달라서
입에서 나오는 말과 붓으로 쓰는 글의 언어가 서로 다른 길로 발전
하였다. 붓으로 쓰는 것은 나중에 문언문이라고 불린 시각 기호 체
계이고, 눈으로 보는 것이지 입으로 말하는 것이 아니다. 모든 문인,
선비, 지식인들은 글로 쓰는 언어가 다르고, 입으로 말하는 언어가
달랐는데, 이것을 '言文殊途언문수도[말과 글의 길이 다르다]'라고 한다. 우
리가 흔히 알고 있는 당송팔대가唐宋八大家의 고문운동古文運動을 포
함하여 모두 글말이다. 오늘날까지 남아있어서 우리가 볼 수 있는
것은 모두 이런 서면 언어이다. 구어 기록은 오히려 찾아보기 힘들
다. 단지 몇 안 되는 중고한어의 구어 기록에는 악부시樂府詩, 당대

변문唐代 變文, 당송 어록唐宋 語錄 등이 있다. 불경은 우리에게 대량의 구어 자료를 남겨주었는데, 이 점이 바로 불경이 언어학적으로 가장 귀중하게 여겨지는 지점이다.

## 1.3. 불경과 중국어의 진화

한문불전은 천 년 전의 중국어로 번역하였기 때문에, 불경을 읽고 이해하려면, 1천년 동안 중국어에 어떤 변화가 생겼는지를 알아야 한다. 그래야 효율적으로 언어의 장벽을 뛰어넘어 불전을 통독하고 나아가 붓다의 교훈을 제대로 깨달을 수 있다. 모든 언어는 진화한다. 특히 어휘 변화가 가장 빠르다. 그 다음이 어음語音이고, 그 다음이 어법이다.

### 1.3.1. 중국어 어휘의 진화

먼저 어휘방면을 보도록 하자. 중고한어의 어휘 구조에서 가장 중요한 특징은 바로 '2음절화'이다. 공자孔子가 살았던 상고한어 시기의 어휘는 1음절 단어가 위주였다. 예로 『논어論語』의 경우를 보자.

吾日三省吾身, 爲人謀而不忠乎? 與朋友交而不信乎? 傳不習
乎?

　나는 스스로 하루에 세 번 반성한다. 남을 위함에 있어 충
성스럽지 않았는가, 친구와 사귀면서 신의가 없지 않았는
가, 배운 것을 제대로 익히지 않았는가?

　후대의 언어로 표현하려면 많은 1음절 단어는 2음절로 표현해
야 한다. '日'은 '每天'이라고 해야 하고, '三'은 '三次'라고 해야 하며,
'省'은 '反省'이라고 해야 했다. 그리고 '謀'는 '籌畫'로, '忠'은 '忠誠'
으로, '交'는 '交往'으로, '信'은 '信用'으로 말해야 했고, '傳'은 '傳授'
라고 말해야 했으며, '習'은 '複習'이라고 말해야 했다.

　이런 어휘의 변화는 중고시기 불경을 유입하던 때부터 시작되
었다. 수당시기에 이르러 서면 언어인 '古文'을 제외하고 일반적인
구어는 모두 2음절 단어가 위주였다. 이런 변화는 오늘날에 이르
러 더욱 뚜렷해졌다. 우리 주변의 사물은 거의 두 글자로 표현된다.
白菜(배추), 西瓜(수박), 包子(만두), 衣服(옷), 外套(겉옷), 皮鞋(구두), 桌
子(책상), 電腦(컴퓨터), 鉛筆(연필), 汽車(자동차), 馬路(도로), 飛機(비행
기), 學校(학교), 老師(선생님), 同學(동창), 郊遊(소풍), 游泳(수영), 棒球(야
구)······등등을 예로 들 수 있는데 모두 2음절 단어이다.

　수당시기에 불경 번역은 절정에 도달했는데, 이때 시대의 요구에
따라 생겨난 사전은 『이아爾雅』, 『설문해자說文解字』처럼 한 글자, 한
글자에 대한 해석이 아니라, 『현응음의玄應音義』, 『혜림음의慧琳音義』

와 같이 불경을 해석한 당나라시기의 사전에서 표제어로 나열한 것
은 대부분 두 글자로 된 2음절 단어였다.

　왜 중국어는 중고시기에 이르러 2음절화의 길로 갔는가? 주로 다
음과 같은 몇 가지 원인이 있다.

　첫째, 어음語音의 변화로, 동음자同音字가 대량으로 증가하였다.
가장 눈에 띄는 흔적은 바로 『광운廣韻』의 206개의 운韻인데, 점차
'동용同用'의 방식으로 구별이 없어져 같은 음音으로 읽어야 하는 韻
을 표시하였다. 예컨대 [支-je, 脂-jei, 之-ji] 이 세 개운은 원래 읽는 법
이 달랐는데 나중에 같은 음이 되었다. 그래서 운서 목차 아래쪽에
작은 글자로 '同用'이라는 두 글자를 표시하여, 선비들이 과거 시험
을 볼 때 시를 짓거나 압운押韻 할 때 구별하지 않아도 된다는 것을
표시했다. 송나라시기에 이르러서는 아예 206韻을 106韻인 '평수운
平水韻'으로 합쳤다. 결국 운모의 병합으로 동음자가 대량으로 증가
하였다.

　또 다른 명확한 변화 흔적은 중고시기의 병음도표拼音圖表인 '등
운도等韻圖'이다. 원래 43개의 도표로 43가지의 다른 운모 유형을 나
타냈는데, 송나라시기에 이르러서는 16개의 도표로 합쳤다. 이것도
동음자가 증가한 결과로, 원래 구별이 있었던 것들도 모두 동음자로
읽게 되었다.

　이러한 배경 아래 동음자 중 어느 글자를 말하는 것인지 분명히
하기 위해서는 한 글자를 더해야만 했고 이렇게 2음절 단어가 생겨
나게 되었다. 예를 들어 원래 다르게 발음하던 것이 나중에 모두 [yi]

로 발음하게 된 음들은 모두 '一邊', '依賴', '醫生', '衣服', '揖讓'과 같
이 2음절 단어로 말해야만 했다. 그렇지 않으면 어떤 [yi]를 말하는
지 알 수가 없었다.

둘째, 문명의 발전에 따라 사회나 사물은 갈수록 번잡하여졌고 1
음절 한 글자로는 표현하기에 그 수가 부족하게 되었다. 의식주행衣
食住行을 구분해야 하는 일상생활의 사물은 갈수록 다양해졌고 본래
의 수천 개 한자만으로는 턱없이 부족하게 되었다. 일자다의一字多
義와 동음가차同音借代의 방법을 써도 문명 발전의 정밀화와 복잡화,
새롭게 증가한 개념과 새로운 의미를 따라가지 못했다. 이때 가장
효과적인 방법은 두 글자로 조합하여 표현하는 것이었다. 이렇게 수
학적 배열과 조합이 수십만의 가능성을 제공하듯 충분한 기호 체계
가 생겨나서 여러 가지 상이한 의미와 내용을 담을 수 있게 되었다.

셋째, 불교에서 표현하는 종교개념과 철학사상은 세밀하고 정밀
하여 기존의 어휘로는 표현할 수 없는 새로운 사유들이 많다. 처음
에 번역한 고승은 이러한 외래 사상을 기존의 중국어 어휘를 사용하
여 표현하였는데, 특히 노자老子의 철학 용어를 차용하였다. 예를 들
어 초기 불경에서는 '道人'으로 수행자를 표현하였고, 한나라말기의
지참支讖은 『도행반야경道行般若經』을 번역할 때 '本無', '自然' 등의
개념으로 '性空'의 뜻을 표현하였다. 임전방林傳芳의 「격의 불교사상
사의 전개格義佛敎思想之史的開展」에서는 다음과 같이 예를 들었다.

「升仙」成佛的意思。「無本」謂實相。「綿綿」「不言之教」「穀神」(老子)。「盛德大業至矣哉」(易經)。「熙熙甘色, 如享大牢」(易經)。

『道地經序』[3]

「五音五味」(老子)。「顯微闡幽」(易經)。「明白」「四達」(老子)。

『陰持入經序』

『無爲』「無慾」「階差」「級別」(老子)。「開物成務」(易經)。「大辯」(老子)。

『安般經序』

「不疾而速」(易經)。

『人本欲生經序』

「春登台」「味無味」「強梁不得其死」「兕不措角」(老子)。

『十二門經序』

「冶容」(易經)。「執古御有」(老子)。

『大十二門經序』

「感而通故」(易經)。「玄覽」(老子)。

『十法句義經序』

「兼忘」(莊子)。

『鼻奈耶序』

「有名」(老子)。「智紀」爲老子之道紀的變化語。「上乾」「凌虛」

---

3    역주: 이하 예문에서 출처는 오른쪽 정렬을 하기로 한다.

「道動」(老子)。「真人」謂阿羅漢。

『道行經序』

「嘉會」(易經)。

『摩訶鉢羅若波羅蜜經抄序』

「至賾」(易經)。

『阿毘曇序』

「淪虛」(老子)。

『僧伽羅刹經序』


　　나중에 불법의 개념이 중국의 전통적인 철학사상과는 다른 점이
많다는 것을 발견하였다. 그리하여 신어新語를 대량으로 만들었는
데 주로 기존 한자로 새로운 조합을 만들었다. 예를 들어 '現在', '煩
惱', '隨緣', '執著', '報應', '貪心', '泡影', '刹那', '罪孽', '劫難', '地獄',
'圓滿', '方便'…. 이런 어휘들은 중국어에는 원래 없던 조합 방식인
데 불교에서 한자를 새롭게 조합하여 2음절 단어를 많이 만들어냈
다. 불교가 전파되면서 이 2음절 단어들은 민간에 스며들어 대중들
의 습관적인 용어가 되었다. 이 또한 중국어가 2음절화로 가는 중요
한 동인動因이기도 하다
　　2음절화 외에 어휘의 의미에도 변화가 생겼다. 일례로『중아함경
中阿含經』卷6(동진, 계빈삼장罽賓三藏 구담승가瞿曇僧伽 제바提婆 역)에는 "兒
孫, 奴使, 眷屬。汝等早起。當共嚴辦。"라는 말이 있다. 우리는 현대

의 어감으로 이 문장들은 아마도 "일찍 일어나서는 안 된다. 그렇지 않으면 엄벌에 처할 것이다."라는 뜻이라고 생각할 것이다. 사실 '辦'이라는 단어는 고대한어에서는 '갖추어 준비하다'라는 뜻이다. '嚴' 자는 불경에서는 보통 '정비하다, 준비하다'는 뜻으로 동사로 쓴다. 예를 들면 다음과 같다.

> 即便**嚴車**千乘, 馬萬匹, 從人七千, **嚴畢升車**, 出宮趣城。
>
> 　　　　　　　　　　　　　　　196『中本起經』

> 即**嚴好馬**, 眾寶服飾, 寶衣乘馬入市。
>
> 　　　　　　　　　　　　　　　186『佛說普曜經』

> 遵奉智慧業, 道尊自**嚴容**。
>
> 　　　　　　　　　　　　　　　285『漸備一切智德經』

또 예를 들어보자. 불경에는 이런 문장이 있다.

> 須菩提言 : 世尊, 我**都盧**不見有菩薩!
>
> 　　　　　　　　　　　　　　　221『放光般若經』

> 須菩提語釋提桓因, **都盧**不可議。
>
> 　　　　　　　　　　　　　　　226『摩訶般若鈔經』

> 復次拘翼, 閻浮利人**都盧皆**使行佛道。
>
> 　　　　　　　　　　　　　　　224『道行般若經』

人民輩所求盡, 所求慧, 怛薩阿竭, **悉都盧**, 阿難, 悉從般若波羅
蜜中出, 悉知曉如是。

224『道行般若經』

위 문장들에 모두 '都盧'가 출현하는데, 이 '都盧'는 외래어처
럼 보인다. 그러나 알고 보면 '都盧'는 전형적인 중국어로, 중국어
의 조어규칙에 따라 만들어진 단어이며 '모든'의 뜻이다. '盧'는 원
래 구체적인 명사를 나타내는 접미사인데, 고대한어의 어휘에는 '蒲
盧'(『이아·석충爾雅·釋蟲』의 주석에 따르면 허리가 가는 벌을 가리킴), '頭顱',
'葫蘆', '轆轤'와 같이 예증이 많다.(字型은 원래 모두 '盧'로 썼다.) 또한
'舳艫', '樏櫨', '藜蘆' 등 어휘에서 의미 중심은 모두 앞 글자에 있고,
뒤 글자는 뜻이 없는 표음 성분일 뿐이다. 고대의 성씨도 종종 '盧'
자를 접미사로 썼다. 예를 들면 『광운·모운廣韻·模韻』에서 '盧'자 아
래에는 '長盧子', '屋盧子', '尊盧氏', '蒲盧胥(뛰어난 궁술로 유명함)', '漢
諫大夫索盧放' 등이 있고 '湛盧氏'도 있다.

따라서 '都盧'의 두 번째 글자는 사실 고대한어의 허화虛化 된 접
미사로 의미 중심은 첫 번째 글자인 '都'에 있고 '모두'라는 뜻이다.
'我都盧不見'은 바로 '나는 모두 보지 못했다.'는 뜻이다.

또 다른 예를 들면, 불경에서 '這'자는 부사이고, 부사어 기능을
하며, '때마침', '방금', '마침'이라는 뜻을 나타낸다. 여기에서는 현
재 우리에게 익숙한 '근칭대명사近指代詞'(這是, 這個, 這樣…)의 용법은
전혀 찾아볼 수가 없다.

게다가 불경에서 이 글자를 읽는 방법 또한 오늘날과 다르다. 『혜림음의』에 수록된 '這'의 가장 보편적인 독음은 '音彥'(言建反, 言件反)이다. 이 고대한어 어휘의 뜻을 알게 되면 아래 불경의 문장은 자연스럽게 해석이 된다.

> 已除盡眾惡, 長成諸善法, 這消化諸非, 便修第四業(剛消除各種錯誤, 就開始修行第四業。
>
> 　　　　　西晉 月支三藏 竺法護 譯 『漸備一切智德經』 卷二
>
> 這有是念。便見佛在虛空中住。剛有這個念頭, 就看到佛在虛空中出現。
>
> 　　　　　後漢 月氏三藏 支婁迦讖 譯 『文殊師利問菩薩署經』

따라서 고대한어 어휘 지식은 불경을 읽는 데 큰 도움이 된다.

## 1.3.2. 중국어 어음의 진화

불경이 번역되던 시기의 중국어 어음인 중고음中古音을 다시 보도록 하자. 불가와 성운학은 매우 밀접한 관계를 가지고 있어서, 고대에는 출가자들이 산스크리트어를 통습하는 것 외에도 중국어 성운에 대한 깊은 이해가 필요하였다. 불가에서는 중고음 지식을 바탕으로 중국 최초의 자모字母를 설계해 정교하고 세밀한 병음도표인 등운도等韻圖를 만들었다. 송나라시기의 대유학자인 정초鄭樵는 '성운학에 능통함通音'은 불가의 '두 가지 깨달음雙悟' 중의 하나로, '참선수행禪修'과 함께 불가의 두 가지 기본 기능이라고 언급하였다.

불경에는 다라니, 진언, 주문, 그리고 음역어가 많이 있는데, 번역할 때에는 다리를 놓는 것처럼 양끝으로 이어져야 하며, 음역어를 이해하려면 다리 양 끝에 해당하는 어음인 출처 언어와 목적 언어의 어음을 익혀야 한다. 그리하여 고대 불가의 공구서, 여러 음의서音義書에서는 반절反切, 직음直音으로 음표기를 많이 했는데, 당시 승려들은 이런 것들에 매우 익숙했다. 그들이 깊이 연구한 성운 지식이 바로 당시의 중고음이다. 중고음 지식은 성운학을 참고할 수 있다.

중고시기의 성조聲調에는 4가지가 있다. 음고音高가 올라가지도 않고 내려가지도 않으며 평탄한 음계音階를 유지하는 것을 '평성平聲'이라고 하는데, 평성에는 예를 들어 '東, 之, 耕, 談' 등의 글자가 있다. 음고가 위로 올라가면서 낮은 데에서 높은 데로 가는 음계를 가진 이런 유형의 글자를 '상성上聲'이라고 하는데, 상성에는 예를 들어 '董, 紙, 梗, 感' 등의 글자가 있다. 음고가 아래로 내려가며 높은 데에서 낮은 데로 가는 음계를 가진 이런 유형의 글자를 '거성去聲'이라고 하는데, 예를 들어 '動, 至, 映, 看'과 같은 글자를 말한다. 발음이 매우 짧은, 이런 유형의 글자를 '입성入聲'이라고 하는데, 예를 들어 '直, 月, 合, 莫' 등의 글자가 있다. 오늘날의 민남방언閩南方言과 객가방언客家方言을 사용하여 읽으면 여전히 고대와 같은 짧은 입성을 느낄 수 있다.

'중고4성'은 현대에 이르러 음평陰平(제1성), 양평陽平(제2성), 상성

上聲(제3성), 거성去聲(제4성)과 같이 '현대4성'으로 변화하였다. 입성은 사라지고 다른 성조에 녹아들었다. 예를 들어 '直'은 제2성에 녹아들고, '月'은 제4성에 녹아들었다. 입성 소실 현상은 원나라시기부터 시작되었는데, 이때의 소실 상황은 원대 희곡가 주덕청周德淸이 편찬한『중원음운中原音韻』에 기록돼 있다.

성운학 지식은, 예를 들면『불설덕광태자경佛說德光太子經』의 "德光太子語父母及諸眷屬：今願仁者, 勸助城郭, 莊飾瓔珞, 以奉如來。(덕광 태자가 부모와 여러 권속에게 말하였다. '그대들이 서로 권장하고 도와서 성곽을 영락으로 장식하여 여래를 받들어 모시기 원하옵니다.')"와 같다. 여기에서 '仁者'는 '인후한 사람'을 가리키는 것이 아니라 2인칭 '您(당신)'을 뜻한다. 이 '仁者'는 또 '仁'자를 단독으로 사용할 수 있는데, 예를 들면『혜상보살문대선권경慧上菩薩問大善權經』의 "所有妻婦群從眷屬, 相敬重故, 各共發願, 世世與仁俱, 生生相侍隨。… (모든 처자 권속들이 서로 공경하고 존중하였으므로 각기 함께 다음과 같이 발원하였다. '날적마다 당신과 함께 태어나며 언제고 서로 모시고, 불도를 이룰 때까지 따라다녀…')"의 경우와 같다. 이 중 '與仁'은 개빈介賓 구조로, 부사어로 쓰이며 동사 '俱'를 수식하여 '당신과 함께하다'라는 뜻을 나타낸다. 성운학 지식을 통해 우리는 '仁'자의 발음이 '您'(어음 규칙: 오늘날 'ㅁ'으로 읽는 음은 고대한어에서는 'ㅋ'으로 읽는다.)이며 모두 고대의 2인칭이라는 것을 알 수 있다. '仁者'의 '者'자는 허화虛化된 접미사이며 용법은 '一者, 二者…(첫 번째, 두 번째…)'와 동일하다. 2음절의 '仁者'를 사용하는 것은 네글자투四字格의 리듬과 관련이 있기 때문에 게송에는 이 2음절의 2인칭이 자주 등장한다.

渴仰仁者　　兼見瞻察　　今日安住
『正法華經』

仁者善來此　　便來坐此座
『佛五百弟子自說本起經』

　'仁'자의 발음과 뜻이 현대의 '您'과 동일하지만 존경의 의미가 없고 평범한 2인칭 일뿐이다. 다음 게송은 다른 사람을 훈계하는 자리에서도 쓰이는 것으로, 분명히 아래 사람을 대하는 말이다.

仁者識念是　　作罪薄少耳
199『佛五百弟子自說本起經』

仁者慎莫得　　勸助下劣心
318『文殊師利佛土嚴淨經』

　'仁者'는 심지어 비천한 금수禽獸를 칭하는 데에도 사용한다. 예를 들면 다음과 같다.

仁者有四脚　　我身有兩足
154『生經』

선종禪宗의 유명한 공안公案인 "不是風動, 不是旛動, 仁者心動(바람이 움직이는 것이 아니고, 깃발이 움직이는 것이 아니며, 그대의 마음이 움직인 것이다)"을 일반 사람들은 종종 "仁者呀, 是你的心動啊!(인덕 높은 이여, 그대의 마음이 움직이는구나!)"라는 말로 이해하는데, 고대한어를 잘못 이해했음이 분명하다. 왜냐하면 '仁者'는 '인덕仁德이 있는 사람'이라는 뜻이 아니라 '너'라는 뜻이기 때문이다.

이러한 고대한어의 성운 지식은 모두 우리가 불교 경전을 읽는 데 도움이 된다.

### 1.3.3. 중국어 어법의 진화

중국어 어법은 어휘나 어음에 비해 비교적 안정적이며 변화의 폭도 어휘나 어음만큼 크지 않다. 고대한어와 현대한어는 어법 격차가 크지 않다. 우리가 상대적으로 더 알아야 할 것은 중국어의 어법 구조가 산스크리트어와 어떻게 다른가 하는 것이다. 산스크리트어는 오늘날의 영어처럼 풍부한 형태변화가 있는 인도유럽어족 언어이다. 이 점은 중국어와 매우 다르다.

좁은 의미의 어법은 바로 '통사론句法'이며, 문장의 구조 법칙을 가리킨다. 불경을 중국어로 번역하면 중국어의 문장 만들기 규칙을 따르게 된다. 문장은 주어와 서술어의 두 개의 부분으로 구성되어 있는데, 주어는 '소개 되는 주체'이고, 서술어는 '진술하는 내용'이다. 주어는 '무엇이'이고, 서술어는 '어떻게 되었는가?'인데, 두 부분

을 합치면 완전한 의미를 전달할 수 있다. 문장을 연구하는 지식이
바로 '어법학'이다.

'통사론'은 조직이 치밀하고 복잡한 시스템으로, 서로 다른 민족
의 언어는 다른 통사론적 특성을 가지고 있는데, 이것이 바로 통사
론의 민족성이다. 예를 들어, 중국어는 복잡한 형태변화를 버리고
간단한 '어순'을 사용하여 중국어 어법을 구성한다. 중국어에서 '狗
咬人(개가 사람을 물다)'와 '人咬狗(사람이 개를 물다)'는 다른 의미인데,
이것은 어순만 보면 된다. 그러나 팔리어의 '狗咬人'과 '人咬狗'는 같
은 의미인데, 그 원인은 복잡한 형태변화에 의존하기 때문이다. 즉,
형태상 주격이면 어느 위치에 나타나든 모두 '咬'의 주체를 나타내
고, 형태상 목적격이면 어느 위치에 나타나든 모두 '咬'의 객체를 나
타낸다.

중국어 어법의 또 다른 특징은 '성질性質'과 '기능功能'을 구분한
다는 것이다. '성질'에 따라 구분하면 동사, 형용사, 명사…등이 있
고, '기능'에 따라 구분하면 주어主語, 목적어賓語, 한정어定語, 부사어
狀語…등이 있다.

> 동사는 문장에서 서술어, 부사어, 주어로 쓰일 수 있다.
> 형용사는 문장에서 한정어, 서술어, 목적어, 주어로 쓰일
> 수 있다.
> 명사는 문장에서 주어, 목적어, 부사어, 한정어로 쓰일 수
> 있다.

예를 들어 '毛筆, 眼鏡, 茶杯' 중의 '毛, 眼, 茶'는 원래 명사이며 여기에서는 다른 명사인 '筆, 鏡, 杯'를 수식한다. 그렇다고 해서 '毛, 眼, 茶'의 품사가 바뀌어 형용사가 되었다고 할 수 없다. 이렇게 한다면 영문법의 함정에 빠지게 되는 것이다. 왜냐하면 영문법에서는 "무릇 명사를 수식하는 것은 모두 형용사"이기 때문이다. 그러나 중국어 어법에서는 '毛, 眼, 茶'는 여전히 명사이며 여기에서 '한정어'라는 임무를 담당했을 뿐이다.

중국어 어법의 또 다른 특징은 한 문장에 동사가 1개, 2개, 3개가 있을 수 있으며 이론적으로는 무제한이라는 것이다. 심지어 동사가 없을 수도 있다. 이것은 영문법에는 존재하지 않는 특징이다. 따라서 중국어 문장에서 동사의 수는 '0'에서 '무제한'까지이다.

중국어 어법에는 또 다른 특징이 있는데 목적어가 반드시 대상자는 아니라는 것이다. 중국어 문장의 의미 관계에서 주어가 반드시 동작의 주체인 행위자가 아닐 수 있는데 이는 영문법과 다르다. 목적어도 반드시 동작을 받아들이는 대상자受事者가 아닐 수 있는데 이 또한 영문법과 다르다. 중국어의 목적어에는 대상자목적어受事賓語, 행위자목적어施事賓語가 있다.

먼저 행위자주어의 경우를 보도록 하자.

他昨天出席了慶祝活動。

('他'는 施事主語로, 동작의 주체이다.)

다음은 대상자주어 관련 예문이다.

<u>西瓜</u>不吃了, <u>香蕉</u>可以再吃兩條。
('西瓜'와 '香蕉'는 대상자주어로 동작의 대상자를 나타낸다. 즉, 원형
은 吃西瓜와 吃兩條香蕉이다.)

대상자목적어 관련 예문은 다음과 같다.

他總是欺負<u>弱小</u>。
('弱小'는 대상자목적어이다.)

다음은 행위자목적어 관련 예문이다.

大操場來了<u>一群隊伍</u>。
('一群隊伍'는 대상자목적어이지만, 사실은 동작 '來'의 행위자이다.)

이러한 관점에서 볼 때, 우리는 중고 불경을 읽거나 연구할 때, 또
는 중국어와 산스크리트어를 대조를 할 때 중국어 어법의 특색에 주
의를 기울이지 않을 수 없다. 그래야 산스크리트어 어법으로 중국어
어법을 이해하는 지경에 이르지 않을 것이다. 중국어 어법 지식에
관해서는 축가녕竺家寧의 『중국어 어법으로의 여행漢語語法之旅』를
참고할 수 있다.

불경의 경우, 구라라집의 『법화경法華經』에 "時仙人者, 今提婆達多

是。(그때의 선인이 지금의 제바달다이니라.)"와 "求名菩薩, 汝身是也。(구명보살이 바로 그대의 몸입니다.)"라는 문장이 있는데, 산스크리트어와 중국어의 대조를 통해 이 문장을 산스크리트어의 '강조식 판단문'이라 여겨 판단동사 '是'자를 후치後置한 직역이라고 하였으나, 용국부龍國富는 『묘법연화경어법연구妙法蓮華經語法硏究』에서 이러한 문형은 상고한어에 오래 전부터 존재하였으며, 구마라집은 고대한어에서 흔히 볼 수 있는 판단문 형식으로 산스크리트어를 번역하였다고 지적하였다. 그리고 장소우蔣紹愚의 2009년 연구를 인용하여 문형 'NP+NP+是也'는 산스크리트 번역이 아닌 중원문헌의 기존 문형에서 파생되었음을 증명했다.

　따라서 산스크리트어와 중국어의 대조라는 경로 외에, 중국어의 역사적 변화에 대해 어느 정도 지식이 있다면 불경 연구는 불경 공부에 큰 도움이 될 것이다.

2장

불경언어학 연구 방법론

## 2.1. 인터넷 데이터베이스의 활용

데이터베이스는 현대 생활에서 없어서는 안 되는 지식의
원천이다. 모든 학술 연구는 데이터베이스에 점점 더 많이 의존하고
있으며 이러한 추세는 계속 증가하고 있다. 불경은 수량이 방대한데
과거의 연구는 이러한 방대한 양의 자료를 앞에 두고도 거의 연구에
착수할 수 없었다. 30년 전 중국 호남사범대학교湖南師大 이유기李維琦
교수의 기획 하에 우선 초보적인 불경 데이터베이스를 구축했고, 대
만에서는 중앙연구원 전산정보과학연구원中央院 資訊所의 사청준謝
淸俊 교수도 비슷한 계획을 추진했다. 불경 데이터베이스 구축에서 규
모가 가장 크고 가장 완벽한 시스템은 법고산法鼓山의 CBETA데이터
베이스이다. 이 데이터베이스의 구축 목적은 모든 한문불전을 수집
하여 '전자불전집성'을 구축하는 것이다. 불전 전산화 기술에 대한 연
구 개발은 불전의 교류와 활용을 향상시켰다. 전자매체의 특성을 활
용하는 것은 불전의 보존과 유통에 유리하다. 따라서 불전을 소장하
거나 읽고자 하는 사람이라면 누구나 이런 불경 데이터베이스를 쉽
게 사용할 수 있게 되기를 기대한다.

수많은 불교의 중요한 경장經藏, 선본善本은 중화전자불전협회
中華電子佛典協會(CBETA)를 통해서 십여 년간 지속적으로 CD로 출

시되고 있다. CBETA의 주임위원인 혜민 법사惠敏 法師는 전자 불전 CD의 발전 역사를 소개할 때 특히 성암 법사聖嚴 法師의 다방면의 지원에 감사드린다고 했다. 혜민 법사에 따르면 CBETA는 2008~2011년 사이에 또 『가흥장嘉興藏』(1,303만 자)과 기타 장경藏經들을 수록하여 『역대장경보집歷代藏經補輯』(1,117만 자)을 만들었고, 2016년에는 남길부藍吉富가 주편한 『대장경보편大藏經補編』(2,300만 자)을 새로 추가하여 이전의 장경에서 아직 볼 수 없었던 국내외 희귀 불전을 수집하였으며, 양量과 질質을 모두 고려하기 위해 수록할 때 두 가지 원칙을 세웠는데 "첫 번째는 학술 연구 가치를 중시하여 모든 책을 수록하지 않는 것이고, 두 번째는 집필성격의 불경은 청나라 말기에 집필된 것까지만 수록했다."고 한다. 이 외에도 두결상杜潔祥이 주편을 맡은 『중국불사사지휘간中國佛寺史志彙刊』과 백화문白化文·장지張智가 주편한 『중국불사지총간中國佛寺志叢刊』을 새로 구축한 『중국불사지中國佛寺志』 챕터에 수록하였으며, 이로 인해 CBETA 전자 불전의 총 글자 수는 2억 자를 초과하게 되었다.

현재 CBETA CD는 최소한 세계 22여 개의 나라에서 유통되고 있으며, 사람들은 이 협회의 홈페이지(http://www.cbeta.org/)를 통해 새 버전을 다운로드 받을 수 있으며, 해외 학술단체에서도 CD를 요청하여 받을 수 있다. 2018년은 CBETA가 설립된 지 20주년이 되는 해로 계속하여 『인순법사저작전집印順法師著作全集』과 『중국불사지中國佛寺志』의 미완성 부분을 새로 보충할 계획이다.

그밖에 법고불교학원 디지털 아카이브팀法鼓佛敎學院數位典藏組에서 구축·유지하고 있는 『불교문헌어휘 디지털자원의 구축과 응응佛敎文獻詞彙數位資源的建置與應用』(http://buddhistlexicon.dila.edu.tw/)은 '대만 디지털 아카이브와 디지털 학습 국가형 계획臺灣數位典藏與數位學習國家型計劃'의 지지 하에 온라인에 『불교문헌어휘 디지털자원의 구축과 응용─디지털 시대의 불학참고공구 통합 서비스佛敎文獻詞彙數位資源之建置與研究─數位時代的佛學參考工具整合服務』라는 공식명칭을 등록하였는데, 약칭은 『공구서전문안건工具書專案』이다. 장경, 경록經錄과 공구서(자전, 사전)는 불교문헌 연구에서 반드시 갖추어야 할 세 가지 유형의 연구 자원이다. 법고불교학원法鼓佛敎學院은 오랫동안 이 세 가지 유형의 불교자원을 디지털화하기 위해서 노력해왔다.

연이어 『CBETA전자대장경CBETA電子大藏經』과 『불경목록 디지털자료고佛經目錄數位資料庫』를 완성한 뒤 계속하여 『공구서전문안건』을 진행했다. '공구서'의 범위가 다소 크고 복잡한데 정보디지털화의 관점에서 이 프로젝트에서는 '공구서'를 "문헌연구를 돕는 정보 도구"로 정의하였다. 이에 따라 디지털화의 작업을 '문헌자원'의 디지털화와 '검색도구'의 개발 두 가지 측면으로 나누었다. '문헌자원'에서는 '불학어휘'와 '성운학 연구자료'의 디지털화를 중요한 목표로 삼았다. 문헌의 출처는 먼저 대정장大正藏의 문헌에서 선택한 다음, 다시 대정장 이외의 문헌으로 확장했다. 다른 한편으로 '검색도구의 개발'에서는 디지털화된 문헌자료에 기초하여 검색 및 통계분석 도구를 개발했다. 사용자들은 웹사이트의 "디지털 아카이브"와 "검색도구"

두 부분에서 프로젝트의 주요 성과를 활용할 수 있다.

『불교문헌어휘 디지털자원의 구축과 응응佛教文獻詞彙數位資源的建
置與應用』 프로젝트에는 다음과 같은 내용이 포함된다.

**古典文獻類**

| 類別 | 古典文獻典藏品 | 朝代 | 作者 | 典藏筆數 |
|---|---|---|---|---|
| 音義 | 『新集藏經音義隨函錄』 | 後晉 | 可洪 | – |
| 音義 | 『一切經音義』 | 唐 | 玄應 | – |
| 音義 | 『一切經音義』一百卷, (1.「字典形式」檔) | 唐 | 慧琳 | 31496 |
| 音義 | 『一切經音義』一百卷, (2.「反切音紀錄」檔) | 唐 | 慧琳 | 39584 |
| 音義 | 『新譯大方廣佛華嚴經音義』 | 唐 | 慧苑 | – |
| 音義 | 『續一切經音義』 | 遼 | 希麟 | – |
| 音義 | 『重刊北京五大部直音會韻』 | 明 | 久隱 | – |
| 音義 | 『禪林寶訓』三卷 | – | – | – |
| 習梵 | 『唐梵兩語雙對集』 | 唐 | 怛多糵多 | – |
| 習梵 | 『唐梵文字』 | 唐 | 全真 | – |
| 習梵 | 『梵語千字文』 | 唐 | 義淨 | – |
| 習梵 | 『梵語雜名』 | 唐 | 禮言 | – |
| 習梵 | 『翻譯名義集』 | 南宋 | 法雲 | – |
| 習梵 | 『翻梵語』 | 梁 | 寶唱 | – |
| 類書 | 『經律異相』 | 梁 | 寶唱 | 782 |
| 類書 | 『諸經要集』 | 唐 | 道世 | 185 |
| 類書 | 『法苑珠林』 | 唐 | 道世 | 788 |

| 類別 | 古典文獻典藏品 | 朝代 | 作者 | 典藏筆數 |
|---|---|---|---|---|
| 百科 | 『釋氏要覽』三卷 | - | - | - |
| 百科 | 『祖庭事苑』八卷 | - | - | - |
| 百科 | 『大明三藏法數』四十卷 | 明 | - | - |
| 百科 | 『釋氏蒙求』二卷 | - | - | - |
| 百科 | 『禪苑蒙求』三卷 | - | - | - |

자료 출처: (http://buddhistlexicon.dila.edu.tw/#4)

**當代文獻類**

| 類別 | 當代文獻典藏品 | 作者 | 典藏筆數 |
|---|---|---|---|
| 索引 | 『大正藏索引』法華部類 | - | 12754 |
| 索引 | 『大正藏索引』律部類 | - | 59035 |
| 索引 | 『大正藏索引』華嚴部類 | - | - |
| 詞典 | 『漢藏大辭典』 | - | 3146 |
| 詞典 | 『佛經詞語彙釋』 | 李維琦 | - |
| 研究 | 『佛經音義與漢語詞彙研究』 | 梁曉虹 徐時儀 陳五雲 | - |
| 研究 | 『東漢佛經詞彙研究』 | 竺家寧 | - |
| 研究 | 『三國時代佛經詞彙研究(II)』 | 竺家寧 | - |
| 研究 | 『西晉佛經詞彙研究』 | 竺家寧 | - |
| 研究 | 『一切經音義複合詞研究』 | 竺家寧 | - |
| 研究 | 『安世高譯經複合詞詞義研究』 | 竺家寧 | - |
| 研究 | 『支謙譯經語言之動詞研究-複合動詞研究』 | 竺家寧 | - |

자료 출처: (http://buddhistlexicon.dila.edu.tw/#4)

법고산法鼓山뿐만 아니라 향광불학원香光佛學院에서도 온라인 검
색 시스템을 구축했는데, 아래의 경로를 통해 검색할 수 있다.

香光資訊網/圖書館服務/佛教入門網站/佛教字辭典
(http://www.gaya.org.tw/library/b-ip/b-ip.htm).

향광불학원香光佛學院의 "도서연합목록圖書聯合目錄"에서는 여러
도서관에서 소장한 도서들의 통합 검색 및 전국도서연합목록 검색
을 제공한다. 도서목록 검색에는 도서명, 저자, 출판사, 출판지, 키워
드 등 항목에 대한 검색을 제공한다. 그리고 "저널연합목록期刊聯合
目錄"에서는 여러 도서관에서 소장한 저널에 대한 통합 검색 및 저
널의 전문全文과 목차 검색을 포함한 전국 저널연합목록의 검색을
제공한다. 또한 "석박사논문博碩士論文"에서는 석사, 박사 논문의 검
색 및 초록 열람을 제공한다. 그 밖에 "도서관학저널圖書館學期刊"은
전문적인 학술 저널로, 도서관학圖書館學의 발전, 연구, 작업 등과 관
련된 글을 발표하는 것을 목적으로 하며, 도서관 및 도서관학의 발
전을 이해하는 데 중요한 자원이다. 현재 국내에서 출판한 도서관학
저널 중 이미 많은 간행물은 웹사이트에 업로드 되어 저널의 목차,
전문 열람 및 다운로드 서비스를 제공하고 있다. 그 외에 저널, 잡지,
학보學報, 신문 등을 포함한 "불교전자저널/전자신문"도 있다. "불
교전자저널佛教電子期刊"에서는 이미 출간한 불교저널을 디지털 형
식으로 변환하여 온라인에 업로드하거나 혹은 직접 온라인에 발표

하여 직접 구독할 수 있게 했다. 기타 전자 신문(e-paper), 불교 자전/
불교 사전, 전자 장경, 전자 불서佛書, 불교 출판 정보, 불교 사지佛教
史地, 인도 불교사, 불교 전기傳記, 불교 예술, 불교 음악, 불교 서예미
술, 불교 건축, 불교 영상음향 멀티미디어, 불교 어문佛教語文, 불교
교육, 불교 음식, 불교 예의禮儀, 불교 문학, 불교 의학, 티벳 불교, 불
교 참선수행禪修, 불교 유식唯識, 불교 계율戒律……등도 있다.

위에서 기술한 것 외에도 불광산佛光山의 인터넷 자원에는 『불광
대사전佛光大辭典』(제3판)이 포함되어 있다. 명상名相은 온라인으로 간
편하게 다음 사이트를 방문하여 검색할 수 있다.

https://www.fgs.org.tw/fgs_book/fgs_drser.aspx
http://etext.fgs.org.tw/search02.aspx

이 사전은 불교 관련 명상名相 20,000여 개, 해석문 7,000,000자
및 그림 3,000여 장을 수록하고 있으며, 여기에는 완전한 중영불학
사전中英佛學辭典의 내용도 포함되어 있다. 뿐만 아니라 명상名相과
전문全文에 대한 멀티 검색, 명상名相에 대한 간편 검색 및 중국어-산
스크리트어-팔리어대조표中梵巴對照表 등 기능도 제공한다.

인터넷 자원에는 채요명蔡耀明 교수가 제공한 "산스크리트어 디
지털자원梵文數位資源"도 있다. (http://buddhism.lib.ntu.edu.tw/BDLM/
seminar/resource.htm#sanskrit)

| 기능 | 웹사이트 | 비고 |
|---|---|---|
| 산스크리트어와<br>산스크리트어<br>典籍의 입구 | Sanskrit<br>Documents Site | 산스크리트어 사전, 典籍 및 산스크리트어와<br>관련된 언어, 산스크리트어 학습도구, 그리<br>고 컴퓨터상 산스크리트어를 처리하는 랜섬<br>웨어와 폰트 등이 포함. |
| | Sanskrit Library | 상호작용 학습을 디자인함.<br>산스크리트어와 관련하여서는 고전적인 문<br>법서 외에도 많은 교재와 공구서가 있음. |
| | Languages and<br>Scripts of India:<br>Indian Languages<br>Sites | 그림과 글이 모두 훌륭함. 인도 古今의 언어<br>와 字體의 분포양상을 보여줌. 인도의 전통<br>典籍과 필사본을 포함. |
| | South Asia<br>Resource<br>Access on the<br>Internet(SARAI) | 언어 학습과 典籍 연구에 유리함. 학술연구<br>시 이 사이트를 방문하여 남아시아연구에 종<br>사하는 사회집단, 전자저널, 전자책, 참고도<br>구, 도서목록 자원, 도서관사이트 등에 접속<br>할 수 있음. |

또한 홍콩에서 제작한 산스크리트어 데이터베이스로는 『한역 불경 범한대조분석 코퍼스漢譯佛經梵漢對比語料庫』(http://ckc.eduhk. hk:8080/) (A Database of Chinese Buddhist translation and their Sanskrit parallels for the Buddhist Chinese Studies)가 있는데, 전문적으로 불교한 어佛敎漢語 연구자들을 위해 고안된 연구도구로, 두 가지 내용을 포함하고 있다. 첫째는 한역불경과 기존의 병렬말뭉치인 산스크리트어불전의 텍스트(단락) 대조이고, 둘째는 한역 어휘 중 병렬 말뭉치인 산스크리트어 성분의 어법과 의미에 대한 묘사와 분석이다. 코퍼스를 구축하는 목적은 불교한어 연구자들이 번역문과 산스크리트어 병렬 말뭉치 간에 존재할 수 있는 대응 관계에 대해 이해할 수

있도록 편의를 제공하는 것이다. 현재 코퍼스에 수록된 데이터에는 『법화경法華經』, 『유마힐경維摩詰經』, 『구사론俱舍論』이 있다.

　그 기원은 2010년 홍콩교육대학香港教育大學의 주경지朱慶之 교수와 대만의 만금천萬金川 교수, 북경대학北京大學의 단청段晴 교수가 협력하여 "한역불경 범한 대조분석 코퍼스 구축 및 중국어 역사언어학 연구漢譯佛經梵漢對比分析語料庫建設及其漢語歷史語言學研究"(Assessing the impact of Sanskrit on the Chinese language: Creating a database of Chinese Buddhist translations and their Sanskrit parallels to facilitate research in historical Chinese linguistics through contrastive analysis)라는 제목의 연구 계획을 설계하고, 홍콩정부 연구지원국香港政府研資局(RGC) GRF의 지지를 얻은 것에서 시작되었다(프로젝트 일련 번호: HKIEd844710). 이 연구 프로젝트에서 구체적으로 코퍼스의 설계와 제작 업무에는 왕계홍王繼紅 박사(북경외국어대학北京外國語大學), 강남姜南 박사(중국사회과학원 산스크리트어연구센터中國社會科學院梵語研究中心), 유진劉震 박사(복단대학復旦大學), 범모우范慕尤 박사(상해교통대학上海交通大學), 조숙화趙淑華 박사(대만중앙대학臺灣中央大學), 황보위皇甫偉 박사(북경과학기술대학北京科技大學)와 구빙邱冰 박사(북경어언대학北京語言大學)가 참여했다. 그 중에서 왕계홍, 강남과 범모우는 각각 『구사론』, 『법화경』과 『유마힐경』의 산스크리트어-중국어 대조를 담당하고, 조숙화와 유진은 초고에 대한 교정을 담당하였다. 그 중에서도 조숙화는 『법화경』의 제1품, 제4품과 『유마힐경』의 제1품, 제2품 위주로 교정하였고, 유진은 『법화경』의 나머지 부분을 교정했다. 코퍼스의 소프트웨어 개발은 황보위와 구빙이 담당했다.

그 외에 홍콩에는 또 홍콩적지문화출판유한공사香港迪志文化出版有限公司에서 발행한 『사고전서전자판四庫全書電子版』이 있으나, 비용을 지불해야 사용할 수 있다. 가격이 매우 비싼 편이지만 자료가 잘 구축되어 있을 뿐만 아니라, 검색 기능도 있고 그림과 텍스트 대조 기능도 있어서, 많은 대학에서 구입하여 교사와 학생들이 무료로 사용할 수 있게 하였다. 그 중에서 『홍명집弘明集』, 『법원주림法苑珠林』, 『송고승전宋高僧傳』 등은 자부 석가류子部 釋家類의 전적으로 모두 불경을 읽기 위한 중요한 참고자료이며, 『용감수감龍龕手鑑』은 불경에 사용되는 글자에 대한 중요한 참고도구서이다.

그 외에 불학사전집성佛學辭典集成(http://www.budaedu.org.tw/fodict/)은 미국불교협회 전산정보은행 공로회美國佛教會電腦資訊庫功德會에서 제공한 것으로, 반드시 압축파일을 다운로드 받아야 하며, 하나의 기기에서만 사용가능하다. 불학사전집성은 정복보丁福保의 『불학대사전』, 『오등회원五燈會元』 등 28부의 불교영역과 관련된 자료를 취합하였는데, 이는 불경어휘 이해와 문장 해석에 중요한 참고자료가 되었다.

그 외에 중국본토에는 국학대사國學大師(http://www.guoxuedashi.com/)라는 웹사이트가 있는데 이미지와 문자 두 가지 종류의 문헌 자료를 제공한다. 그 중에서 문자 영역은 검색 서비스도 제공한다. 또한, 그 중의 "영인고적影印古籍"이라는 항목에는 32만 책의 고적 스캔 이미지를 모아놓고 온라인에서 열람하거나 다운로드 받을 수

있는 서비스를 제공하는데, 자료가 매우 풍부하다. 예를 들어『일체
경음의』에는 해산선관海山仙館, 총서집성叢書集成, 일본고사경선본총
간日本古寫經善本叢刊 등 다양한 판본이 있다.

그밖에 대만에는『불학사전집성』,『선종전집禪宗專集』,『화엄전집
華嚴專集』,『반야전집般若專集』,『금강경전집金剛經專集』을 포함하고 있
는『장경각藏經閣』(http://www.muni-buddha.com.tw/CJG/)이라는 인터
넷 자원도 있다.

그 외에도 대만에는 또 현재 비교적 유명한 불교 관련 웹사이트인
『대만대학 불학 디지털 도서관 및 박물관臺灣大學佛學數位圖書館暨博物
館』(http://buddhism.lib.ntu.edu.tw/DLMBS/toModule.do?prefix=/website&page=/
websiteList.jsp)이 있는데. 총 402,419개의 도서목록과 50,867편의 전문全
文, 45개 언어와 15종의 자료 유형을 포함하고 있다.

## 2.2. 이경증경以經證經: 여섯 가지 불경언어 연구 방법

오늘날 우리가 불경을 읽기 어려운 가장 큰 이유는 사실
언어 장벽 때문이다. 일부 단어는 오늘날까지도 늘 사용하고 있으며
불경에서도 자주 보이지만 뜻이 완전히 일치하지는 않으며 심지어는
뜻이 전혀 다른 것도 있다. 만약 주의를 기울이지 않고 낭독하게 되면
불경의 의미를 잘못 이해하게 되어 부처님의 본래 의도와 어긋나게

된다. 불경은 고대의 구어로 번역되었지만 불경 이외의 많은 고대의 구어 어휘는 완전하게 기록되지 않았고 훈석訓釋하여 정리되지도 않았기 때문에 정통적인 문언문文言文처럼 많은 훈고 자료와 전문 연구 서적이 없다. 많은 불경어휘는 독자에게 낯설 뿐만 아니라 구체적인 의미도 찾기 어렵다. 이 때문에 以經證經이경증경[경전으로 경전을 밝히다]은 한문불전을 연구하는 유일한 방법이다. 불경언어학에서는 기존의 성운학, 문자학, 훈고학, 어휘학, 어법학의 지식을 활용하여 불경을 읽고 이해한다. 즉, 기존의 중고한어 지식을 활용하여 불전을 이해하는 것이다. 이 전통은 유구한 역사를 가지고 있으며 고대의 고승이나 승려들은 언어측면의 연구를 매우 중시했다. 예를 들면 '등운等韻'에 관한 연구는 승려로부터 시작되었으며, 저명한 고대의 자서字書『용감수감』도 승려에 의해 완성된 것이다. 그리하여 가치 있는 원시자료들을 많이 남겼는데, 모두 오늘날 불경언어 연구에서 소중하게 여겨야 하는 것들이다.

## 2.2.1. 以經證經 방법의 제기

'以經證經' 방법의 제기는 13세기 남송시기의 호일계胡一桂로 거슬러 올라갈 수 있다. 그는 『주역본의부록찬주周易本義附錄纂註』 권13 「문언변文言辨」에서 '以經證經'의 개념을 제기하면서 다음과 같이 말했다. "오늘날 옛 사람의 책을 읽으면서, 마땅히 經으로 經을 밝혀야지 傳로 經을 밝혀서는 안 된다. 만약 經에 의혹된 부분이 있으

며 다른 經에 밝힌 바가 없다면 비어두어도 괜찮다." 호일계의 생애
는 기록에 의하면 그는 남송 경정景定 5년(1264)에 향시에 합격하였지
만 예부에서 주관하는 시험에는 떨어졌고, 그 뒤 도읍에서 학문을 닦
고 연구를 하였으며 원나라에 이르러서는 관직에 나가지 않았다. 청
나라시기 광서光緖 연간의 엽덕휘葉德輝(1864~1927)는 경학에 깊은 조
예가 있었는데, 일찍이 다음과 같이 말했다. "경을 밝히는 데에는 6가
지가 있다. 경으로 경을 밝힐 수 있고, 역사로 경을 밝힐 수 있고, 제자
백가의 글로 경을 밝힐 수 있고, 한나라 사람의 문부文賦로 경을 밝힐
수 있고, 『설문해자說文解字』로 경을 밝힐 수 있고, 한나라 비석으로
경을 밝힐 수 있다."

필자는 2011년 7월 「몇 가지 불경 어휘 연구 경로를 논하다論佛經
詞彙硏究的幾個途徑」에서 '以經證經' 방법을 제기했다. 연구방법에 있
어서, 과거의 언어학자와 훈고학자들이 많은 깨달음과 연구경험을
축적했지만 전통적인 훈고학은 모두 유가경전儒家經典을 위한 연구
였다. 비록 많은 성과를 얻었지만 불교경전의 훈고학연구 측면에 있
어서는 여전히 연구가 부족하므로, 불경언어를 연구할 때 전통 훈
고 자료와 전통 공구서 및 훈고학 성과에서 얻을 수 있는 도움은 제
한적인 관계로, 반드시 '以經證經' 연구 방법을 채택해야 한다고 필
자는 주장했다. 다시 말해서 불경을 활용하여 불경을 연구하는 것이
다. 불경의 언어 환경, 상하문맥으로 불경의 어떤 특정 단어의 의미
와 어법 등 각종 문제를 탐구하는 것이다. 이러한 연구는 오늘날 컴
퓨터 데이터베이스의 도움을 많이 받고 있는데, 연구가 필요한 단어

를 검색 시스템을 활용하여 신속하게 대량의 관련 언어환경 자료를 나열한 뒤, 이를 기반으로 객관적이면서 세밀하게 관찰하고 분석할 수 있다. 특히 중화전자불전협회中華電子佛典協會의 CBETA 데이터 베이스는 인테넷을 통해 불교경전을 대중화하여 더 많은 사람들이 불교의 혜택을 입을 수 있도록 하였고, 컴퓨터를 활용하여 불전의 응용 범위와 읽기 방식을 확장했다. '以經證經' 작업에도 매우 큰 편의를 제공했다.

불경언어 연구에서 반드시 갖춰야 할 지식에는 6가지가 있는데, 바로 범파장梵巴藏, 성운학, 문자학, 훈고학, 어휘학, 어법학이다. 이는 불경언어를 통달하는데 필요한 여섯 갈래 길이다. 아래에서는 갈래별로 학자들의 연구 상황을 소개하여 어떻게 하면 구체적으로 이러한 연구방법을 습득할 수 있는지 알아보고자 한다.

## 2.2.2. 불경언어를 통달하는 여섯 갈래 길이란?

### 2.2.2.1. 범파장梵巴藏으로 시작하는 불경연구

'범파장梵巴藏'은 불경과 관련된 산스크리트어梵文, 팔리어巴利文, 티베트어藏文 세 가지 언어를 가리킨다. 한문불전을 번역한 출처 언어源語이다. 이들 중 가장 중요한 것은 산스크리트어이다.

'以經證經'의 관점에서 보면 '梵巴藏' 지식은 산스크리트어-중국어 대조를 통해 상호 검증할 수 있어서 어려운 글자나 단어를 해결하는데 도움을 준다. 성운학 측면에서는 '대음對音'에 관한 연구를 통해 중국어의 중고음의 발음을 복원할 수 있기 때문에 불경의 음역어, 다라니의 원시발음을 더욱 자세하게 알아볼 수 있게 해준다. 따라서 '梵巴藏' 지식은 불학을 연구하는 기초지식 중 하나라고 할 수 있다. 언어 학습은 쉽지 않으며, 산스크리트어의 복잡성은 현대 사람들이 익숙한 영어를 훨씬 뛰어넘는다. 이 때문에 산스크리트어를 배울 때 잠깐 배우고 그만 둬서는 안 되는데 1~2년을 배우는 것은 도움이 되지 않는다. 만약 '以經證經'할 수 있고, 효과적으로 산스크리트어와 한문불전을 대조할 수 있게 되려면 반드시 10년에서 20년 동안 산스크리트어를 깊이 갈고닦아야 한다. 그렇지 않으면 경솔하게 접근하는 경향이 생겨 오히려 주관적인 억측을 하게 된다. 이렇게 되면 산스크리트어를 배우는 의미를 잃게 된다.

### 2.2.2.2. 성운학으로 시작하는 불경연구

'불경언어학'을 언급하면 대부분의 사람들은 산스크리트어와 팔리어를 연구한다고 생각한다. 사실, 세계에서 가장 풍부한 불경 문헌은 중국어로 쓰여진 것들이다. 그 중에서 아직도 이해하지 못하는 언어현상들이 매우 많은데, 만약 우리 모국어(중국어)로 쓰인 불경도 잘 알지 못한다면 얼마나 애석한 일인가? 곰곰이 생각해보면 우리는 대장경을 많이 소유하고 있다. 송대의 『개보장開寶藏』에서부터 오늘날의 『불광대장경佛光大藏經』, 중국 본토에서 편찬한 『중화대장경中華大藏經』에 이르기까지 모두 합하면 30부가 넘는다. 이렇게 풍부한 언어자료를 우리는 중시하지 않을 수 없다. 사실, 산스크리트어와 팔리어에 대한 연구에서 가장 중요한 가치는 원시 불교사상에 대한 탐구이다. 이러한 종류의 작업은 표음문자에 익숙한 서양 학자들이 이미 매우 많이 해놓았다. 그러나 더욱 중요한 것은 우리들의 장점을 활용해 외국 사람들이 깊이 있게 연구하기 어려운 작업에 착수해야 하는 것인데 그것이 바로 세계 최대 불전 자료인 한문불전에 대한 연구이다.

성운학은 예로부터 불교에서 반드시 학습해야 하는 학문이다. 또한 현대에서 우리가 불경을 읽고, 불경을 연구하는 기초 학문이기도 하다. 한자는 표음문자가 아니기 때문에 동일한 글자는 다른 시공간에서 다른 뜻을 가지며 읽는 방법도 상당히 다르다. 예를 들어 관음보살의 육자진언六字眞言은 육자대명주六字大明呪라고 부르는데, 사람들에게 매우 친숙한 "옴마니 반메홈唵嘛呢叭咪吽"을 당시에는 어떻게 읽었을까? 왜 이 글자들은 모두 입 口자를 편방으로 하고 있을까? 또한 『심경心經』의 "아제아제 바라아제 바라승아제 모지사바하揭諦, 揭諦, 波羅揭諦, 波羅僧揭諦, 菩提薩婆訶."는 당시에 어떻게 읽었을까? 대비주大悲呪 전편은 수백 자에 달하는 주문으로 되어있는데 불경을 번역할 당시에는 또한 어떤 발음이었을까? 어떤 사람들은 왜 '반야般若'를 '발야鉢惹'라는 다른 독음으로 표기를 했을까? 왜 '사문沙門'을 '실라말나室羅末拏', '사라마나舍囉摩拏', '사문나沙聞那'로 번역하였고, '아함阿含'은 '하급마阿笈摩', '아가마阿伽摩', '아함모阿鋡暮'로 번역하였고, '열반涅槃'은 또 '열반나涅槃那', '열례반나涅隷槃那', '니박남抳縛南'으로 번역하였으며, '보살菩薩'은 '보리살타菩提薩埵', '보리색다

菩提索多'로 번역하였을까? 이러한 것은 모두 한자의 성운聲韻과 관련이 있다.

중국의 성운학 역사는 두 번이나 외부의 영향이 있었으며 그로 인하여 큰 변화가 일어났다. 첫 번째는 동한시기에 시작된 불교의 유입이다. 이때의 문화접촉은 문학, 회화, 조각, 철학사상에 지대한 영향을 미쳤으며 동시에 이러한 영향은 사회의 상류층에서부터 시작하여 종교의 확산과 함께 하층계급에까지 침투되어 사람들의 인생관과 생활방식에 영향을 미쳤다. 성운학도 예외가 아니었다. 고대 인도의 성운학 연구는 매우 발달하였는데, '성명론聲明論'과 '실담장 悉曇章'은 모두 이 분야의 학문이다. 인도의 문자인 산스크리트어는 일종의 표음문자로 그 장점은 음의 원리를 매우 정확하게 분석할 수 있다는 것이었다. 따라서 불교의 전파와 불경 번역, 불경 읽기의 작업이 진행되면서 문인들은 산스크리트어를 접촉할 기회를 가지게 되었고 산스크리트어를 연구할 기회도 생기게 되었으며 인도의 성운학을 터득하게 되었다. 이로서 중국어 성운학의 급속 성장을 촉진하였고 당나라말기에 이르러서는 마침내 중국의 고대 성운학의 최고 성과를 대표하는 『등운도等韻圖』가 탄생하게 된다.

두 번째 외부영향은 근대 서양 언어학의 유입이다. 본래 서양도 중국과 마찬가지로 언어연구는 경전 이해와 훈고 관념의 지배를 받았기 때문에 그 목적은 완전히 고대의 문헌, 전적을 해석하여 전통적인 어문학을 형성하는 것이었다. 19세기부터 시작한 역사비교언어학이 흥기하게 되어서야 서양에는 비로소 더욱 명확한 언어개념이 생겨나게 되었다. 20세기에 구조주의 언어학 시대에 접어들면서 서양학자들의 언어에 대한 이해는 한 단계 발전하게 된다. 중국에서 20세기는 서학西學이 대거 유입되었던 시기로 그때 발생한 문화적 충격은 심지어 당초 불교가 가져온 영향보다 훨씬 컸다. 중국의 성운학에서 이 중요한 이정표를 상징하는 저작은 1915~1926년 고본한高本漢의 『중국음운학연구中國音韻學硏究』이다. 그 이후로 중국 성운학은 경전 이해와 훈고에 의존하던 지위에서 벗어나 독립적인 생명을 얻었으며 연구방법에 있어서도 객관적이고 과학적이며 체계적인 길로 나아가게 되었다.

　송나라시기의 정초鄭樵는 일찍이 다음과 같은 명언을 남겼다. "석씨는 참선을 큰 깨달음으로 삼고, 성운학에 능통한 것을 작은 깨달음으로 삼았다." 즉, 성운학적인 지식은 출가한 사람들이 불전을 읽기 위한 기본 기능이라는 뜻이다. 그는 출가한 사람들에게 오직 마음의 수련에만 유념하지 말고 불교사상과 의리義理의 탐색에도 주의를 기울이라고 격려했다. 사실 성운학 지식은 불제자뿐만 아니라 모든 학자들이 반드시 갖추어야 할 조건이다. 청나라시기의 단옥재段玉裁는 일찍이 그의 일생동안의 학문적 경험을 한 문장으로 요약했다. "성운학에 밝으면 육서六書[한자를 만들고 응용하는 여섯 가지의 원칙인 상형(象形), 지사(指事), 형성(形聲), 회의(會意), 전주(轉注), 가차(假借)를 가리킴.]에도 밝을 것이며, 六書에 밝으면 통하지 못할 고대 경전經傳은 없다." 이 또한 성운학 지식의 중요성을 강조한 말이다. 유교의 경전經典이 그와 같을 뿐만 아니라 불교의 경전 또한 그러하다. 왜 그럴까? 불경은 번역된 문체文體이고 그 원본은 일종의 소리부호로 구성된 문자이기 때문이다. 산스크리트어는 또한 일종의 다음절 언어이기도 하다. 완전히 다른 중국어로 변환할 때 '소리'는 중요한 관건이다. 고대의 번역가들은 구체적인 경험을 바탕으로 '오불번五不翻'[1]의 원칙을 제정하였는데, 이로써 불경에는 음역어 혹은 단지 소리를 나타내는 한자가 가득하게 되었다. 고대 한자의 자모字母(예: 幇, 滂, 並, 明 등)는 바로 이렇게 탄생한 것이다. 불경에서 말하는 이른바 '마다摩多'는 '실담悉曇' 모음의 총칭이다.[2] '실담산스크리트어로는 siddham'은 일종의 산스크리트어 알파벳을 가리킨다. '摩多'는 산스크리트어를 음역한 것인데 '모母'를 의미하며 모음자를 가리킨다. '摩多'는 두 개의 부분으로 나눌 수 있다. 자주 사용하는 '십이음十二音'은 '십이운十二韻', '십이성十二轉聲' 또는 '실담십이운悉曇十二韻'이라고 부르며, '悉曇' 알파벳 중의 '십이모음자十二母音字'는 '십이모음十二母音'을 '체문體文(자음)'과 결합시켜 12가지 산스크리트어 문자를 만든 것이다. 그밖에 네 개의 음이 있는데, 성격이 앞의 12가지와 달라서 '별마다別摩多'라고 부른다.[3] 고대의 출가한 사람들은 어릴 때부터 이러한 현상을 연

---

1  다음과 같은 다섯 가지 경우는 意譯을 하지 않고 音譯을 한다. ①깊고 미묘하면서도 비밀스러운 부처의 말씀은 意譯하지 않는다.(祕密故) ②의미가 여러 가지인 것은 意譯하지 않는다.(含多義故) ③중국에 없는 사물은 意譯하지 않는다.(此無故) ④옛날부터 사용한 音譯語는 意譯하지 않는다.(順古故) ⑤존경심을 불러일으키기 위해 意譯하지 않는다.(生善故)

2  역주: 원서에는 '字母'로 되어 있으나 '母音'으로 보아야 한다.

3  『悉曇藏』卷二, 卷五, 悉曇字記를 참고하기 바람.

구해야 했다. 따라서 고대의 성운학은 대부분 승려의 손에 장악되어 있다고 해도 과언이 아니다. 중고한어의 성운학 역사는 승려와 불가분의 관계라고 할 수 있다.

고대의 승려들이 이처럼 뛰어난 업적을 이룰 수 있었던 이유는 한편으로는 종교에 대한 독실한 신앙심이 그들로 하여금 지칠 줄 모르고 부지런하게 성운학의 원리를 연구할 수 있게 하였으며, 다른 한편으로는 실제 번역작업에 필요했기 때문이다. 가장 대견한 것은 그들이 불전과 성운학의 관계를 깊이 인지하고 있었다는 점이다. 이 때문에 성운학이 일상에서 수학해야 되는 기초 학문으로 될 수 있었던 것이다.

예를 들어 현응의 『일체경음의』에서는 "豁(匣母)旦, 即于(喻三)闐也."라고 말했다. "喻三은 옛날에는 匣에 속했다喻三古歸匣"는 성운학 규칙4에 의하여 우리들은 이 지명은 오늘날의 '화전和闐'지역이라는 것임을 알 수 있다. 『대당서역기大唐西域記』에는 "구살단나국瞿薩旦那國은 당나라 때에 지유地乳라고 불렀는데 속어俗語 중의 아언雅言이다. 속어에서는 환나국澳那國이라 불렀고, 흉노는 우둔于遁이라 불렀고, 호족은 활탄豁旦이라 불렀으며, 인도에서는 굴단屈丹이라 불렀다. 옛날에는 우전于闐이라고 했는데 잘못된 것이다."라고 기록하고 있다. 그 중고음은 다음과 같다.

---

4    역주: '喻三归匣'는 1928년 曾运乾이 『喻母古读考』에서 제기한 이론으로, 중고음의 喻母 3등자는 상고음의 匣母에 속한다는 뜻이다.

| | | |
|---|---|---|
| 舊譯 | 「于遁」 | 于(虞韻 羽俱切) |
| | 「于闐」 | 于(虞韻 羽俱切) |
| 玄奘新譯 | 「瞿薩旦那」 | 瞿(虞韻 其俱切) |

정복보丁福保에 근거하면 이 지명은 Kustana 또는 Khotan, 즉 和闐이다. 현장이 이 번역을 개역해야 했던 이유는 성모聲母와 관련이 있고 운모韻母와는 관련이 없다. 云母 '于'자는 중고시기 이전에는 [g-]로 읽는 성모였는데 나중에 약화되어 설근탁찰음舌根濁擦音으로 되었으며 현장이 살던 시대에 이르러서는 이미 성모가 유실되어 성모가 없는 음으로 변했다. 따라서 산스크리트어의 [k-]발음과 대응할 수 없었기 때문에 현장은 "잘못된 것이다"라고 여기며 이 지명을 [k-]성모(중고시기 見母字)의 '瞿'자로 개역한 것이다. 예를 들면 다음과 같다.

> 『大唐西域記』: 信度河, 舊曰辛頭河, 訛也。
> 舊譯 : 「辛頭」, 頭(侯韻 度侯切)
> 玄奘新譯 : 「信度」, 度(模韻 徒故切)
> 佛光辭典 : 梵名 Sindh 或 Sindhu, 巴利名同。丁福保: Sindhu

산스크리트어와의 음대조를 통해 중고한어의 음운 변화 현상에 대한 세부사항을 반영할 수 있다. 예를 들면 다음과 같다.

| | 〔梵文 u〕 | 〔梵文 ū〕 | 〔梵文 o〕 |
|---|---|---|---|
| 法顯(417) | 短憂(尤韻) | 長憂(尤韻) | 烏(模韻) |
| 曇無讖(414~421) | 郁(屋韻) | 優(尤韻) | 烏(模韻) |
| 慧嚴(424~432) | 短憂(尤韻) | 長憂(尤韻) | 烏(模韻) |
| 僧伽婆羅(518) | 憂(尤韻) | 長憂(尤韻) | 烏(模頭) |
| 闍那崛多(591) | 優(尤韻) | | 嗚(模韻) |
| 玄應(649) | 塢(模韻) | 烏(模韻) | 污(模韻) |
| 地婆訶羅(683) | 烏(模韻) | 烏(烏韻) | 烏(模韻) |
| 不空(771) | 塢(模韻) | 污(模韻) | 污(模韻) |
| 智廣(780~804) | 短甌(侯韻) | 長甌(侯韻) | 短奧(號韻) |
| 慧琳(810) | 塢(模韻) | 污(模韻) | 污(模韻) |

중고 초기 '尤侯幽'의 글자는 [u]의 발음으로 읽었지만 중고 후기, 즉 현장이 살던 시기에 이르게 되면 더 이상 [u]로 발음하지 않았다. 따라서 현장은 이러한 구역舊譯을 만나면 늘 "잘못된 것이다"라고 여기면서 그러한 것을 새로 번역하였는데, 중고 후기에서 [u]로 읽는 '魚虞模' 운자韻字로 음역했다.

| | 尤侯幽 | 魚虞模 |
|---|---|---|
| 中古早期 | [u] | [o] |
| 中古後期 | [ou] | [u] |

성운학의 관점에서 불경을 다루는 것은 초기 불교계의 주요 과제였다. 고대의 고승 중에 성운학에 정통하지 않는 자가 없듯이 성운

학은 오늘날 우리가 불경을 탐구하여 그 안에 있는 언어문제를 해결하는 중요한 경로이기도 하다. 불경의 각 판본에 수록한 음역어, 주문, 반절주음反切注音을 통해 상호 증명하면서 같은점과 다른점異同을 관찰한 후, 음의 원리에 근거하면 곧 음운 변화의 흔적을 발견하고 불경을 통독할 수 있게 된다. 따라서 성운학 지식은 불전으로 진입하는 첫 번째 경로이다.

### 2.2.2.3. 문자학으로 시작하는 불경연구

한자는 일종의 시각기호 체계로, 표음 체계인 산스크리트어와 다르다. 송대 이전에는 인쇄 기술이 없었기 때문에 불경을 전사轉寫한 관계로 늘 사람마다 각각 다른 글씨체를 사용하였고, 이로 인해 많은 속체자俗體字와 이체자異體字가 생겨나게 된다. 예를 들면 '佛'을 '仏'로 쓰고, '菩薩'은 위아래에 '十'자 두 개씩을 겹쳐 썼다.

『용감수감』은 요遼 나라 사람이 쓴 자서字書인데 불경 필사본 속 자俗字를 대량 수록하여 지금 사람들이 속자와 돈황 문헌을 정리하는 중요한 근거가 되었다. 『소흥중조대장음紹興重雕大藏音』에도 많은 불경 속자를 수록하고 있다. 한국 연세대학교 이규갑 교수는 『고려대장경 이체자 자전高麗大藏經異體字字典』을 편찬했는데 이 방면에서 매우 중요한 참고자료이다.

李圭甲 교수,『高麗大藏經異體字字典』

　불경언어학자 정현장鄭賢章은 일찍이 "불경의 번역과 전사는 새
로운 한자를 얼마나 만들었을까?"라는 문제를 제기했다. 그는 불경
의 번역과 전사 때문에 새로운 글자新字가 대량 생겨났고, 이러한 글
자들은 자서字書, 운서韻書에 수록되어 자서의 글자 수가 크게 증가
했다고 했다. 예를 들면 '傘', '咒', '薩', '塔', '魔', '柺', '僧', '唵', '吽',
'伽', '梵' 등이 있는데 모두 불경을 번역하거나 혹은 전사하던 시기
에 만들어진 글자들이다. 또한 산스크리트어와 팔리어에 대응하기
위해서 새로 만든 일반 음역자와 특수 음역자, 주문에 쓰인 글자咒
語字, 진언에 쓰인 글자眞言字가 있는데 예를 들면 '嘛', '唎', '呢', '珜',
'裟' 등과 같다. 현응의『일체경음의』, 혜림의『일체경음의』, 가홍可
洪의『신집장경음의수함록新集藏經音義隨函錄』에는 대량의 '글자의 모
양字樣'을 변별하는 전문용어를 수록했다. 이것들은 모두 우리가 불

전을 통독할 때 도움이 된다. 아래에서는 불경의 속체자俗體字가 얼마나 다른지에 대해 살펴보겠다.

| 序號 | 俗字 | 正字 | 高麗本 | 卿本 | 筆本 | 四庫本 | 盧竹本 | 譯真本 | 偏注 |
|---|---|---|---|---|---|---|---|---|---|
| 03279 | | | | | | | | | |
| 03280 | | 注138 | | | | | | | |
| 03281 | | | | | | | | | |
| 03282 | | 注139 | | | | | | | |
| 03283 | | | | | | | | | |
| 03283A | | 〃 | | | | | | | |
| 03284 | | | | | | | | | |
| 03284A | | 〃 | | | | | | | |
| 03285 | | | | | | | | | |
| 03286 | | | | | | | | | |
| 03287 | | | | | | | | | |
| 03288 | | ○ | | | | | | | |
| 03289 | | ○ | | | | | | | |
| 03290 | | ○ | | | | | | | |
| 03291 | | | | | | | | | |
| 03292 | | | | | | | | | |
| 03293 | | | | | | | | | |
| 03294 | | | | | | | | | |
| 03294A | | 〃 | | | | | | | |
| 03295 | | | | | | | | | |

(曾榮汾 연구 책임, 87년도 國科會 프로젝트, 《龍龕手鑑之俗字研究. 二》, p.224[5]

---

문자학의 관점에서 볼 때 불경언어를 탐구하는 것은 개척할 가치가 있는 길이다. 돈황사본敦煌寫本 불경에는 당시 한자 변천의 일부 현상을 반영하는 속체자, 이체자들이 많은데, 모두 학문적으로 탐구할 가치가 있는 새로운 방향들이다. 예를 들어 아래의 연구 성과들은 이러한 관점으로 연구한 것이다.

노복흥路復興은 『용감수감 문자연구龍龕手鑑文字硏究』에서 『용감수감』의 편찬 목적은 다양한 경서를 전사한 문자를 명확하게 설명하는데 있다고 주장하면서 저자인 행균行均은 각종 필사본의 글자체를 전사하고 필사본 시대의 문자 풍격을 논하고 필사본 시대에서 일반적으로 사용하던 글자사용 습관을 탐구했다고 했다. 서진진徐珍珍은 『신집장경음의수함록 속자 연구「신집장경음의수함록新集藏經音義隨函錄」俗字硏究』에서는 당말 오대唐末 五代는 문자가 문란한 시기이므로 오늘날 당시 문자 상태를 연구하기 위서는 오직 『용감수감』에 의지할 수밖에 없다고 주장했다. 그러나 필자는 『용감수감』은 요나라 시기의 작품이지만 가흥의 『신집장경음의수함록』은 이보다도 연대가 더 이르기 때문에 관련 항목의 분석 및 귀납을 통해 『신집장경음의수함록』의 속자 상황을 보여주고, 속자의 형성 원인을 도출해냈다. 그리고 진비룡陳飛龍의 『용감수감 연구「龍龕手鑑」硏究』에서는 『용감수감』의 10개 판본을 망라하였는데, 하나씩 평가하고 교감하면서 『설문해자』, 『옥편』, 『강희자전』과 비교했다. 그리고 장묘금蔣妙琴의 『신구 판본 용감수감을 인용한 고증「龍龕手鑑」引新舊藏考』에서는 『용감수감』의 자료편찬에 대한 다양한 출처와 근거를 연구하고 나아가 오늘날 불경의 가치에 대해서 논했다.

위에서 언급한 것은 대만학자들의 연구결과로 대부분 『용감수감』
이란 책에 집중되어 있다. 연구 방법에는 불경의 각종 필사본에서 사
용한 글자에 대한 비교, 혹은 상호 인증, 혹은 판본의 상호 교정 등이
있는데 모두 '以經證經'의 기본적 사고방식을 유지하고 있다.

### 2.2.2.4. 훈고학으로 시작하는 불경연구

훈고학은 주로 글자의 뜻字義과 단어의 뜻詞義을 연구하는
오래된 학문이다. 역대 불경의 주해註解와 주소注疏는 모두 이 부류의
연구에 속한다. 관심 대상에는 동원어同源語 문제를 포함하고 있는데
동원어는 음과 의미가 동일한 근원에서 나왔으며 본래는 한 개의 단
어였는데 여러 개의 변체變體로 파생되어 변천된 것을 말한다. 이것은
중국어의 변천에서 흔히 볼 수 있는 현상이다.

훈고학은 유구한 역사를 가지고 있으며, 오랫동안 어휘 의미 연구
에서 상당한 성과를 거두었다. 불경의 어휘 의미 연구는 당나라시기
의 음의지학音義之學에서부터 시작되었으며 청나라 학자들은 어휘 의
미에 대한 탐구에 노력을 아끼지 않으며 '2왕二王'인 대진戴震, 단옥재
段玉裁를 비롯하여 많은 대가들을 배출했다. 하지만 이러한 성과는 모
두 유가경전의 연구에 집중되어 있었다. 최근에는 불경언어학이 점
차 번성하게 되었는데, 컴퓨터 데이터베이스의 도움으로 어휘의 의
미에 관한 연구와 발표된 논문들은 가히 주목할 만하다. 예를 들면
아래의 논문들은 모두 훌륭한 연구 성과를 얻은 것들이다.

　　안합무顏洽茂의 「'逸義'를 논하다說'逸義'」가 있는데 이른바 '일의逸 義'는 '의항 누락'을 의미한다. 중국어 어휘는 오랜 역사를 가지고 있 기 때문에 어휘 의미 체계가 매우 복잡하다. 게다가 시간의 흐름에 따라 의미가 변하면서 의미의 전승에 단층斷層이 생겼는데, 이는 '逸 義'을 초래한 주된 원인이 되었다. 이 논문은 고대의 주소注疏와 한 역불경자료를 예로 들면서 다양한 전적에 흩어져 있는 '逸義'를 설 명하고 정리한 것으로 반드시 부지런히 정리하고 세심하게 조사하 여 밝혀야만 올바른 의미를 찾을 수 있다고 설명했다. 그는 동시에 '逸義'를 발견하기 위해서는 반드시 "판본을 구하는 것講求版本, 글자 를 알고 음을 분별하는 것認字辨音, 편면적인 관점으로 전체적인 문 제를 보는 것을 피하는 것忌以偏概全" 등의 원칙을 준수해야 한다고 했다.

　　동지교董志翹는 「한역불전의 현대주석 현대번역과 중고한어 어휘 연구—『현우경』, 『잡보장경』역주본을 예로漢譯佛典的今注今譯與中古漢 語詞語研究—以『賢愚經』, 『雜寶藏經』譯注本為例」에서는 북위北魏 역경 『현 우경』, 『잡보장경』이라는 두 권의 금주금역본今注今譯本을 예로 삼아 그 중에서 교정이 잘못되었거나, 주석이 잘못되었거나, 번역이 잘 못된 육조시기 단어를 골랐는데 모두 여섯 조가 있다. 예를 들면 '쾌 사快士'는 '호탕한 선비'로 주석을 달았는데 실제로는 '품행이 단정 한 선비'라는 뜻이다. 또 '정중鄭重'은 당시에는 마땅히 '여러 번 반 복하다'라는 뜻이었는데, 현대어 번역은 '엄숙하고 진지하다'는 뜻 으로 잘못 번역했다. '장기藏棄'는 본래 '장거藏去'로 '소장하다'는 뜻

이지, 현대어 번역인 '버리다'는 뜻이 아니다. '재후在後'는 '뒤이어'
의 의미로, 현대어 번역인 '뒤에 남기다'는 뜻이 아니다. '검륜劍輪'은
'검'의 의미가 아니라 불교의 아비지옥가운데 하나이다. '질하跌下'
도 '도망쳐 버리다'의 의미가 아닌 '모욕을 당하다'라는 뜻이다. 그
의 목적은 중고한어 어휘연구의 중요성을 중시하여야만 현대어의
어감에 부회하지 않게 된다는 점을 강조하고자 했다.

증소총曾昭聰은 「중고불경에서의 완곡어 고찰 분석中古佛經中的委
婉語考析」에서 중고시기의 불경에는 당시의 구어가 많이 남아 있어
중국어 어휘 연구와 사전 편찬에 중요한 언어 자료가 된다고 주장
했다. 그는 방일신, 왕운로方一新, 王云路를 인용하여 『중고한어독본中
古漢語讀本』의 불경에 관한 소개에서 "예를 들어 포교의 편리를 위해
서라든가, 번역자의 중국어 실력이 높지 않다든가, 필기자의 기록의
용이성을 위해서라든가 등등의 여러 가지 이유로 동한에서 수나라
에 이르기까지 수많은 번역 불경들이 동시대의 중원문헌보다 구어
적 성분이 훨씬 많으며 당시 더 나아가서는 후대의 언어 및 문학 창
작에 막대한 영향을 끼쳤다"고 강조했다. 이 논문은 '성행위'를 나
타내는 완곡어 몇 개를 예로 들고 있다. '교회交會'를 예로 들면, "昔
捕魚師捕得一魚, 剖腹而視見一女, 其色正黑, 波羅勢仙與其交會, 生育
一子, 名提婆延, 五通自在, 威德具足, 如斯等比, 豈非仙耶? 옛날에 어
부가 물고기 한 마리를 잡았는데, 배를 갈라 보니 한 여인이 들어 있
었는데, 그 여인의 몸 색은 온통 흑색이었다. 파라세 선인은 그녀와
살면서 아들을 낳아 길렀는데, 이름이 제파연이었다. 그 아들은 다

섯 가지 신통력이 있어 자유로웠고, 위엄과 덕망을 모두 갖추었으니, 이와 같은 사실을 헤아려본다면 어찌 선인이 아니라 할 수 있겠는가?"(축율염, 지겸 공역竺律炎共支謙譯『마등가경摩登伽經』)라는 문장이 있는데,『한어대사전漢語大詞典』를 찾아보면 상권 833쪽의 '交會'라는 표제어의 네 번째 의미항목에서는 의미가 '성교性交'와 같다고 한다. 그러나『한어대사전』에서는 가장 먼저 출현한 예문으로 명나라 풍몽룡馮夢龍의『고금담개古今譚概』를 들고 있지만, 증소총이 발견한 예는 시대가 좀 더 앞선다.

요위군姚衛群은「고대한문불전 중의 동형이의어와 이형동의어古代漢文佛典中的同詞異義與異詞同義」에서 불경의 '동형이의同詞異義'와 '이형동의異詞同義'는 한문 번역에서의 불교의 중요한 특징을 보여준다고 주장한다. '동형이의어'의 예는 '空'과 '心'이다. '空'의 뜻은 '性空'에 있고 사물의 실상을 묘사하는 데 쓰이지만, 허공이나 공간을 가리키기도 한다. '이형동의어'의 예로는 '蘊'과 '陰', '無'와 '空', '境'과 '塵' 등이 있다. 예를 들어 '蘊'과 '陰'은 모두 "사람과 사람이 서로 작용할 때의 몇 가지 요소의 축적"을 가리킨다. '동형이의어'와 '이형동의어'의 예문 분석에서 알 수 있듯이, 중국 고대의 불전 번역은 한자나 단어 선택 방면에서 유연하고 변화무쌍한 특징을 가지고 있다. 한 단어는 여러 가지 번역 방법이 있을 수 있는데, 의역意譯할 수도 있고 음역音譯할 수도 있다. 현장이 제시한 '五種不翻오종불번[다섯 가지는 번역하지 않는다]'는 바로 이 방면을 총결산한 모델이다. 그리고 불전 번역은 간편함을 강조하여 불교 교리를 쉽게 전할 수 있게 하였다. 또한 불

전 번역은 중국 고유의 사상 문화를 채택하는 것을 매우 중요시하였
다. 불전 번역에서 같은 단어에 대한 다른 번역은 서로 다른 번역가
또는 시대별 번역의 특색을 나타낸다. 다른 번역어는 불교 교리에 대
해 시대에 따라 번역가의 인식이 달라진 점도 반영한다.

　이유기李維琦의 「불경 중의 난해 어휘에 대한 고증·해석의 예시考
釋佛經中疑難詞語例說」에서는 불교 방면의 난해한 단어를 고증·해석하
고, 몇 가지 흔히 사용하는 연구방법을 나열하였다. 예: ①고대주석
古注을 이용한다. ②사전류를 검색한다. ③중원문헌과 대조한다. ④
불경 자체에서 해답을 찾는다. ⑤같은 단어를 사용한 문장들에서 귀
납한다. ⑥불경으로 불경을 밝힌다. ⑦예문을 분석한다. ⑧비한문非
漢文 불전과 대조한다. 그는 나아가 "불경 자체에서 해결책을 찾아야
한다."고 설명했다. '경행經行'이라는 단어를 예로 들면 다음과 같다.

> 有一美人, **經行山中**, 從崎到崎, 顧見石間日室中有一比丘。
>
> 　　　　　　　　　　　　　　　　　　吳『義足經』
>
> 不久睡眠, **尋起經行**, 而修行道。
>
> 　　　　　　　　　　　　　　　符秦『僧伽羅煞所集經』
>
> 迦葉於中食後**林間經行**。
>
> 　　　　　　　　　　　　　劉宋『過去現在因果經』
>
> 經行之人獲五功德。云何為五？一者堪任遠行；二者多力；三
> 者所噉食自然消化；四者無病；五者**經行之人**速得禪定。
>
> 　　　　　　　　　　　　　　　　姚秦『出曜經』

첫 예문에서 알 수 있듯이 '經行'은 바로 걷는 것이다. 두 번째 예문으로부터 '經行'은 일종의 수행 방법임을 알 수 있다. 세 번째 예문으로부터 '經行'은 도인과 속인이 모두 사용 가능하다는 것을 알 수 있다. 네 번째 예문으로부터 '經行'의 좋은 점을 알 수 있다. 즉, 그가 사용한 방법이 바로 '以經證經'인 것이다.

진수란陳秀蘭은 「상용어휘로부터 본 위진남북조문과 한문불전언어의 차이從常用詞看魏晉南北朝文與漢文佛典語言的差異」에서 수학적 통계를 이용하여 위진남북조의 글과 같은 시기 한문불전에서 상용어 몇 조의 사용 실태를 조사하여 두 문헌이 상용어 사용 방면에서 보이는 차이를 알 수 있도록 했다. 이 연구로부터 다음과 같은 것을 발견할 수 있었다.

① 1음절어의 사용 방면에서 각각 선호하는 바가 있다. 위진남북조시기의 글에서는 상고시기에 우위를 차지했던 어휘를 사용하였고, 같은 시기 불전에서는 백화 어휘를 많이 사용하였다. '연소하다'의 의미를 나타낼 때, 위진남북조시기의 글에서는 '焚'을 많이 사용하였고, 같은 시기 불전에서는 '燒'와 '然'을 많이 사용했다.

② 2음절어의 사용에 있어서 각자의 특색이 있다. 예를 들어 '충만하다, 만족하다'는 뜻을 나타낼 때 위진남북조시기의 글에서는 '圓滿'을 많이 사용하였고, 같은 시기 불전에서는 '滿足'과 '充滿'을 많이 사용했다.

③ 2음절어를 사용할 때, 두 가지 문헌은 사용량과 사용빈도에서

도 차이를 보인다. 위진남북조시기의 불전에서는 위진남북조시기
의 글보다 2음절어를 더 많이 사용하였고 위진남북조시기의 글보다
출현빈도도 더 높다.

④ 용법상에서도 일부 상용어는 두 문헌에서 용법 차이를 보이고
있다. 예를 들어 '焚, 然, 燒'는 위진남북조시기의 불전에서는 추상명
사를 목적어로 가질 수 있지만 위진남북조시기의 글에서는 그럴 수
없었다.

축가녕은 「서진 불경 중 '仁'자의 의미 연구西晉佛經中仁字的詞義研
究」에서 유가경전의 용법에서 '仁'자는 덕행을 대표하는 글자라고
주장한다. 공자는 이 덕행을 특히 중시하여 『논어』에서 '仁'자를 46
번 언급하였고, 『맹자』에서도 '仁'자를 68번이나 언급했다. 그러나
그중에는 인칭대명사로 쓰인 것은 하나도 없었다. 『중문대사전中文
大辭典』에서 '仁'자는 22개의 해석이 수록되어 있는데, 2인칭으로 쓰
인 것은 하나도 없다. 『돈황변문 자의통석敦煌變文字義通釋』에도 이런
의미는 수록하지 않았다.

이 논문은 서진 불경에서 2인칭으로 사용하는 '仁'자를 탐구했
다. ①단독으로 사용한 '仁'자를 고찰했다. 대명사로 쓰이는 '仁'자
는 서진 불경에서 주어로 쓰일 수도 있고 목적어로 쓰일 수도 있고
심지어는 한정어로 쓰일 수도 있다. ②'仁者'는 두 글자를 같이 사용
한 것인데, 이는 유가경전에서 '仁者'라는 두 글자를 함께 쓰는 것과
는 완전히 다르다. 불경에서의 '仁者'는 모두 2인칭 대명사로 쓰인

다. '者'자는 허화虛化된 접미사이고 어휘의미의 중심은 어근 '仁'자
에 있다. 오늘날의 '您'자의 형성과정을 살펴보면 '你們'의 합음合音
으로 형성되었다는 것이 일반적인 견해이다. 이 논문은 '您'자의 전
신이 바로 불경에서의 '仁'자라고 주장한다. 그러나 복수를 나타내
는 것도 아니고 '존경'의 의미도 없다. 그러므로 '您'이라는 단어는
위로 서진시기까지 올라갈 수 있다.

  또 축가녕은 「불경 동형이의어의 예시를 들다佛經同形義異辭擧隅」
에서 몇 가지 '고금동형古今同形'인 단어를 골라 그 의미 변화를 살펴
보았다. 역사적으로 새로운 단어의 형성에는 두 가지 기본 형태가
있기 때문이다. 첫째는 완전히 새롭게 만든 단어이고, 둘째는 기존
단어를 활용해 새로운 의미를 부여하는 것이다. 후자는 바로 본문에
서 말하는 '동형이의同形義異'의 어휘이다. 이런 어휘는 우리가 읽을
때 종종 현대의 어감으로 이해하게 되므로 오류가 발생한다. 이 논
문에서는 8개의 고금동형古今同形이지만 의미변화가 있는 2음절어를
제시하고, 불경의 실제 예문을 통해 그 문맥을 관찰하여 당시 이 단
어의 구체적인 의미를 추론하고자 한다. 이 8개의 단어를 의미 변화
유형으로 구분하면, '전이식轉移式'에 속하는 것으로는 '行人, 割愛,
感激, 大家'가 있고, '축소식縮小式'에는 '處分, 發行, 貿易, 擁護'가 있
다. 이 중 '처분處分'은 본래 모든 처리 방식을 의미하였지만, 과실에
대한 징벌 방식만 나타내는 것으로 발전했다. '발행發行'은 원래 모든
동작의 시행을 의미했지만, 간행물 출판만을 의미하게 되었다. '무역
貿易'은 원래 모든 물건의 교환을 의미하였지만, 단지 경제적인 매매

행위만을 나타내게 되었다. '옹호擁護'는 원래 보호하고 돌보는 행위
를 의미하였지만, 단지 어떤 의견에 대한 부화뇌동이나 지지만을 의
미하게 되었다. 단어의미의 변화에 있어서, 축소식의 출현빈도가 왕
왕 비교적 높은데, 이것은 사회발전의 복잡함과 다양화에 따라 단어
의 의미에 상응하는 분업이 생기기 때문이다. 어휘의미의 전담화專
職化는 의미의 모호성을 낮추고 확실성을 증가시켜 의사소통과 의사
전달을 보다 효과적으로 할 수 있게 하여 오해를 줄일 수 있었다.

불경훈고자료에는 역대의 주소注疏를 포함된다. 특히『금강경소
金剛經疏』와 같은 훈고주소訓詁注疏 자료가 많은데, 당나라 때 특히 흥
성하였다. 현재 돈황에 보존되어 있는 '斯2047號(스타인본 2047호)' 잔
권殘卷은 구마라집이 번역한『금강경』이다. '斯2050號(스타인본 2050
호)' 잔권도 구마라집이 번역한『금강경』이다. 또한『금강반야경지
찬金剛般若經旨贊』도 경전주소류佛典注疏類에 속하는데, 당나라의 담광
曇曠이 편찬한 것이며, 2권으로 되어있는데, 현존본은 영국과 프랑
스에 있다.

### 2.2.2.5. 어휘학으로 시작하는 불경연구

어휘학의 가장 중요한 내용은 조어론構詞學과 어휘의미론
詞義學, 이 두 가지이다. 전자는 어휘로부터 관찰할 수 있는 외형이고
후자는 어휘로부터 관찰할 수 없는 영혼이다.

중국어 어휘에는 어떤 조어 방법이 있는가? 귀납해 보면 다음과
같은 다섯 가지 경로가 있다. 첫째는 의미 조어 방법이고, 둘째는 음

성 조어 방법이고, 셋째는 접미사 조어 방법이며, 넷째는 중첩 조어 방법이며, 다섯째는 축소 조어 방법이다. 그 중에서 가장 중요한 것은 의미 조어 방법과 음성 조어 방법이나. 일반적으로 중국어 조어 방법은 소리에 귀속되지 않으면 의미에 귀속된다고 말하기도 하는데, 이것은 예로부터 가장 주요한 두 가지 조어 경로였다.

어휘학은 언어연구에서 하나의 기초학문이다. 최근 몇 년 동안 불경어휘 연구는 다방면의 성과를 거두었다. 예를 들어 조어론 방면의 '접미사'에 대한 연구, 또 의미소 분석법과 의미장 이론의 응용 등이 있는데, 이러한 방면에서 모두 현대 언어학의 영향을 받아 불경어휘 연구가 한 걸음 더 나아갈 수 있도록 했다.

'접미사'란 무엇인가?'접미사'는 인류 언어의 보편적인 현상으로, 불경에도 보편적으로 존재하는데, 예를 들어 불경의 '自'는 접두사로, 불경 조어법의 중요한 특징 중의 하나이다. 영어에는 myself, himself, itself 등을 구성하는 suffix-self가 있다. prefix로 '자신의 것'을 나타낼 수도 있다. 예를 들어 self-abandoned(자포자기한), self-absorption(정신을 집중하는), self-acting(자동의), self-admiration(자부하는), self-advertisement(자기홍보의), self-applause(자화자찬하는), self-centered(자기중심의), self-command(자기통제의), self-evident(자명한) 등이다. 프랑스어에도 '자신 몸으로 돌아가다'는 뜻을 나타내는 이러한 재귀대명사가 있는데, 예를 들어 'me, te, se'를 동사의 앞에 놓으면 이 동작이 '자신에게로 돌아가다'는 뜻이 된다. 또 프랑스어 예를 들면 'se laver(목욕하다)'라는 어휘 앞에 재귀대명사를 붙여 다음과 같이 쓰기도 한다.

je me lave        tu te laves        il se lave

프랑스어의 'Il se peigne. (그는 머리를 빗는다)', 'Je me couche. (나는 잠을 잔다)', 'Ce livre se vend très vite. (이 책은 매우 빨리 팔린다)'는 모두 재귀대명사를 하나씩을 가지고 있다.

진대晉代 불경에서는 '自'가 자주 접두사로 쓰이면서 '自V' 구조가 많이 생겨났다. 이러한 '自'자는 '지시대명사'로 원래 '실제로 가리키다'는 뜻이 있었고 '自~' 구조에서는 주어로 쓰인다. 그러나 불경이 많이 사용되면서 점차 그 의미가 일반화되어 이미 '주술구조'의 주어('자신이 어떠어떠하다'라고 해석하면 안 됨)로 볼 수 없고 하나의 접두사가 되었다고 보아야 한다. 이러한 '自V'는 조어 능력이 매우 강하며, 동사의 앞에 놓여서 동작의 방향과 소속을 나타낸다. 이것이 바로 접두사의 특징(어휘의미의 허화虛化, 위치의 고정, 강력한 조어력)이다. 한나라시기 불경의 '自V' 구조인 '自守'를 살펴보도록 하자.

是身為譬如深冥六十二疑不自守。是身為譬如喜妒不可不得不受。

安世高 0607·236b

不贏人共居。不薈薈。自守少惱少事少食。不捨方便。

安世高 0607·231a

이 중의 '自'를 '자신이 어떠하다'라고 번역할 필요는 없다. 의미
중심은 뒤에 있는 그 동사일 뿐이기 때문이다.

　　진대晉代 불경에서 '自'자는 자주 접두사로 쓰였고 '自~'구조가 많
이 생겨났다. 서진시기 불경에서 '自~'처럼 접두사로 쓰이는 예문을
보도록 하자.


自大 : 消除自大憍慢之心, 禪定之業, 此可致矣。

　　　　　　　　　　　　　　　103『佛說聖法印經』

自可 : 無有代者。而色其身。放逸自可。

　　　　　　　　　　　　　　　315『佛說普門品經』

自用 : 在諸菩薩, 凶堅自用。

　　　　　　　　　　　　　　　274『說濟諸方等學經』

自守 : 見若不見, 聞若不聞。澹然自守。

　　　　　　　　　　　　　　　315『佛說普門品經』

自言 : 剛強之性, 自言無罪。

　　　　　　　　　　　　　　　315『佛說普門品經』

自知 : 愚癡之人。不能自知。坐怨鬼神。

　　　　　　　　　　　　　　　315『佛說普門品經』

自是 : 勿令偏黨, 專愚放恣自是, 惡彼如法比丘。

　　　　　　　　　　　　　　　274『說濟諸方等學經』

自致 : 為伽維羅衛王作太子。**自致**得佛。

168『佛說太子墓魄經』

自修 : 豈見學士, 己不**自修**, 不知羞慚。

274『說濟諸方等學經』

自害 : 譬如飲毒, **自害**其已。

315『佛說普門品經』

自恣 : 又其比丘, 放逸**自恣**。

274『說濟諸方等學經』

自疲 : 力盡**自疲**, 不得動搖。

135『佛說力士移山經』

自責 : 以何方便, 現世**自責**, 能除罪法。

274『說濟諸方等學經』

自勝 : 涕淚哽咽, 不能**自勝**。

168『佛說太子墓魄經』

自喪 : 貪婬無形, 愚冥所貪。貪欲**自喪**, 亡失人形。

315『佛說普門品經』

自然 : 無我無欲, 心則休息。**自然**清淨, 而得解脫。

103『佛說聖法印經』

自想 : 如閑居樹坐, **自想**揩火, 然還燒其樹。

315『佛說普門品經』

自損：若欲周備, 不闕文字。隨正典教, 不**自損**己。

274『說濟諸方等學經』

自禁：由己惡言。坐**自縱**恣, 不能自禁。

315『佛說普門品經』

自嘆：己無所知, **自嘆**有慧。

274『說濟諸方等學經』

自察：諸來眾會。三返觀已。三返**自察**師子頻申。

274『說濟諸方等學經』

自說：不覺真實誠諦之言。反傳狂語, 出意**自說**。

274『說濟諸方等學經』

自謂：於彼世時, 有愚憃士。無菩薩行, **自謂**菩薩。

274『說濟諸方等學經』

自濟：高翔遠逝, **自濟**於世。世間無常, 恍惚如夢。

168『佛說太子墓魄經』

自縱：其心一類, 無可畏者。皆由放恣遊盜**自縱**。

315『佛說普門品經』

自歸：善心荐發, 普而奉迎。五體**自歸**, 稽首足下。

135『佛說力士移山經』

위 예문들의 '自~'는 모두 접두사의 기능을 가지고 있다. 동사의 앞에 놓이면서 '자신에게로 되돌아가다返諸其身'라는 뜻을 나타내며 영어의 '-self'의 의미와 같다. 이중에서 대부분 용법은 현대 중국어에는 없는 것이다. 위의 예문들을 통해 '自'의 조어 능력이 매우 강하다는 것을 알 수 있다.

다시 아래의 '自V'구조를 보면, 만약 모두 '자신이 어떠어떠하다…'로 번역해야 한다면, 간결하지 못하고 너무 거추장스러울 것이다. 실제로 '自'는 의미가 이미 약해졌다.

> 吾今<u>自坐</u>瞿曇世尊法御之側也。
>
> 76 『梵摩渝經』

이 문장은 '나는 …에 앉으리라'로 번역하면 된다. '나는 스스로 …에 앉으리라'로 번역할 필요가 없다.

> 於是長者維摩詰<u>自念</u>。
>
> 474 『佛說維摩詰經』

이 문장은 '유마힐이 마음속으로 생각하기를…'이라는 뜻으로, '유마힐이 마음속으로 스스로 생각하기를…'로 번역할 필요가 없다.

> 求大乘者, <u>自行</u>大悲。
>
> 474 『佛說維摩詰經』

이 문장은 '…대비를 실천하다'라는 뜻으로, '…스스로 대비를 실천하다'로 번역할 필요가 없다.

> 佛告龍王, 汝當復自歸於佛。
>
> 185 『佛說太子瑞應本起經』

이 문장은 '…부처님께 귀의하다'는 뜻으로, '…스스로 부처님께 귀의하다'로 번역할 필요가 없다.

> 身常負重, 眾惱自隨。
>
> 581 『佛說八師經』

이 문장은 '…온갖 번뇌가 따라 온다'라는 뜻으로, '…온갖 번뇌가 스스로 따라 온다'로 번역할 필요가 없다.

접사 문제 외에도 '의미소 분석법'의 응용은 불교 경전의 어휘를 연구하는 데 매우 효과적인 새로운 방법이다. 토론해야 할 단어 한 조를 하나의 '의미장' 안에 넣어놓고 대조하면 그것들의 '구별성 특징'을 찾을 수 있다. 이렇게 하면 이 불경어휘들 상호간의 공통성과 특수성을 더욱 세밀하게 관찰할 수 있다. 예를 들면, 불경에서 자주 보이는 세 개의 동사 '導引, 引導, 進引'을 하나의 의미장에 넣어놓고 이 세 어휘의 '의미소'를 분석할 수 있다.

| 의미소 \ 단어 | | 導引 | 引導 | 進引 |
|---|---|---|---|---|
| 어법 의미 | 〔동사〕 | + | + | + |
| | 〔타동사〕 | +, - | +, - | - |
| | 〔사람 목적어〕 | - | + | - |
| 개념 의미 | 〔인솔 의미〕 | + | + | - |
| | 〔영적 지향〕 | - | + | - |
| | 〔여러 가지 의미〕 | - | - | + |

　불경의 상호 증명 방법에 근거하여 분석한 후 어법의미를 살펴보면 '導引, 引導, 進引'은 모두 동사로 쓰인다. 예를 들면 다음과 같다.

> 太子上馬。百億帝釋四百億四大天王。天龍鬼神翼從**導引**。平治塗路。天樂詠歌。
>
> 　　　　　T03n0152_p0042a05『六度集經』

위의 예문에서 '導引'은 동사로 쓰였다.

> 舍利弗。吾從成佛已來。種種因緣。種種譬喻。廣演言教。無數方便**引導**眾生。令離諸著。所以者何。如來方便知見波羅蜜。皆已具足。
>
> 　　　　　T09n0262_p0005c03『妙法蓮華經』

위의 예문에서 '引導'는 동사로 쓰였다.

佛在舍衛國祇樹給孤獨園。時彼城中。有五百賈客。往詣他
邦。販買求利。涉路**進引**。到曠野中。迷失徑路。靡知所趣。
T04n0200_p0209a24『撰集百緣經』

위의 예문에서 '進引'는 동사로 쓰였다.

둘째, 의미자질을 분석해보면 '導引'과 '引導'도 [+/-타동성]이지
만, '進引'은 [-타동성]이다. 예를 들면 다음과 같다. '導引', '引導'은
타동사와 자동사 두 가지로 쓰인다. 먼저 타동사로 쓰이는 예문을
보도록 하자.

到曠野中。值天暑熱。無有水草。飢渴欲死。尋即往彼辟支佛
所。便示王水草。渴乏得解。**導引**其道。還達本國。喜不自勝。
T04n0200_p0249c15『撰集百緣經』

위의 예문에서 '導引'은 타동사로 사용되었으며 그 뒤에 목적어
'其道'가 출현했다.

十方佛土中。唯有一乘法。無二亦無三。除佛方便說。但以假
名字。**引導**於眾生。說佛智慧故。
T09n0262_p0008a19『妙法蓮華經』

위의 예문에서 '引導'는 타동사로 쓰였으며 그 뒤에 목적어 '眾生'
이 출현했다. 다음은 자동사로 쓰이는 예문이다.

太子上馬。百億帝釋四百億四大天王。天龍鬼神翼從導引。平
治塗路。天樂詠歌。

T03n0152_p0042a05『六度集經』

위의 예문에서 주어는 '天龍鬼神'이고, '翼從'과 '導引'은 서술어
로 쓰였다.

是時薩陀波倫菩薩與五百女人輩。稍引導而去。遙見犍陀越國
有幢幡。譬如忉利天上懸幢幡。

T08n0224_p0473a04『道行般若經』

위의 예문에서 '引導'는 자동사로 쓰였다.
'進引'은 자동사로만 쓰인다. 예를 들면 다음과 같다.

佛在舍衛國祇樹給孤獨園。時彼城中。有五百賈客。往詣他
邦。販買求利。涉路進引。到曠野中。迷失徑路。

T04n0200_p0209a24『撰集百緣經』

좀 더 자세히 살펴보면, '引導' 뒤에는 '人'이 목적어로 출현하지
만, '導引' 뒤에는 일반적으로 '人'이 목적어로 출현하지 않으며, '進
引'은 자동사로 쓰인다. 예를 들면 다음과 같다.

吾從成佛已來。種種因緣。種種譬喻。廣演言教。無數方便引

導眾生。令離諸著。

T09n0262_p0005c03『妙法蓮華經』

위 예문에서는 '舍利佛以種種方便引導眾生(사리불이 여러 가지 방편으로 중생을 인도한다)'라는 뜻인데, 여기서 '引導'의 목적어는 '眾生'이다. '眾生'은 일반 민중을 가리킨다.

大威德藏三昧。於此三昧亦悉通達。爾時彼佛欲引導妙莊嚴王。及愍念眾生故。說是法華經。

T09n0262_p0059c13『妙法蓮華經』

위 예문 중 '爾時彼佛欲引導妙莊嚴王(이때 부처님이 묘장엄왕妙莊嚴王을 인도하려고 했다)'에서 '妙莊嚴王'은 사람을 가리킨다.

다른 시각으로 바꾸어 개념의미 관점에서 보더라도 '導引'과 '引導'에는 모두 '인솔하다'는 의미가 있다.

馬蹄寂然不聞微聲。太子上馬。百億帝釋四百億四大天王。天龍鬼神翼從導引。平治塗路。天樂詠歌。

T03n0152_p0042a05『六度集經』

이 예문 중 '太子上馬, 百億帝釋四百億四大天王, 天龍鬼神翼從導引'에서는 '백억 제석과 4백억 사대천왕과 하늘, 용, 귀신들 모두 태자의 인솔에 따르다'는 뜻이라고 설명하고 있는데, 이 중의 '從'에서

'인솔하다'는 의미가 드러난다.

> 若我滅度後。能說此經者。我遣化四眾。比丘比丘尼。及清信
> 士女。供養於法師。**引導**諸眾生。集之令聽法。
>
> T09n0262_p0032b01『妙法蓮華經』

위의 예문은 '부처님이 이 경전을 강술할 수 있는 사람은 중생을 인도하고 집결하여 법을 듣게 할 수 있다고 알려주고 있다'는 뜻으로, '集'자로부터 중생은 반드시 먼저 이끌어야 집결할 수 있기 때문에 '引導'에는 '인솔하다'는 의미가 있다는 것을 알 수 있다. 이 중에서 '引導'의 용법은 사람의 마음을 가르치고 인도하는 것, 또는 영적 지향의 의미가 있을 수 있다.

> 舍利弗。吾從成佛已來。種種因緣。種種譬喻。廣演言教。無
> 數方便**引導**眾生。令離諸著。所以者何。如來方便知見波羅
> 蜜。皆已具足。
>
> T09n0262_p0005c03『妙法蓮華經』

위의 예문은 '부처님이 중생들을 인도하여 모든 집착을 여의도록 하다'는 뜻인데, 여기에서의 '著'에 대해『불광대사전』에서는 "애착, 집착, 탐심 등과 같이 마음이 어떤 사리事理에 사로잡혀 분리되는 것을 아쉬워하다"라고 해석하고 있다. 그러므로 '諸著'는 '여러 가지 욕망의 집착'을 가리키며 이것들은 모두 영혼의 측면에 속하므로

"부처님은 설법을 통해 중생들을 인솔하여 이러한 영혼의 집착에서 벗어나도록 한다."

'進引'의 목적어는 흔히 다수 사람을 가리킨다.

> 若違斯制。罪在不請。使者還馳。具以上事。向彼王說。時王
> 聞已。深自咎嘖。尋集諸臣三萬六千。嚴駕欲來朝拜大王。然
> 有所疑。未及**進引**。
>
> T04n0200_p0248b01『撰集百緣經』

이 예문에서 '吾', '王'은 '계빈녕왕'이고 '彼王'은 '파사닉왕'이다. 그 발생 원인을 살펴보니 한 상인이 "그리고 파사닉이라는 대왕이 있는데 힘이 지극히 세서 큰 차이로 폐하를 이길 것입니다. 백천만 배정도요."라고 했기 때문에 계빈녕왕이 화가 나서 군대를 파견하여 파사닉왕의 나라를 공격하여 멸망시킨 것이었다.[6] 위의 예문에서 '進引'의 목적어가 '三萬六千諸臣'이기 때문에 '進引'이란 단어는 많은 사람들을 이끄는 데 사용된다는 것을 알 수 있다.

'導引'과 '進引'은 '구체적인 도입'이고, '引導'는 '심령의 도입'이다. 그 중에서 '구체적인 도입'에서 '導引'은 앞에서 이끄는 사람이 있는 것이고 '進引'은 앞에서 이끄는 사람이 아무도 없는 것이다. 다음은 각각 예문 하나씩을 들어 설명하도록 하겠다.

---

6    역주: 이 인용문은『菩薩授記品』에 나오는 문장이다.

時鄰國王。爲彼所敗。將諸兵眾。逃避退去。到曠野中。値天
暑熱。無有水草。飢渴欲死。尋即往彼辟支佛所。便示王水草。
渴乏得解。**導**引其道。還達本國。喜不自勝。而作是言。

T04n0200_p0249c15『撰集百緣經』

위 예문에서는 '벽지불辟支佛이 국왕과 병사들에게 수초가 있는
곳을 가르쳐 주었다.'라는 것을 알 수 있기 때문에 구체적인 도입이
고 누군가(벽지불)가 앞에서 이끌고 있다는 것이다.

我等今者。蒙佛威光。脫此諸難。今若平安達到。當爲佛僧造
立塔寺。請命佛僧。安置其中。設諸餚膳。供給所須。皆使無
乏。作是語已。咸皆然可。於是**進**引。皆悉平安達到鄉土。

T04n0200_p0244b29『撰集百緣經』

위의 예문에서는 '우리들이 모두 편안히 고향땅에 도착했다'라고
설명하고 있는데, 앞에서 이끌며 방향을 안내하는 사람이 없으므로,
앞에 사람이 없는 구체적인 도입에 속한다.

文殊師利。如來亦復如是。以禪定智慧力得法國土王於三界。
而諸魔王不肯順伏。如來賢聖諸將與之共戰。其有功者心亦歡
喜。於四眾中爲說諸經令其心悅。賜以禪定解脫無漏根力諸法
之財。又復賜與涅槃之城言得滅度。**引**導其心令皆歡喜。而不
爲說是法華經。

T09n0262_p0039a06『妙法蓮華經』

위의 예문에서는 '여래는 공을 세운 이들을 인도하여 그 마음이
환희를 느끼게 했다'라고 설명하고 있기 때문에 심령의 도입에 속하
며 구체적인 것은 아니다.[7]

### 2.2.2.6. 어법학으로 시작하는 불경연구

중국어 어법학은 품사의 구분, 문장 성분, 문형, 어순, 중의
문岐義句, 복문 등에 대한 연구를 포함한다.

불경언어의 다른 측면 연구에 비해 어법은 비교적 새로운 학문이
며, 주로 불경의 문장 구조와 품사 종류를 연구하고 있다. 고대 학자
들은 언어 연구에서 어법 방면에 손을 대는 이가 비교적 적었다. 체
계적인 어법학 지식은 근대 서양에서 도입되었다. 중국 본토 학자들
은 이 방면에서 커다란 성과를 거두었지만, 대만 학자들은 젊은 세
대들이 상당한 성과를 거두었다. 예를 들어 주벽향周碧香의『조당집
통사 연구―6가지 문형을 위주로祖堂集句法研究―以六項句式為主』는
중국어의 어법 특징과 언어 발달의 관점에서 특수문형인 피동문, 처
치문處置句, 판단문, 의문문, 술보형식述補句式 및 완성상형식完成貌句
式 등 여섯 가지를 분석하여 이 어법현상들이『조당집』에서의 활용
양상을 조목조목 살펴보았다. 분석을 통해『조당집』의 통사현상은

---

7    역주: 원서에서는 "文殊師利引導眾人使其心都感到歡喜(문수사리가 대중들을 인도하여
     그 마음이 환희를 느끼게 했다)"라고 되어있으나『묘법연화경』을 확인할 결과 이 문장
     은 부처님이 장수중 마왕들과 싸우는 전쟁에서 공을 세운 이에게 한 말씀으로, 문
     수사리가 중생을 인도한 것이 아니라 여래가 공을 세운 장수들을 인도한 것이 때
     문에 위와 같이 수정하였음.

만당오대晩唐五代 언어의 특성을 뚜렷하게 보여주고 있으며, 근대한
어의 용법을 살펴보니 일부는 이미 현대한어와 별반 다름이 없었다
고 했다. 또 중국어는 끊임없이 문화교류의 영향을 받아서, 특히 불
교의 동방으로의 전파, 불경 번역, 포교 등의 활동, 당나라와의 빈번
한 교류 등의 요인에 의해 자극을 받아서 중국어는 고대한어의 옛
성분을 제거하고 새로운 성분을 첨가하는 등 내부조정이 시작되었
는데, 어법은『조당집』시대로 접어들면서 점차 안정되었다고 했다.

그밖에 왕근혜王錦慧의 박사학위논문『돈황변문과 조당집의 의
문문 비교연구敦煌變文與祖堂集疑問句比較研究』도 있다. 그는 돈황변문
은 서북 변방에 속하여 동남쪽에 속하는『조당집』과는 지역이 다르
며, 만당오대의 구어를 주체로 한 백화 작품으로, 당시의 생생한 언
어를 비교적 잘 반영하고 있다고 주장한다. 이 논문은 공시적 묘사,
지역적 비교, 통시적 비교를 중심으로 돈황변문과『조당집』의 의문
문을 비교해 만당오대 의문문의 특징을 부각시키고 돈황변문과『조
당집』의 의문사, 의문문에서 나타난 지역 방언의 차이를 부각시켰
다. 동시에, 만당오대 신흥 의문사의 발생과 구舊 단어의 성쇄盛衰에
대해서도 자세히 탐구하였다. 의문문을 시비의문문是非問句, 정반의
문문正反問句, 선택의문문選擇問句, 특지의문문特指問句, 승전생략의문
문承前省略問句 등 다섯 가지로 나누었고, 또 의문대명사에 대해서 논
의했다. '孰', '誰', '何', '那', '若箇', '若為', '甚'. '甚(什)摩', '作摩(生)',
'底', '是底' 그리고 일부 '부정수의문사不定數詢問詞' 즉, '幾', '多少'
를 연구하였다. 또한 의문부사를 분석하면서 '奚', '曷', '胡', '惡(烏)',

'安', '焉', '豈(詎,其)', '寧', '可', '盍', '敢', '還', '莫', '爭', '怎生' 등의 의문문에서의 기능을 고찰하였다. 또 의문어기사를 분석하여 의문문 말미에 나타나는 어기사語氣詞 '也', '矣', '乎', '哉', '耶(邪)', '與(歟)', '不', '否', '無', '摩', '末', '那'가 문장에서의 역할에 따라 전달하는 어기를 설명하였다. 이 논문은 종적인 통시적 각도에서 보면 만당오대의 의문문은 의문문 발전사 전반에 걸쳐 계승성과 확장성이 있으며 의문문 형식이 고대한어에서 현대한어로 진화된 흔적을 보이고 있다고 보았다. 횡적인 공시적 관점에서 보면, 만당오대에 새로 생겨난 의문대명사 '什摩', 의문부사 '還', 의문어기사 '摩' 등은『조당집』이 돈황변문보다 통사 변화에 있어서 더 유연하고 출현 횟수도 상대적으로 빈번한데, 이는『조당집』이 돈황변문보다 현대한어에 대한 의문문의 확장성이 더 큰 것을 나타낸다고 했다.

또 양여설楊如雪은『지겸과 구마라집의 역경 의문문 연구支謙與鳩摩羅什譯經疑問句研究』에서 주로 위진시기 두 명의 유명한 번역가의 의문문에 대한 연구를 통해 위진시기 의문문을 의문사와 의문어기사의 사용, 의문대명사 등 면에서 상고한어와 비교하였다. 지겸支謙과 구마라집이 같은 불전에서 번역한 역경 4부, 즉 지겸의『대명도경大明度經』,『불설유마힐경佛說維摩詰經』, 구마라집의『소품반야바라밀경小品般若波羅蜜經』,『유마힐소설경維摩詰所說經』을 언어자료로 사용하였다. 이 논문에서는 다음과 같은 점을 발견하였다.

① 의문대명사의 사용방면: 상고한어에는 단음절의 의문대명사가 많이 있는데 특지의문문에서는 주로 목적어 전치 형식으로 나타

난다. 그러나 이 시기에는 1음절 의문대명사(주로 '何')의 한정어화와 2음절화의 결과로 다른 1음절 의문대명사들은 점차 도태하거나 소멸하게 된다. 한편으로 의문대명사 목적어 후치의 규칙이 이미 형성되었기 때문에 새로 생긴 2음절 의문대명사는 특지의문문에서는 거의 모두 '주어+술어+목적어'의 어순으로 나타난다.

② 의문어기사 방면: 시비의문문 문미의 의문어기사는 점차 단순화되었고, 의문문 문미에 출현하는 '不'는 이미 허화虛化되는 추세를 보인다.

③ 선택의문문은 내부 구조에 변화가 생겼다.

④ 당시 일부 부사에는 추측 또는 의문 용법(반어를 나타내는 부사로부터 생겨난 추측 혹은 의문 용법을 포함)이 있었는데 이러한 용법은 현대한어에는 남아 있지 않았다.

⑤ 지겸과 구마라집 두 번역가의 역경은 상고한어에서 중고한어로의 중요한 변천 과정을 잘 보여준다.


그리고 이비문李斐雯의 『경덕전등록 의문문 연구景德傳燈錄疑問句研究』에서는 『경덕전등록』을 연구대상으로 삼아 북송 초기의 의문문을 연구하였다. 이 선종어록은 당시의 구어를 사실적으로 기록하여 언어자료가 매우 풍부하다. 이 논문은 의문문의 특징, 문장의 구성 조건을 포함한 중국어 의문문 관련 문제를 고찰하였다. 이 글에서는 의문문을 특지의문문, 시비의문문, 선택의문문, 정반의문문 4가지로 나누고 『경덕전등록』에서의 출현 양상을 살펴보았다. 이 논문은 의문문의 구성, 의문사의 사용 등을 중심으로 분석을 하였고, 각 장 말미에 역사문법에서의『경덕전등록』의 위치정립을 진단하였다. 동시에 이 논문은『경덕전등록』과『조당집』을 비교했는데, 이 두 책은 같은 남방언어이나 출판에는 50년의 시간적 차이가 있다.『경덕전등록』은『조당집』과 문법적 특성이 상당히 유사한데, 이로부터『경덕전등록』은 비록 양억楊亿 등 문인을 통해 수정되었으나 수정의 폭이 크지 않음을 알 수 있었다.

또 축가녕竺家寧의「지겸 역경언어의 동사 연구支謙譯經語言之動詞研究」는 연구의 중점을 다음과 같은 몇 가지 방면에 두었다.

① 지겸의 역경 언어 중 복합 동사에 대한 분석: V1V2의 구조에서 두 동사의 관계가 연동 관계인지, 주종 수식관계인지, 동보動補관계인지, 그리고 이들의 발전 맥락은 어떠한지에 대해 고찰하였다.

② 지겸의 역경 언어 중 동사의 변천에 대한 고찰: 예를 들어, 현대에 사용되는 동사 '穿'은 상고한어에서 흔히 '服'자로 표시하고, 중고한어에서는 '著'자로 바뀌었는데, 이들 동사와 목적어의 결합관계를 하나하나 세밀하게 분석하여 이들 사이의 의미적 공존의 제한이 무엇인지를 찾아내었다.

또 매조린梅祖麟의「현대한어 완성상 형식과 어미의 기원現代漢語完成貌句式和詞尾的來源」에서는 '畢, 訖, 已, 竟' 등 단어의 남북조시기부터 당나라시기까지의 진화를 고찰하고, 다음과 같은 세 가지 문형으로 귀납하였다.

1) 동사+목적어+완성동사完成動詞

2) 동사+(목적어)+부사+완성동사

3) 동사+완성동사

③ 지겸의 역경 언어 중 피동문에 대한 연구: 고대한어에서 피동문은 다양한 면모를 가지고 있다. 정상청程湘清은 『위진남북조 중국어 연구魏晉南北朝漢語研究』에서 '為…所…'구문만 보더라도 위진남북조시기에만 '為N所V', '為所V', '為NM所V', '為N所VO', '為N所VC', '為N所見V', '為N之所V' 등 일곱 가지 유형이 있다고 했다. 이러한 유형들은 사실 시대의 선후 관계, 지리적 분포, 언어의 개인적 스타일과도 관계가 있다. 따라서 지겸의 역경 언어에 대한 분석을 통해 이 문제를 명확히 규명하고 당시 피동문의 발전양상을 파악할 수 있다.

또한 엽천기葉千綺의 『조당집의 조동사 연구祖堂集的助動詞研究』에서는 『조당집』에 사용된 25개의 조동사 중 '可, 能, 得, 宜, 敢, 足, 當, 肯, 欲, 願' 등 10개가 상고한어에서 유래한 것이라고 분석하였다. 그리고 『조당집』 조동사 중 6개는 중고한어에서 유래한 것인데, 바로 '須, 應, 解, 會, 要, 合'이다. 2음절 조동사 방면에 있어서 상고한어 시기에 이미 조동사 연용連用 현상이 있었으나 매우 드물다. 중고한어 시기에는 어음이 발전함에 따라 어휘도 1음절에서 2음절의 조합으로 발전하였다. 이 논문에서는 '不可不', '不會不', '不得不' 등 구조에 대해서도 논의했다.

그리고 또 장호득의 『조당집 부정어의 논리와 의미 연구祖堂集否定詞之邏輯與語義研究』도 있는데, 이 논문은 『조당집』에 나오는 모든 부정어를 대상으로 하였다. 필자는 주로 연역법을 사용하여 중국어의 m계 부정어는 '공간적 개념'을 표현하고, p계 부정어는 '시간적 개념'을 표현한다고 가정하고, 이 가설을 이용해 『조당집』에 출현하는 모든 부정어를 해부하고, 이 가설과 『조당집』의 부정어 용법을 검증하였다. 『조당집』의 m계 부정어의 의미 분석에 대하여, 주로 어법학과 의미론 연구 방법을 사용하여 m계 부정어 '無'자의 논리 구조, 어법 구조와 의미 특징을 분석하였다.

주효민周曉雯(묘걸妙傑 법사)의 『양진 불전의 부사연구—법화경 2부의 번역 작품을 위주로兩晉佛典的副詞研究—以兩部法華經之譯品為主』에서는 문체 구조에 존재하는 한역불전 언어의 몇 가지 문제를 중심으로 연구를 진행하였는데, 그 범위는 양진시기 한역불전의 부사 체계로 한정하였다. 불경의 부사 사용 상황은 시간적으로 세로 방향(통시성 검토)과 가로 방향(동시기 번역 작품)을 비교하여 검토하였다. 『정법화경正法華經』과 『묘법연화경妙法蓮華經』 두 권의 역경으로 각각 서진 시기와 동진시기의 부사 체계를 고찰하였다. 아울러 당대當代의 다른 번역 작품 및 중원문헌 자료를 이용하여 부사의 사용양상도 고찰하였다. 그 중에서도 세로 방향의 중국어 어법 발전과 가로 방향의 불경과 비불경非佛經 자료의 어법 구조 비교로 나누어 연구를 하였다.

또한 임소군林昭君의 『동한불전의 개사 연구東漢佛典之介詞研究』도 있는데, 이 논문은 개사의 성격과 어법적 기능, 개사의 목적어 유형,

동한시기 불교의 전파와 불전의 한역, 동한불전의 변위變僞, 여러 불경번역가의 번역 작품 속 개사의 공통성과 특수성을 연구했다. 그리고 안세고安世高, 지루가참支婁迦纖, 지요支曜, 안현安玄, 엄불조嚴佛調, 축대력竺大力, 강맹상康孟詳, 담과曇果의 번역 작품의 개사를 고찰하였다. 불전 개사의 공시적 현상, 시간 성격의 개사, 장소 성격의 개사, 대상 성격의 개사, 원인·목적성격의 개사, 도구·방법·근거 성격의 개사, 정도·결과 성격의 개사, 개사의 목적어, 개사 구조의 어순 등을 분석하였다.

또한, 곽유여郭維茹의 『문미 조사 '來', '去' — 선종어록의 양태체계 연구句末助詞'來', '去' — 禪宗語錄之情態體系研究』에서는 '來'와 '去'가 중국어에서 방향동사로 쓰이며 발화자의 위치를 참조하여 중심으로 향하는向心 또는 중심에서 멀어지는離心 운동을 한다고 주장했다. 그러나 당송시기의 선종어록에서는 문미조사로 쓰인 예로서 '來'와 '去'가 많이 발견되었는데, 구체적인 방향의미는 찾아볼 수 없고, 일종의 통사 표지로 보아야 한다고 했다. 이 논문은 양태 통사체계의 개념에서 출발하여 '來'와 '去'의 어법 현상을 재해석할 수 있기를 희망했다. 문미조사인 '來'와 '去'의 용례를 전면적으로 관찰한 후 필자는 '去'가 뚜렷한 양태 특성을 가지고 있으며, '來'는 이와는 대조되지만 역시 양태 범주를 나타낸다고 했다. '來'의 출현 환경은 정확히 '去'와 상보적이며, 문장에서 늘 과거 시간을 나타내는 단어가 출현하거나 '曾', '有' 등 기발생既發生을 나타내는 단어들과 결합하며, '來'라는 단어만으로 '사건이 과거에 이미 실현되거나 발생했다'는 뜻을 전달할 수 있다고 했다. 또 문미조사 '來'와 '去'의 형성과정, 초기 백화문이 방향동사 '來'와 '去'를 양태 표지로 삼은 의의를 분석하였다.

위에서 불경언어 연구의 여섯 갈래 길을 분석했는데, 학자들의 논문과 저서를 통해 이러한 경로 운영의 함의와 방법을 대략적으로 알 수 있었다.

### 2.2.3. 以經證經: 중국어 자체에서 규칙을 찾다

불경언어의 以經證經 방법은 여러 가지 층면에 응용할 수 있다. 특히 현대 인터넷 상의 데이터베이스를 활용하여 대량의 예문을 나열하는 것은 마치 필드 조사에 종사하는 것과 같아서 이러한 예문을 기초로 우리는 더욱 발전된 분석과 연구를 할 수 있다. 연구 목표가 어휘이든 어법이든 관계없이 우리는 수많은 예문을 통해 상하 문맥이라는 언어 환경의 도움을 받아 방대한 자료에 근거해 연구대상의 원시적 언어의 면모를 드러낼 수 있기 때문이다. 이 책에서 제시한 여섯 가지 방법은 한문불전 언어 연구의 중심은 중국어 언어학 자체에 있으며 불경언어 천 여 년 동안의 변천은 중국어 자체의 변천이므로 반드시 중국어 자체에서 규칙을 찾아야만 한다는 것을 보여준다. 이런 연유로 한문불전으로 불경을 이해하는 것은 객관적이고 실행 가능한 경로가 되었다. 이 방면에서 현대학자들은 이미 많은 노력

을 했고, 풍부한 성과를 축적했다. 우리는 이를 계승하여 계속 노력해
야 할 것이다.

## 2.3. 동경이역同經異譯에 대한 연구

불경 번역에서는 같은 경전을 번역 한 후 또 번역을 하거
나 여러 시대에 거쳐 여러 번 번역하는 현상이 종종 있는데, 이것이
바로 '동경이역同經異譯[같은 불경 다른 번역]'이다. 『법화경法華經』, 『아미
타경阿彌陀經』, 『심경心經』은 모두 여러 번 번역되었다. 어떤 경전은 두
세 번만 번역한 것이 아니다. 『심경』만 하여도 십 여 차례 번역하였
다. 현재 통행하는 것은 현장 스님이 번역한 버전으로 총 260자이다.
구체적인 상황은 다음과 같다.

| | | |
|---|---|---|
| 『摩訶般若波羅蜜咒經』 | 存疑(傳說是吳·支謙) 西晉道安『綜理眾經目錄』與梁『出三藏記集』中此經無譯者名 | 缺 |
| 『摩訶般若波羅蜜大明咒經』 | 存疑(傳說是姚秦·鳩摩羅什) 鳩摩羅什譯作目錄中原無此經, 唐『開元釋教錄』中才首次稱鳩摩羅什譯。 | 存 |
| 『般若波羅蜜多心經』 | 唐·玄奘(649年) | 存 |
| 『般若波羅蜜多那經』 | 唐·菩提流志(693年) | 缺 |
| 『摩訶般若髓心經』 | 唐·實叉難陀(695-710年) | 缺 |
| 『佛說波羅蜜多心經』 | 唐·義淨(695-713年) | 存 |
| 『般若波羅蜜多心經』別本 | 唐·法月(初譯, 738年) | 存 |
| 『普遍智藏般若波羅蜜多心經』 | 唐·法月(重譯, 738年) | 存 |

| 『般若波羅蜜多心經』 | 唐·般若共利言等(790年) | 存 |
|---|---|---|
| 『般若波羅蜜多心經』 | 唐·智慧輪(847-859年) | 存 |
| 『般若波羅蜜多心經』 | 唐·法成(敦煌石室本) | 存 |
| 『聖佛母般若波羅蜜多心經』 | 宋·施護(980-1000年) | 存 |

　왜 앞 사람들이 이미 번역을 했는데 후세들이 번거로움도 마다하지 않고 다시 번역을 하는 것일까? 주된 이유는 바로 언어가 바뀌었기 때문이다. 우리 모두가 불교 경전이 구어로 번역되었고, 구어는 매우 빠르게 변한다는 것을 알고 있다. 번역 당시에는 누구나 이해할 수 있었지만, 시간이 흐르면서 언어가 바뀌어 읽기가 어렵게 되었다. 불법佛法은 중생의 것인데, 과거의 구어로 번역된 불교 경전은 불법의 전파를 방해하게 되었던 것이다. 그 결과, 경전을 번역하는 고승이 나타나 새로 바뀐 언어나 어휘로 다시 번역하여 사회의 모든 중생들이 여전히 불법은 친절하고 이해하기 쉽다고 느낄 수 있도록 했다.

　이 도리는 유가 경전에서 이미 겪은 적이 있다. 고대한어로 쓰여진 사서오경四書五經은 후대의 언어와 달랐고 모두가 읽기 어려웠기 때문에 '경經, 전傳, 주注, 소疏'의 전통이 형성되었다. 예를 들어, 『시경詩經』은 주로 춘추시기의 언어를 반영하는데, 서한시기에 이르러서는 제齊, 노魯, 한韓, 모毛의 네 가지 주석이 생겨났는데 그것들은 '전傳'이라고 불렸다. 그 중의 '毛'는 모형毛亨이 쓴 傳을 말하는데, 그는 춘추시기의 언어를 한나라시기의 어휘로 재해석하여 학생들이 이해할 수 있도록 하였다. 동한시기에 이르자 모형이 만든 傳에 사용된 어휘가 또 구식이 되자 정현鄭玄이 또 『시경』에 다시 주석을 달았는데 '정전鄭箋'으로 불렸다. '箋'은 주석의 의미이다. 당나라 시기에 언어가 또 바뀌었고 '정전'도 이해할 수 없게 되었다. 그리하여 또 공영달孔穎達의 '소疏'가 생겨났으며 '모시정의毛詩正義'라고 명명했는데 일반적으로 '공소孔疏'라고도 불렀다. 이것이 바로 '經, 傳, 注, 疏'의 전통인데, 그 이유는 언어의 진화이고, 그 목적은 공부하는 사람들이 이해할 수 있도록 하는 것이었다.

이런 경험을 불경 번역에 적용하면 바로 '동경이역' 현상이 된다. 남조시기 양승우梁僧祐의 『출삼장기집出三藏記集』은 현존하는 가장 오래된 불경 목록이다. 권2의 「신집조해이출경록新集條解異出經錄」에서는 다음과 같이 말했다. "이역본이라 함은 호본[불경의 원본]은 같으나 한문번역이 다른 것을 말한다. 異出經者, 謂胡本同而漢文異也." 이곳에서의 '출出'자는 '번역'이라는 뜻이다. '이출경異出經'은 다른 번역의 판본이라는 뜻이다. '호본'은 번역 시 근거가 되는 원본이라는 뜻이고 산스크리트어, 팔리어 및 중앙아시아의 다양한 언어로 된 불경을 포함한다. '호胡'자는 나쁜 뜻이 없으며 고대에는 일반적으로 서쪽의 모든 민족을 가리켰다. 그 당시 서쪽에서 온 사람들이 대부분 수염을 길렀기 때문에 그들을 '胡(鬍)'라고 불렀다. 일부 불경은 새로운 번역본이 나온 후 오래된 번역본은 점차 사라졌다. 그러나 신역新譯과 구역舊譯이 동시에 지금까지 전해오는 불경도 많다.

동경이역에 대한 연구는 최근 몇 년 동안 매우 좋은 성과를 거두

었다. 고열과高列過의『중고 동경이역 불전의 언어 연구 개술中古同經
異譯佛典語言研究概述』는 이 분야의 연구 상황을 분석했다. 그는 동경
이역 불전의 언어가 아주 일찍부터 학자들의 관심을 끌었다고 주장
했다. 이 글에 의하면 1920년대에 양계초梁啓超는『불학연구 18편佛
學硏究十八篇』에서 "번역 연구의 발전 상황을 고찰하려면 동경이역
서적을 비교하는 연구가 좋다."라고 지적했고, 주경지朱慶之는『불전
과 중고한어 어휘 연구佛典與中古漢語詞彙硏究』에서 "축소 번역본과 다
른 번역본의 가치는 … 그것들을 모아서 비교하면 어려운 단어의 의
미를 파악하는 데 도움이 될 뿐만 아니라 언어 진화의 궤적도 찾을
수 있다."라고 지적했고, 동곤董琨도「'동경이역' 불경언어 특징에 대
한 소견"同經異譯"與佛經語言特點管窺」에서 동경이역 불전의 "서로 다른
번역문은 종종 한역불경·언어의 일부 특징을 드러내는 데 도움이 된
다."라고 주장했다.

일본의 가라시마 세이시辛島靜志는 비교적 일찍 동경이역 불경의
언어를 연구한 학자 중 한 명이다. 가라시마 세이시는「『『도행반야
경』과 '이역'의 비교연구—『도행반야경』과 이역 및 산스크리트어
본의 비교연구『道行般若經』和『異譯』的對比硏究—『道行般若經』與異譯及梵本
對比硏究」에서『도행반야경』과 이역본의 네 그룹의 어휘를 비교했는
데 다음과 같이 주장했다. "위에 소개된 여러 예문에서 우리는 동한
시기부터 송나라시기에 이르는 한역불전의 언어 변화의 한 면모를
엿볼 수 있었다." 가라시마 세이시는「『도행반야경』과 '이역'의 비
교연구—『도행반야경』의 난해한 어휘『道行般若經』和『異譯』的對比硏究—

「『道行般若經』中的難詞」에서 『도행반야경』의 어려운 단어 중 단어 네 그
룹에 대한 의미 고증·해석을 예로 "어떤 어려운 단어는 산스크리트
어본과 이역본에 대한 대조를 통해서만 그 의미를 명확하게 이해할
수 있다."라고 설명했다.

　어휘학 방면에서 호칙서胡敕瑞는 「중국어 어휘연구에서의 한문불
전 이역의 가치에 대한 약론—『소품반야』의 한문이역을 예로略論漢
文佛典異譯在漢語詞彙研究上的價值—以『小品般若』漢文異譯為例」에서 중국 불
교경전의 다양한 번역이 상고, 중고, 현대의 어려운 단어를 분석하
는 데 도움이 될 뿐만 아니라 새로운 단어와 새로운 의미의 형성을
판정하고, 상용어의 진화를 고찰하고, 단어 의미의 통시적 소멸을
살피는 등 한역 어휘의 통시적 변화를 탐구하는 데 중요한 가치가
있다고 지적했다.

　진문걸陳文杰은 「동경이역 언어연구 가치에 대한 재조명同經異譯
語言研究價值新探」에서 『소품반야경小品般若經』의 한문이역漢文異譯을
예로 동경이역 불전은 외래어 '아사부阿闍浮'와 일반어휘 '불청不請'
의 고증·해석에 증거를 제공할 수 있다고 했다. 진상명陳祥明은 어휘
의미의 고증·해석을 통해 이역경異譯經이 한문불전에서 출현빈도가
매우 낮고 쉽게 이해되지 않는 단어의 의미를 고증·해석하는 데 도
움이 된다고 지적했다. 예소란倪小蘭도 『『무량수경』 동경이역『無量壽
經』同經異譯』에서 『무량수경無量壽經』의 이역본을 예로 어휘 진화 연
구와 국어사전의 개정증보에 대한 동경이역 불경의 가치를 자세히
설명했다.

우선, 어법학 방면에서 진문걸陳文杰은 「동경이역 언어연구 가치에 대한 재조명同經異譯語言研究價值新探」에서 『소품반야경』의 한문이역본을 예로 동경이역 불전에서 출현 범위가 제한적이고 용법을 판단하기 쉽지 않은 일부 허사虛詞(예: '乃')를 식별하는 데 도움이 될 수 있고 일부 허사(예: '當/應')의 발전 변화를 엿볼 수 있다고 주장했다.

진상명陳祥明은 「중국어 어휘 어법 연구에서의 이역경의 역할異譯經在漢語詞彙語法研究上的作用」에서 일부 논란이 있는 어법 형식의 경우, 예를 들어 중고한어의 반복의문문反覆問句[현대한영의 정반의문문] 'VP不'의 문미 부정어 '不'이나 조사 '時'와 '來' 등의 성질 결정 등의 경우, 이역본 사이에 서로 다른 표현 형식을 채택하고 있다면 그중에서 성질이 명확한 형식 중 하나로 논란이 되는 다른 형식을 판단할 수 있다고 주장했다.

다음으로 문자학 방면에서 진문걸陳文杰은 서진의 「동경이역 언어연구 가치에 대한 재조명同經異譯語言研究價値新探」에서 축법호가 번역한 『수행도지경修行道地經』의 도움을 받아 동한시기의 안세고가 번역한 『도지경道地經』에서 '一柱樓上自樂見'의 '주柱'는 '주住'와 통가자通假字라는 것을 밝혔으며 이로써 통가자를 변별하는 방면에서의 동경이역 불전의 가치를 밝혔다.

노교금盧巧琴은 「동경이역의 언어학적 가치를 논하다—『무량청정평등각경』 등 3부 이역경을 예로論同經意譯的語言學價值—以『無量清靜平等覺經』等三部異譯經為例」에서 『무량청정평등각경無量清靜平等覺經』

등 3부 이역경을 예로 동격이역 불전의 대조 말뭉치가 '通假'로 하여금 더욱 명확한 검증을 받을 수 있게 하고, 그로부터 '통가'의 범위가 확대됨을 선명하게 볼 수 있다고 지적했다.

그 다음으로 문체론 방면에서 강오상江傲霜은 「『유마힐경』의 동경이역 및 중국어 어휘발전에 대한 공헌同經異譯的『維摩詰經』及其對漢語詞彙發展的貢獻」에서 『유마힐경』의 지겸 번역본, 구마라집 번역본, 현장 번역본을 대조하여 문체 측면에서 구마라집 번역본이 더욱 유행하게 된 원인을 분석했다.

또한 어려운 단어의 의미 고증·해석 방면에서 번역문으로서의 한역불경에는 의미 해석이 어려운 단어가 꽤 많은데, 학자들은 동경이역 불전을 활용하여 어려운 단어의 의미를 정확하게 설명했다. 왕의汪禕는 『중고 동경이역 불전어휘 비교연구—축법호와 구마라집 역경을 위주로中古同經異譯佛典詞彙比較研究─竺法護和鳩摩羅什譯經為例』에서 동경이역 불전을 활용하여 '放忽' 등 11개 단어의 의미를 해석하였고, '反複', '病瘦', '長跪', '稽首', '叉手' 등 5개 단어를 자세히 고증·해석하였다. 웅연熊娟은 『중고 동경이역 불전어휘 연구中古同經異譯佛典詞彙研究』에서 동경이역 불전을 활용하여 한역불경의 '發遣', '官屬', '所可' 등 세 단어의 명확한 의미를 고증·해석했다.

그밖에 새로운 단어와 새로운 의미를 해석하고 결정하여 국어사전을 수정·증보하는 방면에서 호칙서胡敕瑞는 『『논형』과 동한 불전 어휘 비교연구『論衡』與東漢佛典詞彙比較研究』에서 이역경을 활용하여 『도행반야경』, 『반주삼매경般舟三昧經』(3권본), 『유일마니보경遺日摩 尼寶經』 등 불경 3부의 '出', '大夫', '發', '歸', '盡', '錄', '行', '正' 등 8 개 단어의 새로운 뜻을 해석했다. 증헌무曾憲武는 『『보 살염불삼매 경』 동경이역 어휘 연구『菩薩念佛三昧經』同經異譯詞彙研究』에서 두 가지 이역경인 『보살염불삼매경菩薩念佛三昧經』, 『대방등대집경보살염불 삼매분大方等大集經菩薩念佛三昧分』을 검토하여 『한어대사전』에 '澄照', '芬敷', '挺超' 등 세 개의 표제어를 추가해야 하고, '端飾', '潤益', '毛 道', '鬥陣' 등 4개 단어의 의미항목을 수정해야 하며, '遊適', '遠矚', '歡適', '降臨', '聰利', '遮禁', '過愆', '滂洽' 등 8개 단어의 문헌상 예 증例證을 더욱 이른 시기로 앞당겨야 한다고 주장했다.

마지막으로 어휘의 통시적 진화 궤적을 그려내고 어휘의 통시적 진화의 규칙을 탐구하는 방면에서도 성과가 매우 크다. 예를 들면 다음과 같다.

(1) 불교전문용어의 통시적 변화

계금季琴은 『삼국 지겸의 역경어휘 연구三國支謙譯經詞彙研究』에서 비교를 통해 동한시기의 지루가참이 번역한 『도행반야경』과 삼국 시기 오나라의 지겸이 번역한 『대명도경』 중 불교 특유의 개념을 표 현하는 단어의 번역에서 전자는 주로 음역어를 위주로 하고 후자는 의역어를 위주로 하며 중원화中土化 정도가 더 높다고 지적했다. 이를 토대로 계금은 "외래어 번역에 있어서『도행반야경』과『대명도경』의 공동점과 차이점"이라는 부분에서 더욱 자세한 논의를 했다.

왕의汪禕는『중고 동경이역 불전어휘 비교연구—축법호와 구마라집 역경을 예로中古同經異譯佛典詞彙比較研究—以竺法護貨鳩摩羅什譯經爲例』에서 축법호와 구마라집의 이역경 중 불교전문용어 5조의 차이점을 비교분석하였는데, 그는 구마라집의 수정된 번역이 불교전문용어의 규범화를 반영할 뿐만 아니라 불교전문용어를 강조하며 新譯이 舊譯보다 품질이 향상되고 진보하였음을 나타낸다고 주장했다. 추위림鄒偉林은『『보요경』어휘 연구『普曜經』詞彙研究』에서 서진시기의 축법호가 번역한『보요경普曜經』과 당나라 시기의 지바하라地婆訶羅가 번역한『방광대장엄경方廣大莊嚴經』, 이 두 이역본의 불교어휘를 비교했는데, 축법호가 자주 의역한 2음절어로 불교 의리 용어와 상용 고유명사를 번역했다고 주장했다.

웅연熊娟은『중고 동경이역 불전어휘 연구中古同經異譯佛典詞彙研究』에서 '교리와 관련된 불교어', '교리와 무관한 불교어(호칭어, 사람 또 부처의 고유명사, 기타어휘)'라는 두 가지 측면에서『범천소문경梵天所問經』의 이역본 3부의 불교어들을 비교하였는데 불교어의 사용에 있어서 의역에서 음역으로의 전환이 뚜렷하게 나타나고 있으며, 마찬가지로 의역 또는 음역을 하더라도 점차 정돈되고 규범화되는 추세를 보이고 있다고 주장했다. 진원원陳源源은「동경이역 불경 인명에 대한 약론—『법화경』의 이역경 3부를 예로同經異譯佛經人名管窺—

以『法華經』異譯三經為例」에서 서진의 축법호가 번역한 『정법화경』, 후
진後秦의 구마라집이 번역한 『법화경』, 수나라의 사나굴다闍那崛多와
달마급다達摩笈多가 공동으로 번역한 『첨품묘법연화경添品妙法蓮華
經』을 비교하여 전자와 후자 둘의 불경 인명에 대한 번역의 차이를
분석하였다. 증헌무曾憲武는 『보살염불삼매경』, 『대방등대집경보살
염불삼매분』의 불교 어휘의 수를 집계해 두 불경의 불교 어휘 출처
와 구성 방식, 의미, 글자 사용 현황을 분석했다.

### (2) 불경의 일반어휘의 통시적 변화

학자들은 동경이역 불전 어휘의 통시적 변화에 주목할 뿐만 아니
라 불경의 일반어휘(비종교 어휘)의 통시적 변화에도 주의를 기울였다.

호상영胡湘榮은 「구마라집과 지겸, 축법호 역경 중의 단어와 구
비교鳩摩羅什同支謙, 竺法護譯經中語詞的比較」에서 지겸이 번역한 『유마
힐경』과 구마라집이 번역한 『유마힐소설경』 등 5조의 이역경 및 구
마라집이 번역한 『대장엄론경大莊嚴論經』의 어휘에 대해 논의하면서
'勞-煩惱' 등과 같이 '舊譯-新譯' 형식의 대응어휘 10조를 분석했
고, '差特-差別' 등과 같이 대응하여 출현한 어휘 10조를 열거했다.
또 '習', '傷', '剖判', '坐', '適'와 같이 舊譯에서만 출현한 어휘와 '障
礙', '錯', '畢竟', '其實', '極為'와 같이 新譯에만 나타나는 어휘를 분
석하였다.

계금季琴은 『삼국 지겸의 역경 어휘 연구三國支謙譯經詞彙硏究』에서
『도행반야경』과 『대명도경』의 일반어휘에 대해 다음과 같이 지적

했다. 첫째, '동의대체同義替換' 현상이 존재한다. 둘째, "지겸은『대명도경』에서 늘 1음절어로『도행반야경』의 대응하는 곳의 2음절어를 대체했다". 셋째, "지겸은 지참 원역原譯에서의 1음절어 대신 2음절어를 쓴다". 넷째,『도행반야경』의 많은 곳에는 원래 관용구片語나 구를 사용했는데,『대명도경』의 해당하는 곳에는 2음절 단어로 대체되었다. 저자는 두 불경 사이의 이러한 차이는 지겸의 역경이 4언구四言句와 언어풍격의 문아화文雅化를 추구하는 것과 밀접한 관련이 있다고 보았다. 계금은 또『삼국 지겸의 역경 어휘 연구』의「어휘 방면에서의『도행반야경』과『대명도경』의 동의대체」라는 절에서 이 현상에 대해 한 걸음 더 나아간 논술을 했다.

추위림鄒偉林은『『보요경』어휘 연구『普曜經』詞彙研究』의 "『보요경』과『방광대장엄경』의 중고 어휘 비교연구—동경이역으로부터 본 어휘의 발전 변화『普曜經』和『方廣大莊嚴經』的中古詞語比較研究—從同經異譯中所見的詞彙發展變化"라는 절에서 두 불경 사이의 '同義 1음절어 사이의 대체', '2음절어 또는 관용구 사이의 대체', '1음절어의 2음절화' 등의 어휘 변천을 예로, 두 불경에서 '寐', '捐', '立' 등 세 단어의 사용 양상을 중점적으로 분석하였는데 "이렇게 번역가가 단어사용에 있어서 무심코 대체하는 현상은 한편으로는 서진시기에서 당나라시기에 이르는 어휘 변천의 궤적을 반영하고 있다"고 주장하였다.

웅연熊娟은『중고 동경이역 불전 어휘 연구中古同經異譯佛典詞彙研究』에서『범천소문경』이역경 3부의 일반어휘 8조를 비교하였는데, 이 역경 어휘 간의 비교를 통해 동의어의 통시적 교체와 변천과정을 확

실하게 고찰할 수 있어서 우리가 중국어 어휘의 1음절에서 2음절로
의 발전 궤적을 인지하는데 도움을 줄 수 있다고 주장하였다. 그러나
그는 나중에 출현한 『사익범천소문경思益梵天所問經』, 『승사유범천소
문경勝思惟梵天所問經』에서 사용된 1음절어가 구어성이 더 강하며, 이
러한 2음절어가 1음절어로 교체되는 현상은 중국어 어휘가 1음절에
서 2음절로 발전하는 큰 조류에 부합하지 않는다고 독단적으로 판단
해서는 안 된다고 지적하였다. 증헌무曾憲武는 『『보살염불삼매경』 동
경이역 어휘연구『菩薩念佛三昧經』同經異譯詞彙研究』에서 『보살염불삼매
경』과 『대방등대집경보살염불삼매분』 중 일반어휘의 대응과 대체를
1음절어 사이의 대체, 1음절어와 2음절어 사이의 대체, 2음절어 사
이의 대체, 관용구 사이의 대체 등 몇 가지로 분류할 수 있다고 했다.
필자는 이러한 대응과 대체의 외부적 원인으로 문체의 제한(네글자투
四字格, 오언게송五言偈頌)과 번역가의 용어사용 스타일의 차이, 사회·문
화적 요소의 영향, 두 불경이 번역의 근거로 삼은 원본이 다를 수 있
다는 점 등을 꼽았고, 내부적 원인으로는 중국어 어휘의 2음절화 정
도 향상과 어휘의 양상 변화 등을 꼽았다. 정효조程曉朝는 『『수행본기
경』과 그 이역본 『과거현재인과경』 어휘비교의 예시『修行本起經』與其
異譯本『過去現在因果經』詞語比較擧隅』에서 『수행본기경修行本起經』과 그
이역본인 『과거현재인과경過去現在因果經』 중 '歸命-歸依' 등 5조의
어휘를 비교했는데, 그는 "이역경에 대한 비교를 통해 번역가, 번역
풍격이 어휘에 미치는 영향과 어휘의 변천 과정을 알 수 있다"고 주
장했다.

동경이역 불전을 활용하여 어법을 연구하는 방면에 대해, 고열과
高列過는『중고 동경이역 불전의 언어 연구 개술中古同經異譯佛典語言
研究槪述』에서 동경이역 불전을 활용한 어법 연구가 1980년대부터
시작됐다고 보았다. 당옥명唐鈺明은『한위육조 피동식에 대한 약론
漢魏六朝被動式略論』에서 동경이역 불전을 활용해 '爲A之所V'구조를
증명했는데, "구마라집이 번역한『유마힐소설경』과 현장이 번역한
『설무구칭경說無垢稱經』은 같은 불경의 이역본인데, '爲X所X'와 '爲
X之所X'를 번갈아 쓴 것을 보면 두 문형이 다를 바 없다."고 했다.

　이밖에 동경이역 불전을 이용해 의문문을 연구한 결과 적지 않은
성과를 거뒀다. 양여설楊如雪은『지겸과 구마라집의 역경 의문문 연
구支謙與鳩摩羅什譯經疑問句硏究』에서 '誰與孰', '何', '其他疑問代詞'가
삼국 오나라의 지겸이 번역한『대명도경』,『유마힐경』과 후진後秦의
구마라집이 번역한『소품반야바라밀경』,『유마힐소설경』이 두 그
룹의 이역경에서 보이는 차이점을 세밀하게 고찰하였고, 여러 의문
대명사의 차이점을 요약하였는데, 지겸과 구마라집 두 번역가가 의
문대명사의 사용에서는 각각의 특징이 있다고 주장했다. 또 지겸과
구마라집 역경을 근거로 위진시기 의문문의 형식, 의문대명사, 의문
부사의 사용 특징을 요약하였고, 지겸과 구마라집 두 사람 역경의
의문문 차이를 요약하였으며, 나아가 지겸 역경은 "언어가 고대한
어의 여러 특색을 지니고 있으며", "어법사語法史에서 어휘가 쇠망하
는 중요한 과정을 증언"했으나 구마라집 역경은 "위진시기 언어 법
칙의 변이變異를 잘 보여 준다"라고 하며 "어법사에서 어휘가 새로

생겨나는 역동적인 현상을 잘 보여 준다"라고 했다.

왕모문王玥雯은『3부『유마힐경』의 의문사 비교연구三部『維摩詰經』疑問詞比較研究』에서 삼국 오나라의 지겸이 번역한『유마힐경』, 후진의 구마라집이 번역한『유마힐소설경』, 당나라의 현장이 번역한『설무구칭경』등 이역경 3부의 의문사를 고찰하여 중고한어 의문사의 발전양상을 밝혀냈다. 왕모문은『요진 역경 이문문 연구姚秦譯經疑問句研究』에서 후진의 역경 12부(이 중 구마라집 역경 11부)와 이와 관련된 동한시기에서 당나라시기에 이르는 이역경 17부에 대한 상세한 고찰을 바탕으로 중고시기 의문대명사, 의문어기사, 의문문 통사구조의 모습을 묘사하고 정리하였으며 후진 역경 중의 의문문 사용양상이 중고시기 의문문 발전의 새로운 흐름을 보여주고 있다고 설명했다. 이건생李建生은『2부『유마힐경』의 '云何'에 대한 통시적 연구兩部『維摩詰經』'云何'歷時硏究』에서『유마힐경』2부의 의문대명사 '云何'의 차이점을 고찰하여 삼국시기에서 요진姚秦시기에 이르는 150여 년의 통시적 변천을 밝혀냈다. 진상명陳祥明은『이역경으로 본 중고의 일부 어법현상의 통시적 층차從異譯經看中古部分語法現象的歷時層次』에서 중고시기의 몇몇 이역경을 고찰하였는데, 의문부사 '寧', '頗' 및 선택의문문과 같은 어법 현상의 통시적 단계에 대해 토론하였다. 증헌무曾憲武는『『보살염불삼매경』동경이역 어휘연구『菩薩念佛三昧經』同經異譯詞彙硏究』을 통해 이역경에서 '所以者何—何以故' 이 두 가지 의문문의 대응양상을 고찰했고, 이역경을 활용하여 계사繫詞 '是'를 고찰하였다. 호상영胡湘榮은『구마라집의 불경중역본과 원

번역본의 비교로 본 계사 '是'의 발전從鳩摩羅什的佛經重譯本與原譯本的
對比看係詞'是'的發展』에서 지겸, 축법호와 구마라집의 이역본을 대조
하여 "계사 '是'의 발전 궤적과 그 확장 추이를 그려냈다."

또 동경이역을 이용한 언어풍격 연구에 대해, 고열과高列過는 『중
고 동경이역 불전의 언어 연구 개술中古同經異譯佛典語言硏究槪述』에서
학자들이 동경이역 불전의 언어에 대한 비교분석을 통해 서로 다른
번역가의 언어풍격을 드러내 보여주었고, 역경의 언어풍격 변천 경
향을 그려냈다고 주장했다. 계금季琴은 『삼국 지겸 역경의 어휘 연
구三國支謙譯經詞彙研究』에서 『도행반야경』과 『대명도경』의 문형, 어
휘, 어법(인칭대명사, 지시대명사, 어기사 및 일부 문형)의 차이를 상세한
자료와 예문으로 비교하고, 나아가 『도행반야경』은 비교적 질박하
고 구어에 가깝고, 『대명도경』은 비교적 전아하고, 서면화가 뚜렷하
다고 주장하였다. 추위림鄒偉林은 『『보요경』 어휘 연구『普曜經』詞彙研
究』에서 『보요경』과 '이역'된 어휘를 비교하였는데, 축법호의 역경
풍격이 중국화中國化를 추구하며 불교용어의 중국화에 있어서 규범
을 창시하였다고 주장하였다. 지바하라의 번역문을 비추어 보면, 그
의 글은 정확하고 간결함을 중시하며, 꾸밈이 없으며, 사질승문辭質
勝文[8]의 인상을 주어 쉽게 이해할 수 없다고도 했다. 하운민何運敏은

---

8    역주: 저자가 『論語』「雍也篇」에 나오는 "質勝文則野 文勝質則史"를 인용한 것으로,
     '辭質勝文'은 '文勝質'로 보아야 할 것이다. 즉, 문장이 조야함을 사절함으로서 언사
     만 화려하게 되어 이해하기 어렵다는 뜻이다. "質勝文則野 文勝質則史"를 문장론에
     대입해 보면 '質勝文'은 문채가 없거나 문채가 부족한 상태로, 문장이 조야하고 생
     동감이 떨어지는 경우를 가리키고, '文勝質'은 내용이 공허하고 언사만 화려하고

『『육도집경』 동경이역 연구『六度集經』同經異譯研究』에서 주로 언어학
의 관점에서 삼국 오나라의 강승회康僧會가 번역한 불경 『육도집경
六度集經』을 연구 대상으로 삼고 이 경에 존재하는 동경이역 현상에
대해 고찰하고, 그중 비교적 전형적인 5조의 이역경을 문형, 어휘,
어법, 수사 방면의 이동異同을 둘러싸고, 각 번역가의 언어풍격 상의
차이를 밝힘으로서 『육도집경』의 언어 면모를 설명하였다.

　불전의 동경이역 연구 중 가장 두드러진 성과는 어휘 분야다. 왕
의汪褘는 『중고 동경이역 불전의 어휘 비교 연구中古同經異譯佛典詞彙
比較研究』에서 축법호와 구마라집의 역경 어휘를 비교하였는데, 두
사람의 역경 중 불교전문용어 대응 양상을 분석하였다. 예로 '光世
音/觀世音'을 들었는데, 축법호 역경 중 '光世音'을 구마라집의 역경
에서는 '觀世音'으로 개역하였는데, 이러한 변화가 역경 어휘의 시
대적 특색을 드러낼 수 있다고 주장했다. 대정장大正藏 검색을 통해
'觀世音'이라는 단어가 역경에 등장한 것 중 가장 이른 시기는 동진,
요진시기임을 알 수 있다. 즉, 구마라집 시대에 번역가들이 '光世音'
대신 '觀世音'을 사용하는 경향이 강해졌다는 것이다. 아울러 '光世
音'이라는 용어는 축법호 역경의 특징을 나타내는 어휘라고도 볼 수
있는데, 수나라시기 이전의 역경에서는 동한, 전량前涼에 예문이 각
각 하나씩 사용된 것을 제외하고는 모두 축법호의 역경에 나타났기

---

　요란한 상태로, 문장이 부화하기만 한 경우를 가리킨다. 두 가지 경우 모두 좋은 문
장이라고 할 수 없다.

때문이다. 진상명陳祥明은 『중국어 어휘 연구에서의 이역경의 역할
異譯經在漢語詞彙語法研究上的作用』에서 이역경은 기본적으로 문장 의미
는 같지만, 그 대응 부분의 글귀가 다를 뿐만 아니라 게다가 이역경
의 번역가와 번역본 출간 연대도 다른데, 이것은 역경을 재료로 비
교 연구를 진행하는 것이 어휘, 문법 방면에서는 특별한 가치를 지
니게끔 한다고 주장했다. 그는 어휘 면에서 한문불전의 경우 출현
빈도가 낮고 의미가 쉽게 풀리지 않는 어휘들이 있는데, 예문을 나
열하고 의미를 귀납하는 전통적인 방법으로는 정확한 의미를 알기
어렵지만, 이역경의 자료를 활용하면 의외의 수확을 거두는 경우가
많다는 점을 예로 들었다. 의미 고증·해석에 있어서 이역경의 역할
을 설명하기 위해 그는 '即照蟲'이라는 단어를 예로 제시했다.

> "於迦旃延意云何, 此閻浮檀金, 巧師子極磨治淨, 著白器中, 形
> 色有照, 謂此**即照蟲**於暗冥時, 色妙, 色有所照, 誰光最勝, 最
> 上, 最妙, 最好說?" "此瞿曇, **即照蟲**於閻浮檀金, 光明最勝, 最
> 上, 最好, 最妙說。" "於迦旃延意雲何, **即照蟲**於暗冥時, 光明有
> 所照, 謂油燈明於暗冥時, 光明有所照, 誰光明最勝, 最妙, 最好,
> 最上?" "唯, 瞿曇, 油燈光明於**即照蟲**光明, 最勝, 最上, 最妙, 最
> 好。" ⋯⋯ "汝迦旃延, 謂**即照蟲**光明最下, 最不如, 而說言是最
> 上, 最勝, 最妙耶?"
>
> 『鞞摩肅經』[9]

---

9    역주: 원서에서는 『摩肅經』으로 되어있으나, 역자의 조사에 따르면 원래 경명은
     『佛說鞞摩肅經』이므로 『鞞摩肅經』으로 수정한다. 이하 같음.

'即照蟲'이라는 단어는 중국 불경 전체에서 위의 예처럼 5번 밖에 출현하지 않는다. 이 예문을 통해 '即照蟲'은 빛을 발산할 수 있는 일종의 곤충이라는 것을 알 수 있지만 어떤 곤충인지는 알 수 없다. 위 예문이 출현하는『비마숙경韠摩肅經』의 이역본으로『중아함경·포리다품·전모경제6中阿含經·晡利多品·箭毛經第六』이 있다. 이역본에서 위의 예에 해당하는 문장은 다음과 같다.

> "'優陀夷, 於意云何, 謂紫磨金精, 藉以白練, 安著日中, 其色極妙, 光明照耀, 及**螢火蟲**在夜暗中光明照耀, 於中光明, 何者最上, 為最勝耶?' 異學箭毛答曰 : '瞿曇, 螢火光明於紫磨金精光明最上, 為最勝也。'世尊問曰 : '優陀夷, 於意云何, 謂**螢火蟲**在夜暗中光明照耀, 及燃油燈在夜暗中光明照耀, 於中光明, 何者最上, 為最勝耶異?' 學箭毛答曰 : '瞿曇, 燃燈光明於**螢火蟲**光明最上, 為最勝也。'……'優陀夷, 而汝於**螢火蟲**光色最弊, 最醜, 說彼色過於色, 彼色最勝, 彼色最上?'"

두 예문을 비교해 보면 '即照蟲'이 '螢火蟲'에 해당한다는 것을 알수 있는데, 그 뜻은 말하지 않아도 자명하다.

어법 방면에서 진상명陳祥明은 이역본이 공통된 출처를 가지고 있지만 번역가가 다른 것이므로, 같은 의미에 대해 이역본에 다른 표현이 사용되었다면 그중에서 성질이 비교적 명확한 형식 중 하나를 사용하여 논쟁이 있는 다른 형식을 판단할 수 있다고 주장하였다. 예를 들어 중고한어의 반복의문문反覆問句 'VP不'에서 문미의 부

정어 '不'의 허화虛化 문제에 대해, 많은 학자들은 어느 정도의 이견
異見이 있는데, 그중에서 어떤 사람은 "몇몇 사용 사례에서 이 부정
부사가 점차 실재적인 의미를 잃고 문미 어기조사 쪽으로 전환하고
있다"고 주장하고, 어떤 사람은 "반복의문문 문미에 출현하는 부정
어는 늦어도 2세기 말에 이미 허화 되기 시작했고 어떤 문장형식에
서는 허화 정도가 이미 상당히 깊어 문미 어기사와 별다른 차이가
없다"라고 주장한다고 하면서, 그는 이역경을 통해 이 문제에 대한
인식을 설명하려고 노력했다.

> 汝頗憶昔時曾問餘沙門, 梵志如此事耶?
>
> 『中阿含經·大品釋問經』

> 汝昔頗曾詣沙門, 婆羅門所問此義不?
>
> 『長阿含經·三聚經』

> 汝頗曾以此問, 問沙門婆羅門不?
>
> 『雜寶藏經』

위의 세 가지 예문은 같은 원문에 대한 세 가지 번역으로, 문장의
의미와 표현하는 어기도 같지만 '頗VP 耶', '頗VP不'와 같은 두 가
지 다른 형식을 사용했다. 문장 유형으로만 보더라도 '頗VP 耶'는
시비의문문에 속하고 '頗VP不'는 정반의문문에 속하지만, 다른 번
역가들이 같은 문장을 번역할 때 이 두 가지 문장 형식을 사용했다
는 것은 번역가가 살았던 그 시대에서는 이 두 종류의 문장이 별 차

이가 없었다는 것을 말해주며, 번역 시 문장에서 '不'와 '耶'를 서로
바꿀 수 있었다는 것은 '不'가 이미 허화 되어 어기사의 성질을 가지
고 있었음을 설명해준다.

　어휘 각도에서 불경의 동경이역을 본다면 강오상江傲霜의 「유마
힐경을 통해 어휘발전 중 동경이역의 중요한 지위을 보다從維摩詰經
管窺同經異譯在詞彙發展中的重要地位」도 있다. 그는 『유마힐경』은 수백
년 동안 총 7종의 이역본이 있다고 주장했다. 즉, 후한의 엄불조嚴
佛調가 번역한 『고유마힐경古維摩詰經』(2권, 이미 일실됨), 삼국 오 월지
지겸이 번역한 『불설유마힐경』, 서진의 축숙란竺叔蘭이 번역한 『비
마라힐경毗摩羅詰經』, 서진의 축법호가 번역한 「유마힐소설법문경
維摩詰所說法門經」, 동진시기 서역의 지다밀祇多密이 번역한 『유마힐
경』, 요진의 구마라집이 번역한 『유마힐소설경』, 당의 현징이 번역
한 『설무구칭경』이 그것이다. 오늘날 지겸과 구마라집, 현장의 번역
본만 현존하지만 가장 영향력 있고 지금도 여전히 유행하는 것은 구
마라집 번역본이다. 돈황변문 중 『유마힐경강경문維摩詰經講經文』에
서 서술한 것이 이 판본이며, 돈황 막고굴敦煌 莫高窟의 벽화 『유마힐
경변維摩詰經變』도 구마라집의 번역본에 근거하여 그린 것이라고 한
다. 강오상江傲霜은 어휘는 돌변하는 것이 아니라 점차 변하는 과정
인데, 동경이역이 마침 이러한 변화 과정을 반영할 수 있다고 주장
했다. 각각 다른 시기, 다른 번역가의 번역에는 각 시대의 어휘 특성
이 보존되는데, 비교를 통해 중국어사의 어휘 증가 및 감소 과정을
드러낼 수 있다고도 했다. 예를 들어 『유마힐경』에서의 '人'을 지겸

과 구마라집은 '眾生'으로 번역하였으나, 현장은 '有情'으로 번역하였다. 이러한 단어 사용은 개인적인 어휘 특성과 함께 시대의 특성도 가지고 있다. 그는 이역본 『유마힐경』에 대한 비교를 통해 어휘 발달과 변화의 과정을 더 명확하게 보여줄 수 있다고 했다.

진문걸陳文杰의 『동경이역 언어 연구의 가치에 대한 재조명同經異譯語言研究價值新探』도 관찰의 중심을 어휘 문제에 두었다. 그는 동경이역이 어휘의 고증·해석에 대한 증거를 제공할 수 있다고 주장했다. 외래어를 예를 들면, 불교경전 번역 때문에 도입된 외래어는 대부분 다양한 불교사전에 수록되어 있는데 정복보의 『불학대사전』, 자이慈怡 법사가 주편한 『불광대사전佛光大辭典』 등은 불전 외래어를 해석하는 데 모두 반드시 갖추어야 할 참고서이다. 그러나 『도행반야경』의 '阿闍浮'와 같이 이러한 사전에 수록되지 못하고 누락된 것들도 있다.

> 佛語釋提桓因 : "一佛境界尚可稱知斤兩, **阿闍浮**菩薩行勸人助其歡欣, 其福無有科限。"
>
> 東漢 支讖譯 『道行般若經』 卷八

'아사부阿闍浮'는 여러 사전에서 모두 수록하지 않았다. 어떤 사람은 그것은 'acapala'의 축소 번역이고 '보살 이름'이라고 주장했다. 고찰 결과 그것은 평범한 보살 이름이 아닌 것으로 밝혀졌다. 검증 방법은 동경이역 불경을 비교하는 것이다.

　　須菩提白佛言 : "云何**阿闍浮**菩薩學般若波羅蜜?"

東漢 支讖譯『道行般若經』卷五

　　爾時須菩提白佛言 : "世尊, **新發意**菩薩云何應學般若波羅蜜?"

姚秦 鳩摩羅什譯『小品般若波羅蜜經』卷六

　　爾時具壽善現便白佛言 : "世尊, **新學大乘**諸菩薩摩訶薩云何應住甚深般若波羅蜜多?云何應學甚深般若波羅蜜多?"

唐 玄奘譯『大般若經』卷五四八

　　'阿闍浮'의 구체적인 의미는 '새롭게 발심하다新發意'와 '새롭게 대승을 배우다新學大乘'로, 大乘을 배우려고 발심하기 시작한 보살을 가리키는 말이라는 것을 알 수 있다.

　　또 다른 예는 '正使'라는 단어로 중고시기에 생산된 양보관계 접속사로 뜻은 '설령, 설사縱使, 即便'을 가리킨다. 오오타 타츠오太田辰夫는 "주절의 접속사 중 중고의 특징을 가진 것은 '正使'이다."라고 말했다. 구마라집이 번역한 불경『대지도론大智度論』,『묘법연화경』에서는 모두 이 단어를 사용했다.

　　**正使**水濁, 佛有大神力, 能令大海濁水清淨。

『大智度論』卷二

　　**正使**滿十方, 皆如舍利弗, 及余諸弟子, 亦滿十方刹, 盡思共度量, 亦複不能知。

『妙法蓮華經』卷一

그러나 그가 번역한 『소품마하반야바라밀경小品摩訶般若波羅蜜經』
에서 양보관계를 나타내는 문장은 '正使'를 사용한 것은 하나도 없
었다. 동경이역 불경 『도행반야경』 중의 37개의 '正使'는 구마라집
의 번역본에서는 기타 동의어로 대체되었는데 다음과 같다.

① '若'에 대응하는 '正使'

　　正使是輩行菩薩道者, 我代其喜, 我終不斷功德法。

　　　　　　　　　　　　　　　　　　　　　『道行般若經』卷一

　　是人若發阿耨多羅三藐三菩提心, 我亦隨喜, 終不斷其功德。

　　　　　　　　　　　　　　　　　『小品摩訶般若波羅蜜經』卷二

② '雖'에 대응하는 '正使'

　　須菩提言 : "于般若波羅蜜中, 弊魔常使欲斷。"佛語須菩提 : "正
　　使弊魔欲斷是經者, 會不能得勝。"

　　　　　　　　　　　　　　　　　　　　　『道行般若經』卷四

　　"世尊, 般若波羅蜜, 惡魔常欲伺求斷絕。""須菩提, 惡魔雖欲伺
　　求斷絕, 亦不能得。"

　　　　　　　　　　　　　　　　　『小品摩訶般若波羅蜜經』卷四

이를 바탕으로 구마라집이 『소품마하반야바라밀경』을 번역할 때
그의 필수자筆受者[10]들은 '正使'라는 접속사의 사용을 좋아하지 않았

---

10　역주: '筆受者'는 다른 사람이 구술하는 것을 받아 적는 사람을 가리킨다.

음을 추측할 수 있다. 이러한 단어 사용의 차이는 다른 한편으로는 동일한 번역가지만 다른 번역이 존재하는 불경언어의 복잡성을 반영한다.

## 2.4. 불경 자료의 시대구분

불경언어 연구는 반드시 시대를 구분해야 서로 다른 시대로부터 언어의 변천을 관찰할 수 있다. 시대마다 소리가 다르고 어휘가 다르기 때문에 그 사이의 변화 법칙을 밝혀야 불전을 보다 효과적으로 통독할 수 있다. 시대가 바뀌면 표현 방식도 다르고 어휘도 다르듯, 동한의 안세고가 번역한 불경, 육조의 구마라집이 번역한 불경, 당의 현장이 번역한 불경도 어휘도 다르고 음역어의 형식도 다르다. 이것들은 모두 언어의 중요한 특징인 '끊임없는 진화'와 관련된 것들이다.

그러나 우리가 보는 모든 대장경은 경전의 유형과 사상 체계에 따라 편제되어 있지 역사적 순서에 따라 분류된 것이 아니다. 『대정장大正藏』의 경우 내용은 다음과 같다.

| | | | |
|---|---|---|---|
| 1 阿含部 | 2 本緣部 | 3 般若部 | 4 法華部 |
| 5 華嚴部 | 6 寶積部 | 7 涅槃部 | 8 大集部 |
| 9 經集部 | 10 密教部 | 11 律部 | 12 釋經論部 |

| | | | |
|---|---|---|---|
| 13 毗曇部 | 14 中觀部 | 15 瑜伽部 | 16 論集部 |
| 17 經疏部 | 18 律疏部 | 19 論疏部 | 20 諸宗部 |
| 21 史傳部 | 22 事彙部 | 23 外教部 | 24 目錄部 |
| 25 古逸部 | 26 疑似部 | | |

이러한 분류 체계는 종교, 철학, 의리義理에 대한 연구를 수행하기에는 편리하지만 언어 연구에는 적합하지 않다. 사실 조금만 노력해도 이 시스템을 역사의 순서대로 쉽게 배열을 바꿀 수 있다. 현재 가장 보편적으로 사용되고 있는 불경전자데이터베이스는 법고산法鼓山의 CBETA 코퍼스이다. 이 불경 자료는 인터넷에 접속하여 검색하거나 법고산에서 제공하는 디스크로 모든 불경 텍스트를 역사적 순서로 재구성할 수 있다.

방법은, 대정장大正藏 전자파일의 목록을 기초로 한다. 왜냐하면 목록에 있는 모든 불경에는 왕조와 역자가 명시되어 있기 때문이다. 이 단서에 따른다면 키워드로써 목록에 있는 같은 시대 혹은 같은 저자의 불경을 찾을 수 있다. 예를 들면, 검색 키워드 '西晉'을 입력하면 1초 안에 서진의 모든 불경이 나열된다. 또는 '竺法護'를 키워드로 대장경 목록을 찾아보면 마찬가지로 1초 안에 축법호가 번역한 모든 불경이 나열되게 된다.

다음 단계는 이 검색된 목록에 따라 코퍼스의 불경을 자신의 폴더에 끌어다 놓는 것이다. 이렇게 하면, 새로운 데이터베이스를 갖게 될 뿐만 아니라 시대별로 불경을 배열하거나 역자별로 불경을 배열할 수 있다. 이 불경들이 어떤 유형에 속하든, 어떤 체계에 속하든, 한곳에 모을 수 있어서 언어연구에 편의를 제공하고 있다.

어떤 불경은 '실역失譯'인데, 누가 번역했는지 알 수 없는 것들이다. 대장경에서는 이와 같이 실역失譯된 불경을 명확히 밝히고 있는데 특별히 하나의 폴더에 넣어 두고 훗날 그 시대와 저자를 고찰 대상으로 삼을 수 있다.

어떤 불경은 '의위경疑僞經'이다. 즉 저자, 시대가 모두 의심스럽거나 후대에 의해 위조된 것으로 판명된 것이다. 이것들도 별도의 폴더에 넣을 수 있는데, 마찬가지로 그 시대와 저자를 훗날 고찰 대상으로 삼을 수 있다.

'의위경'은 대장경의 목록에 반드시 열거되지는 않지만, 의위경 여부의 판단은 불경 연구의 전문저서를 통해 표시할 수 있다. 의위경 여부는 학자에 따라 판단이 다를 수 있다. 이때 전문적으로 의위경을 연구하는 10권 정도의 전문저서를 골라 어떤 불경이 의위경으로 나열되는지를 살펴볼 수 있다. 일반적으로 다음과 같은 세 가지 경우이다.

첫째, 모두가 이 경전의 저자, 시대에는 문제가 없다고 생각한다.

둘째, 모두가 이 경전을 의위경이라고 생각한다.

셋째, 일부에서는 이 경전을 의위경이라고 하지만, 일부에서는 그렇지 않다고 본다. 판단이 엇갈린 경우이다.

이때 이미 만들어 놓은 폴더는 이 세 가지 경우에 따라 세 개의 하위 폴더로 나눌 수 있다. '축법호 폴더'를 예로 들면 다음과 같다.

다음 작업은 첫 번째 폴더의 불경 텍스트에 대하여 음운, 어휘, 어법, 언어 풍격에 대해 분석하는 연구를 수행하여 그 규칙과 특색을 찾는 것이다. 예를 들어 음역어를 만나면 어떤 한자를 골라 번역할 것인가? 의미상, 구조상에는 어떤 특색이 있는가? 어법적으로 또 어떤 특색이 있는가? 타동사로 사용되는가? 문장 중 단어와 단어 사이의 결합 제한은 어떠한가? 부사, 개사의 사용 규칙은 또 어떠한가? 이들에 대해 세밀하게 묘사해 얻은 결론은 바로 이 번역가의 '신분증'과 같으며, 다음 단계는 세 번째 폴더 검증에 사용하는 것이다. 의위경으로 간주되는 불경이 이러한 언어상의 특징과 기준에 부합하는지 살펴보는 것이다. 이렇게 하면 진짜인지 가짜인지 형체를 숨길 수 없게 된다.

시대가 다르고 번역가가 다르기 때문에 언어 사용이 정확히 같을 수는 없다. 그중에는 시대, 지리적 요인도 있고, 개인 스타일의 요인이 있어서 언어는 속임수를 쓰기가 가장 어렵다.

언어적 특징에 대한 관찰, 묘사 외에 중요한 '신분 기준'이 있는데, 그것은 바로 어떤 어휘나 어법적 현상의 사용빈도이다. 이런 어휘, 이런 표현, 이런 통사 규칙을 사용했다고 해서 그리고 저자가 동일인물이라고 해서 섣불리 의위경에 해당하지 않는다고 단정 지어서는 안 된다. 이런 어휘, 이런 어법 규칙이 텍스트에서 몇 번 사용했는지도 다시 살펴보아야 한다. 만일 첫 번째 폴더의 불경과 세 번째 폴더의 불경을 비교했는데 같은 어휘나 용법인데도 출현 빈도가 현저하게 다르다면 조작의 가능성이 여전히 존재한다.

위와 같은 방식으로 재분류된 불경 문서 보관함은 대략 다음과 같다.

1. 東漢 佛經 폴더
　　1.1 後漢·迦葉摩騰
　　1.2 後漢·竺法蘭
　　1.3 後漢·支婁迦讖
　　1.4 後漢·安世高
　　1.5 後漢·嚴佛調
　　1.6 後漢·安玄
　　1.7 後漢·支曜
　　1.8 後漢·康孟詳
　　1.9 後漢·竺大力
　　1.10 後漢·曇果

2. 三國 佛經 폴더
　　2.1 吳·支謙

2.2 吳·維祇難

2.3 吳·竺律炎

2.4 吳·康僧會

2.5 曹魏·康僧鎧

2.6 曹魏·曇諦

2.7 曹魏·白延


3a. 西晉 佛經 폴더

3.2 西晉·聶承遠

3.3 西晉·聶道真

3.4 西晉·安法欽

3.5 西晉·法立

3.6 西晉·法炬

3.7 西晉·無羅叉

3.8 西晉·竺叔蘭

3.9 西晉·支法度

3.10 西晉·白法祖

3.11 西晉·若羅嚴


3b. 東晉 佛經 폴더

3.12 東晉·帛尸梨蜜多羅

3.13 東晉·竺曇無蘭

3.14 東晉·僧伽提婆

3.15 東晉·迦留陀伽

3.16 東晉·法顯

3.17 東晉·佛陀跋陀羅

3.18 東晉·卑摩羅叉

3.19 東晉·竺難提

3.20 東晉·祇多蜜

## 4. 南北朝 佛經 폴더(北朝)

4.1 符秦·僧伽跋澄

4.2 符秦·鳩摩羅佛提

4.3 符秦·曇摩蜱

4.4 符秦·曇摩難提

4.5 姚秦·竺佛念

4.6 姚秦·曇摩耶舍

4.7 姚秦·鳩摩羅什

4.8 姚秦·筏提摩多

4.9 姚秦·弗若多羅

4.10 姚秦·佛陀耶舍

4.11 姚秦·曇摩崛多

4.12 西秦·聖堅

4.13 前涼·支施崙

4.14 北涼·曇無讖

4.15 北涼·道龔

4.16 北涼·法眾

4.17 北涼·法盛

4.18 北涼·浮陀跋摩

4.19 北涼·道泰

4.20 元魏·慧覺

4.21 元魏·曇曜

4.22 元魏·吉迦夜

4.23 元魏·法場

4.24 元魏·曇摩流支

4.25 元魏·勒那摩提

4.26 元魏·佛陀扇多

4.27 元魏·菩提流支

4.28 元魏·僧朗

4.29 元魏·瞿曇般若流支

4.30 元魏·曇林

4.31 元魏·毘目智仙

4.32 元魏·達磨菩提

4.34 北周·闍那耶舍

4.35 北周·耶舍崛多

4.36 北齊·萬天懿


5. 南北朝 佛經 폴더(南朝)

5.1 劉宋·曇無竭

5.2 劉宋·佛陀什

5.3 劉宋·僧伽跋摩

5.4 劉宋·智嚴

5.5 劉宋·竺道生

5.6 劉宋·曇摩蜜多

5.7 劉宋·慧嚴

5.8 劉宋·求那跋摩

5.9 劉宋·寶雲

5.10 劉宋·畺良耶舍

5.11 劉宋·沮渠京聲

5.12 劉宋·求那跋陀羅

5.13 劉宋·菩提耶舍

5.14 劉宋·慧簡

5.15 劉宋·功德直

5.16 劉宋·玄暢

5.17 劉宋·法海

5.18 劉宋·翔公

5.19 劉宋·先公

5.20 蕭齊·曇景

5.21 蕭齊·曇摩伽陀耶舍

5.22 蕭齊·僧伽跋陀羅

5.23 蕭齊·求那毘地

5.24 梁·僧伽婆羅

5.25 梁·曼陀羅仙

5.26 陳·真諦

5.27 陳·月婆首那


6. 隋代 佛經 폴더

6.1 隋·那連提黎耶舍

6.2 隋·瞿曇法智

6.3 隋·毘尼多流支

6.4 隋·闍那崛多

6.5 隋·達摩笈多

6.6 隋·菩提登


7. 唐代 佛經 폴더

7.1 唐·行矩

7.2 唐·波羅頗蜜多羅

7.3 唐·智通

7.4 唐·菩提流志

7.5 唐·玄奘

7.6 唐·地婆訶羅

7.7 唐·伽梵達摩

7.8 唐·阿地瞿多

7.9 唐·佛陀多羅

7.10 唐·那提

7.11 唐·若那跋陀羅

7.12 唐·佛陀波利

7.13 唐·杜行顗

7.14 唐·提雲般若

7.15 唐·慧智

7.16 唐·李無諂

7.17 唐·彌陀山

7.18 唐·般剌密帝

7.19 唐·義淨

7.20 唐·寶思惟

7.21 唐·善無畏(輸波迦羅)

7.22 唐·實叉難陀

7.23 唐·法月

7.24 唐·智嚴

7.25 唐·菩提金剛

7.26 唐·拂多誕

7.27 唐·阿質達霰

7.28 唐·利言

7.29 唐·金剛智

7.30 唐·一行

7.31 唐·不空

7.32 唐·遍智

7.33 唐·般若力

7.34 唐·金剛福壽

7.35 唐·尸羅達摩

7.36 唐·般若

7.37 唐·勿提提犀魚

7.38 唐·尸羅跋陀羅

7.39 唐·牟尼室利

7.40 唐·菩提㗛使淨智金剛

7.41 唐·法成

7.42 唐·智慧輪

7.43 唐·達磨栖那

7.44 唐·若那

7.45 唐·解脫師子

7.46 唐·跋馱木阿

7.47 唐·三昧蘇嚩羅

7.48 唐·闍那多迦

7.49 唐·縛日羅枳惹曩

7.50 唐代失譯人名

## 8. 五代兩宋 佛經 폴더

'시대'별 분류에서 다시 '역자'별로 분류할 수 있다. 만약 서진시기의 어떤 어휘의 출현 빈도와 용법을 검색하려면 '西晉' 폴더에서 검색하면 된다. 만일 축법호 역경 중 어떤 어휘의 출현 빈도와 용법을 검색하려면 축법호 폴더에서 검색하면 된다. 이렇게 해서 우리는 시대별, 역자별 언어를 관찰할 수 있고 많은 예문, 상하 문맥에서 그 당시의 언어를 익힐 수 있다. 이러한 방법을 통해서, 모든 역자, 모든 시대의 언어 특색을 이해할 수 있는데, 이는 우리가 불경을 읽고, 고대한어를 이해하는데 큰 도움을 준다.

3장

# 불경문헌학

불경문헌학佛經文獻學에는 대장경, 경록經錄, 승전僧傳, 역장譯場 4
개 부분을 포함하고 있으며, 이러한 자료는 천년 이상 축적되어 불
경언어를 연구하는 매우 풍부한 기초자료이다. 이러한 문헌에 대한
지식을 갖추어야만 우리는 구체적인 연구 대상이 무엇인지, 어떤 연
구 자료가 있는지, 자료의 특성은 무엇인지, 이 자료를 번역한 사람
은 누구인지, 언어에는 어떤 특징이 있는지, 지역적 특성은 무엇인
지, 시대성은 무엇인지, 진위眞僞에 대한 신뢰도는 어느 정도인지,
이런 자료를 어떻게 다루어야 하는지 등 문제에 대해 알 수 있다. 이
러한 자료는 모두 다른 시대의 고대한어로 번역되었으므로 우리는
고대한어를 통독할 수 있는 능력도 갖추어야 한다. 그래야만 효과적
이고 완전하게 이러한 자료를 응용할 수 있다.

　모든 연구에는 가장 중요한 두 개의 기본 요소가 있는데, 하나는
방법이고, 하나는 자료이다. 본 장에서 논의하고자 하는 것은 바로
후자이다. 먼저 대장경 문제에 대해 살펴보도록 하자.

## 3.1. 대장경의 결집結集

『대장경』은 불교 경전을 총 집성한 것이며, 『장경藏經』으

로 약칭하거나 또는『일체경一切經』이라고 하며, 모든 불교 경전을 조직적이고 체계적으로 취합한 것으로 세 부분을 포함하고 있다. '경經'은 부처님이 말씀하신 법요法要이다. '율律'은 부처님이 정한 계율로 몸과 입에 관련된 행동규칙이다. '논論'은 불법 의리佛法 義理에 대한 불제자들의 사변思辨이다.『수서·경적지隋書·經籍志』의 기록에 따르면 양무제梁武帝는 화림원華林園에서 부처님 경전 총 5,400권을 취합했으며 이에 근거하여 승려 보창寶唱은『양세중경목록梁世眾經目錄』을 편찬했는데, 이것은 불교 경전의 시작이 되었다. 한나라시기에서 수당시기에 이르기까지 불경은 모두 필사본을 통해 전파되다가 당나라시기 이후에야 불경의 각본刻本이 생겨났다.

　인쇄술이 생겨나고 서적을 제본하는 기술이 생겨나면서 대장경의 판각본도 이에 따라 생겨났다. 가장 초기에 결집하여 판각한 대장경은 북송의 개보장開寶藏이다. 그 이후 각 시대마다 모두 대장경을 판각하였는데, 이는 하나의 전통이 되었다.

　『대정신수대장경大正新脩大藏經』(대정장大正藏으로 약칭)은 대장경의 판본 중 하나이다. 일본 다이쇼大正 13년(1922년)에 다카쿠스 준지로高楠順次郎와 와타나베 가이쿄쿠渡邊海旭가 '다이쇼 일체경 간행회大正一切經刊行會'를 조직하고, 오노 겐묘小野玄妙 등이 편집·교감을 책임졌으며, 1934년에 간행을 마쳤다.『대정장』은 현재 학계에서 가장 널리 사용되고 있는 비교적 완전한 판본이다.『대정장』은『재각

고려장再刻高麗藏』을 저본으로 하였으며,[1] 전부 100책으로 총 13,520
권, 80,634페이지를 수록했으며 총 글자 수는 1억 2천만 자가 넘었
다. 정장正藏 55책, 속장續藏 30책과 별권別卷 15책(도상부圖像部 12책, 소
화법보 총목록昭和法寶 總目錄 3책)으로 나누었는데 당시에는 불교자료를
가장 많이 수록한 대총서大叢書였다. 현재는 각 불교 사찰과 도서관
에서 반드시 구비해야 되는 대장경 판본이 되었다. 1960년 일본 '대
정신수대장경 간행회大正新修大藏經刊行會'에서 다시 인쇄하였는데 초
기 인쇄본의 몇 가지 오류에 대해서 바로잡아 수정했다.

　대장경은 단순한 불교서적이 아니라 풍부한 학술사學術史이고 문
화사文化史이다.

## 3.2. 불경 목록目錄

### 3.2.1. 목록과 서지학

　서지학은 중국 전통문헌학에서 중요한 학술 분야이다. 주
로 문헌 목록 작업의 일반원리 및 형성과 발전의 일반 법칙을 연구한
다. 역사상 모든 왕조에서는 엄숙한 책임감을 가지고 있었는데, 바로

---

1　　역주:『再刻高麗藏』은『高麗再雕大藏經』의 대만식 표현이며, 현재 해인사에 보관하
　　고 있는 팔만고려대장경을 가리킨다.

당시의 학술문화자료를 모두 기록하는 것이었다. 이는 한편으로는 당시 지식인들에게 제공하여 응용하기 위한 것이고, 한편으로는 후세에 전해서 역사문화의 귀중한 유산이 되도록 하는 것이었다. 목록을 중시하는 전통에 있어서 불경도 예외는 아니었으며, 동한시기부터 남북조시기까지의 저명한 승려들은 불경 목록을 많이 편찬했다.

### 3.2.2.『대당내전록大唐內典錄』

불경 목록에서 후세 사람들이 가장 중요하게 여기는 것은 도선道宣이 엮은『대당내전록大唐內典錄』이다. 당나라 무덕武德 7년(624년)에 도선은 종남산終南山에 집을 짓고 정업사淨業寺에서 거주했다. 그 후 40여 년간 예청을 받아 현장 법사의 장안역장長安譯場에 참여한 것을 제외하고는 모두 정업사에서 선정禪定에 전념하면서 율학을 연구했다.

『대당내전록』은『대정신수대장경』에서 2149번으로 번호가 매겨져 있으며, "제55권 목록부 전第五十五卷 目錄部 全"에 수록되어 있으며 책에는 단지 "麟德元年甲子歲, 京師西明寺, 釋氏撰"이라고 언급만 되어 있을 뿐 저자에 대해서는 밝히지 않았다. 나중에 출판된『개원석교록開元釋敎錄』권10「총괄군경상의 10 서열고금제가목록總括群經上之十 敍列古今諸家目錄」에서 "大唐內典錄十卷, 麟德元年甲子, 西門寺沙門, 釋道宣撰。"이라고 언급한 것을 통해 이 책이 도선이 엮은 것임을 알 수 있었다. 이 책에 수록한 경전은 "도합 18대에 출현한 중경이며 총 2,232부이다."(『대당내전록·서序』)

### 3.2.3.『출삼장기집出三藏記集』

현존하는 가장 오래된 불경목록은 남조시기 양梁나라의 승우僧祐가 엮은 『출삼장기집出三藏記集』인데, 『승우록僧祐錄』, 『우록祐錄』이라 부르기도 한다. 승우는 천람天監 연간에 도안道安의 『총리중경목록總理眾經目錄』을 바탕으로 하고 여러 다른 목록을 참고하고, 불경번역을 정정하여 『출삼장기집』을 엮었다. 승우는 천람 17년 26일에 입적하였다. 승우가 편찬한 이 책의 의도는 불경번역에 대해서 "물결을 따라가면서 근원을 규명"하고자 한 것인데 그는 자신의 자서自序에서 다음과 같이 말했다. "연기를 찬술하니 처음 시작된 근원이 더욱 분명해지고, 명록名錄을 자세히 설명하니 연대의 조목이 빠지지 않게 되었다. 경의 서문을 모두 모으니 뛰어나게 결집한 때를 징험할 수 있게 되었고, 열전을 기술하니 그 사람의 풍모를 볼 수 있게 되었다."[2]

이 책을 통해 각 불경 번역의 경과와 내용을 고찰할 수 있다. 이 책의 후기에는 역경의 장소와 연월일에 대해서 많이 기록했는데 특히 중요하다. 이 책은 불전의 기원 및 번역 방법도 기술했다. 그 외에도 하나의 불경에 여러 가지 번역본이 있는 것에 대해서는 상세하게 열거하였는데, 비교연구에 도움을 주고자 했던 것이다. 또한 새

---

2    역주: 『개원석교록』 10권(ABC, K1062 v31, p.1108c01) 참고.

로 '필사본' 한 部를 만들어 전문적으로 요약본을 수록하여 원본 책
과는 구별했다. 저자는 또한 모든 경론經論에 대해서 판정하고, 이동
異同과 진위眞僞를 식별하고, 역자와 번역한 장소 및 시간을 판명했
는데 이러한 부분은 학술 연구에 많은 기여를 했다.

### 3.2.4. 의위경疑僞經

무엇을 '의경疑經', '위경僞經'이라고 하는가? 부처님의 말
씀을 빌려서 위조한 경전을 '위경'이라고 부르며, 기원이 의심스럽기
때문에 위경이라고 의심받는 것을 '의경'이라고 부른다. 일반적으로
이 두 가지를 통칭하여 '의위경疑僞經'이라고 한다.

일찍이 인도에는 부처님의 말씀을 가차假借한 불전이 많았는데,
이것들은 의도적으로 불교에서 선전하는 교리를 혼란시켰다. 오늘
날의 위경은 일반적으로 중국, 일본의 경론을 모방한 작품으로 서역
의 호본胡本 또는 인도의 산스크리트어본을 번역한 것이라고 빙자
했다. 그 중 일부는 외래 사상과 기타 종교 심지어는 민간신앙 등과
뒤섞여 있었지만 '진경眞經'으로 오인되어 장경에 수록되었다.

일본학자 마키타 타이료牧田諦亮는 6가지 유형의 의위경을 제시했
다. ①통치자의 뜻을 충족하기 위해서 만듦, ②통치자의 통치를 비
판하기 위해서 지음, ③중국의 전통적인 오륜사상五倫思想에 부합하
기 위해서임, ④특정한 교리와 신앙을 선동하기 위함임, ⑤특정 인
물의 이름을 표시하기 위함임, ⑥질병치료, 복을 기원하기 위함임.

의위경에도 긍정적인 의의가 있다. 학술적 관점에서 보면 의위경의 내용, 연대, 수량, 원인 등 문제는 중요한 연구주제가 된다. 역사적인 관점에서 보면 의위경은 당시의 사상배경, 민간신앙을 이해하는 유용한 방법이 된다.

### 3.2.5. 어떤 불전이 의위경인가?

의위경에는 예를 들면 구마라집이 번역한 것이라고 여겨서 대장경에 수록한 『인왕반야바라밀경仁王般若波羅蜜經』(대정장 제8책), 승조僧肇 이전의 서문을 첨부한 구마라집이 번역한 『범강경梵網經』(대정장 제24책), 동진의 백시리밀다라帛尸梨蜜多羅가 번역한 『관정경灌頂經』 제12권의 『약사유리광경藥師琉璃光經』(대정장 제21책), 수나라의 보리등菩提燈이 번역한 『점찰선악업보경占察善惡業報經』(대정장 제17책) 등이 있다. 송대 이래의 간행본 대장경 중에는 이러한 유형의 의위경이 매우 많다. 번역을 모방하여 위작僞作한 불경이 있는가 하면, 중국 전통사상에 근거하여 만든 『부모은중경父母恩重經』(대정장 제85책)도 있다.

경록 『출삼장집기』 권5에 나열한 「신집안공의경록新集安公疑經錄」의 26부 30권의 의경에는 다음과 같은 것들을 포함하고 있다.

| | | |
|---|---|---|
| 寶如來經二卷 | 定行三昧經一卷 | 眞諦比丘慧明經一卷 |
| 尼吒國王經一卷 | 胸有萬字經一卷 | 薩和菩薩經一卷 |
| 善信女經一卷 | 護身十二妙經一卷 | 度護經一卷 |

毘羅三昧經二卷　　善王皇帝經二卷　　惟務三昧經一卷

阿羅呵公經一卷　　慧定普遍神通菩薩經一卷　　陰馬藏經一卷

大阿育王經一卷　　四事解脫經一卷　　大阿那律經一卷

貧女人經一卷　　　鑄金像經一卷　　　四身經一卷

普慧三昧經一卷　　阿秋那經一卷　　　兩部獨證經一卷

法本齋經一卷　　　覓歷所傳大比丘尼戒經一卷

　　이것은 도안 법사가『총리중경목록』을 편찬할 때에 그가 "보았거나" 또는 "알고 있는" 의위경이 총 '26부 30권'이였다는 것을 말해 준다. 승우는 도안 법사가『총리중경목록』에 수록한 '26부 30권'의 의위경을 열거한 후 계속하여「신집의경위찬잡록제삼新集疑經僞撰雜錄第三」이라는 절節을 배치하여 의위경 '20부, 26권'을 수록했다. 승우는 편찬자의 이름을 기록하지 않은 양나라 때에 새로 역은 12부의 의경에 대해서는 "혹은 의리에 어긋나고 등지거나, 혹은 경문과 게송이 얕고 천하다"라고 말하면서 의경록에 수록했다.

　　지승智昇이 편찬한『개원석교록開元釋敎錄』20권에는『비라삼매경毘羅三昧經』,『결정죄복경決定罪福經』,『혜정보편국토신통보살경慧定普遍國土神通菩薩經』,『구호신명죄인병고액경救獲身命罪人病苦厄經』,『최묘승정경最妙勝定經』,『관세음삼매경觀世音三昧經』,『청정법행경清淨法行經』,『오백범지경五百梵志經』등의 의경을 나열했다.

　　우리가 불경을 읽을 때 만약 위경인지 확실하지 않은 경우, 가장 좋은 방법은 장경의 목록을 확인하는 것이다. 예를 들면 목록에 명확하게 기재되어 '의위' 류에 분류되거나 또는 경록에는 없다면 위경일 가능성이 있다.


## 3.3. 역대 승전僧傳

### 3.3.1. 승전의 분류

중국의 역사에는 대대로 이어져 내려온 문화전통이 있는데 바로 각 시대 인류 사회에 공헌을 한 사람들을 위해 전기傳記를 지어 정사正史에 수록하여 후대 사람들의 전범典範으로 삼는 것이다. 이것은 중국 문화의 특징 중 하나이다. 덕행, 학문, 공헌이 있는 사람들 외에도 범위를 더욱 확대하여 당시에 영향 미친 중요한 인물을 위해 전기를 지었다. 정사正史란 본기本紀, 세가世家, 열전列傳의 부류이다. 예를 들면 『사기史記』의 열전에는 백이열전伯夷列傳, 관안열전管晏列傳, 노자한비열전老子韓非列傳, 오자서열전伍子胥列傳, 중니제자열전仲尼弟子列傳, 맹상군열전孟嘗君列傳, 염파인상여열전廉頗藺相如列傳 등 이외에도 자객열전刺客列傳, 혹리열전酷吏列傳, 유협열전游俠列傳, 영행열전佞幸列傳, 골계열전滑稽列傳 등이 있다. 이렇게 긍정적인 전범典範 인물을 기록하는 것 외에도 부정적인 혹리, 영행(아첨배) 등에 관해서도 모두 전기를 지었는데, 이것은 후세 사람들에게 경고하기 위함이다. 기타 영역에서 예를 들면 의학영역에서는 당나라시기의 감백종甘伯宗이 당나라 이전의 의학가 120명을 모아 전기를 지어 『명의전名醫傳』

을 엮었다. 이 책은 총 7권으로 되어 있으며 책에는 전기도 있고, 찬사
도 있으며 그림도 있는데, 중국 고대 최초의 의학사인물전기 전문서
적이다. 안타깝게도 이 책은 유실된 지 오래된다. 1006년 송대의 조자
화趙自化는 『명의현질전名醫顯帙傳』을 저술하였고, 동시대의 당연년黨
永年은 『신비명의록神秘名醫錄』을 저술했는데, 안타깝게도 이 두 책도
유실되었다. 1189년에 장고張杲가 『의설醫說』을 저술했는데, 이 책의
제1권은 삼황제에서부터 당나라시기에 이르는 역대 명의 총 106명을
아울렀다. 이 책은 중국에서 가장 오래된 의학사에 관한 전기이다.

　불교계에서도 마찬가지로 이러한 전통을 계승하여 각 조대마다
고승을 위해 전기를 지었는데, 그들의 위대한 수행과 불학에서의 업
적을 드러내기 위해서였다. 승전은 유형에 따라 다음 세 가지 범주
로 나눌 수 있다.

　(1) 별전別傳: 이것은 여러 고승에 관한 단편 전기이다. 예를 들면
『출삼장기집』에 수록한 가장 이른 승전은 『안세고전安世高傳』이다.
기타에는 다음과 같은 것들이 있다. 예를 들면 『천태지자대사별전
天台智者大師別傳』은 지자智者 대사의 제자 관정灌頂 법사가 찬술한 것
으로, 홍법弘法 대사의 경력과 신통한 감응에 관해서 기술했다. 『당
호법사문법림별전唐護法沙門法琳別傳』은 당나라의 언종彦悰 법사가 찬
술한 것으로, 내용의 순서는 연대순에 의한 역사편찬을 중심으로 삼
았다. 『대당대자은사삼장법사전大唐大慈恩寺三藏法師傳』은 『삼장법사
전三藏法師傳』이라도 부르는데, 당나라의 혜립慧立이 편찬하고, 언종

彦悰이 주석을 했으며, 수공垂拱 4년(688)에 완성했다. 주로 현장 대사가 인도에 가서 불경을 가져오는 과정을 기록했다.『당대천복사고사주번경대덕법장화상전唐大薦福寺故寺主翻經大德法藏和尚傳』은『현수국사별전賢首國師別傳』이라고도 부르며 신라의 최치원이 찬술한 것이다.『고승법현전高僧法顯傳』은『불국기佛國記』라고도 부르며 인도, 석란, 서역을 여행하는 과정을 소개한 것으로,3 법현法顯이 손수 편찬한 것이다.『조계대사별전曹溪大師別傳』은 저자의 이름이 없고, 일본의 임제종 승려 한흥조방漢興祖芳(1722~1806)이 교정했으며, 1762년에 간행했다. 내용에는 육조 혜능慧能의 전기, 불법을 전하는 요지, 조계산 보림사寶林寺의 유래, 육조에 관한 상서롭고 기이한 소문 등을 포함하고 있다. 이 전기는 당덕종唐德宗 건중建中 연간(780~783)에 지어진 것으로 추정된다. 803년의 필사본이 있는데 비예산比叡山에 소장하고 있으며 일본의 국보로 지정되었다.

(2) 유전類傳: 이것은 같은 유형의 고승들에 관한 전기 모음집이다. 예를 들면 불법을 찾기 위해서 서쪽으로 갔던 고승, 덕행이 고상한 비구, 산사의 법사, 특정한 종파의 대덕 등이 있다. 이 범주의 전기에 속하는 것에는『선림승보전禪林僧寶傳』이 있으며, 송대의 혜홍慧洪, 각범覺範(1071~1128)이 편찬했고 만속장卍續藏 제137책에 수록

---

3  역주: 석란(錫蘭)은 실론(Ceylon)의 음역어(音譯語). 스리랑카(Sri Lanka)의 옛 이름임. 한자사전 참조.

되어 있다. 당송의 선승禪僧 81명의 전기이며, 『승보전僧寶傳』으로 약
칭한다. 『비구니전比丘尼傳』 4권은 양나라의 보창寶唱이 편찬한 것이
며, 서진 건흥建興(313년)에서부터 양나라 천감天監 15년(516)에 이르
는 200년 동안의 비구니에 관한 전기이다. 대부분은 강소성江蘇省과
절강성浙江省 지역에 속했다. 법사法師, 율사律師, 선사禪師, 신력神力,
고절苦節, 경사經師로 나누었고, 시대 순으로 배열했다. 『신승전神僧
傳』은 명성조明成祖 주체朱棣가 편찬했으며 9권이다. 중국의 역대 불
교 역사책에 수록한 '신승神僧'에 관한 전기를 모은 것으로 동한의
마등摩騰에서부터 원나라초기의 담파膽巴에 이르는 총 208명이다.
『대당서역구법고승전大唐西域求法高僧傳』은 당나라의 의정義淨이 편
찬했다. 691년에 인도네시아의 수마트라섬蘇門答臘에서 편찬을 완성
했으며 나란타사納蘭陀寺의 그림을 첨부하였는데, 원고는 먼저 본국
으로 부쳐 보냈다. 내용에는 당나라초기 이래의 불법을 구하러 서쪽
으로 갔던 승려 60명을 기록했다. 책속에는 또한 당시에 중국과 인
도사이에 왕래하던 주요 노선도 기록했다. 천산북로天山北路, 천산남
로天山南路 그리고 고창高昌, 언기焉耆[카라샤르], 소륵疏勒, 우전于闐, 도
총령度蔥嶺을 경과해서 인도에 도착하는 노선, 토번로吐蕃道 즉 티베
트에서 네팔을 경과하여 인도에 도착하는 노선, 광주廣州에서 바다
로 나가 실리불서室利佛逝[수마트라섬 남동부]에 이르거나 또는 가릉주訶
陵洲[자바]에 이르러 다시 말라카를 경유하여 탐마립저국耽摩立底國에
(갠지스강 입구에 있음)에 도착하거나 또는 스리랑카에 도착해서 인도
로 가는 노선을 포함했다. 책에는 당시 중국의 승려가 인도에서 유

학하고 있던 유명한 사원을 기록했는데 나란타사邪爛陀寺,대각사大
覺寺, 신자사信者寺, 신사新寺, 대사大寺, 반열반사般涅槃寺, 갈라다사羯
羅荼寺 등이 있었다. 『천태구조전天台九祖傳』은 남송의 사형士衡이 편
찬한 것으로, 1권이다. 천태종 9대 조사인 용수龍樹, 혜문慧文, 혜사慧
思, 지의智顗, 관정灌頂, 지위智威, 혜위慧威, 현랑玄朗, 담연湛然의 전기
를 수록했다. 『무림서호고승사략武林西湖高僧事略』은 남송의 원경元
敬, 원복元復이 편찬했고 1권이다. 서호 근처의 여러 사원에서 살고
있던 여러 조대의 승려 30명을 기록했다. 진晉에서부터 시작하여 남
제南齊, 수, 당, 오대, 송대에까지 이르렀다.

　(3) 총전總傳: 이것은 종합적인 승전에 속하므로, 폭이 광범위하고
시대가 면면히 길며 수록한 인물은 매우 많다. 또는 특정시기의 불
교계의 대표인물과 그들의 활동 상황을 기술하였다. 최초의 총전은
『고승전高僧傳』으로 남조 양나라 승려 혜교慧皎(497~554)가 편찬했다.
총 14권으로, 대정장 CBETA T50 No. 2059에 수록했다. 또는 『양
고승전梁高僧傳』이라 불렀다. 역경譯經, 의해義解, 신이神異, 습선習禪,
명율明律, 유신遺身, 송경誦經, 흥복興福, 경사經師, 창도唱導 10개의 항
목으로 나누어 분류했다. 한, 위, 오, 진晉, 북위, 후진後秦, 송, 제, 양
의 승려 257명을 기록했으며 부록에는 274명이 보인다.

　그 외에 『속고승전續高僧傳』은 『당고승전唐高僧傳』이라고도 부르
며 당나라의 도선道宣이 편찬한 것으로 30권이다. 책은 정관 19년
(645)에 완성되었다. 자서에 따르면 본편 331명, 부록에는 160명이

다. 그 후 20년 동안 계속 증보하여『후집속고승전後集續高僧傳』10권이 있었다. 그 후 두 책은 합쳐졌지만 권수는 여전히 30권으로 했다. 기록한 고승들은 본편 498명, 부록 229명이 있었다. 역경譯經, 의해義解, 선습習禪, 명율明律, 호법護法, 감통感通, 유신遺身, 독송讀誦, 흥복興福, 잡과雜科 등 10개의 항목으로 나누어 분류했다.『고승전』에는 살아있는 인물을 수록하지 않았지만 이 책에는 당시에 명망이 높은 살아있는 승려, 예를 들면 혜정慧淨, 혜휴慧休, 법충法沖 등에 관하여서도 집필하여 전기에 수록했다.

『송고승전宋高僧傳』은 또한『대송고승전大宋高僧傳』이라고도 불렀으며『송전宋傳』으로 약칭했다. 북송의 찬녕贊寧이 찬했으며 30권이다. 태평흥국太平興國 7년(982)에 저자는 칙명을 받들어 제자 현충顯忠, 지륜智輪과 함께 찬술했으며, 단공端拱 원년(988)에 책을 완성했다. 지도至道 2년(996)에 또 증보하여 처음으로 최종 편집본을 완성했다. 당고종 때부터 시작하여 후량後梁, 후당後唐, 후한後漢, 후주後周, 송에 이르는 여섯 조대의 승려를 기술했는데 본편 531명, 부록 126명이었다. 책은 10개의 항목으로 나누고 명목과 체제는『속고승전』과 동일했다. 이 중 '습선'은 많은 편폭을 차지하는데, 운문종雲門宗의 창립자 문언文偃을 제외한 선종 각파의 중요한 인물들을 위해서 모두 전기를 지었다. 이 책의『역경편譯經編』은 '역경육례譯經六例'와 역장譯場의 관직 설치 등에 대하여 기록하고 있어 역경사譯經史의 중요한 문헌이 되었다.

『명고승전明高僧傳』은『대명고승전大明高僧傳』이라고도 부르고

『명전明傳』이라고 약칭한다. 명나라시기의 여성如惺이 찬술하였으며 8권(『용장龍藏』에는 6권으로 되어 있음)이다. 만력萬曆 45년(1617)에 책이 완성되었다. 이 책은 단지 남송에서 명대 만력 연간까지의 일부 승려들만을 위해 전기를 지었다. 책은 역경譯經, 해의解義, 습선習禪 세 개의 항목으로 분류했다. 총 본편 112명, 부록 69명이다.

이상의 네 부분을 통칭하여 '사고승전四高僧傳'이라고 했는데 이는 정사正史의 '사사四史'와 같다.

### 3.3.2. 네 승전의 체례

위에서 언급한 『고승전』 4부의 내용은 어떤 방식으로 한 승려의 덕행과 공헌을 소개했을까? 4부의 글쓰기 방식은 대체로 동일했다. 아래에는 몇 가지 발췌한 내용이다.

> 竺法蘭亦中天竺人。自言誦經論數萬章。為天竺學者之師。時蔡愔既至彼國。蘭與摩騰共契遊化。遂相隨而來。會彼學徒留礙。蘭乃間行而至。既達雒陽與騰同止。…
>
> 『梁高僧傳』

> 康僧會。其先康居人。世居天竺。其父因商賈。移于交趾。會年十餘歲。二親並終。至孝服畢出家。勵行甚峻。為人弘雅有識量。篤至好學。明解三藏。博覽六經。天文圖緯多所綜涉…。
>
> 『梁高僧傳』

鳩摩羅什。此云童壽。天竺人也。家世國相。什祖父達多。倜
儻不群名重於國。父鳩摩炎。聰明有懿節。將嗣相位。乃辭避
出家。東度蔥嶺。龜茲王聞其棄榮甚敬慕之。自出郊迎請為國
師。…

『梁高僧傳』

위의 글로 보면 전기의 체례는 우선 먼저 성명과 본적, 가문, 어릴 때부터 시작하여 소개한 다음, 다시 그의 생애, 불법에서의 공헌 등을 이야기했다. 이러한 자료를 통해 우리는 당시 불교의 상황에 대해서 분명하게 살펴볼 수 있다.

### 3.3.3. 승전을 통해 본 불교의 변천

『고승전』은 많은 진귀한 자료를 제공하여 우리들이 불교의 역사적 변천과 진화를 살펴 볼 수 있게 했다. 예를 들면 승전에서 언급한 본적의 통계를 통해 각 지역에서의 불교의 성쇠 상황 또는 그 중 다른 지역의 승려와 본토 지역의 승려의 비율 변화를 관찰하여 최초의 『양고승전』의 인물은 다른 지역에서 온 승려를 위주로 하고 있으며 이들이 대부분을 차지했다는 것을 알 수 있었다. 그러나 이러한 상황은 『당고승전』, 『송고승전』을 거치면서 점차 본토 승려를 위주로 바뀌었으며, 『명고승전』에는 거의 모두 본토 승려였다. 이러한 자료는 불교의 중국화 과정을 보여주었으며 또한 '外來的和尚會唸經'[외부에서 온 승려가 경문을 잘 읽는다'는 것은 외부에서 온 사람들이 더 존중받고 환영받는다는 뜻]이란 속담이 생겨난 이유를 설명했다.


## 3.4. 역장譯場 제도

### 3.4.1. 역경사업에 대한 이해

불경번역 사업은 동한시기부터 당나라시기까지 전후 800년 동안 풍부한 경험을 축적하여 완전한 번역이론을 만들었다. 이 현상은 인류 문명사에서도 극히 드물다. 오늘날에 이르러서도 번역에 대한 이해와 연구는 여전히 천년에 가까운 불경번역의 경험을 사용할 수밖에 없으며, 이 수천 권의 불경번역에 대해 깊이 생각하지 않으면 안 된다.

양임공梁任公 선생의 『중국불교연구사中國佛教研究史』「불전번역佛典翻譯」에서는 번역의 내용을 분석하였는데, 다음과 같은 몇 가지 방면에서 관찰하였다.


(1) 번역본의 관점에서 보면 "처음엔 호승胡僧이 암송하여 전부 번역했지만 나중에는 반드시 산스크리트어 원본을 구했다. 모두 원본이지만 처음에는 단지 소품小品만을 번역하다가 나중에는 대경大經을 널리 번역했다. 동일한 대경이라고 해도 초기의 것은 장과 절

이 분리되어 있어서 각자 단독으로 발행되었으나, 나중의 것은 전문
全文을 모두 번역하여 시작과 마무리를 완전하게 갖추었다."

　　(2) 번역가의 관점에서 보면 "처음에 서역에서 정착하여 살던 여
러 승려들은 별로 유명하지 않은 우바새들과 어울렸지만 나중에는
모두 나라에서 서쪽으로 파견하여 불법에 깊은 식견이 있는 사람을
구하고 인도의 동쪽으로 건너간 대사들과 함께 했다."

　　(3) 번역 과정의 관점에서 보면 "처음엔 대부분 한 사람이 말로
하고 다른 한 사람이 받아 적었으나, 나중에는 책임지고 번역하는
사람이 반드시 산스크리트어와 중국어에 모두 능하여야 했으며 구
역口譯. 필수筆受, 증의證義, 감문勘文, 한 글자 한 구절 모두 네다섯 명
의 손을 거친 뒤 정본定本으로 삼았다."

　　(4) 번역 규모의 관점에서 보면 "처음엔 개인적으로 한두 명이 약
속을 하여 번역했지만, 나중에는 나라에서 큰 역장을 건설하여 인재
를 널리 모았다."

　　(5) 번역 종파의 관점에서 보면 "처음엔 소승小乘이었다가 나중에
는 대승大乘이었다. 서적으로 논하자면 처음엔 오직 불경만을 번역
했으나, 나중에는 율론律論, 전기傳記로 널리 확대하고 심지어 타종
교의 철학까지도 두루 취하여 참고했다."

그는 이와 같이 간단한 몇 구절의 말로 불경 번역의 요점에 대해서 명확하고 간결하게 묘사하여 불경 번역 사업에 대해 전반적인 개념이 매우 빠르게 생기도록 했다.

### 3.4.2. 역경이론의 탄생 - 오실본삼불역五失本三不易

오랜 번역경험은 필연적으로 사람들의 생각을 촉진한다. 번역이란 무엇인가? 번역은 어떻게 해야 하는가? 번역의 어려움은 어디에 있는가? 그러다보면 자연스럽게 번역이론이 탄생한다. 역경이론은 이러한 번역가들이 실천하는 과정에서의 사고思考이며, 사람마다 사고방식이 달랐고, 사고의 중점 또한 달랐으며 오늘날 보아도 모든 사람들이 받아들이기는 어려운 점이 있다. 그러나 이러한 경험에 대한 기록은 그들의 지혜의 정수를 대표하며 많은 부분에서 계시성을 갖추고 있어 우리들이 다시 사고할 수 있게 했다.

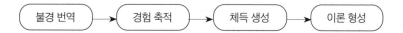

일찍이 동진의 도안道安은 『마하발라야바라밀경초서摩訶鉢羅若波羅蜜經抄序』에서 '오실본삼불역五失本三不易'이라는 이론을 제기했다. 번역과정에서 원본의 모습과 의미를 잃게 되는 상황이 다섯 가지가 있으며, 그 외에 번역에서 가장 어려우면서도 다루기 어려운 상황이

세 가지가 있다는 의미이다.[4]

번역 이론 '오실본삼불역'은 많은 학자들의 불경번역 경험을 누적한 것이며 도안이 귀납한 뒤 당시 역경작업의 기준이 되었다. 예를 들면 위군魏郡 장락長樂 사람 승예僧叡는 동진의 불교계 고승이며, 본래는 도안의 제자였지만 또한 구라마집의 4대 제자 가운데 한사람이 되었다. 그는 『대품경大品經』 서문에서 다음과 같이 말했다. "집필할 때에는 돌아가신 스승의 다섯 가지 본모습을 잃는 점(五失本)과 세 가지 어려운 점(三不易)의 가르침을 세 번 생각하고, 근심과 두려움을 번갈아가며 마음속에 품어 마치 위험에 처한 듯 근심하고 두려워하였다." 이는 이 이론이 당시 역경 대사들의 존경과 신앙을 많이 받았다는 것을 설명했다.

### 3.4.3. 역경이론의 발전 - 팔비십조八備十條

수나라의 언종彥悰이 저술한 『변정론辯正論』(대정장 제52

---

4    역주: "译胡为秦, 有五失本也: 一者, 胡语尽倒而使从秦, 一失本也。二者, 胡经尚质, 秦人好文, 传可众心, 非文不合, 斯二失本也。三者, 胡经委悉, 至于咏叹, 丁宁反复, 或三或四, 不嫌其烦, 而今裁斥, 三失本也。四者, 胡有义记正似乱辞, 寻说向语, 文无以异, 或千五百, 刈而不存, 四失本也。五者, 事已全成, 将更傍及, 反腾前辞已, 乃后说而悉除, 此五失本也。然般若经, 三达之心, 覆面所演, 圣必因时, 时俗有易, 而删雅古, 以适今时, 一不易也。愚智天隔, 圣人叵阶, 乃欲以千岁之上微言, 传使合百王之下末俗。二不易也。阿难出经, 去佛未远, 尊大迦叶, 令五百六通, 迭察迭书, 今离千年, 而以近意量截, 彼阿罗汉乃兢兢若此, 此生死人而平平若此, 岂将不知法者勇乎, 斯三不易也。涉兹五失。经三不易, 译胡为秦, 讵可不慎乎。" 『불학대사전』 「五失本三不易」 참조.

책)서는 '팔비십조八備十條'라는 불경번역 규칙을 제시했다. 언종
(557~610)은 수나라의 유명한 고승으로, 출가하여 승려가 되기 전의
성씨는 이씨李氏이고 조군趙郡(지금의 하북성河北省 형대邢臺) 사람이다.
'팔비八備'는 번역 작업에 종사할 때 마땅히 지녀야 할 식견과 함양으
로, 경건하고 정성스럽고 한결같은 것虔誠專一, 계율을 지키는 것修行
戒律, 삼장에 널리 통하는 것博通三藏, 오승五乘[해탈의 경지에 이르게 하는 다
섯 가지 교법(敎法)임. 인승(人乘), 천승(天乘), 성문승(聲聞乘), 연각승(緣覺乘), 보살승(菩薩
乘)] 등 불학의 함양을 포함하고 있으며, 또한 흉금과 기량을 갖추고,
명예와 이익을 추구하지 않으며, 또한 문사文辭를 두루 알고, 산스크
리트어에 능통해야 하며 훈고, 문자에 통달해야 되는 것 등을 포함하
고 있다.[5] 이래야만 성공적인 번역 대사가 될 수 있었다.

'십조十條'는 (1)구운句韻, (2)문답問答, (3)명의名義, (4)경론經論, (5)가
송歌頌, (6)주공呪功, (7)품제品題, (8)전업專業, (9)자부字部, (10)자성字聲
을 의미한다.

내용에는 '원천언어'와 '목표언어'의 관련 지식을 포함하고 있다.
경의 뜻經義에 대한 이해와 게송이나 주문의 활용은 번역가들에게
있어서 반드시 필요한 기본 훈련이다.

---

5    역주: '八備'는 다음과 같다. "一, 誠心愛法, 志願益人。二, 將踐覺場, 先牢戒足, 不染
譏惡。三, 文詮三藏, 學貫五乘, 不苦暗滯。四, 傍涉墳史, 工綴典辭, 不過魯拙。五, 襟抱
平恒, 器量虛融, 不好專執。六, 要識梵言。七, 不墜彼學。八, 博閱蒼雅, 類諳篆隷, 不昧
此文。"『불학대사전』의 '八備十條' 참조.

## 3.4.4. 역경이론의 성숙 - 현장의 오불번五不翻

　　현장이 제안한 '오불번五不翻' 원칙은 실제로 음역의 원칙
을 채택했으며, 이 원칙은 당시의 불경번역에 대한 지침을 제공했을
뿐만 아니라 그 이후 번역활동에 대한 이론적 지침도 제공했다.[6] '오
불번' 원칙은 남송 법운法雲의 『번역명의서翻譯名義序』의 제1권 「십종
통호十種通號」의 제1 '바가바婆伽婆'에 기록되었다. '불번不翻'은 번역
하지 않는 다는 것이 아니라 '의역'을 하지 않는 대신 '음역'을 한다는
뜻이다. 산스크리트어를 중국어로 번역할 때 다섯 가지 본래의 발음
을 유지해야 되는 상황은 의역이 아닌 음역을 채택하는 것이다.

　　이 이론의 영향으로 불교에는 수많은 음역어가 생겨나게 되어 민
간에 널리 전파되었고 지금까지도 전해지고 있다. 음역을 사용하고
의역을 사용하지 않는 이유는 무엇인가? 이는 언어마다 모두 서로
관련된 어휘 의미 네트워크를 가지고 있기 때문이다. 특히 일련의 체
계적인 불법의 사유개념을 표현하려고 할 때에는 더욱 그러하다. 각
각의 명사, 전문용어와 각각의 명상名相에는 모두 특정한 함의를 가
지고 있으며, 이러한 기호의 함축적 의미는 일반적으로 다른 언어에
서 완전히 대응하고 부합하는 기호를 찾을 수 없기 때문이다. 즉 중

---

6　　역주: "唐玄奘立五種不翻之規 : 一, 秘密之, 故不翻, 如陀羅尼者。二, 含多義, 故不翻,
　　如薄伽梵之語具六義者。三, 此方所無, 故不翻, 如閻浮樹者。四, 順於古例, 故不翻, 如
　　阿耨菩提者。是非不可翻, 以摩騰以來常存梵音故也。五, 為生善, 故不翻, 如般若者。
　　謂般若二字, 聞之者生信念, 以如譯為智慧, 則生輕淺之意故也。見名義集序。『불학대
　　사전』의 '五不翻' 참조.

국 사람들의 사유방식이 인도사람들과 다르기 때문에 사유의 결론을 하나의 단어로 고정시키려 할 때 중국 사람들과 인도 사람들은 서로 완전히 부합하는 단어를 사용하여 상호 전환하기가 매우 어렵다는 것이다. 당시의 역경 대덕들은 바로 이러한 문제를 발견했으며, 많은 인도 단어가 해당하는 중국 단어를 찾아 번역할 수 없다는 것을 느꼈다. 만약 억지로 비슷한 단어를 찾아서 번역한다면 불법의 본래 의미를 놓치기 쉽기 때문에 이러한 상황에서 가장 좋은 방법은 새로운 단어를 만들어 소리만 사용하는 것이다. 이 글자의 본래 의역과 상관없는 관계로, 새로운 기호는 새로운 내용을 담아서 한자 본래 의미의 간섭을 받지 않게 되는데, 이것은 참으로 매우 총명한 방법이다. 따라서 '오불번'의 원칙은 불경번역의 최고의 방법이 되었다. 이것이 바로 불경에 음역어가 이렇게 많이 생기게 된 이유이다.

### 3.4.5. 역장의 설립

역경작업은 분산되고 개별적이고 무작위 한 것이 아니라 계획적이고 조직적인 것이기 때문에 '역장譯場'과 같은 이러한 전문적인 번역기관이 생겨났다. 이 기관은 지휘가 분명하고 조직이 치밀하여 각자 맡은 바 소임을 다했다. 따라서 불경번역은 집단 지혜의 결정체이다. 누구도 만능의 인재가 아니기 때문에 모두 이러한 신성하고 장엄한 작업에서 홀로 싸우고 홀로 책임질 수 없었다. 반드시 산스크리트어에 능통한 전문가, 중국어에 능통한 전문가, 교감에 뛰어난 전문가, 성운 전문가, 문자나 훈고학의 전문가 등 다양한 분야의 전문 가들이 한자리에 모여서 힘을 합쳐서야 역경작업을 완성할 수 있었 을 것이다. 일반적으로 어떤 불경은 어떤 고승이 번역했다고 말하지 만, 실제로는 주요 번역가를 지칭하는 것이다. 역장마다 주요 번역가 가 한명 있는데 마치 오늘날 학술대회에 사회자 한명이 있는 것과 같 다. 우리는 일반적으로 일시적인 편의에 따라서 어떤 불경은 어떤 사 람이 번역한 것이라고 말하는데, 이러한 상황은 오늘날의 번역작업 과 매우 다르다.

불경번역은 집단작업이기 때문에 일정한 역장이라는 조직이 생 겼고 역장은 변화를 겪었다. 당대 이전의 초기 역경은 종종 '역강동 시譯講同施[번역과 강의를 동시에 행함]'였는데, 적으면 수백 명, 많으면 수 천 명에 이르렀다. 구마라집 시대의 '대역장大譯場'이 그 예이다. 그 는 소요원逍遙園에서 역장을 주관하여 유명한 승려 800명과 제자 3,000명을 모았다. 구마라집은 "인도 원문을 손에 들고 말로 번역하 면 다른 스님들이 정성스럽게 한 구절을 세 번 반복했으며, 성스러 운 의미를 보존하기 위해 힘썼다." 이때의 역장은 마치 초대형 학술 회의 같았다.

당나라시기에 이르자 '역장'의 성격은 바뀌었다. "전문가들로 구 성된 역장"으로 변하여 소수 전문가들의 '소역장小譯場'을 형성했는 데, 이것이 바로 '조수를 엄선하는' 방식이다. 초기 역장이 지나치게 방대하다보니, 역경의 효율성에 영향을 미쳤던 것이다. 그리하여 역 경사업의 발전에 따라 서서히 뛰어난 조수를 엄선하는 방향으로 발전하게 되었다. 당나라시기의 불경번역 사업은 역사의 정점에 이르렀지만 역장의 규모는 크게 줄어들었고, 역장의 조수들은 불학, 유학 분야의 수양을 모두 지녀야 한다는 원칙에 따라 엄선했다. 천 권의 불경을 번역한 현장은 20~30명의 조수만 두었다. 이들은 모두 전문성을 지니고 있었으며 직책이 분명한 것이 오늘날의 편집번역원과 꽤 비슷했다. 현장을 예로 들자면 그가 역장에서 산스크리트어 텍스트를 설명한 뒤 경문의 의리義理에 관한 해석은 '증의證義' 담당자가 맡고, 번역문의 연결과 윤색은 '철문綴文' 담당자가 책임지고, 한자의 문제는 '도어度語' 담당자의 작업에 속하고, 산스크리트어의 문제는 '증문證文' 담당자가 처리했다.

역장의 명칭은 조대에 따라 달랐다. 예를 들면 수양제가 언종 법사를 위해 지은 '번경관翻經館', 당태종이 자은사慈恩寺에서 현장 대사를 위해 지은 '역장譯場', 당중종이 의정義淨 대사를 위해 지은 '번경원翻經院', 송태종이 법천法天을 위해 칙명을 내려 건축한 '역경원譯經院' 등이 있었으며, 역경 사업의 발전에 따라 역장의 규모와 제도는 더욱 완비되었다.

아래에 당나라시기 서명사西明寺 승려 석도선釋道宣이 찬술한 『속고승전·현장전續高僧傳·玄奘傳』의 역경에 관한 기록 한 단락을 보도록 하겠다.

황제가 말하였다. "법사가 길을 떠난 후에 홍복사弘福寺를 지었는데 그곳이 비록 작기는 하지만 선원禪院이 비어 있고 조용하니 번역하기에 적합한 곳이며, 필요한 사람과 물자와 관리의 힘은 모두 방현령房玄齡과 상의하여 넉넉하게 공급하도록 힘쓰겠소." 현장은 황제의 밝은 명을 받고나서 수도로 돌아왔으며 마침내 바로 승려 혜명慧明, 영윤靈潤 등을 불러 내용을 증명하도록 하고證義, 사문 행우行友와 현색玄賾 등은 모아 편집하는 일을 하게 하고綴輯, 사문 지증智證, 변기辯機 등은 글을 기록하도록 하고錄文, 사문 현모玄模는 범어를 고증하도록 하고證梵語, 사문 현응玄應이 글자가 잘못된 것을 교정하도록 하였다定字僞. 그해 5월에 처음으로 번역 사업을 시작하였다. 『대보살경大菩薩藏經』20권은 현장이 집필하고 아울러 글의 이치를 삭제하고 보충하는 일을 하였다餘爲執筆。並刪綴詞理. 그 경은 6바라밀六度, 4섭四攝, 10력十力, 4무외四畏, 37도품三十七品 등 모든 보살행을 광범하게 해설하였는데, 도합 12품이며, 종이 4백장에 가까웠다. 또 별개로 『현양승교론顯揚聖教論』20권을 번역하였는데, 지정 등이 교대로 글을 기록하였고更迭錄文, 사문 행우가 문구와 이론을 소상하게 고증하고詳理文句, 현장은 그 논론에 다시 가다듬기를 더하였다重加陶練.

이 원시기록을 통해 불경번역은 학술작업이나 상업적 목적이 아닌 일종의 종교적인 독실함과 장엄함을 지니고 수행했다는 것을 충분히 설명했으며, 이러한 엄격한 태도는 인류문화사 상에서도 극히 드물다. 이렇게 번역한 경전은 틀릴 확률이 거의 0에 가까웠다. 따라서 오늘날 우리가 경서에서 볼 수 있는 어떤 부분은 오늘날에 볼 수

있는 산스크리트어 텍스트와 다른 부분이 있더라도 경솔하게 번역
이 틀렸다고 의심해서는 안 된다. 마땅히 예를 들면 판본 문제, 원천
언어 문제, 중국어의 진화와 변천 문제 등 기타 원인과 가능성을 생
각해 보아야 한다. 이것은 우리가 오늘날 불경번역 문제를 마주할
때 반드시 가져야 할 인식이다.

### 3.4.6. 한역불경에 대한 평가 문제

위의 설명에서 불경번역은 매우 엄격한 과정으로, 단지 고
승 한명이 사원에서 문을 닫고 번역해낼 수 있는 것이 아님을 알 수
있다. 그러므로 만약 우리가 오늘날 고대의 역경 문구에 대해서 의심
이 생긴다면 반드시 각별히 매우 조심해야 한다. 산스크리트어는 불
경을 연구하는 중요한 지식이지만 인내심과 의지를 가진 장기적인
연습이 필요하다. 예를 들면 산스크리트어를 배우려면 10년, 20년의
노력을 들여야만 고대의 고승 대덕들의 역경을 논평하고 이야기 할
수 있으며 산스크리트어와 중국어의 기초가 현장 대사, 구라마집을
능가할 수 있어야만 그러한 평가는 의미가 있게 된다.

조사방曹仕邦(1932~)의 『중국불교역경사논집中國佛敎譯經史論集』
제167쪽에 있는 한 단락은 생각해 볼만한 가치가 있는 말이다. "근
대의 불학 연구에는 한 가닥의 비뚤어진 풍토가 있는데 일부 사람들
은 산스크리트어 지식을 조금 배운 뒤 걸핏하면 잔존하는 산스크리
트어 원문에 근거하여 중국 고대에서 번역한 불경이 부적절하다고

비판한다."

조사방이 발견한 상황은 비평가들이 다음과 같은 가설과 전제를 한 것에서 비롯되었다. 오늘날 볼 수 있는 산스크리트어 텍스트는 원래 불경을 번역할 때 의거한 원본이다. 따라서 만약 불일치한 곳을 찾게 되면 곧바로 "옛사람들이 오역했다"라는 결론을 도출하게 되는 것이다. 사실, 우리는 더 엄격하게 생각할 수도 있다. 현재 보고 있는 산스크리트어 텍스트가 과연 애당초 불경번역가들의 손에 있던 저본인가? 아니면 기타 중앙아시아 언어 "호본胡本"인가? 또한 다음과 같이 고려해 볼 수 있다. 불경번역가들이 다른 중국어 어휘를 사용하여 동일한 산스크리트어를 번역했기 때문에 비록 오늘날 산스크리트어 자전에서 표면적으로는 일치하지 않는 것으로 보이지만 그 심층적인 이유는 천 년 전의 중국어와 관련된 것은 아닌가? 당시 중국어의 훈고, 언어 환경, 수사, 상하맥락과 관련이 있는 것은 아닌가? 표면적으로는 일치하지 않는 중국어 어휘를 채택한 것에 대해, 중국어의 표면적인 관점에서 보면 당시의 통속적인 용법과 더욱 적합한 것은 아닌가? 중국어 문장의 연관성에 더욱 적합한 것은 아닌가? 우리들은 번역작업이 한 단어 한 단어 대응하면서 번역하는 것이 아니라 한 문장씩, 한 단락씩 번역하며 또한 의미를 번역하는 것이지 어법을 번역하는 것이 아니라는 것도 생각해 볼 수 있다.

번역의 본질은 불경번역가들이 A 언어의 의미를 B 언어로 전환하려고 노력하는 것이다. 이미 B 언어로 전환되었다면 반드시 B 언어의 어법규칙과 사용습관을 따라야만 좋은 번역이라고 할 수 있다.

고대에서 번역에 종사하던 고승 대덕들은 독실하고 장엄한 태도로 불경번역에 종사했으며, 또한 역장 제도를 통해 많은 사람들의 지혜를 모아 반복하여 토론한 뒤에야 정본定本으로 작성했는데, 그 목적은 번역한 뒤 힘써 100%의 중국어가 되기 위함이었다. 이것은 고대의 불경번역가들이 추구하는 유일한 목표였다. 따라서 탄탄한 산스크리트어 기초가 있어야 하는데 이것은 고대의 역경 대사들이 반드시 갖추어야 할 조건이었으며, 그 외에 고대의 불경번역가와 현대의 불경 연구자를 막론하고 모두 형形, 음音, 의義 여러 방면을 포함한 중국어 '소학小學'에 대한 충분한 지식이 있어야 하며, 중국어의 문자, 성운, 훈고, 어휘, 어법의 응용법칙과 변화규칙을 충분히 이해해야 했다. 이것은 불경을 다스리는 자들이 없어서는 안 되는 기본적인 소양이다.

### 1) '飜譯'이란 무엇인가?

성공적인 번역을 위해서는 반드시 A 언어를 완전하게 B 언어로 전환해야 하며, B 언어의 어음규칙과 어휘규칙, 어법규칙을 포함한 언어규칙에 부합해야 한다. 예를 들면 중국어를 영어로 번역할 때 우리는 당연히 "讓我看看"을 "Let me see see!"로 번역하지 않는데

번역하는 과정에서 이식해야 될 것은 뜻이지 어법이 아니기 때문이다. 그러므로 우리는 종교의 장엄함과 독실함으로 번역해낸 불경에도 위의 예와 유사한 '직역'을 했을 것인지 추론해 볼 수 있다. 당연히 아니다.

연구 방법에 있어서 우리는 먼저 특정 불경의 번역가를 확인하고, 그가 살고 있던 시대를 확인하고, 그 시대 중국어의 실제 상황을 확인해야 되며, 현대의 어휘 의미와 어감으로 고대의 번역을 판단하는 것을 피해야 한다. 이것이 바로 고대한어 지식이고, 이것은 고대의 불경 번역을 비평하고 판단하는 데 없어서는 안 되는 기본 조건이다. 시대적 요소(언어 변천)를 제외하면 모든 번역자들은 그가 사용하는 언어 습관과 특색(언어 풍격)을 가지고 있다. '이경증경以經證經 [불경으로 불경을 밝히다]'을 통해야만 더욱 직접적으로 역경가는 이렇게 생각하고 저렇게 생각하지 않았다는 것을 확인하고 증명할 수 있다. 산스크리트어와 중국어의 비교는 단지 산스크리트어 자전 검색에만 의존해서는 안 된다.

### 2) 중고한어와 현대한어

고대의 불경번역가들은 역장을 이용해서 여러 사람의 지혜를 널리 모아 집단의 지혜를 응집했을 뿐만 아니라 주요 번역가로서 늘

깊은 국학 기초도 갖추었다. 혜림 대사가 『일체경음의』를 편찬할 때
를 살펴보면 참고한 고적에서 700여 종이 넘는 전적典籍을 인용했으
며, 일부 불경 전적을 제외하고 당시에 보이는 각종 전적 중 단어에
대한 해석을 거의 다 망라했다.

불경의 번역과정을 도표로 표현하면 다음과 같이 나열할 수 있다.

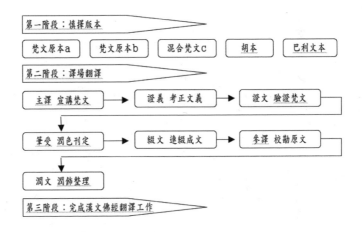

고대의 역경 대덕이 번역한 저본은 사전에 반드시 엄선을 통해
선택하는데 다양한 산스크리트어 판본에서 가장 좋은 저본을 찾아
야만 번역의 의미가 있었기 때문이다. 고대중국에서 판본학版本學,
교감학校勘學, 문헌학文獻學, 목록학目錄學을 항상 매우 중요하게 여겼
는데 이것은 문인들의 기초 훈련이며, 판본을 신중하게 선택하는 것
은 역경가들이 반드시 해야 될 일이다. 고대중국에 극히 많은 경전

이문經典異文이 있었던 것처럼 불교가 흥성했던 고대인도에도 불경 판본이 극히 많았다. 이것은 인쇄술이 시작되기 전에 필사본을 이리저리 전하며 베끼게 되면서 "사람마다 글씨체가 다른" 현상이 발생했다. 그러나 인도사람들의 문헌을 보존하는 능력은 한족보다 훨씬 뒤떨어졌으며, 판본학, 교감학, 문헌학, 목록학 등과 같이 관련 있는 학문도 중국처럼 전통을 이루지는 못했다. 고대인도의 많은 산스크리트어 불경에서 오늘날까지 보존된 것은 매우 제한적이며, 우리가 오늘날 볼 수 있는 것은 단지 파손되어 온전하지 못한 잔존하는 서적들뿐이다. 이것은 중국처럼 송대에서부터 시작하여 계속하여 대장경을 편집하고 대대로 끊이지 않았기 때문에 앞뒤로 20여 부部를 초과했던 것과 달랐다. 부部마다 모두 수천 권이 넘을 정도로 방대했다. 우리들은 다음과 같은 것들을 생각해야 한다. 이러한 잔존하는 산스크리트어 텍스트를 가지고 한문 텍스트를 '바로잡는' 것은 매우 큰 위험성을 가지고 있는 것은 아닌가? 오늘날까지 보존된 산스크리트어 텍스트가 애초에 고승들이 근거로 삼았던 저본이 맞는가? 고대인도의 많은 판본에서 틀린 것이 상당히 많은 졸본拙本, 열본劣本은 아닌가? 이러한 가능성이 있는가? 이러한 것은 객관적인 연구 작업에서 직면할 수밖에 없는 문제들이다.

고대인도의 불경에는 다양한 판본 문제가 존재하며 상황은 고대 중국의 전적 상황과 같다. 따라서 고대 중국의 경전이문經典異文의 비교 대조와 연구에 대한 중시는 교감학과 판본학을 발전시켰다. 서쪽으로 가서 불법을 구하던 고승들은 모두 이러한 인식을 가지고 있

었으며 인도에 도착하면 그들은 반드시 이러한 인식을 활용하여 많
은 인도 불경 판본에 대해 선택을 했고 최상의 번역 저본을 가늠했
다. 이것이 바로 '판본을 신중하게 선택하는' 절차이다.

고대 고승 대덕들의 불경번역은 이미 800년 이상의 경험을 축적
해왔다. 이것은 인류의 번역 역사에서 유례없는 사업이다. 번역가들
은 이익을 얻기 위해서 번역한 것이 아니라 일종의 장엄하고 독실한
심정으로 번역했으며, 이것은 현대의 번역과 완전히 다른 것이다.
더욱이 불경 번역은 역장 제도를 통해 많은 사람의 지혜를 모아놓은
결정체이다. 한문불전은 사실 인류사상 최고의 번역이라고 할 수 있
다. 따라서 오늘날 우리가 산스크리트어와 중국어를 비교 연구할 때
결론의 판단에 있어서는 반대로 생각할 수도 있을 것이다. 만약 산
스크리트어와 중국어 두 가지 판본 사이에 차이가 있는 것이 보인다
면 실제로 틀린 것은 중국어 번역본이 아닌 산스크리트어 텍스트일
수 있지 않는가? 그런 다음 한문불전을 사용하여 금본今本 산스크리
트어의 오류를 정정하여 원시 불전의 본래 모습을 복원할 수도 있을
것이다.

4장

# 불경연구와 성운학

# 4.1. 불교의 전파와 성운학의 발전

고대인도의 성운聲韻 연구는 매우 발달하였는데, 그 '성명론聲明論'과 '실담장悉曇章'이 바로 고대인도의 성운학聲韻學이다. 산스크리트어는 또 하나의 병음문자이므로 음가音價에 대한 정확한 분석을 해야 한다. 그래서 불경번역에 따라 중국의 승려들은 산스크리트어를 접하였고 산스크리트어를 연구하였으며 인도의 성운학도 알게 되었다. 따라서 중국어의 성운학도 왕성하게 발전하기 시작했다.

이어서 승려들은 "가로는 알파벳을 나열하고 세로는 4성, 4등으로 나눈" 병음도표를 설계하여 한자漢字 하나하나를 그 발음대로 적당한 칸에 채워 넣었다. 이것이 바로 '등운도等韻圖'의 탄생이다.

중국학자들은 산스크리트어를 접촉하면서 한자의 발음이 앞뒤두 부분으로 나뉠 수 있다는 것을 깨달았다. 그리하여 한 글자의 앞부분을 '성聲', 뒷부분을 '운韻'이라고 불렀다. 이렇게 동한시기에는 한자의 표음법表音法이 출현하였다. 두 글자로 발음의 두 부분을 표시한 다음 이를 합치는 방법이 등장했는데 이것이 바로 '반절反切' 주음법注音法의 발명이다.

불교가 유입한 성운학은 당시의 문학에도 영향을 미쳤다. 육조시기에는 '쌍성雙聲'과 '첩운疊韻'이라는 학설이 성행했다. 성모聲母가 같은 글자를 모아 '쌍성雙聲'이라고 하고, 무릇 운모韻母가 같은 글자를 '첩운疊韻'이라고 불렀다. 인도 불교의 영향을 받은 이런 자음字音 분석은 당시 문학의 발전을 자극했다. 이런 지식을 이용하여 문학의 운율을 만들어 내는 것을 '성율론聲律論', '영명체永明體'라고 불렀다.

중국어의 '평상거입平上去入' 4성의 발견도 불교의 영향을 받았다. 성조聲調는 원래부터 중국어에 존재하던 어음성분語音成分인데, 선진 시기에 사람들은 단지 배우기만 하고 살피지 않았을 뿐이다. 동한시기에 이르러 불교가 전래되면서 중국어와 산스크리트어를 비교할 수 있는 기회가 생겼고 산스크리트어에는 존재하지 않고 중국어만이 가지고 있는 독특한 '음고音高'가 의미를 구분하는 현상을 발견하게 되었다. 승려들은 이러한 서로 다른 음고 유형을 분석하고 분류하였는데, 마침내 중국어에는 원래 네 종류의 음고 변화가 있다는 것을 알게 되었으며, 이것을 '사성四聲'이라고 불렀다. 그래서 성조 지식은 육조시기에서 일시적인 유행이 되었다. 심약沈約의 『사성보四聲譜』, 장량張諒의 『사성운략四聲韻略』, 주옹周顒의 『사성절운四聲切韻』, 유선경劉善經의 『사성지귀四聲指歸』, 하후영夏侯詠의 『사성운략四聲韻略』, 왕빈王斌의 『사성론四聲論』 등은 모두 이러한 풍습의 산물이다.

등운도의 각 그림은 순서대로 '제○전第○轉' 또는 '모모섭某某攝'이라고 부른다. 예를 들어 『칠음략七音略』과 『운경韻鏡』의 43개 그림을 43개 '전轉'이라고 부른다. '통섭通攝', '지섭止攝' 등과 같이 『사성등자四聲等子』와 『절운지남切韻指南』의 16개 도표를 16개 '섭攝'이라고 부른다. 이러한 '전轉'과 '섭攝'이라는 용어는 바로 불교계의 상용어이다. 왜냐하면 등운도는 모두 '명성 좋은 불교계'의 작품이기 때문이다.

등운도는 '전轉'자로 이름을 불렀다. 예를 들어 불경에서는 '轉煩惱依菩', '轉生死依涅槃', '轉變如意', '轉輪聖王', '轉法輪', '轉想蘊而成慧身', '轉色蘊成法身', '轉識', '轉識得智' 등등을 자주 사용하는데, 등운도를 설계한 승려들은 43개의 그림이 번갈아 음을 표기하는 것이 불법에서의 '전轉'의 개념에 딱 들어맞는다고 생각했다.

또 무착보살無著菩薩은『섭대승론攝大乘論』을 지었는데, 불교에서는 '수기방심收其放心[놓아버린 마음을 거두다]'을 '섭심攝心'이라고 부른다. 평상시 사용하는 '섭취攝取'라는 단어는 "我當修行攝取佛國淸淨莊嚴無量妙土。"와 같이『무량수경·상無量壽經·上』에도 출현하고, "念佛衆生攝取"와 같이『관무량수경觀無量壽經』에도 출현하다. '섭취攝取'와 상대적인 것으로는 '섭수攝受'가 있는데,『승만경勝鬘經』에서는 "願佛常攝受"와 같이 출현했다.

문 앞에서 차를 나눠주며 보시하는 승려를 '섭대攝待'라 하고, '섭경攝境'은 "만법이란 의식의 변화일뿐이므로, 천차만별의 정황을 포착하여 하나로 귀속시킨다萬法者唯識之所變, 故攝千差萬別之境, 而歸於一"는 뜻을 나타내는데,『유식술기·1본唯識述記·一本』에서는 "攝境從心, 一切唯識"이라는 문구가 있고,『지월록指月錄』에는 "斂容入室坐禪, 攝境安心"이라는 문구가 있다. 불교 종파에는 '섭론종攝論宗'이 있다. 이상 등등과 같이 송원시기의 등운도를 설계한 승려는 그림 하나하나를 '섭攝'이라고 불렀다. 왜냐하면 송원시기의 등운도가 초기 등운도의 43도圖를 16섭攝으로 묶었기 때문에, '섭은 여러 개 그림을 취한다攝取多圖'는 '합쳐서 하나가 되다合而為一'의 뜻이다.

성운학의 등운도에서는 운도韻圖 편성의 규칙을 설명하는 조문條文을 '문법門法'이라고 하는데, 불교 서적에서 유래했다. 예를 들어, 『심지관경心地觀經』에는 "四眾有八萬四千之煩惱, 故佛為之說八萬四千之法門"이라는 문구가 있고, 화엄종華嚴宗의 '현상원융계現象圓融界'에는 '십현문十玄門'이 있으며, 정토종淨土宗의 왕생 방법 중에는 '오념문五念門'이 있으며, 밀종密宗에서 성불법成佛法을 증명하려는 데에는 '발심문發心門', '수행문修行門', '보리문菩提門', '열반문涅槃門' 등 경로가 있다. 등운도 속의 문법門法과 관련하여, 『사성등자』에는 변과절문辨窠切門, 변진구문辨振救門, 변정음빙절기운문법례辨正音憑切寄韻門法例… 등이 있고, 『정운지남』 말미의 「문법옥약시門法玉鑰匙」에는 과절문窠切門, 경중교호문輕重交互門, 진구문振救門 등이 있다. 이를 통해 불교의 전파가 성운학의 발전과 진화에 얼마나 밀접한 관계를 맺고 있는지를 알 수 있다.

운도韻圖가 불교의 영향을 받은 것과 관련하여, 『사성등자』의 서문에는 "切韻之作, 始乎陸氏 ; 關鍵之設, 肇自智公"이라고 하였고, 또 "近以龍龕手鑑重校, 類編于大藏經函帙之末。"이라고 하였다. 이 중의 『용감수감龍龕手鑑』은 거란의 승려 행균行均 대사가 지은 것이다. 지광智光 대사가 쓴 서문은 불경의 글자 사용에 대해 해석한 자전이다. 그중 '肇自智公'의 '智公'은 바로 승려 지광智光를 가리킨다. 이로부터 『사성등자』의 탄생은 주로 『용감수감』의 자음을 도표로 귀납하여 불경을 읽을 때 자음을 검색할 때 사용하는데 편리하도록 하기 위함이었다는 것을 알 수 있다.

또 다른 등운도인 『절운지장도切韻指掌圖』는 권수卷首에 손바닥 도형을 그리고 다섯 손가락에 중고 한자 자모字母를 표시해 불경과 형상이 매우 유사하다. 불경에서는 여러 가지 '수인手印'을 매우 중시하는 것 외에 명나라의 구여직瞿汝稷이 불교의 어록인 『지월록指月錄』을 편찬했다. 또한, 불가에서는 '마음'을 '지다指多'라고 부르고, '수묵인지手墨印紙'를 '지인指印'이라고 부른다. 불가의 경례 중의 한 가지를 '합장合掌'이라고 하는데, 『관음경의소觀音經義疏』에는 "合掌者, 此方以拱手為恭, 外國以合掌為敬"이라고 되어있다. 또, '탄지彈指'는 『증일아함경增一阿含經』의 "如來許請, 或默然, 或儼頭, 或彈指"에서처럼 불경에서 '허락'을 표시하기도 하고 『법화경·신력품法華經·神力品』의 "一時謦欬, 俱共彈指"에서처럼 '기쁨'을 표시하기도 하며, 『법화의소法華義疏』의 "為令覺悟, 是故彈指"에서처럼 '경고'를 표시하기도 한다. 이로써 『절운지장도』 권수의 손바닥 도형이 바로 불문의 표지임을 설명하였다.

그리고 다른 등운도인 『절운지남』도 있는데, 오늘날 유행하는 판본은 모두 불교계에서 간행한 것이다. 예를 들어, 「명 홍치 9년 금대 석자사의 중간본明弘治九年金台釋子思宜重刊本」의 말미에는 "助緣比丘道謹"이라는 한 줄이 있다. 기타 현존하는 판본, 예를 들어, '명 성화 정해지경인 금대 대융복사 집자간참본明成化丁亥至庚寅金台大隆福寺集貲刊槧本', '명 정덕병자 금대 연법사 석각항간본明正德丙子金台衍法寺釋

覺恒刊本', '명 가정갑자 금대 연법사이암본 찬연자중간본明嘉靖甲子金
台衍法寺怡菴本讚捐貲重刊本', '명 만력기축 진안지산개원사 간본明萬曆
己丑晉安芝山開元寺刊本' 등 다수도 승려와 관련이 있다. 이는 등운도의
유행과 전파에 대한 불교의 영향이 지극히 크다는 것을 설명해준다.

이상 소개를 통해 성운학과 불교의 밀접한 관계를 알 수 있었다.

## 4.2. 최초의 중국어 자모

'자모字母'라는 단어는 영어 알파벳의 ABCD를 쉽게 연상
시킨다. 고대 승려들은 인도의 산스크리트어를 배워야 했는데, 다만
글꼴이 ABCD와 달랐을 뿐, 산스크리트어도 알파벳 문자였다.

브리흐미brāhmī, 婆羅米 자모는 인도 최초의 필기 기호로, 약 기원
전 3세기에 출현했다. 4세기부터 산스크리트어 문자는 굽타Gupta, 笈
多 글꼴로 바뀌기 시작하였고, 6세기에는 실담Siddham, 悉曇 글꼴이 등
장하였으며, 11, 20세기에는 데바나가리Devanāgarī, 天城 글꼴이 실담
글꼴을 대체해 줄곧 지금까지 사용되었다.

고대에서 서쪽으로 불법을 구하기 위해 갔던 승려들은 인도에 도
착해서 배운 것은 실담 글꼴이었다. 그들은 이러한 병음자모를 중국
으로 가져왔다. 그리하여 불경을 번역한 승려들은 이러한 자모를 모
방해 한자로 자모를 대체했는데, 한자도 표음기호로 바꾸었다. 그래
서 중국 최초의 자모는 당나라 말기에 탄생하게 되었다. 중국어 자

모의 탄생은 다음과 같은 세 단계를 거쳤다.

첫 번째 단계는 티베트어를 번역한 30 자모이다. 이 자료는 일본에서 발견된 당나라 사본寫本 『옥편玉篇』의 잔본殘本(일반적으로 『원본옥편原本玉篇』이라고 부른다)에 수록되어 있는데, '절자요법切字要法'이라고 부른다. 현대에서 볼 수 있는 통행본 『옥편』에는 이 자료가 없다. '절자요법'에서는 28쌍의 쌍성자雙聲字를 나열했는데, 28가지 성모(괄호 안의 자모 명칭과 음성기호는 필자가 추가한 것으로 대조를 위한 것이다)를 대표한다.

| 因煙 (影母ʔ-) | 人然 (日母ŋ̩-) | 新鮮 (心母s-) | 錫涎 (邪母z-) |
|---|---|---|---|
| 迎妍 (疑母ŋ-) | 零連 (來母l-) | 清千 (清母tsh-) | 賓邊 (幫母p-) |
| 經堅 (見母k-) | 神禪 (禪母ʒ-) | 秦前 (從母dz-) | 寧年 (泥母n-) |
| 寅延 (喩母ø-) | 真甄 (照母tʃ-) | 娉偏 (滂母ph-) | 亭田 (定母d-) |
| 陳纏 (澄母dʒ-) | 平便 (並母b-) | 擎虔 (群母g-) | 輕牽 (溪母kh-) |
| 稱燀 (穿母tʃh-) | 丁顛 (端母t-) | 興掀 (曉母x-) | 汀天 (透母th-) |
| 精箋 (精母ts-) | 民眠 (明母m-) | 聲羶 (審母ʃ-) | 刑賢 (匣母ɣ-) |
| [四字無文] | | | |

이 쌍성자들이 대표하는 어음 체계는 다음과 같다..

p-   ph-   b-   m-
t-   th-   d-   n-   l-

| k- | kh- | g- | ŋ- | | |
| ts- | tsh- | dz- | s- | z- | |
| tʃ- | tʃh- | dʒ- | ʃ- | ʒ- | ɳ- |
| ʔ- | x- | ɣ- | ø- | | |

이 28가지 유형과 결자缺字('사자무문四字無文'이라고 상세하게 주를 달아 밝힘)의 두 번째 유형으로, 티베트어 자모에서 유래했다. 티베트어에는 30개 자모가 있는데, 그 중에서 斡(wa), 喇(ra)는 중국어에는 없고 티베트어에만 가지고 있는 것으로, 적당하게 기입할 글자가 없어서 '사자무문四字無文'이라고 명기할 수밖에 없었다.

티베트 문자는 서기 7세기 토번의 송찬간보松贊干布, Songzän Gambo(재위기간 약 629~650) 국왕이 티베트 언어학자 탄미·상포찰呑彌·桑布扎(thon-mi saṃbhoṭa(토미상포찰吐彌桑布扎이라고도 함)을 북인도로 보내 산스크리트어를 공부하게 뒤 귀국 후 산스크리트 자모를 참조해 만들었다. 중국과 티베트의 교류로 당시 중국 승려들에 의해 한자로 음역된 30개의 티베트 자모는 훗날 한자를 음성기호로 삼아 중국어 자체의 자모를 고안해 낸 것에 큰 영감을 주었다.

두 번째 단계는 당나라의 현응玄應 대사가 불전을 통독하기 위한 필요에 의해 불경의 사전인 『일체경음의』을 편찬하였다. 그 중 『대반열반경大般涅槃經』의 「문자품文字品」에는 '자음字音' 14개 글자(예: 阿, 烏, 壹, 奧……등)와 '비성比聲' 25개 글자(예: 伽, 俄, 車, 若……등), 그리고 '초성超聲' 8개 글자(예: 羅, 縛, 沙, 呵……등)를 나열하였다. 그중에서 '자음字音'은 운모를 가리키고, '비성比聲', '초성超聲'은 성모를 가리킨다. 이 자료 역시 한자로 산스크리트어의 어음을 음역한 것이다. 산스크리트어의 발음을 한자로 표현할 수 있었던 만큼 이 또한 중국어 자모의 발명에 마찬가지로 시사하는 바가 컸다.

세 번째 단계는 당나라말기의 승려가 만든 '수온삼십자모守溫三十字母'이다. 이것은 정말로 중국어 발음에 의거해 만든 자모이다. 청나라말기에 돈황석굴에서 P2012 수온운학잔권守溫韻學殘卷(현재 파리에 소장되어 있음)을 발견했는데, 30자모가 있었고, 표제에서는 "南梁漢比丘守溫述"라고 되어 있다. 그 내용은 다음과 같다.

> 脣音 不芳並明
> 舌音 端透定泥是舌頭音
> 　　知徹澄日是舌上音
> 牙音 見君溪羣來疑等字是也(按君字是例字)
> 齒音 精淸從是齒頭音
> 　　審穿禪照是正齒音
> 喉音 心邪曉是喉中音淸
> 　　匣喻影亦是喉中音濁

민국초기의 국학 거장인 나상배羅常培는 "이 30 자모는 수온守溫이 정한 것이다. 지금 전해지고 있는 36 자모는 송나라 사람이 증보

개정한 것으로, 여전히 수온의 자모를 바탕으로 한다.(나씨羅氏의 '돈황 사본 운학 잔권 발문敦煌寫本韻學殘卷跋'을 참조. 중앙연구원 역사언어연구소 집간 제3본 제2분)이라고 주장했다.

　　송대 이래, 통행한 것은 모두 36 자모이다. 그 체계는 다음과 같다.

| | | 全清 | 次清 | 全濁 | 次濁 | 又次清 | 又次濁 |
|---|---|---|---|---|---|---|---|
| 唇 | 重唇 | 幫p- | 滂ph- | 並b- | 明m- | | |
| | 輕唇 | 非pf- | 敷pfh- | 奉bv- | 微ɱ- | | |
| 舌 | 舌頭 | 端t- | 透th- | 定d- | 泥n- | | |
| | 舌上 | 知ʈ- | 徹ʈh- | 澄ɖ- | 娘ɳ- | | |
| 齒 | 齒頭 | 精ts- | 清tsh- | 從dz- | | 心s- | 邪z- |
| | 正齒 | 照tʃ- | 穿tʃh- | 牀dʒ- | | 審ʃ- | 禪ʒ- |
| 牙 | | 見k- | 溪kh- | 群g- | 疑ŋ- | | |
| 喉 | | 影ʔ- | | | 喻ø- | 曉x- | 匣ɣ- |
| | 半舌 | | | | 來l- | | |
| | 半齒 | | | | 日nz- | | |

　　불교계에서 나온 36 자모는 한자의 발음을 표시하다보니 송대로부터 학자들이 유창하게 읊조릴 수 있는 자모 체계가 되었다. 서당에서 학생들이 스승을 따라 책을 읽을 때에는 마치 오늘날의 초등학생들이 ㄅㄆㄇㄈ을 암송하듯 이 자모를 외워야 했다.

## 4.3. 승려가 설계한 등운도

고대 불제자들은 인도로부터 성명론聲明論과 실담장悉曇章
을 배웠고, 중국어에 속하는 어음학語音學과 성운학聲韻學을 구축했다.
또 중국어의 자모를 발명하고, 평상거입平上去入 4성의 차이를 이해했
을 뿐만 아니라, '4등'의 개념을 설계하였다. 그리하여 이러한 지식을
조합하여 중국어의 병음도표를 만들었는데, 그 당시에는 '등운도'라
고 불렀다. '등운도'는 자모 체계, 4성 분석과 4등의 개념을 조합한 한
자병음도표이다.

'4等'의 개념은 무엇인가? 당시 승려들은 한자 운모의 개구도開口
度의 크기에 따라 모든 한자를 네 가지 유형으로 분류했는데, 이것
이 바로 '등等'의 개념이다. '등等'을 나누는 개념은 당나라에서 시작
되었다. 네 가지 '등'의 차이점에 대해 청나라 학자 강영江永은 『음학
변미音學辨微』에서 다음과 같이 설명했다.

一等洪大, 二等次大, 三四皆細, 而四尤細

이것은 1등운等韻의 글자는 발음할 때 개구도開口度가 가장 크고,
그 다음 차례로 줄어들며 4등운 글자의 개구도가 가장 작다는 뜻이
다. 예를 들어, 1등자等字의 운모가 후모음後元音 [-ɑ]로 읽히면, 2등
은 조금 작은 전모음前元音 [-a]로, 3등은 더 작은 [-jæ]로, 4등은 개구
도가 가장 작은 [-ie]로 읽는다. 보통 우리는 개음介音 -j-, -i-가 없는

1, 2등자를 '홍음洪音'이라고 하고, 개음 -j-, -i-가 있는 3, 4등자를 '세음細音'이라고 한다.

따라서 4등의 개념은 다음과 같은 두 가지 측면에서 볼 수 있다.

1) 개음의 측면에서 보면 1, 2등자는 홍음이고 개음 -j-, -i-가 없다. 3, 4등자는 세음으로, 개음 -j-(3등), -i-(4등)가 있다.
2) 주모음主元音의 측면에서 보면 1등자에서 4등자까지의 발음은 개구도가 차례로 줄어든다.

이것이 바로 중고한자 발음에서의 4개 '등等'이다.

등운도의 기본구조는 '가로는 자모를 나열하고, 세로는 4성과 4등을 나눈다'. 각 글자는 각각의 발음에 따라 종횡으로 교차하는 격자에 채워 넣는다. 음은 있지만 글자가 없는 경우는 동그라미로 표시한다. 현대까지 보존되어 있는 최초의 등운도는 남송의 장린지張麟之가 간행한 『운경韻鏡』(1161), 정초鄭樵의 『통지通志』 중의 『칠음략七音略』(1160) 등 2부이다. 이 완성된 책들의 원형은 당과 오대 사이일 것이다. 이 두 운도의 주된 가치는 절운계切韻系 운서(중고음)의 체계를 보존했다는 것이다. 이 두 책과 '절운계 운서'는 우리가 중고음을 이해하는 두 개의 지주支柱를 이루고 있다. 다음은 등운도의 견본이다.

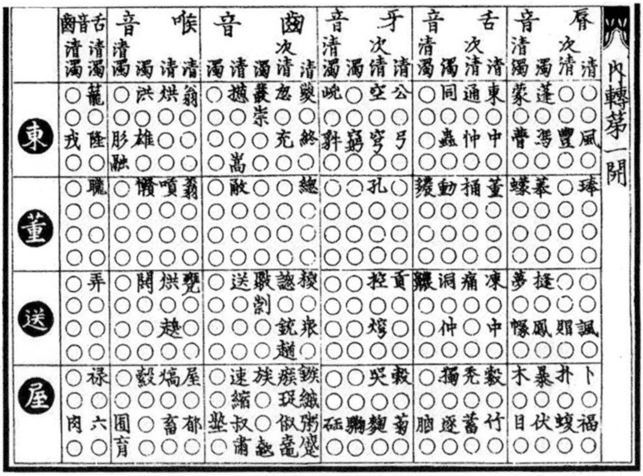


韻鏡 第一轉

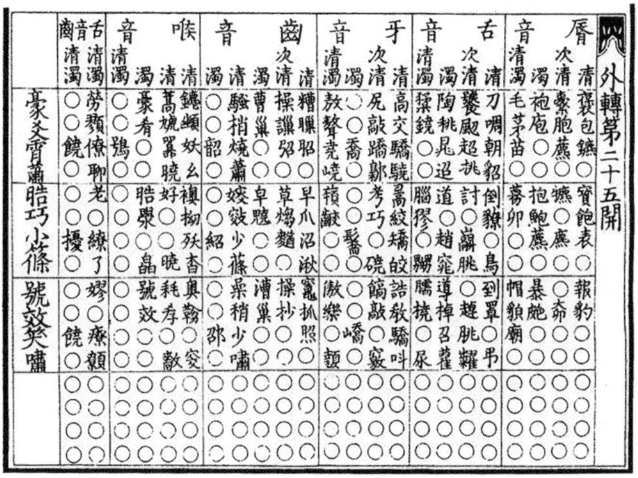


韻鏡 第二十五轉

그 구조 법칙은 맨 윗줄은 '순脣, 설舌, 아牙, 치齒, 후喉'로 나뉘며, 성모의 읽는 방법을 나타낸다. 위에서 아래로 4칸은 4성인 '평상거입'을 나타내고, 각 큰 칸을 4개의 작은 칸으로 나누면 바로 4등의 차이가 된다. 위에서 아래로 1등자부터 4등자까지 기입하였다. 이러한 등운도의 배열은 고도의 규칙성이 있기 때문에, 현대에서는 도표에 있는 글자의 위치로부터 그림을 보고 그 음을 알 수 있으며, 당시의 독법까지 재구해 낼 수 있다. 이 분야의 지식은 졸저인 오남서국五南書局의 『성운학聲韻學』과 『성운지려聲韻之旅』 두 권을 참고할 수 있다.

도표상의 이 글자의 위치를 보면 중고시대 불경의 음독音讀을 복원할 수 있는데, 이것이 바로 '그림을 보면 발음을 안다'는 것이다. 위의 첫 번째 그림을 보자.

1) 운도의 그림마다 운모의 독법을 나타낸다. 이 그림의 글자는 운모의 발음이 -uŋ류이고 입성은 -uk류이다.
2) 개음介音의 발음에 있어서, 1, 2등자는 개음이 없고, 3등자는 개음 -j-가 있으며, 4등자는 개음 -i-가 있다.
3) 가장 좌측에 이 글자들이 속하는 운목韻目을 밝혔다.
4) 성조를 읽는 법은 위에서 아래로 큰 4개의 칸은 순서대로 平, 上, 去, 入이다.
5) 성모를 읽는 법은 맨 윗줄 우측에서 왼쪽으로 크게 다섯 가지

유형인 脣, 舌, 牙, 齒, 喉이다.

6) 순음脣音은 우측에서 좌측으로 4행인데, p, ph, b, m으로 읽는다.

7) 설음舌音은 우측에서 좌측으로 4행인데 1, 4등은 t, th, d, n로 읽고, 2, 3등은 ʈ, ʈh, ɖ, ŋ으로 읽는다.

8) 아음牙音은 우측에서 좌측으로 4행인데, k, kh, g, ŋ으로 읽는다.

9) 치음齒音은 우측에서 좌측으로 5행인데, 1, 4등은 ts, tsh, dz, s, z로 읽고, 2등은 tʃ, tʃh, dʒ, ʃ, ʒ으로 읽으며, 3등은 tɕ, tɕh, dʑ, ɕ, ʑ로 읽는다.

10) 후음喉音은 우측에서 좌측으로 4행인데, ʔ, x, ɣ, ɣj(3등), ø(4등)으로 읽는다.

11) 마지막 두 행은 우측에서 좌측으로 l, nʑ(비음 겸 파찰음鼻塞擦音)으로 읽는다.


이 규칙들을 도입하면 모든 글자의 당나라시기의 독음을 표기할 수 있다. 예를 들면 다음과 같다.


風pjuŋ 豐phjuŋ 鳳bjuŋ 夢muŋ

福pjuk 目mjuk 木muk

東tuŋ 痛thuŋ 動duŋ 中ʈju 蟲ɖjuŋ 禿thuk 竹ʈjuk

公kuŋ 弓kjuŋ 哭khuk 菊kjuk

終tɕjuŋ 忽tshuŋ 崇dʒjuŋ

粥tɕjuk 肅sjuk 縮ʃjuk 速suk

翁ʔuŋ　雄ɣjuŋ　融juŋ　　郁ʔjuk　育juk　　圉ɣjuk

隆ljuŋ　弄luŋ　　六ljuk　　肉nzjuk

이 규칙들은 전체 등운도를 일치시킨다. 그래서 간단한 몇 가지 규칙만 익히면 현장 대사가 살았던 시기의 당시 발음을 그대로 재현할 수 있다.

『운경』의 제25전轉을 보자. 똑같이 규칙을 적용하여 각 글자의 음독을 표기하면 다음과 같다. (이 그림의 운모는 1등은 ɑu(발음이 좀 뒤쪽임), 2등은 au(발음이 좀 앞쪽임), 3등은 jæu, 4등은 ieu이다. 기타 규칙은 위 그림과 같다. )

褒pɑu　包pau　　表pjæu　廟mjæu

討thɑu　趙djæu

高kɑu　交kau　　喬gjæu　樂ŋau

曹dzɑu　操tshɑu　嘯sieu　　照tɕjæu　　爪tʃau

孝xɑu　效ɣau　　曉xieu　妖ʔjæu

老lɑu　擾nzjæu

운도에는 총 43개의 그림이 있으니 여러분도 이 규칙대로 시도해 볼 수 있다. 현장 대사가 살았던 시대의 모든 한자 독법을 국제음성기호로 그 음을 표시했다. 그렇다면 불경 속 음역어, 주문(예를 들어 육자진언六字眞言, 대비주大悲呪)은 모두 당시 발음대로 복원될 수 있다.

## 4.4. 범한대음梵漢對音

'범한대음'이란 불경 속의 음역어와 주문을 산스크리트어 원문과 대조하여 보는 것이다. 왜냐하면 산스크리트어는 병음문자이므로, 이렇게 대조를 하면 그 당시 중국어의 발음을 추정할 수 있기 때문이다. 중국에서는 한대부터 불경을 번역하기 시작해 송대 초기까지 대량의 불교문헌을 남겼다. 이 가운데 산스크리트어의 명사, 전문용어와 진언이 많이 남아 있어 범한대음梵漢對音의 풍부한 자료로 활용할 수 있다. 범한대음 자료를 이용하여, 산스크리트어 독음을 통해 한자의 독음을 알아보는 것은 중국어 음운 연구의 중요한 방법이다. 허량월許良越은 『범한대음법의 제기 및 음운 연구에서의 영향梵漢對音法的提出及其在音韻研究中的影響』에서 일찍이 청나라시기에 이미 일부 학자들은 불경문헌이 중국어 고음 연구에서의 가치에 주목했다고 주장했다. 전대흔錢大昕은 『십가재양신록·5권十駕齋養新錄·卷五』에서 "고대에는 순치음이 없다"는 것을 고증할 때 바로 이런 자료를 활용했다.

전대흔의 고증은 산스크리트어 원문을 사용하지 않고 번역된 한자를 사용했다. 게다가 이러한 고증은 대부분 음가의 추정이나 재구보다는 음의 유형 구분이나 병합에만 주목을 했기 때문에 진정한 의미의 범한대음이라고 할 수 없다. 진정으로 범한대음을 중국어 음운 연구의 한 방법으로 제시한 것은 러시아의 한학자 강화태鋼和泰

이다.[1] 1923년 북경대학北京大學의 『국학계간國學季刊』 제1기에 호적 胡適이 번역한 강화태의 『음역 범서와 중국 고음音譯梵書和中國古音』이 란 글 한편이 실렸다. 이 글에서는 고대의 한자 독음을 연구하는 데 에는 3종 자료를 활용할 수 있는데, 첫 번째가 중국어 방언과 일본, 조선, 베트남의 한자음이고, 두 번째는 고대의 운서와 운도이며, 세 번째는 "중국 글자에 대한 외국어 번역음 및 외국어 글자에 대한 중 국어 번역음"이라고 주장했다. 강화태는 대음對音은 각 시대의 한자 의 음을 연구하는 중요한 자료라고 지적함과 동시에, 특히 산스크 리트어 진언의 특수 가치를 강조했다. 그는 다음과 같이 말했다. "외 국어 글자의 한문 독음 중 가장 주의해야 할 것은 산스크리트어의 진언(Mantras)류라고 말했다. 이런 산스크리트어 진언('다라니陀羅尼, Dhaārani'라고도 부름. 번역어 "總持")은 인도어를 모르는 사람들도 한자 에 의거해 외울 수 있다…왜냐하면 진언의 효능은 의미가 아니라 독 음에 있기 때문이다. 그리하여 산스크리트어 진언의 요점은 가장 알 맞은 음의 한자를 엄격하게 선택하는 것이다. 2, 3천 년 동안 산스크 리트어의 독음은 변천을 거치지 않았다. 산스크리트어 원문을 찾아 서 음역한 진언과 대조해 본다면 한자의 당시 독음을 알 수 있게 될 것이다.

---

1    강화태(鋼和泰, Alexander von Staël-Holstein, 1877-1937)는 발트 독일인이다. 그는 에스
     토니아의 귀족가정에서 태어났으며, 한학자이자 산스크리트어 학자이다. 나중에
     는 중국 연경(燕京)에 거주하면 북경대학에서 교육을 담당했다. 유명한 학자인 진
     인각(陳寅恪)과 호적(胡適) 모두 일찍이 그에게서 산스크리트어를 배운 적이 있다.

강화태는 송대의 인도 고승 법천法天이 번역한 진언과 종교 송시
頌詩에서 수백 개의 대음 자료를 찾아내어 당시의 독음을 고증해 내
고, 다시 고본한高本漢이 추정한 『절운』의 음계音系와 비교하여 법천
의 번역음과 고본한이 재구한 중고음이 대략 일치함을 증명함으로
써 범한대음의 가치를 긍정하였고, 중국어 음운 연구방법에 있어서
매우 의미 있는 탐구를 하였다.[2]

강화태의 연구방법에서 영감을 얻어 왕영보汪榮寶는 1923년에
『국학계간』 1권 2기에 「歌戈魚虞模 고음에 대한 고찰歌戈魚虞模古讀
考」이라는 글을 실었는데, 이는 강화태가 제기한 새로운 방법에 대
한 구체적인 실천이라고 볼 수 있다. 왕영보는 일반 음운이치에서
출발하여 전통 고음연구에 麻운 a가 없다는 견해에 불만을 품고, 위
진육조 시기의 범한대음, 일본어 가다가나 속의 고대 한음漢音, 고대
서양인들의 여행기 속에서 번역한 한자 독음, 및 고대 서역과 중앙
아시아 여러 나라의 국명, 지명 등에서 증거를 찾아 '歌戈魚虞模'의
여러 운의 고대 독음을 고증하였다. 이 글에서 왕영보는 한자 자형
의 한계를 완전히 벗어나 고음의 음가를 추정하는 방법에 대해 구체
적으로 토론했다. "고대의 소리는 들을 수 없고, 문자는 서로 증명하
기에 부족함이 있다. 이 의문을 풀어보고자 하는 자는 오로지 음을
기록한 타국의 문자에서 중국 고음과 관련이 있는 것을 취해 방증으

---

2    역주: 고본한高本漢, Bernhard Karlgren(1889~1979)은 스웨덴의 중국학 학자로, 중
     국의 언어와 역사를 심도 있게 연구하였다. 저서로는 『중국음운학연구中国音韵学
     研究』, 『시경주석诗经注释』, 『좌전주석左传注释』 등이 있다.

로 삼을 뿐이다. 그 방법은 두 가지가 있는데, 하나는 외국에서 고대에 기술한 중국어를 빌려 절음이 어떠한 지를 관찰하는 것이고, 하나는 중국에서 고대에 음역한 외국어를 빌려 반대로 원어의 발음을 구하는 것이다.”

모든 대음 자료에서 왕영보는 특히 고음 추정에서의 범한대음의 효능을 강조하며 “중국은 고대에서부터 지극히 왕성한 외국어를 배웠는데, 그 번역명이 가장 풍부하고 원어가 모두 다시 조사하기 어렵지 않은 것으로는 산스크리트어만큼 한 것이 없다. 고로 범한대음을 통한 교감은 특히 고음을 고증하는 최고의 방법이다.”고 말했다.

왕영보는 이 글에서 범한대음 자료를 수십 개를 나열하여 歌戈魚虞模 등 여러 운의 고대독음을 고증하고자 했다. 결국 고증한 결론은 다음과 같았다. “당송 이전에는 무릇 歌戈韻인 글자는 모두 a음으로 읽고 o음으로 읽지 않으며, 위진 이전에는 무릇 魚虞模韻인 글자도 모두 a음으로 읽고 u음 또는 ü음(즉 국제음성기호 y)으로 읽지 않는다.”

이 결론에 대해, 비록 왕영보가 스스로 “남산南山은 옮길 수 있겠지만, 이 안案은 절대 고칠 수 없다”라고 하면서 매우 자신감을 보였지만, 전현동錢玄同은 『고독에 대한 고찰古讀考』 후기에서 다음과 같이 평론했다. “魚虞模부에 속하는 것은 ㄚ운으로 읽는데, 단지 전국시대에서 진대晉代까지의 독음일 뿐인 것 같다. 송제宋齊이후에는 더 이상 ㄚ운으로 읽지 않았는데, 이것은 왕영보가 이미 증명한 것이다. 나는 전국 이전 서주와 춘추 시기, 魚虞模부의 글자도 ㄚ운으로 읽지 않는다고 생각한다. 왜냐하면 300편 중에서 魚虞模부의 글자와

歌戈부의 글자는 서로 다르고 서로 통용되지 않는다. 그리하여 그것들은 결코 운이 같지 않다는 것을 알았다. 만일 그때의 魚虞模부를 丫운으로 읽는다면, 歌戈부는 틀림없이 丫운으로 읽지 않는다."

왕영보의 논문 발표로 전통적인 중국어 음운 연구에 참신한 모습이 나타났다. 전통적인 고음 연구는 고음의 음운 유형 분류만 중시하고, 구체적인 음가의 묘사에는 관심이 적었다. 그러나 왕영보의 이 글은 대음을 통한 교감을 이용하여 歌戈魚虞模의 여러 운에 대해 구체적인 음가를 추정해 냈다. 그 창설 공로는 청유清儒[청대 유가학자]의 연구와 크게 다를 뿐만 아니라, 장병린章炳麟이 『이십삼부음준二十三部音準』에서 한자로 고음의 음가를 설명하는 방법보다 더욱 분명하고 알기 쉬웠다.

강화태의 『음역 범서와 중국 고음音譯梵書與中國古音』과 왕영보의 『歌戈魚虞模 고음에 대한 고찰歌戈魚虞模古讀考』은 당시에 번역음 자료의 신빙성 문제에 대한 큰 논쟁을 불러 일으켰다. 찬성하는 사람도 있었고, 반대하는 사람도 있었다. 위에서 인용한 전현동 후기 외에, 당월唐鉞의 『歌戈魚虞模 고음 관견歌戈魚虞模古讀管見』, 임어당林語堂의 『왕영보의 「歌戈魚虞模 고음에 대한 고찰」에 대한 독서 후기讀汪榮寶「歌戈魚虞模古讀考」書後』 등은 모두 왕씨가 사용한 자료와 방법에 동의했다.[3] 반대하는 사람은 주로 장병린 등이었다.

---

3    임어당은 1923년 2월에 『왕영보의 「歌戈魚虞模 고음에 대한 고찰」에 대한 독서 후기』를 발표하였고, 3월에 「歌戈魚虞模운의 고음을 다시 논하다(再論歌戈魚虞模古讀)」를 발표하였으며, 당월은 1925년 2월에 『歌戈魚虞模 고음 관견』을 발표하였는데,

　장병린章炳麟은 『왕욱초와 阿자 장단음 표기를 논하다與汪旭初論阿
字長短音書』이라는 글에서 왕씨의 방법이 "사리에 맞지 않는 번역음
으로 도리어 이 땅의 고음 기세를 논한다."라고 생각했고, 범한대음
자료의 신뢰성에 대해 다음과 같이 부정적인 태도를 보였다.[4] "불교
경전의 번역음은 수나라 이전부터 모두 '모습이 닮은 것만 약간 취
할 뿐, 운의 조화를 구하지 않는다略取相似, 不求諧切'고 했다. 현장玄奘,
규기窺基, 의정義淨의 책에서는 번역음이 점점 밀도가 높아졌다. 그
런데 아직 밀도가 낮은 것이 있는데, 예를 들어 송명시기 사람들의
책에는 번역음의 모음이 정확하지 않아 준칙이 되기에는 부족함이
많다."

　서진徐震은 1923년 『「歌戈魚虞模 고음에 대한 고찰」에 대한 질의
「歌戈魚虞模古讀考」質疑』라는 글에서 어음의 지역적 차이와 역사적 변
천 두 방면에서 번역음의 정확성에 대해 의문을 제기했다. "소리의
변화는 시대에 따라 달라질 뿐만 아니라, 지역에 따라 다르기도 하
다. 그리하여 한 글자가 여러 가지 음으로 읽는 경우가 있다…오늘
날 왕선생이 증거로 취한 것은 외국의 번역음이다. 서양인들의 문자
가 비록 소리를 위주로 하고 있지만 절대 오랫동안 변하지 않는다는
도리는 없다. 만일 인도의 음을 번역한 산스크리트어나 영어의 어휘
가 중국에서 번역한 불교 경전과 비교하여 그 시대상이 이미 오래전

---

　그들은 모두 왕씨의 연구방법에 동의를 표시하였다.

4　역주: 왕욱초(汪旭初)는 왕영보(汪榮寶)의 동생인 왕동(汪東)의 자임.

것이라면 산스크리트어의 음은 하나도 바뀐 것이 없게 되는 것이 아닌가……소리를 다시 번역하게 되면 필연코 한 치의 차이도 없도록 만들기 어렵다. 즉, 중국어로 같은 책을 번역하면 소리가 바뀌는 과정을 거쳐서 그 운이 다르다는 것이다."

장병린과 서진 두 사람의 반대에 대해, 왕씨는 『阿자 장단음을 논함과 관련하여 태염에 답하다論阿字長短音答太炎』에서 다음과 같이 반박하였다. "당시 유명한 승려들은 대부분 산스크리트어와 중국어에 능통한데, 음을 번역하는 섬세한 일에 대해 어찌 전체가 거칠고 오류이며 전혀 정확성이 없다는 말인가? 그 중에는 간혹 일치하지 않는 것이 있겠으나 모두 고대와 지금의 음이 다른 것이니 우리는 그것을 근거로 역대 성운 변화의 흔적을 조사하여 발견할 수 있다."

임어당은 『歌戈魚虞模운의 고음을 다시 논하다再論歌戈魚虞模古讀』에서 서로 다른 번역음 자료에 근거하지만 일치하는 결론을 도출했다는 것에서 출발하여 재차 왕씨가 확정한 결론에 동의를 표했다. 그는 "만일 일본어 번역, 고려어 번역, 산스크리트어 번역 및 베트남어 번역 모두에서 歌韻을 a로 읽는다면, 증거가 서로 부합되는 것인데 우리는 a음이 歌韻의 바른 독음이고 잘못 전해진 데 의한 것이 아니라는 것을 인정하지 않을 수 없지 않는가?"라고 말했다.

허량월許良越은 이번 변론 결과가 왕씨 등의 승리로 끝났지만 반대론자인 장병린과 서진 두 사람이 범한대음 자료의 신빙성에 의문을 제기했다는 점도 중시할 만한 가치가 있다고 주장했다. 두 언어에서는 절대적으로 같은 음을 찾기 매우 어렵다. 그러다보니 외래의 음을 근사한 음으로 대체하는 것은 번역에서 흔히 있는 일이다. 특히 그 모국어에는 없는 외국어의 발음을 번역할 때 모국어 속에 있는 고유의 음으로 외래어에 없는 음을 대체하는 경우가 많다. 따라서 원천 언어의 독음과 모국어의 독음 사이의 복잡한 관계를 잘 처리해야 한다.

원천언어인 산스크리트어 자체에도 지역방언의 발음과 역사적 음운변화 문제가 존재할 수밖에 없다. 강화태가 주장한 것처럼 "이 2, 3천년동안 산스크리트어의 독음은 변천을 겪은 적이 없다"는 말은 틀림없이 사실자체와 부합하지 않을 것이다.

역사학자 방장유方壯猷는[5] 『세 가지 고대 서역어에 대한 발견 및 그에 대한 고석三種古西域語之發見及其考釋』에서, 계선림季羨林은 『토카리아어의 발견과 고석 및 중국-인도 교류에서의 역할吐火羅語的發現與考釋及其在中印文化交流中的作用』에서 모두 수당 이전의 중국과 인도의 문화교류는 직접적인 것이 아니라 간접적으로 서역 여러 나라의 중개를 통해 이루어졌으며, 불경을 실은 언어 또한 반드시 산스크리트어 원문이 아니라 고대 서역 언어의 전사轉寫를 거친 후 다시 중원에

---

5 「실위고찰室韋考」, 「거란민족 고찰契丹民族考」, 「흉노 왕호 고찰匈奴王號考」, 「선비 언어 고찰鮮卑語言考」, 「세 가지 고대 서역어에 대한 발견 및 그에 대한 고석三種古西域語之發見及其考釋」, 「구자국어 및 그에 대한 연구의 단서龜茲國語及其研究之端緒」, 「소위 동이란어는 바로 진국어[신강위그르자치주의 한 현의 언어]라는 것에 대한 고찰所謂東伊蘭語卽屬闐國語考」, 「달단[타타르]의 기원에 대한 고찰韃靼起源考」, 「동호민족에 대한 고찰東胡民族考」 등 논문과 『중국사학개요中國史學槪要』 등 저작이 있다.

전해졌을 가능성이 높다고 지적한 바 있다. 이러한 상황의 존재는
초기 범한대음 자료에 대한 신뢰성 문제를 더욱 복잡하게 만들었으
며, 따라서 사용된 자료에 대한 시대적·지역적 측면의 면밀한 선별
이 더욱 필요하였다. 바로 대음 자료의 복잡성을 감안하였기에, 고
본한은 『중국음운학 연구』에서[6] 비록 범한대음을 고음을 재구하는
자료의 하나로 삼기도 했지만, 이러한 자료 자체에 대해서는 매우
신중한 태도를 취하였다.

　고본한은 "우리는 이런 자료에 대해 좀 조심해야 한다."고 말했다.
민족마다 자기 언어의 독음에 얽매이는 습관이 있기 때문에 외래의
차자借字에 대해서는 독음을 그릇되게 고치는 경향이 있어서, 대음
자료도 매우 중요하지만 일단 자국 자료에서 결과를 얻은 다음, 다시
대음을 시금석試金石으로 삼아 대조해보는 것이 좋다고 했다.

　나상배羅常培는 『당오대 서북방언·자서唐五代西北方音·自序』[7]에서
비록 범한대음 방법이 "한자의 고음을 측정하는 데 확실하게 새로
운 경로를 개척했지만", 그는 "범한대음 자료는 일부 자잘한 이름번
역에 한정되어 있고, 게다가 신역구역의 분쟁, 저본 출처의 이동異

---

6　『중국음운학연구』는 고본한의 중고음 재구의 대표작으로 1915년~1926년 사이에
　　잇달아 발표되었으며, 중국어 번역본은 조원임趙元任, 이방계李方桂, 나상배羅常培
　　가 공동 번역하였다.

7　1933년에 발표된 저작으로, 돈황 잔권殘卷에서 발견한 중국어-티베트어대음漢藏
　　對音으로 당나라시기부터 오대시기까지 서북지역의 어음을 연구하였다. 책에서는
　　『아미타경』, 『금강경』, 『천자문』 및 『대승중종견해大乘中宗見解』의 네 가지 대음자
　　료를 사용했으며, 티베트어에 따라 운을 나누어 배열하였다.

同, 구역자口譯者와 필사자의 방언 발음 차이 등은 모두 제대로 된 신중한 고찰이 필요하다"고 말하면서 자료 자체에 대해서도 매우 신중함을 보였다.

나상배는 일찍이 1931년에 『知徹澄娘운의 음가 고찰知徹澄娘音値考』이라는 글 한편을 발표한 적이 있다. 즉, 범한대음의 방법으로 중국어의 중고시기 知徹澄娘 4모의 독음을 고증하고 나아가 고본한의 『중국음운학 연구』의 측정을 수정한 것이다. 그러나 이 언급에서 나상배는 여전히 음역류의 자료에 대해 맹목적으로 따르거나 믿지 않는다는 것을 보아낼 수 있고, 이러한 자료 자체가 신빙성 정도에서 매우 복잡하다는 것을 충분히 알 수 있다. 비록 상고한어의 음가를 고증하는 주요 자료가 형성자形聲字 체계와 선진시기의 운문이고, 주요 방법도 고증하여 얻은 결과를 『절운』 음계와 비교하고 참조하여 고음의 음가를 구하는 것이지만, 범한대음은 고음을 측정하는 방증으로만 삼을 수밖에 없다.

서통장徐通鏘, 엽비성葉蜚聲은 『번역음 대조·교감과 중국어의 음운 연구譯音對勘與漢語的音韻研究』라는 글에서 다음과 같이 평론을 하였다. "고음 연구에 대한 이번 대논쟁은 중국어 음운 연구의 전환점을 열어주었고, 앞으로 나아갈 길을 개척했다. 이로부터 중국어 음운 연구는 목표, 자료에서부터 방법에 이르기까지 근본적인 변화가 일어났다. 중국어 음운 연구는 범한대음법의 계발과 영향으로 전통적인 음운 유형 구분에서 음가 재구로 바뀌었고, 번역음대조교감법에서부터 역사비교법으로 발전하였으며, 개별 성모나 운부韻部의 측정과 고증에서부터 전체 음계에 대한 전면적인 묘사에 이르렀다. 그리하여 당시에 이미 거의 고사 위기에 있었던 전통음운학에 새로운 전기轉機가 나타났으며 현대화된 중국음운연구도 따라서 탄생하게 되었다."

저태송儲泰松의 『범한대음개설梵漢對音槪說』에서는 대음은 중국어로 외국어를 음역하는 것으로, 이를 통해 각 시기의 중국어 어음체계를 고증하는 것이라고 밝혔다. 일반적으로 대음은 외국어 번역과 함께 나타났다. 중고의 범한대음 외에도 당나라시기에는 회갈한역음回鶻漢譯音, 일역한음日譯漢音과 오음吳音, 한월어漢越語, 조한朝漢, 장한藏漢 대음 자료가 있었고, 송나라시기에는 서하문西夏文, 여진문女真文과 중국어의 번역음이 있었으며, 원나라시기에는 몽한蒙漢, 청나라시기에는 만한滿漢 대음이 있었다. 만일 이러한 자료에 대해 심도 있고 체계적인 연구를 한다면 그 중에서 중국어 어음의 발전 맥락을 정리하는 것이 어렵지 않을 것이다.

저태송儲泰松은 문자 체계 방면에서 산스크리어는 초기에는 커로쉬티 알파벳과 브리흐미 알파벳을 사용했다고 주장했다. 전자는 거로문자佉盧文, 여순문자驢脣文라고도 불렀는데 기원전 5세기에 인도에 전래되어 서기 3세기에는 인도 서부에서 성행했고, 7세기에는 천성체天城體[데바나가리문자]로 된 산스크리트어 알파벳을 형성했다. 중국에 전래된 불교는 대부분 4~6세기에 형성된 실담체悉曇體 알파벳이다. 필기형식은 음절을 단위로 모음과 자음을 합쳐서 쓰는 것으로, 단어와 단어 사이가 분리되지 않는 것이 일반적이다.

한역 불경의 역음 조례 방면에서 저태송은 거의 천년에 가까운 불경번역 실천을 거쳐 사람들은 산스크리트어 음절에 대해 충분한 인식이 생겼고 역음譯音 방법도 점차 완전한 체계를 갖추게 되었다고 주장했다. 일반적으로 산스크리트어 음절 하나에 한자 한 글자를 대응시키지만, 산스크리트어 음절이 단순하게 자음 하나에 모음 하나로 구성된 것이 아니기 때문에 역대 역경 고승들은 산스크리트어의 특수 음절을 다루는 규칙을 일부 만들었다. 산스크리트어 복자음의 분할 원칙과 방법에 대해서는, 일반적으로 후한後漢 이후 중국어 어음 체계에는 복자음이 없었기 때문에 산스크리트어 복자음으로 구성된 음절을 만날 때마다 역경가들은 다른 방법으로 처리할 수밖에 없었다. 예를 들면 다음과 같다.

1) 파열음+파열음+모음

이런 음절은 처리방법이 두 가지가 있다.

① 첫 번째 파열음塞音을 앞 음절에 귀속시키고 중국어의 입성자入聲字자로 대응시키며, 두 번째 파열음은 다음 음절의 머리 자음으로 삼는다. 예를 들면 다음과 같다.

ukke(uk+ke)郁枳

mukta(muk+ta)目多

siddha(sid+dha)膝陀(闍那崛多)

(저자 견해: 枳는 紙운 諸氏切, 章母tɕje이다. 또 居紙切, 見母kje이기도 하다.)

② 한자 두 글자로 번역한다. 주로 현장 이후에 나타난다. 예를 들면 다음과 같다.

> pudgala(pu+d+ga+la)補特伽羅(玄奘)
>
> yukte(yu+k+te)欲訖帝(施護)

### 2) 비음+파열음+모음

비음鼻音을 앞의 음절에 귀속시키고 양성운陽聲韻의 글자로 대응시킨다. 파열음은 다음 글자의 성모로 삼는다. 예를 들면 다음과 같다.

> gandhari石(gan+dha+ri)乾陀利
>
> pancasikha(pan+ca+si+kha)般遮尸棄(支謙)

### 3) 유음(마찰음, 반모음)+파열음 혹은 비음+모음

유음流音을 앞 음절에 귀속시키는 것인데 초기에는 음성자陰聲字나 입성자入聲字로 대응시켰고 중후기에는 입성자로 대응시켰다. 또는 한자 두 글자로 대응시키기도 했다. 예를 들면 다음과 같다.

> manastabdha(ma+nas+tab+dha)摩那答陀(支謙)

그 중에서 -stab-의 마찰음 s는 앞음절에 귀속시킴. (那nas, 여기에서는 상고한어의 거성에 -s 운미가 있다는 것에 주의해야 한다.) t는 파열음으로 모음 a를 추가하고 다시 b를 추가하는데, '答'(중고한어 tap)자로 번역한다.

> kasmira(kas+mir)罽賓(求那跋陀羅)

한자 두 글자로 대응시킨 것임. 그 중에서 s는 마찰음이고, m은 비음이며, i는 모음이다. (자자 견해: 薊, 祭韻 居例切 kjæi, 상고한어의 거성 에는 -s 운미가 있으며, kas에 대응된다.)


### 4) 파열음+유음+모음

일반적으로 한자 두 글자에 대응시킨다. 그러나 v, y, r(r 하단에 점 하 나가 있음=r+i)을 만나게 되면 한자 한 글자에도 대응시키는데 유음으 로 한자의 개음介音을 충당하게 한 것이다. 예를 들면 다음과 같다.

> jyoti 樹提(曇無懺)
>
> (저자 견해: 樹, 상성, 虞운 禪모, 臣庾切, 또한 常句切이기도 하다. 중고
> 음은 zjuo이다.)


여기에서 "유음으로 한자의 개음을 충당한다."는 것은 zjuo 중의 j는 개음에 속하며 사실상 중국어의 j는 '설면전반모음舌面前半元音' 으로 산스크리트어의 j와는 같은 부류의 발음이 아니라는 뜻이다. 중국어의 j는 산스크리트어의 y에 해당하고, 산스크리트어의 j는 중 국어의 설면유성마찰음舌面濁擦音 z에 해당한다.

> vajra 跋闍羅(地婆訶羅)
>
> (闍, 평성, 麻운, 禪모, 視遮切, 중고음은 zja이다.)


그중에서 산스크리트어의 j는 '闍'자로 번역하고, 산스크리트어 j 는 중국어의 성모 z의 한 음절에 대응한다.

jvala什筏羅(玄奘)

(什, 입성, 緝운, 禪모, 是執切, 중고음은 zjep이다.)

그중에서 산스크리트어의 j는 '什'자로 번역하고, 산스크리트어
의 j도 마찬가지로 중국어의 성모 ʑ의 한 음절에 대응한다.

siddhyantu(sid+dhyan+tu)悉鈿睹(義淨)

(鈿, 평성, 先운, 定모, 徒年切, 중고음은 dʰiɛn이고, 산스크리트어의
dhyan에 대응함, 중국어의 i는 산스크리트어의 y에 해당함)

5) 유음+유음+모음

이 유형은 번역 방법이 비교적 복잡하고 혼란스럽다.

① 첫 번째 유음을 앞음절의 입성 운미로 삼고 두 번째 유음을 다
음 한자의 성모로 삼을 수 있다. 예를 들면 다음과 같다.

malli(mal+lil)末利,

sasvasattvanam(sas+va+sat+tva+nam)薩婆薩埵喃(義淨)

이 글자 중의 -tt-는 두 글자로 나누어서 '薩埵'처럼 한자 두 글자
로 번역한다. (薩, 입성 曷운 心모, 桑割切, sat. 산스크리트어의 sat에 대응한
다. 埵, 상성, 果운, 端모, 丁果切, 중고음은 tuɑ, 산스크리트어의 tva에 대응한다.)

② 한자 두 글자에 대응할 수 있다. 예를 들면 다음과 같다.

arhat 阿羅漢(支謙)

산스크리트어는 두 개의 음절밖에 없는데, 한자 3개 음절로 대응시켰다. 그중에서 r은 중국어의 '羅'에 대응하고, hat은 중국어의 '漢'에 대응한다.

③ 한자 한 글자에 대응할 수도 있는데, 두 번째 유음은 개음으로 나타난다. 예를 들면 다음과 같다.

vrji(vrij+ri+ji)佛栗氏(玄奘)

이 번역에서 그 중의 '氏'자는 紙운 禪모이고, 承紙切이며, 중고음은 zje인데, 산스크리트어의 ji에 대응한다. 산스크리트어의 v는 하나의 음절 '佛'에 대응하고, r도 하나의 음절 '栗'에 대응한다.

저태송은 또 '단자음의 앞뒤 겸용' 현상을 제기했다. 그는 불제자들이 불경을 번역할 때 비록 문자학적 실력이 각각 다르겠지만 音에 대해서는 진리를 추구하기에 힘썼고 글자 사용에 있어서는 지극히 조심하였는데, 이것은 역대 역경가들이 하나같이 추구하는 목표라고 했다. 진리를 추구하는 효과적인 방법은 바로 산스크리트어의 단자음을 앞뒤로 겸용하는 것이다. 다시 말해, 하나의 자음을 앞음절의 운미로 쓰기도 하고, 다음 음절의 성모로 쓰기도 하는 것이다. 마치 고대 역경가들이 "앞 글자의 마지막 소리를 다음 글자의 첫 소리로 삼는 것을 번역학에서는 연성법連聲法이라고 한다."라고 말한 것과 같다. 예를 들면 "sumana(su+man+na)須曼那"와 같다.

유광화劉廣和, 저태송儲泰松, 장복평張福平은 『음운학 범한대음학과의 형성과 발전音韻學梵漢對音學科的形成和發展』에서 이 분야의 최근 몇 년 동안의 연구를 소개하면서 국내 최초로 범한대음으로 한 시대의 중국어 고음의 성聲, 운韻, 조調를 연구한 학자가 유민俞敏이라고 언급하였다. 1979년 유민은 북경사범대학北京師範大學에서 개최한 한 학술대회에서 「후한 삼국 범한대음보後漢三國梵漢對音譜」라는 제목으로 발표를 하였는데, 이 역작은 다시 한번 새로운 자료, 새로운 방법의 장점을 보여주었다. 예를 들어, 왕력王力의 『중국어 어음사漢語語音史』는 중국어의 음계를 선진先秦, 한漢, 위진남북조魏晉南北朝, 수隋에서 중당中唐, 만당오대晚唐五代, 송宋, 원元, 명청明淸, 현대現代 등 총 9개 단계로 나누었고, 각 단계의 성모, 운부韻部는 기본적으로 음을 추정하였으나 유독 한나라시기의 성모만 추정음이 부족하다. 무엇 때문인가? 이에 그는 "한나라시기의 성모와 관련하여 우리에게는 그것을 고증할 만한 충분한 자료가 없어 여기에서는 부족함에도 논하지 않겠다."라고 말했다. 단순히 전통적인 자료, 방법에만 의존해 곤경에 빠지게 되었던 것이다. 유민은 범한대음으로 후한삼국시기의 성모에 복자음이 없고, 고대에는 순치음과 설면음도 없으며, 성모 娘日는 泥모에 귀속되고, 匣모는 둘로 나누어서 일부는 群紐와 혼동하여 g로 읽고, 일부분은 喩三과 혼동하여 v에 대응시켰으며, 喩四는 定紐와 다르게 j로 읽는 것 등을 증명했는데, 그렇게 그는 중국어 어음사語音史 연구 상의 공백을 메웠다.

　　1988년 『중국대백과전서中國大百科全書』의[8] 언어문자권語言文字卷에 "범한대음梵漢對音"이라는 표제어를 수록했는데, 이는 새로운 학문의 형성을 의미한다. 20세기 80년대 이전에 국내 학자들은 범한대음으로 연구를 하는 사람이 매우 드물었는데 그 이유는 연구자가 중국어와 산스크리트어에 대한 관련 지식을 모두 갖추어야 했기 때문이다. 학문이 계속 전해지게 하기 위해 유민은 1979년부터 1995년까지 세 차례에 걸쳐 대학원생을 모집하여 음운학과 산스크리트어를 직접 전수하였다. 유광화劉廣和는 당나라시기 불공不空의 역경을 연구하도록, 시향동施向東은 당나라시기 현장의 역경을 연구하도록, 섭홍음聶鴻音은 당나라시기 혜림의 역경을 연구하도록 지도하였고, 저태송은 송나라시기 시호施護의 역경을 연구하도록 하였으며, 장복평張福平은 송나라시기 천식재天息災의 역경을 연구하도록 지도하는 등등, 학술팀을 양성하였다. 나중에 이들 유문제자俞門弟子들은 이 학문영역에서 활약하였고, 범한대음 연구는 전례 없는 발전을 이루었다.

　　저태송은 『범한대음과 중고음 연구梵漢對音與中古音硏究』에서 국외 학자들도 범한대음을 연구하는 데 우여곡절을 겪었다고 언급했다. 초기 학자들은 범한대음의 표기법에만 주의를 기울였지 결코 범한대음으로 고음을 고증하지는 않았다. 고본한은 많은 역음 자료를

---

8　　중국대백과전서출판사에서 출판한 중국본토의 첫 대형 종합성 백과전서이다. 전권의 편집과정은 15년(1978~1993년)이 걸렸고 총 2만여 명의 전문가가 집필에 참여하였다.

활용하였는데, 유독 범한대음자료에 대해서만 의심이 컸다. 마백락
馬伯樂은 1920년에 『당나라시기 장안방언에 대한고찰唐代長安方言考』
를 발표했는데, 그는 어음 체계를 고증하는 데 있어서 진언의 효능
에 주목하였고, 1923년에 이르러 강화태가 『음역 범서와 중국 고음
音譯梵書與中國古音』을 발표해서야 비로소 공식적으로 이론적인 측면
에서 범한대음 자료를 활용하여 중국어의 고음 체계를 고증하는 가
능성을 논하였다. 초창기여서 이 이론은 완벽하지 않았고, 후세에서
많이 수정했다. 나걸서羅傑瑞는[9] 1995년의 『한어개설漢語概說』에서
이미 역외 차음域外借音은 오로지 이웃나라에서 사용하는 교제매체
일 뿐이어서 타국의 언어 내부 발전의 역사적 규칙에 따르며, 오직
번역음에 대해 체계적인 연구를 한 후에야 비로소 고음 체계를 재구
하는 데 참고로 사용할 수 있다고 주장했다. 그러나 이런 학자들은
모두 역음 자료에 대해 구체적인 분석을 하지 않았다. 진정으로 범
한대음 자료를 정리하고, 심도 있는 전제 연구 수행에 전념했던 학
자로는, 초기에는 일본의 미즈타니 신죠水谷真成와 캐나다의 포립본
蒲立本이[10] 있었고, 최근에는 미국의 가울남柯蔚南이[11] 유일하다. 이 세
사람의 연구는 범한대음의 여러 방면을 다루고 있으며 상고한어와

---

9    나걸서羅傑瑞, Jerry Lee Norman(1936~2012), 미국의 한학자이다.

10    포립본蒲立本,Edwin George Pulleyblank(1922~2013), 캐나다의 한학자이다.

11    가울남柯蔚南, Weldon South Coblin, 미국 아이오와 주립 대학교 교수이다. 당-토
      번회맹비唐蕃會盟碑 연구에 종사했으며, 이방계李方桂와 공동으로 『고대 티베트
      비문 연구古代西藏碑文研究』를 저술하였다.

중고한어의 어음 체계에 대해 많은 것을 밝히고 있다.

일본 측의 연구자 이무미李無未, 우동매于冬梅의 『일본학자의 범한 대음 역음 연구日本學者的漢梵對音譯音硏究』에서는 일본학자들의 범한 대음, 역음 연구가 '실담학悉曇學'의 일본 전래와 떼려고 해도 뗄 수 없는 관계라고 보고 있다.

'실담학'이 일본에 전래되자 공해空海, 최징最澄, 상효常曉, 원행圓行, 원인圓仁, 혜련慧蓮, 원진圓珍, 종예宗睿 등이 '실담학'에 대해 다방면의 연구를 진행하였고, 일본 '실담학'의 기초를 다졌으며, 이는 후대 학자들이 범한대음, 역음 연구를 할 수 있는 기본 전제가 되었다. 예를 들어 안연安然의 『실담장悉曇藏』 연구(880)는 산스크리트어의 근원, 실담 운뉴悉曇韻紐 등 문제를 다루었고, 『실담십이예悉曇十二例』에도 '十六轉韻有無例', '梵字漢注異呼例', '梵字漢音出沒例', '梵字形音不正例', '昂低難定例' 등 내용이 있었는데, 모두 범한대음, 역음 연구의 기본 조례였다.

'실담학'의 일본화日本化는 '실담학'에 새로운 활력을 불어넣었고, 안연의 『실담장』 및 『반절초反音抄』, 『자기정결字記正決』, 『전진차제기료간全真次第記料簡』 등 저작을 탄생시켰고, 요준了尊의 「실담륜략도초悉曇輪略圖抄」, 「실담자기창학초悉曇字記創學抄」, 장각長覺의 「실담결택초悉曇決擇抄」, '십사음설十四音說', 그리고 유쾌宥快의 「실담자기초悉曇字記抄」 등을 탄생시켰다.

에도시대에 들어서서 나타난 중요한 저서는 혜황慧晃(1656~1737)의 『범어자전梵語字典』(본명 『지길역토집栬易土集』, 1716년)이다. 책에서는 수집한 4,443개 전문적인 산스크리트어 어휘를 50음 순으로 배열했는데, 한자음과 관련된 것이 적지 않았다. 문웅文雄(1700~1763)의 『실담자기훈몽悉曇字記訓蒙』은 이론과 방법 면에서 일본 언어학계에 미치는 영향이 크다.

　이무미, 우동매는 이 중에서 하시모토 신기치橋本進吉가 일본어 한자음과 산스크리트어, 중국어 어음과의 관계를 정리한 것, 미즈타니 신죠水谷真成가 범한대음, 역음자료에 대해 분석하고 이론을 수립한 것, 마무치 가즈오馬淵和夫가 범한대음, 역음 자료에 대해 고증하고 정리한 것, 히라야마 히사오平山久雄가 『실담장悉曇藏』 속 당나라 시기의 성조 자료를 이용한 것, 누모토 가쯔아키沼本克明가 '범어음梵語音'과 관련된 중국어 표기와 가나 표기 이론에 대한 연구에서 매우 뛰어나 커다란 공헌을 한 것을 분명하게 알아볼 수 있다고 지적하였다. 다른 학자들도 큰 공헌을 했다. 예를 들어 킨타이치 하루히코金田一春彥 등 학자들의 중국어 성조 연구도 범한대음, 역음 등 자료의 도움을 받았고, 코지마 미찌마사小島通正의 일본범어학사日本梵語學史 및 고바야시 아케미小林明美의 원인圓仁 어음이론, 오십음도五十音圖 원리 등등의 연구는 하시모토 신기치, 미즈타니 신죠, 마무치 가즈오 등 학자와 함께 일본 20세기 범한대음, 역음 연구의 선명한 특색을 이루었다. 일본 학자들이 범한대음, 역음 연구에서 다루는 문제는 매우 광범위했고, 이론과 실제 모두 매우 깊이가 있었으며, 자신들의 특색이 풍부했다.

5장

불경연구와 어휘학

## 5.1. 불경어휘와 중국어의 2음절화

상고한어는 1음절을 위주로 하는 언어이다. 연면어連綿語, 의성어擬聲語를 제외한 모든 글자는 완전한 의미를 가지고 있다. 대부분 두 글자로 표현되는 현대한어와 비교할 때 이러한 차이는 매우 분명하다. 지금 우리는 '眼睛'이라고 말하지만, 고대한어에서는 '目'이라고 했다. '頭髮, 臉孔, 鼻子, 嘴巴'를 고대한어에서는 '髮, 面, 鼻, 口'라고 하고, '衣服, 鞋子, 車輛, 船隻'를 고대한어에서는 '衣, 鞋, 車, 舟'라고 말하며, '樹木, 天空, 原野, 河流'를 고대한어에서는 '木, 天, 野, 川'이라고 말한다. 이러한 2음절화는 바로 불경을 번역하던 중고한어 시기에 출현하였다.

한나라시기의 가장 중요한 자전『설문해자說文解字』는 한 글자 한 글자 설명하였으며 배열순서는 '一'로 시작하여 '亥'로 끝난다. 당나라시기에 이르러 집대성한 불교사전에는 혜림의『일체경음의』가 있는데 각 항목은 두 글자 혹은 여러 글자로 구성되었고, 더 이상 한 글자 한 글자에 대한 설명이 아니었다. 이러한 차이는 어휘의 변천을 잘 반영한다.

왜 이런 변화가 생긴 것일까? 불교와 관련된 가장 기본적인 요소는 바로 낱개의 글자로 표현할 수 있는 의미가 결국 제한적이라는 점인데 만약 자주 사용하는 수천 개의 한자를 배열 조합하여 두 글자의 어휘를 만든다면 무한한 기호형식을 제공하게 되어 외래문화를 통해 유입된 새로 생긴 어휘의 심오한 개념과 철학적 명상名相을 기록할 수 있게 된다. 또한 사상적인 내용의 표현을 더욱 정확하게 전달할 수 있게 된다. 이것이 바로 '불법佛法'이 중고한어 어휘의 출현에 미친 중요한 영향이다. 본 책의 제5장 제3절 「불경의 형태소 역순 현상」에서는 2음절화에 관한 상세한 설명을 하였으니 대조하여 참조할 수 있다.

여기에서 다시 이러한 2음절화의 발전이 외래어의 토착화와 밀접하게 관련된다는 점에 대해서 이야기 해보고자 한다. 불경을 중국어로 번역할 때에는 반드시 가능한 한 중국어의 사용 습관에 가깝게 하여 중국어의 어휘 구조에 적합하도록 해야 한다. 이는 여러 방면에서 나타난다.

1) 장황한 다음절 산스크리트어, 기다란 인도 어휘는 일반인들에게 친숙한 2음절 어휘로 절단되었다. 예를 들면 2음절 단어 '화상和尚'(산스크리트어: upādhyāya, 팔리어: upajjhāya)은 '和上, 和闍, 和社, 殟社. 鶻社, 烏社, 鄔波馱耶, 搗波地耶, 優婆陀訶, 郁波第耶夜' 등으로 번역되었다. 오늘날 2음절 단어 '和尚'을 남겼고, 정작 발음이 더 원어에 가까운 '鄔波馱耶'는 오히려 폐기하여 사용하지 않는다.

또 예를 들면 '사문沙門'(산스크리트어: śramaṇa, 팔리어: samaṇa)은 '室羅末拏, 舍囉摩拏, 沙聞那, 沙門那, 沙迦懣曩, 室摩那弩, 舍羅摩弩'로

번역할 수 있는데 오늘날 보존한 것은 2음절 단어 '沙門'이다.

또 예를 들면 '아함阿含'(산스크리트어와 팔리어: āgama)은 부파部派 불교에서 따르는 근본적인 경전으로서 '阿笈摩, 阿伽摩, 阿鋡暮'로도 번역할 수 있는데 오늘날 남긴 것은 2음절 단어 '阿含'이다.

또 예를 들면 '열반涅槃'(산스크리트어: Nibbāna, 팔리어: Nirvāṇa)은 '涅槃那, 涅隸槃那, 抳縛南'으로도 번역할 수 있는데 오늘날 보존된 것은 2음절 단어 '涅槃'이다.

또 예를 들면 '보살菩薩'(산스크리트어: Bodhisattva)은 '菩提薩埵, 菩提索多'로도 번역할 수 있는데 오늘날 남겨진 것은 2음절 단어 '菩薩'이다.

또 예를 들면 '구담瞿曇'은 산스크리트어가 Gautama 혹은 Gotama로 인도의 크샤트리아 계급 중의 한 성씨이며 팔리어는 Gotama이다. '喬答摩, 瞿答摩'로도 번역할 수 있다. 오늘날 남은 것은 2음절 단어 '瞿曇'이다.

또 예를 들면 '나찰羅刹'(산스크리트어: Rākṣasa)은 인도교 신화 체계 중 중요한 귀신의 일종으로 '羅刹娑, 羅叉娑, 羅乞察娑, 阿落刹娑'로도 번역할 수 있다. 오늘날 보존한 것은 2음절 단어 '羅刹'이다.

또 예를 들면 '나한羅漢'은 산스크리트어가 Arhat인데 '阿羅漢'으로도 번역할 수 있고, 오늘날 보존된 것은 2음절 단어 '羅漢'이다.

또 예를 들면 '도솔兜率'은 천계 명칭이다. 산스크리트어로 Tuṣita 인데 '기쁨을 갖추고 있다'는 뜻으로 예전에는 '兜率, 兜率陀, 兜率哆, 兜術, 都史多, 睹史多, 鬪瑟哆, 珊睹史多, 兜卒天, 都率天, 覩史多天, 兜

率陀天' 등으로 번역했다. 정복보丁福保의 『불학대사전佛學大辭典』에
는 '珊兜史多'라고 하였고 '删兜率陀, 兜率陀, 兜率, 兜術'라고도 했다.
욕계欲界 셋째 하늘의 이름이다. 오늘날에 남겨진 것은 2음절 단어
'兜率'이다.

또 예를 들면 '가습밀라迦濕彌羅'(산스크리트어: Kāśmīra, Kaśmīra), 즉
오늘날의 카슈미르 지역인데 '迦濕彌羅, 羯濕弭羅, 迦葉彌羅'로도 번
역했다. 나라 이름으로, 인도의 서북쪽에 위치한다. 고대에 통용되
었던 명칭은 2음절 단어 '罽賓'이다.

또 예를 들면 '마하목견련摩訶目犍連'(인명, 산스크리트어: Maudgalyayana,
팔리어: Moggallāna)은 『법화경法華經』에서는 '大目犍連'이라고 했다.
『아미타경阿彌陀經』에서는 '摩訶目犍連'이라고 하고, 약칭으로 '目犍
連'이라고 하거나 '目連'이라고 했다. 오늘날에 보존된 것은 2음절
단어 '目連'이다.

또 예를 들면 '아난阿難'(Ānanda, 인명, 불타의 제자)는 '阿難陀'라고
도 불렀으며 가비라위사람이다.[1] 오늘날에 보존된 것은 2음절 단어
'阿難'이다.

또 예를 들면 '우전于闐'(Khotan, 지명으로 오늘날에는 '和闐'이라고도 한
다.)은 '于殿, 于填, 于遁, 谿丹, 屈丹' 등의 명칭도 있다. 산스크리트어
'瞿薩旦那'(Kustana)는 '地乳'라고 번역했다. 『서역기西域記』 권12에서

---

1    역주: '카필라바스투'의 음역. 고대 중인도의 석가족의 영토로서 수도의 이름인 동
     시에 그 나라의 이름이 기도 함. 석가모니의 탄생지인 룸비니가 있었던 곳임.

는 다음과 같이 말했다. "구살단나국瞿薩旦那國은 당나라 말로는 지유地乳라고 하는데, 풍속에 따른 우아한 말雅言이다. 속된 말로는 '환나국渙那國이라 한다. 흉노는 '우둔于遁'이라 하고, 여러 호국胡國들은 '활탄豁旦'이라 하고, 천축에서는 '굴단屈丹'이라고 한다. 옛날에 '우전于闐'이라고 한 것은 잘못 된 것이다." 오늘날 보존된 것은 2음절 단어 '和闐'이다.

이러한 현상에서 외래어 어휘는 현지화의 과정에서 중국어의 습관에 가장 적합한 2음절로 발전했음을 알 수 있다.

2) 일부 외래어는 의도적으로 낱개의 한자를 사용해서 번역한 다음 이 한자에 현지의 단어 하나를 추가해서 반 현지 반 외래인 합벽사合璧詞를 형성했다. 이렇게 되면 어휘의 형식에 더욱 많은 가능성을 제공하므로 이러한 방식으로 어휘를 만들어서 수많은 새로운 어휘가 파생되었다.

예를 들면 '魔'는 산스크리트어가 Māra이고 '魔羅'라고도 하는데 오늘날에는 낱글자 '魔'로 줄여 쓰고, 이 글자를 사용하여 2음절 단어를 만들어 '妖魔, 惡魔, 魔鬼, 魔王, 魔障, 魔術…' 등의 산스크리트어와 중국어를 섞어 사용한 합벽사가 파생되었다.

또 예를 들면 '禪'은 산스크리트어 Dhyāna의 음역에서 유래되었으며 '禪那'라고도 했다. 오늘날에는 낱글자 '禪'으로 줄여 쓰고, 이 글자를 사용하여 새로운 2음절 단어를 만들어 '禪宗, 禪意, 禪七, 坐禪, 打禪, 班禪…' 등의 산스크리트어와 중국어를 섞어 사용한 합벽사가 파생되었다.

또 예를 들면 '패엽貝葉'은 곧 '貝多羅葉(Pattra葉)'인데, 고대 인도에서 경문을 쓰는 데 사용했다. 오늘날에는 2음절 단어 '貝葉'으로 줄여 쓰고 있다.

이러한 예는 중국어의 2음절화 발전과정과 반 현지 반 외래의 조합방식을 설명했을 뿐만 아니라 유연한 중국어의 조어방식도 반영했다.


3) 불경을 번역할 때 일부 산스크리트어의 음운 형식은 중국어에는 없는 것인데 예를 들면 산스크리트어의 복자음이 그러했다. 이때도 불경을 번역하던 고승들은 이것을 현지화하려고 시도한다.

예를 들면 '般若'는 산스크리트어는 Prajñā이고, 팔리어는 paññā이다. '波若, 般羅若, 班若, 鉢若, 般羅若, 鉢剌若, 鉢羅枳孃, 般賴若, 波賴若, 鉢賢禳, 波羅孃'라고도 했다. 원문의 어두 알파벳 pr이 바로 복자음인데 중고한어에는 없는 발음 형식이기 때문에 현지의 음운 형식에 맞춰서 2음절인 '鉢羅'로 변환하거나 pr을 한 음절로 합쳐서 '般' 혹은 '鉢'로 변환해야 했다. 어느 방법이든 모두 인도의 발음을 중국어 발음으로 변환하는 것이다. 음절 하나를 더 추가해 '鉢羅'로 만들거나 중국어에는 없는 r발음을 생략하여 한 음절인 '般' 혹은 '鉢'로 만들거나 해야 했다. 이러한 번역의 편의성은 현지화에 적응한 결과이기도 하다. 마지막으로 다시 2음절화의 추세에 따라 선택하고 제거하면서 2음절 단어 '般若'을 남기게 된 것이다.

또 예를 들면 '梵'은 산스크리트어 Brahmā를 음역한 것이다. '梵摩, 婆羅賀摩, 跋濫摩'라고도 했고, '적정寂靜, 청정淸淨, 이욕離欲'으로도 의역했다. 원문의 성모는 br인데 중고한어에는 없는 발음 형식이므로 현지의 음운 형식에 따라서 2음절인 '婆羅, 跋濫'으로 변환하거나 br을 한 음절로 합쳐서 '梵'(이 글자는 唐代에서 b 발음으로 읽었다)으로 변환해야 한다. 어떤 방법이든 모두 인도의 발음을 중국어 발음으로 변환하는 것이다. 음절 하나를 더 추가하여 '婆羅, 跋濫'으로 변환하거나 중국어에는 없는 r발음을 생략하고 한 음절인 '梵'으로 변환하는 것이다. 오늘날 약정속성約定俗成의 결과 단음절인 '梵'이 선택되었는데 앞에서 말한 두 번째 규칙에 따라서 '梵'자는 많은 새로운 범한합벽사梵漢合璧詞를 조합하는 데도 사용될 수 있기 때문이다. 예를 들면 '梵唄, 梵語, 梵字, 梵文, 梵天, 梵學, 梵本, 梵書, 華梵, 梵漢, 梵刹…' 등이 있다.

## 5.2. 불경의 3음절 어휘

3음절 단어는 세 개의 한자로 구성된 단어이다. 필자는 「불경으로부터 중국어 2음절화의 과도현상을 고찰하다從佛經看漢語雙音化的過渡現象」에서 "2음절화의 초기 불안정의 두번째 특성: 3음절 어휘의 조합 실험"에 대해서 논의할 때 중국어의 2음절화 초기단계에서 또 다른 불안정한 특성은 3음절과 2음절의 경쟁이라고 주장했다.

당시 불경에는 세 글자로 조합하여 단어를 만드는 상황이 대량으로 나타났는데 그 수가 현대한어의 3음절 어휘보다 더 많았다. 그러나 이러한 불경에서 나타난 3음절 단어는 오늘날까지 사용하고 있는 것이 거의 없다. 이는 불경의 2음절 단어가 흔히 계승되었고, 그중 다수의 2음절 단어가 현대한어에도 계속하여 영향을 미친것과는 사뭇 다르다.

불경의 3음절 어휘를 예를 들면 다음과 같다.

> 遍布滿, 今現在, 譬若如, 諷誦讀, 瞋恚怒, 比丘僧, 前過去, 讚歎善, 音聲響, 極過度, 佛世尊, 親眷屬, 安平正, 卑濕污, 福祐慧, 善方便, 皆悉遍, 悅預喜, 僮僕奴, 勸誘開, 顧眄視

위의 이러한 불경의 3음절 단어는 구조상 병렬구조에 속하는데 이는 현대의 3음절 단어의 조합 형식과 매우 다르다. 예를 들면 우리가 현대에서 사용하는 '日光燈', '潛水艇', '隨身包', '冷氣機' 등은 모두 수식구조偏正結構[앞의 단어가 뒤에 오는 단어를 수식함]이지만 불경의 '僮僕奴', '勸誘開', '顧眄視', '悅預喜' 등은 동의병렬구조同義竝列結構 [앞뒤 단어는 의미가 유사하고 기능이 동일하며 종속의 관계가 없음]이다.

필자는 일찍이 「위진 불경 속 3음절의 동의 형태소 조어현상魏晉佛經三音節同義詞素的構詞現象」을 발표했는데 삼국시기의 불경을 기본으로 삼고 다시 기타 초기 불경의 예문을 참조하여 이 현상을 논의하고 그 유형을 분석했는데, "한 개의 1음절과 한 개의 2음절을 병렬하여 조합한 3음절 단어"를 포함하였다.

### 佛世尊

이것은 음역한 단어 '佛'과 의역한 단어 '世尊'(주술구조)을 병렬하여 구성된 3음절 단어이다. 삼국시기 불경에서의 예를 들면 다음과 같다.

> "維摩詰言。有**佛世尊**。常在三昧禪志不戲。悉見諸佛國不自稱說。"
>
> 474『佛說維摩詰經』530c 吳支謙譯

### 比丘僧

이 단어는 두 개의 음역한 단어 '比丘'와 '僧'(僧伽)으로 구성되었다. 삼국시기 불경에서의 예를 들면 다음과 같다.

> "一時佛在舍衛國祇陀林中。給孤窮精舍。與大**比丘僧**千二百五十人俱。"
>
> 310-82『大寶積經』卷第八十二 郁伽長者會 三國曹魏康僧鎧譯

### 親眷屬

이것은 '親'과 '眷屬'(수식구조)으로 구성된 3음절 단어이다. 예를 들면 삼국시기의 불경에서는 다음과 같이 말했다.

"復有三想。於求者所起**親眷屬**想。於四攝法起攝取想。"

310-82『大寶積經』卷第八十二 郁伽長者會 三國曹魏康僧鎧譯

### 今現在

이것은 두 개의 같은 의미 단어 '今'과 '現在'(수식구조)로 구성된 3음절 단어이다. 불경에서 시간 개념을 나타낸다. 삼국시기 불경에서 사용 양상은 다음과 같다.

"**今現在**一切諸佛境界。深入多陀竭慧印三昧三摩越。"

632『佛說慧印三昧經』

이러한 용법은 실제로 일찍이 한나라시기 불경에서 이미 나타났지만 일반적이지 않았다. 예를 들면 다음과 같다.

"賢者諦。過世賢者時是亦愛盡為苦盡。賢者諦。未來世亦爾。**今現在**世時亦是愛盡為苦盡。"

32『佛說四諦經』後漢安世高譯

위에서 언급한 구조유형 외에도 다른 구조가 있는데 3음절 단어 중의 2음절 단어도 같은 의미를 병렬한 것이다. 예를 들면 다음과 같다.

**諷誦讀**

이 3음절 단어는 2음절 단어 '諷誦' 혹은 '誦讀'으로 바꾸어 나타 낼 수 있기 때문에 '諷誦讀'은 2음절 단어에 한 개의 1음절 형태소를 추가한 구조이다. 그 중의 2음절 단어는 다시 같은 의미의 형태소 두 개를 병렬하여 구성되었다. 삼국시기 불경에서의 예를 들면 다음 과 같다.

> "若於十萬佛亦起菩薩意。然後亦復起菩薩意。不誹謗方等經。 亦不**諷誦讀**之。"
>
> 632 『佛說慧印三昧經』

> "若於八十億佛聞是三昧。持之**諷誦讀**之。已於八十億佛前。皆 起菩薩心。得方等經。持之書之**諷誦讀**之。"
>
> 632 『佛說慧印三昧經』

이 3음절 단어는 다시 2음절 단어 '諷誦, 誦讀'으로 바꾸어 나타낼 수 있다. 예를 들면 다음과 같다.

> "若善男子善女人。畏生娑婆之苦。但求西方極樂。每日要限定 **諷誦**彌陀經。"
>
> 366 『佛說阿彌陀經』姚秦鳩摩羅什譯

'誦讀'을 사용한 예는 다음과 같다.

"歡喜禮敬, 復更誦讀甚深經典, 遍禮十方無量諸佛。"

277『佛說觀普賢菩薩行法經』劉宋曇無蜜多譯

**遍布滿**

이것은 '整個, 到處'를 나타내는 것으로 2음절 단어 '遍布'(병렬구조)와 1음절 동의어 '滿'과 병렬하여 구성되었다. 예를 들면 삼국시기 불경에서는 다음과 같이 사용되었다.

"爾時便有七寶交露。覆蓋三千大千剎土。一切諸佛剎及與竹園。耆闍崛山。若干種華悉遍布滿其中。"

632『佛說慧印三昧經』

이 3음절 단어는 2음절의 방식으로도 나타낼 수 있다. 예를 들면 서진의 불경에는 '遍布' 두 글자만 사용한 예가 있다.

"適散此已其華遍布二千佛土, 在上虛空化為重閣, 巍巍甚高。"

222『光讚經』西晉三藏竺法護譯

이러한 예들은 삼국시기의 3음절 단어 '遍布滿'이 서진시기에 이르게 되면 점차 2음절 단어 '遍布'로 대체되었음을 보여준다.

### 安平正

이것은 1음절 단어 '安'과 2음절 단어 '平正'(병렬구조)으로 구성된 3음절 단어이다. 삼국시기 불경을 예로 들면 다음과 같다.

> "絶世之相三十有二。一相足下**安平正**。二相手足有輪。輪有千輻。三相鉤鎖骨。四相長指。"
>
> 76『佛說梵摩渝經』883c

> "在處如海中央 無潮波**安平正**。"
>
> 198『佛說義足經』吳支謙譯

'安平正'이란 단어도 2음절로 바꾸어 표현할 수 있다. 예를 들면 '平正'이다.

> "彼香河中間一切**平正**。"
>
> 278『大方廣佛華嚴經』東晉佛馱跋陀羅譯

> "膚色充潔。形體殊好。有大筋力, 行步**平正**, "
>
> 262『妙法蓮華經』姚秦鳩摩羅什譯

### 卑濕污

이것은 세 개의 의미가 비슷한 형태소로 구성된 3음절 단어로, 조어방법에 있어서 '卑濕'(병렬구조)와 '污' 두 부분으로 나눌 수 있다. '저속하고, 습하고, 불결한' 장소란 의미가 있다. 일반적으로 연꽃이

진흙 속에서 자란다는 것을 가리키는데, 소위 말하는 '진흙에서 나왔지만 그것에 물들지 않는다.'이다. 삼국시기 불경에는 다음과 같은 예문이 있다.

> "譬如族姓子。高原陸土不生青蓮芙蓉蘅華。**卑濕污**田乃生此華。如是不從虛無無數出生佛法。塵勞之中乃得眾生而起道意。以有道意則生佛法。"
>
> 474『佛說維摩詰經』529c吳支謙譯

이 문장에서 '卑濕污'는 한정어로 뒤에 있는 '田'자를 수식한다. '卑濕污'는 2음절 단어 '卑濕'로 변환될 수 있지만 의미와 어법 기능은 바뀌지 않는다. 예를 들면 다음과 같다.

> "**卑濕**淤泥乃生此華。"
>
> 475『維摩詰所說經』姚秦鳩摩羅什譯

> "蓮華不生於高地, 必須生於淤泥**卑濕**處。"
>
> 3005『南傳法句經』

### 福祐慧

이것은 세 개의 형태소로 구성된 3음절 단어이다. 내부는 2음절 단어 '福祐'(병렬구조)와 1음절 단어 '慧'로 구성되었으며, '타고난 복, 가호, 지혜'의 의미를 나타낸다. 삼국시기의 불경에는 다음과 같은 문장이 있다.

　　"在諸眾為正導。以無畏而不動。已成**福祐**慧之分部。已得相
　好, 能自嚴飾。"

　　　　　　　　　　　　　　474『佛說維摩詰經』519a吳支謙譯


　불경에는 2음절 단어 '福祐'로 표현한 것도 있는데 예를 들면 다
음과 같다.

　　"彼之**福祐**不可稱說億百千劫。"

　　　　　　　　　　　　　　474『佛說維摩詰經』吳支謙譯

　　"如是等薩和薩, 及三千大國土中薩和薩, 悉起是七寶塔, 皆是伎
　樂供養, 云何拘翼, 其功德**福祐**寧多不? 釋提桓因言 : 作是供養
　者, 其**福祐**甚多甚多天中天。"

　　　　　　　　　　　　　　224『道行般若經』後漢支婁迦讖譯


**善方便, 權方便**

　이것은 세 개의 의미가 비슷한 형태소로 구성된 3음절 단어이다.
내부에는 1음절 단어 '權' 혹은 '善'과 2음절 단어 '方便'(병렬구조)으
로 구성되어 '임시변통하는 방법'의 의미를 나타낸다.

　'方便'이란 단어는 병렬구조에 속한다. 불경에서 매우 흔하게 보
인다. 정복보는『불학대사전』에서 다음과 같이 말했다. "산스크리트

어 UPAYA에는 두 가지 해석이 있다. 첫째는 반야에 대한 해석이다. 둘째는 진실에 대한 해석이다. 반야에 대한 해석은 이른바 영원불변한 진리眞如의 지혜에 도달하면 '반야'라고 하며 권도權道의 지혜에 능통하면 '방편方便'이라 한다. … '方'이란 방법을 말하며 '便'이란 '사용하기 편리함便用'을 말하는데 '便用'은 모든 중생의 정신적 능력의 방법에 계합한다."(620쪽)

불경에는 종종 '善權方便'의 형태로 나타난다. '善權'의 의미에 대해, 정복보는 『불학대사전』에서 다음과 같이 말했다. "전문용어, 아주 빼어난 수단이나 방법을 가리킨다."(2084쪽)

'善方便' 혹은 '權方便'은 '善權方便'을 생략한 것이다. 삼국시기의 불경에는 '善方便'에 관한 다음과 같은 문장이 있다.

> "欲度人故居維耶離矜行權道。資財無量救攝貧民。以**善方便**
> 攝諸惡戒。以忍調行攝諸恚怒。"
>
> 474『佛說維摩詰經』521a吳支謙譯

기타 불경의 예는 다음과 같다.

> "若能如是者　說名**善方便**。""知已能引導　是名**善方便**""身
> 中不從他得生天涅槃之**善方便**。"
>
> 1521『十住毘婆沙論』後秦鳩摩羅什譯

삼국시기의 불경에는 '權方便'에 관한 다음과 같은 문장이 있다.

> "母智度無極。父為**權方便**。菩薩由是生。得佛一切見。樂法以
> 為妻。悲慈為男女。奉諦以降調。居則思空義。"
>
> 474『佛說維摩詰經』530a吳支謙譯

기타 불경의 예는 다음과 같다.

> "自然之智無所依仰。解**權方便**成一切愍。""宣權方便究竟盡
> 言。有義無義所暢因緣。""在於斯法所度無極攝**權方便**。"
>
> 481『持人菩薩經』 西晉竺法護譯

위의 예문을 비교해 보면 '善方便'과 '權方便'은 의미와 어법 기능
이 완전히 일치하다는 것을 알 수 있다. 이들은 모두 '善權方便'을 생
략한 것이기 때문이다. 그러나 '方便'은 병렬구조인 복합어인데 '方'
은 '방법'이고 '便'은 '便用'이다. '善方便'과 '權方便'은 모두 3음절의
같은 의미의 단어를 병렬한 구조이다.

삼국시대 불경에도 2음절 단어 '方便'이 단독으로 쓰인 구절이 있
다. 예를 들면 다음과 같다.

> "生憐愍心, 即作**方便**, 告帝釋言, 汝今可變迦蘭陀竹林令作七
> 寶,"
>
> 200『撰集百緣經』卷第二吳月支優婆塞支謙譯

"能以智慧**方便**之道, 順化天下 : 使行十善。孝順父母。敬事師
長。"

790『佛說字經』鈔吳支謙譯

또 다른 구조는 '세 개의 1음절 형태소를 병렬'하여 만들어진 3음
절 단어이다. 예를 들면 다음과 같다.

### 皆悉遍, 悉皆遍

이것은 세 개의 '전부, 모두'의 의미를 나타내는 1음절 동의어를
병렬하여 만든 것이다. 어순은 '皆悉遍'과 '悉皆遍' 두 가지가 있고
의미는 완전히 같다. 삼국시기 불경의 예는 다음과 같다.

"分舍利**皆悉遍**。令眾生得安隱。"

532『私呵昧經』偈吳支謙譯

"持用供養諸佛。**悉皆遍**已後。日未中時。即飛行還我國。"

362『佛說阿彌陀三耶三佛薩樓佛檀過度人道經』卷上 三國吳支<br>謙譯

서진, 한나라시기의 불경에서는 이 단어를 사용하지 않았는데 이
용법은 삼국시기 불경의 특징임을 보여준다. 이 3음절 단어를 서진
시기에는 2음절의 방식으로 표현했다. 서진시기 불경의 예는 다음
과 같다.

"城中有園觀生花樹寶樹。其樹常生, <u>悉遍</u>覆蓋。"

170『佛說德光太子經』西晉竺法護譯

"<u>悉遍</u>比丘僧 千二百五十"

199『佛五百弟子自說本起經』西晉竺法護譯

### 悅預喜

이것은 세 개의 같은 의미의 형태소로 구성된 3음절 단어이다. '행복과 기쁨'의 의미를 나타낸다. 삼국시기의 불경에는 다음과 같은 문장이 있다.

"於此賢者。吾等何為永絕其根。於此大乘已如敗種。一切弟子
聞是說者。當以悲泣曉喻一切三千世界。其諸菩薩可悅預喜。"

47『4佛說維摩詰經』527c吳支謙譯

이 중 '預'자와 '豫'자는 통가자通假字이다. 『이아爾雅』에서는 "豫, 樂也"라고 뜻을 풀이하였고, 『역경易經』의 豫卦에는 "喜豫悅樂之貌 也。"라고 정현鄭玄이 주석을 했다. 그러므로 불경의 '悅預喜'는 세 개의 의미가 같은 형태소이다.

### 教勸說

이것은 세 개의 같은 의미의 형태소로 구성된 3음절 단어이다. '설명하여 일깨우다'는 의미를 나타낸다. 삼국시기의 불경에는 다음과 같은 문장이 있다.

> "在所墟聚國邑。有以是法**教勸說者**。吾與官屬共詣其所。其未
> 樂之天人。吾當起其樂必以喜樂而營護法。"
>
> 474『佛說維摩詰經』535b吳支謙譯

이른바 "有以是法**教勸說者**"는 그들 중 불법을 중생에게 해설하여
일깨운 사람이 있다는 것을 의미한다.

### 僮僕奴

이것은 세 개의 같은 의미의 형태소로 구성된 3음절 단어이다. 세
개의 형태소 '僮, 僕, 奴'는 같은 의미이다. 삼국시기의 불경에는 다
음과 같은 문장이 있다.

> "為五通仙人。修治梵行事。立眾以淨戒。及忍和損意。以敬養
> 烝民。見者樂精進。所有**僮僕奴**。教學立其信。"
>
> 474『佛說維摩詰經』535b吳支謙譯

이 예문에서 "所有**僮僕奴**"는 세 종류의 다른 사람을 가리키는 것
이 아니기 때문에 열거 성격의 구가 아니라 하나의 3음절 동의병렬
구조同義竝列結構의 단어이다.

### 勸誘開

이것은 세 개의 같은 의미의 형태소로 구성된 3음절 단어이다. '계발, 유도'의 의미를 나타내는데, 앞의 '教勸說'와 의미가 비슷하다. 삼국시기 불경에서의 예는 다음과 같다.

> "諸好學者。輒身往勸誘開童蒙。入諸婬種除其欲怒。入諸酒會
> 能立其志。"
>
> 474『佛說維摩詰經』535b吳支謙譯

이 예문의 "身往勸誘開童蒙"은 직접 가서 아이들을 계발하고 유도하는 것을 뜻하며, 여기서 '勸誘開'는 하나의 3음절 타동사이다.

### 顧眄視

이것은 세 개의 같은 의미의 형태소로 구성된 3음절 단어이다. '눈으로 여기저기 바라보다'는 의미를 나타낸다. 삼국시기의 불경에서의 예는 다음과 같다.

> "不以財色穢道之行示諸弟子。尊說高遠。非仙聖眾書所可聞
> 見也。興起同處清淨為道。經行之時不顧眄視。"
>
> 76『佛說梵摩渝經』884b吳支謙譯

이 예문의 "經行之時不顧眄視"는 한가로이 거닐 때 자태가 우아하고 곁눈질하지 않는 것을 의미한다. '經行'이란 단어의 의미는 특정한 장소에서 왕복하며 빙빙 돌며 걷는 것을 가리켰다. 일반적으로 식사 후거나 피곤할 때, 또는 좌선할 때 몽롱하거나 졸릴 때 즉시 일어나 걷는 것으로 일종의 심신을 조절하는 조용한 산책이다.

중국어의 조어는 종종 2음절화가 되는 경향이 있는데 2음절화가 중국어 문장의 리듬과 규칙에 더 잘 적응할 수 있기 때문이다. 이것은 중고시기 이후의 발전 추세이다. 그러나 불경의 이러한 같은 의미를 가진 단어를 병렬한 3음절 현상은 불전 언어의 중요한 풍격 중의 하나가 되었다.

이러한 특징은 불경의 글쓰기와 리듬을 위해 필요했던 것일까? 우리는 앞의 예에서 이러한 가능성을 찾아볼 수 없다. 왜냐하면 불경은 비록 네 글자에 한번 쉬는 리듬 특성을 가지고 있지만 3음절 단어는 이러한 문장에 출현하지 않았으며 문장을 가지런하게 하는 整齊化 역할도 없다. 따라서 3음절 단어와 불경 문장의 리듬 사이에 아무런 관련이 없다고 생각한다. 불경언어 형식의 산물이 아니라면 이러한 조어방식은 당시의 실제 구어에서 왔을 가능성이 매우 높다. 우리는 종교를 전파하기 위해 불경에 사회적으로 통용하던 어휘를 대량으로 사용하였기 때문에 불경의 언어는 당시 사람들에게 가장 친숙했던 언어를 반영할 수 있게 되었다는 것을 알 수 있다. 위진시기의 문헌과 자료는 불경보다 더 풍부한 구어 어휘를 보존하지 못했기 때문에 우리가 보는 이러한 삼음절의 조어방식은 틀림없이 당시의 사회에서 유행하던 풍습이었을 것이다. 따라서 불경을 통해 이러

한 어휘의 특성과 용법을 관찰하고 이해할 수 있을 것이며, 불경은
중국어 어휘사에 귀중한 한 페이지를 남겼다.

당현청唐賢清은 「불교문헌의 3음절 부사의 특징 및 생성, 쇠락 원
인佛教文獻三音節副詞特點及產生, 衰落的原因」에서 이 문제에 대해 심도
있는 토론을 했다. 그는 불교문헌의 3음절 부사의 사용 특징을 요약
했는데 다음과 같다.

1) 중국어의 3음절 부사는 동한시기에 생겨났으며 위진남북조,
수당시기에 번성하다가 송나라시기 이후에는 점차 쇠락했다. 동한
이전의 3음절 어휘는 주로 명사, 동사, 형용사였는데 동한시기부터
3음절 부사가 생겨나기 시작했으며 위진남부조, 수당시기에는 불경
번역의 번성과 함께 번성하다가 송대 이후에는 불경 번역의 쇠락과
함께 쇠락했다.

2) 3음절 부사의 사용 빈도는 낮지만 수는 많다.
수집한 3음절 부사 중 가장 많이 쓰인 것은 '更互相'이며, 중원문
헌에 10건, 불교문헌에 42건 있지만, 분명한 것은 이들의 사용빈도
는 각각의 구성 요소에 비해 매우 낮았다는 것이다. 예를 들면 '皆悉
遍'은 총 88번 출현했는데 그중 동한, 삼국시기의 불교문헌에 1번,
후대 불교문헌에 87번 출현하였지만, 중원문헌에는 사용한 예가 없
었다.

3) 중국어의 3음절 부사는 주로 1음절 동사 혹은 형용사를 수식했다.

중국어의 3음절 부사의 구체적인 용법으로 볼 때 이들은 주로 1음절 동사 또는 형용사를 수식했으며, 주로 중심어가 1음절인 구이다. 그 이유는 불교문헌의 언어는 4음절을 위주로 하는데, 3음절 부사와 중심어는 마침 4음절의 형식을 이루었기 때문이다.

4) 세 개의 1음절 부사는 의미가 중첩된다.

중국어의 3음절 부사는 일종의 의미중첩현상인데 이러한 현상의 특징은 병렬하여 사용하는 의미가 비슷한 세 개의 부사에서 만약 그 중 어떤 것을 제거해도 의미 표현의 필요성으로 볼 때 완전히 가능하다는 것이다. 물론 운율 상으로 볼 때 조화롭지 않을 수는 있지만 일부는 운율과 무관하다. 예를 들면 다음과 같다.

> "如是阿壽, 如是阿僧祇, 如是不可計數, 如是恒邊沙, 如是三千大千不可計數國**皆悉遍**滿中。"
>
> 西晉. 安法欽譯 『佛說道神足無極變化經』

> "如是用磨, 磨已**複磨**, 大磨作末。既作末已, **複更**細磨。彼等磨時, **複更重研**, 研已複研, 大研作塵。"
>
> 隋. 達摩笈多譯 『世因本經』

첫 번째 예문의 '皆悉遍'은 '네글자투四字格'의 문장 구조와 관련

이 없으며 주로 강조의 의미를 나타냈고, 두 번째 예문에서는 '複磨'
뿐만 아니라 '複更磨', '複更重磨'도 있는데 이는 '네글자투四字格'의
문장 구조와 강조의 의미를 나타내기 위한 것이다.

5) 중국어의 3음절 부사는 주로 사용빈도가 높은 2음절 부사와
의미가 가까운 1음절 부사에 부착하여 구성되었고, 조어에 있어서
는 임의성이 크고 형식이 불안정하다. 예를 들면 다음과 같다.

時間副詞 : 重複更——更複重——複更重
　　　　　便即旋——旋即便——便旋即
語氣副詞 : 必應當——應當必
　　　　　必當定——當必定——定當必——必定當
範圍副詞 : 皆悉具——具皆悉——具悉皆
　　　　　皆悉俱——俱皆悉——俱悉皆
　　　　　同皆悉——皆悉同——悉皆同
　　　　　孤獨特——孤特獨
程度副詞 : 倍甚益——倍益甚
情態副詞 : 更相互——更互相

6) 3음절 단어는 불교문헌에서는 주로 총괄범위부사總括範圍副詞
에 집중되어 있고, 중원문헌에서는 분포는 넓지만 수는 적었으며 두
가지는 상호보완적인 경향을 나타냈다. 불교문헌에서 3음절 부사는
주로 총괄을 나타내는 범위부사에 집중되어 있으며 시간부사, 양태

부사 및 어기부사에도 몇몇 사용사례가 있다. 중원문헌에서는 수는 매우 적지만 비교적 널리 분포되어 있으며 부정부사 외에는 모두 몇몇 사용사례가 있다. 특히 불교문헌에 나타나지 않은 한정을 나타내는 범위부사가 있는데 중원문헌에는 모두 몇몇 사용사례가 있으며 둘은 상호보완적인 경향을 나타냈다. 두 종류의 문헌에는 모두 3음절의 부정부사가 없었다.

당현청이 강조한 임의성이 크고 형식이 불안정하다고 한 이유는 필자가 강조했던 것과 동일하다. 이것은 중국어가 1음절에서 2음절로 변화하는 초기의 과도기적 현상이다. 일종의 실험적 성격을 띠고 있는데 중국어를 사용하는 수많은 대중들은 여러 다른 글자를 결합하면 얼마나 많은 가능성이 있는지 시도해보고 싶어했다. 이것은 본 책에서 논의한 '형태소 역순 현상詞素易序現象'(제5장 제3절)과 마찬가지로 이 요인에 의해 야기되었다. 임의성과 불안정성이 결합하고 난 뒤 곧 선택과 도태가 뒤따르게 되는데 이것이 바로 약정속성約定俗成이다. 송대부터 시작하여 이러한 구조는 쇠락하고 점차 송대 이후의 근대한어의 조어 상태로 변화하게 된다.

또 하나는 당현청이 관심을 가졌던 것은 부사의 문제, 불경에서 이러한 종류의 조어에서 실험적이고 과도적인 성격을 지닌 3음절 단어, 그 외에도 앞에서 논의했던 '勸誘開, 顧眄視'와 같은 동사, '比丘僧, 親眷屬'과 같은 명사, '安平正, 卑濕污'와 같은 형용사 등이 있다. 따라서 1음절이 2음절로 변화할 때 이러한 과도기적 현상에서 임의적으로 배열 조합한 것이며 이는 포괄적인 것으로 단지 부사에만 발생하는 것이 아니다.

## 5.3. 불경의 형태소 역순 현상

### 5.3.1. 동소이서同素異序 현상의 역사

이른바 '동소이서同素異序[같은 형태소 다른 순서]'란 한 단어 중 두 글자(형태소)의 순서를 바꾸는 현상, 즉 AB의 순서를 BA로 변경하는 것을 가리킨다. 현대한어 어휘에서 두 개 형태소의 전후 순서를 바꾸는 것에는 다음과 같은 몇 가지 경우가 있다. 첫 번째는 의미를 잃는 것인데, 예를 들면 學生/生學, 數目/目數가 있고, 두 번째는 기본 의미가 완전히 변하는 것인데, 예를 들면 中心/心中, 帶領/領帶가 있다. 세 번째는 기본적인 의미는 비슷하지만 형태소가 같지 않은 것인데, 예를 들면 産生/生産, 和平/平和가 있으며, 네 번째는 교환 후에도 의미가 변하지 않는 것인데, 예를 들면 擔負/負擔, 互相/相互가 있다.

졸작『불경언어초탐佛經語言初探』의 제15장「불경 어휘 중의 동소이서 현상佛經詞彙中的同素異序現象」에서는 일찍이 이 문제를 체계적으로 소개했다. 고대한어에서 흔히 볼 수 있는 이 현상을 거론하였는데, 당시의 구어를 반영하고 있는 명청 소설에 어휘의 순서 변환 현상이 비교적 풍부하다는 점에서 同素異序 현상은 중국어에서 흔한 현상임을 알 수 있다고 주장했다.

## 5.3.2. 중고 불경의 동소이서 양상

　　　동한에서 육조까지의 불경은 당시의 실제 언어를 반영했다. 초기 불경의 同素異序의 예는 사회에서 언어를 사용하던 상황을 반영했다. 예를 들면 다음과 같다.(괄호안의 숫자는 대장경의 경번호이다.)

### 知識/識知

弟欺其兄婦欺其夫。家室中外**知識**相訟。各懷貪淫心毒瞋怒。
　　　362『佛說阿彌陀三耶三佛薩樓佛檀過度人道經』, 吳 支謙譯

如是曹人男子女人。心意俱然違戾反逆。愚癡蒙籠瞋怒嗜欲無所**識知**。

(同上)

### 休止/止休

諸有泥犁禽獸薜荔諸有考治勤苦之處。即皆**休止**不復治。

(同上)

貪狼於財色。坐之不得道。當更勤苦。極在惡處生。終不得**止休**。

(同上)

## 愍哀/哀愍

若世有是佛。皆慈**愍哀**之威神摧動。眾惡諸事皆消化之。

(同上)

阿彌陀佛**哀愍**。威神引之去爾。

(同上)

## 惱苦/苦惱

行步苦極。坐起呻。憂悲**惱苦**。識神轉滅。便旋即忘。

581『佛說八師經』, 吳 支謙譯

目不見色。耳不聞音。不淨流出。身臥其上。心懷**苦惱**。言輒
悲哀。

(同上)

## 壞敗/敗壞

今舍日**壞敗**。爾時第二忉利天王, 釋提桓因坐即為動搖。

556『佛說七女經』, 吳 支謙譯

更相鬥亂。憎嫉善人, **敗壞**賢善。於旁快之。復不孝順供養父
母。

362『佛說阿彌陀三耶三佛薩樓佛檀過度人道經』, 吳 支謙譯

삼국시기와 서진시기의 불경에는 이런 역순 현상이 특히 풍부했다.

## 言語/語言

佛言。富哉須賴。<u>言語</u>至誠。大王勿疑。

328 『佛說須賴經』, 曹魏 白延譯

復為國王大臣所敬遇。是婆羅門有七女。大端正無比黠慧<u>言語</u>。從頭至足皆著金銀白珠瓔珞。

556 『佛說七女經』, 吳 支謙譯

## 熱惱/惱熱

何等三。災患想。<u>熱惱</u>想。病亂想。是名三。

310-82 『郁伽長者會』, 唐 菩提流志譯

令心<u>惱熱</u>不知所趣。計身本末無所起生住立滅盡。菩薩觀身如是無身。

481 『持人菩薩經』, 西晉 竺法護譯

## 怒忿/忿怒

鄉黨市里愚民野人。轉更從事共相利害。諍財鬥訟, <u>怒忿</u>成仇, 轉諍勝負。

362 『阿彌陀三耶三佛薩樓佛檀過度人道經』, 吳 支謙譯

其魂神或墮海中為龍。或為有力太神化生之類。皆知宿命。**忿
怒**宿怨。因作霧露吐惡毒氣。雨其國中。

493『佛說阿難四事經』, 吳 支謙譯

### 敬信/信敬

出家菩薩見此十利。盡壽不捨於乞食法。若有至心**敬信**來請。
爾時應去。

310-82『郁伽長者會』, 唐 菩提流志譯

我當勤發如是精進。令所作不空。眾生見我即得**信敬**。

(同上)

### 窮困/困窮

小家貧者**窮困**苦乏。無田亦憂欲有田。

362『阿彌陀三耶三佛薩樓佛檀過度人道經』, 吳 支謙譯

我等**困窮**惟見矜濟。又有極貧無數之輩。

328『佛說須賴經』, 曹魏 白延譯

### 麥豆/豆麥

春三月有寒。不得食**麥豆**。宜食粳米醍醐諸熱物。夏三月有
風。不得食芋**豆麥**。宜食粳米乳酪。秋三月有熱。不得食粳米

醍醐。宜食細米蜜稻黍。冬三月有風寒。陽興陰合。宜食粳米
胡豆羹醍醐。

793『佛說佛醫經』, 吳 竺律炎共支越譯

**因緣/緣因**

人得病有十因緣。一者久坐不飯。二者食無貸。三者憂愁。四
者疲極。

793『佛說佛醫經』, 吳 竺律炎共支越譯

人有貪貪便不得利。正使得一天下財物。亦不能猛自用之。亦
不隨人去。但益人結。但有苦惱。但種後世緣因。緣因如火。
如火無所不燒。我輩不覺。是黠不敢妄搖。知為增苦種罪。

793『佛說佛醫經』, 吳 竺律炎共支越譯

**歡喜/喜歡**

龍王歡喜。知復有佛。佛定意七日。不動不搖。樹神念佛。新
得道快坐七日。未有獻食者。我當求人令飯佛。

185『佛說太子瑞應本起經』, 吳 支謙譯

志大包弘。隱居山澤。守玄行禪。聞世有佛。心獨喜歡。披鹿
皮衣。

(同上)

## 死生/生死

萬物紛擾。皆當歸空。精神無形。躁濁不明。行致**死生**之厄。
非直一受而已。但為貪欲。蔽在癡網。沒**生死**河。莫之能覺。

(同上)

## 育養/養育

一心思微學聖智慧。任活天下。悲窮傷厄。慰沃憂慼。**育養**眾
生。救濟苦人。承事諸佛。別覺真人。功勳累積。不可得記。

(同上)

行六度無極。布施持戒。忍辱精進。一心智慧。習四等心。慈
悲喜護。**養育**眾生。如視赤子。承事諸佛。積德無量。累劫勤
苦。不望其功。今悉自得。

(同上)

## 淨潔/潔淨

如人屈申臂頃。俱到頒那山上。如意所念。石中自然出四鉢。
香**淨潔**無穢。四天王各取一鉢。還共上佛。

(同上)

人有正見。以信喜敬。**潔淨**不悔。施道德者。福德益大。所隨
轉勝。吉無不利。

(同上)

## 市賈/賈市

或作**市賈**或作長吏。或作畜牧或作畫師。行治生忍寒熱飢渴致
貪錢財。以得富饒復懷憂恐。

54『佛說釋摩男本四子經』, 吳 支謙譯

世間人或作田家從得生活。或作工師用得生活。或作**賈市**用得
生活。或作長吏用得生活。

(同上)

## 好淨/淨好

今佛國土, **好淨**悉現。然舍利弗。我佛國如是。為當度不肖人
故。

474『佛說維摩詰經』, 吳 支謙譯

於是維摩詰則如其像三昧正受現神足。應時彼佛須彌燈王如
來。遣三萬二千師子座。高廣**淨好**, 昔所希見。

(同上)

## 安和/和安

於是千子聞父王命。皆以**安和**。復至五劫供養藥王如來。并其
官屬一切施安。

(同上)

或於大戰中。則我得巨眾。恒協用**和安**。菩薩力勢強。至於有
獄刑。佛土不可勝。輒至到于彼。趣使眾庶寧。

(同上)

## 來往/往來

文殊師利問曰。何謂族姓子。菩薩所至到處興有佛法。維摩詰
言。其**來往**周旋有智慧興有佛法。

(同上)

於是三千世界如佛所斷以右掌排置恒沙佛國。而人不知誰安我
往。又引還復故處。都不使人有**往來**想。因而現儀。

(同上)

## 真正/正真

諸天共宗, 獨言隻步, 眾聖中雄。爾往睹焉, 宗尊儀表, **真正**弘
摸。誠如群儒之所歎不乎。

76 『佛說梵摩渝經』, 吳 支謙譯

太子名悉達。容色紫金輝。身有天尊相。忍穢以法御。無上<u>正真相</u>。三十二具不。貞潔陰馬藏。無欲可別不。

(同上)

## 貧貪/貪貧

如世尊釋迦文。乃忍以聖大之意。解<u>貧貪</u>之人。

474『佛說維摩詰經』, 吳 支謙譯

如居士之所言。但為佛興於五濁之世故。以是像開解一切<u>貪貧</u>之行。

(同上)

## 悲哀/哀悲

如是二者為諸痛。長一切惡道。已竟近一切人興大<u>悲哀</u>。

(同上)

今難國王。不知天下有佛。當用一切人民故<u>哀悲</u>諸勲苦。願佛明旦與諸比丘僧。勞屈尊神來到難國王所飯。

129『佛說三摩竭經』, 吳 竺律炎譯

## 聖賢/賢聖

於眾俗不漸漬。得世際感<u>聖賢</u>。現諸儀式起神通行。博聞能諷慧力持念。

474『佛說維摩詰經』, 吳 支謙譯)

如今耆年已過八邪。八解正受以正定越邪定。以是所乞敬一切
人。亦以奉敬諸佛**賢聖**。

(同上)


## 稱名/名稱


如是十方諸天人民。所**稱名**佛億萬無數。此皆佛本發意以來。
班宣道化。所誨之徒也。

281『佛說菩薩本業經』, 吳 支謙譯

色像第一捨世間財。志行高妙**名稱**普至。有金剛志得佛聖性。

474『佛說維摩詰經』, 吳 支謙譯


## 聞見/見聞


吾當率諸官屬詣講法所為護講法。百由延內當令一切**聞見**講
法。

(同上)

此三千世界大海江河川流泉源。及上日月星辰天宮。龍宮諸
尊神宮。悉現於寶蓋中。十方諸佛佛國嚴淨。及十方佛在所說
法。皆現於寶蓋中悉遙**見聞**。

(同上)

**錢財/財錢**

> 王言。所以年耆作沙門者。人老自念氣力薄少坐起苦難。不能
> 遠行治生致**錢財**。正使有財產不能堅持。用是故除鬚髮作沙
> 門。
>
> 68 『佛說賴吒和羅經』, 吳 支謙譯

> 我從少小治生。忍寒熱飢渴。忍勤苦致**錢財**。今復亡失。從是
> 憂念或病或死皆坐**財錢**。是皆貪意五樂所致。
>
> 54 『佛說釋摩男本四子經』, 吳 支謙譯

　　상술한 불경 중의 형태소 역순 현상을 분석해보면 다음과 같은
세 가지 경우가 있다.

　　첫 번째는 품사 성질과 의미가 변하지 않는 것으로, 이 부류에 속
하는 것은 다음과 같다.

> 熱惱/惱熱, 休止/止休, 怒忿/忿怒, 敬信/信敬, 愍哀/哀愍, 窮
> 困/困窮, 麥豆/豆麥, 死生/生死, 育養/養育, 淨潔/潔淨, 市賈/
> 賈市, 安和/和安, 真正/正真, 貧貪/貪貧, 聖賢/賢聖, 稱名/名
> 稱, 錢財/財錢

　　이 예들은 병렬식 복합어並列式複合詞가 원래부터 글자의 순서를
바꾸는 성질을 가지고 있었을 가능성이 있음을 설명해준다

　　두 번째는 삼국시기 불경의 형태소 역순 현상인데, 서진시기 불

경의 형태소 역순 현상과는 다르다. 이 부류에 속하는 것은 다음과
같다.

好淨/淨好, 來往/往來, 悲哀/哀悲.

이들의 차이점은 다음과 같다. 삼국시기에는 '好淨/淨好'를 모두
명사로 사용했고, 서진시기에는 '好淨'과 '淨好'를 형용사로 사용했
다. 삼국시기에는 '來往'을 명사로 사용했지만. '往來'는 형용사로 사
용했다. 서진시기에는 '來往'이란 단어가 없었고, '往來'는 대부분 동
사로 사용했으며, 단지 몇몇 예에서만 형용사로 사용했다. 삼국시기
에는 '悲哀'를 명사로 사용했지만, '哀悲'는 타동사로 사용했다. 서진
시기 불경에는 '哀悲'가 없고 단지 '悲哀'만 있었는데, 명사로 사용하
기도 하고, 동사로 사용하기도 했다.

세 번째는 형태소의 순서가 바뀐 후 품사 성질과 의미가 달라진
경우이다. 이 부류에 속하는 것은 다음과 같다.

言語/語言, 知識/識知, 惱苦/苦惱, 壞敗/敗壞, 因緣/緣因, 歡
喜/喜歡, 聞見/見聞

### 5.3.3. 중고 불경의 동소이서 선택 기제

어휘의 변화에 있어서, 형태소 역순 현상의 경우, 글자 순

서가 상이한 두 가지 구조가 서로 다른 기능을 해야만 두 가지 구조
모두 장기간 보존될 수 있다. 그렇지 않으면 일정한 기간동안 함께 사
용되다가 항상 그 중의 한 구조가 우세를 차지하게 되고 다른 구조는
도태된다. 그렇다면 어떤 구조가 더 쉽게 보존되고 어떤 구조가 더 빨
리 사라지는가? 이 두 형태소의 순서(서면 형태는 두 글자의 순서임)는 무
엇이 결정하는가? 병렬식 2음절어의 글자 순서를 결정하는 것은 의
미와 성조라는 두 가지 요소이다.

　　의미의 작용은 의식적이고 성조의 작용은 발음의 생리적인 기능
에 의해 형성된 것으로 무의식적이다. 두 글자 사이의 의미 관계에
서 보면 일부는 대립적인 관계를 가지고 있는데, 예를 들면 '秦漢, 早
晩, 好壞, 利害'가 있다. 그 중의 의미에는 시간의 선후, 긍정이거나
부정적인 가치판단이 있다.

　　또 하나는 성조의 작용인데, 두 글자의 성조 순서가 병렬식 2음절
어의 글자 순서에 영향을 미칠 수 있는 이유는 무엇인가? 이에 대해
우리는 발음 시의 생리적 요구 측면에서 설명할 수밖에 없다. 사람
들이 말할 때에는 일종의 본능적인 요구가 있는데, 그것은 바로 생
각의 표현에 영향을 미치지 않는다는 전제 하에 발음 시 최대한 힘
을 절약하고자 하는 것이다. 고대한어의 4성에서 가장 힘든 발음은
입성이고, 가장 쉬운 것은 평성이다. 성모의 관점에서 보면 청성모淸
聲母는 탁성모濁聲母보다 힘이 덜 든다. 그래서 우리는 두 글자를 연
결하여 발음을 할 때 힘이 덜 드는 것은 앞에 두고 힘든 것은 뒤에
둔다고 말할 수 있다.

불경 자료에서 같은 의미의 병렬로 발생한 역순 현상인 AB와 BA 두 가지 어순의 경쟁관계는 주로 성조 요인에 근거하여 승부가 결정되었다. 졸작『서진 불경 병렬어의 내부 순서와 성조의 관계西晉佛經並列詞之內部次序與聲調的關係』에서는 서진시기 축법호竺法護의 병렬식 2음절어 16,340개에 대해 분석을 했는데, 앞 뒤 두 글자가 같은 성조인 것 외에도 다른 성조인 것도 있으며, 상당히 엄밀하고 정연한 규칙을 보여주고 있다는 것을 발견했다.

(1) 거성자去聲字는 두 번째 음절로서, 첫 번째 글자가 평성이든 상성, 거성, 입성이든 상관없이 모든 유형에서 절대적인 우세를 차지했는데 이는 우연한 현상이 아닌 것으로 보인다. 이는 불경(특히 서진시기 불경)은 조어규칙에 있어서 두 번째 음절로 거성을 선택하는 경향이 있음을 설명해 준다.

(2) 의미관계에서 보면, 일부 병렬식 어휘의 순서는 의미에 의해 결정된다. 예를 들면 '長短, 妻子, 生死, 東西, 兄弟, 國邑, 日月, 上下, 弟子, 出入, 父母, 億百'이 있는데, 이것들은 '유형의미 병렬類義並列'에 속하는 경우(같은 종류의 사물을 병렬한 것임. 같은 의미 혹은 유사 의미 형태소를 병렬한 것이 아님)이다. 이 부류가 차지한 비율은 높지 않은데, 그것은 병렬구조가 대부분 같은 의미 혹은 유사 의미 형태소를 병렬하기 때문이다. 따라서 우리는 오직 '유형의미 병렬類義並列'의 경우에만 형태소의 선후 순서에서 의미적 요소를 고려하고, 그 외에는 항상 성조 요소가 우세를 차지한다고 말할 수 있다.

(3) 서진시기의 병렬식 어휘에서는 만약 평성자平聲字가 출현하면, 늘 첫 번째 구성요소로 사용된다. (평성자를 첫 번째 글자로 사용한 것은 8,349개로, 전체 병렬식 어휘 16,340개 중 51%를 차지한다.)

(4) 만약 입성자入聲字가 출현하면 항상 두 번째 글자로 사용한다.(去-入은 914개이고, 入-去는 447개뿐이다.)

(5) 입성이 없을 때에는 거성이 항상 뒤에 놓인다.

(6) 첫 번째 글자가 만약 평성이 아니라면, 출현빈도가 높은 것은 상성이 아니라 거성이다. 상성자上聲字를 첫 번째 글자로 하는 어휘는 2,581개로 15.8%를 차지하며 거성자去聲字를 첫 번째 글자로 하는 어휘는 4,146개로 25.3%를 차지한다.


정방신丁邦新은 「국어에서 2음절 병렬어 두 성분간의 성조관계國語中雙音節並列語兩成分間的聲調關係」에서 『국어사전國語辭典』의 3,056개 병렬어로 현대한어의 조합규칙을 묘사했다.

① 두 성분 사이에 만약 음평자陰平字가 있으면 반드시 앞에 둔다.

② 만약 거성자가 하나이면 반드시 뒤에 둔다.

③ 양평자陽平字는 반드시 상성 앞에 둔다.


이 연구결론으로 앞에서 언급했던 형태소의 순서 변환에도 품사와 의미가 완전히 변하지 않는 불경의 병렬식 복합어에 대해 사실관계를 조사하여, 두 가지 조합 중에서 오늘날 용어에서 우세를 차지할 수 있는 구조는 어떤 것인지 고찰한 후, 우세를 차지하는 것은 별표로 표시하였다. 고찰 결과는 다음과 같다.

熱惱/*惱熱, *休止/止休, 怒忿/*忿怒, *敬信/信敬, 愍哀/*哀
愍, *窮困/困窮, 麥豆/*豆麥, 死生/*生死, 育養/*養育, 淨潔/*
潔淨, *市賈/賈市, *安和/和安, *真正/正真, 貧貪/*貪貧, *聖賢
/賢聖, 稱名/*名稱, *錢財/財錢

두 가지 순서의 경쟁을 통해 오늘날 보존된 구조는 대체로 정방
신의 규칙에 부합됨을 알 수 있다.

규칙①에 부합하는 것: 休止, 哀愍, 生死, 安和, 貪貧
규칙②에 부합하는 것: 惱熱, 忿怒, 敬信, 窮困, 豆麥, 養育, 潔淨, 真
正
규칙에 부합하지 않는 것: 市賈, 聖賢, 名稱, 錢財

규칙에 부합하지 않는 네 단어 가운데 '聖賢'은 의미의 영향을 받
았고, '市賈'는 문언문을 답습한 단어이고, '錢財'는 같은 성조의 형태
소가 조합한 것이다. 따라서 진정한 예외는 오직 '名稱' 하나뿐이다.

## 5.3.4. 중고 불경의 동소이서 원인

중고시기 불경에 同素易序 현상이 이렇게 많은 이유는 무

엇인가? 이것은 중국어 어휘의 발전과 연관이 있다. 필자는 2011년 6월 「불경으로부터 본 중국어 2음절화의 과도현상從佛經看漢語雙音化的過渡現象」에서 중국어가 1음절에서 2음절(bisyllabification)로 넘어가는 맥락의 흔적은 현존하는 불경자료에서 매우 분명하게 드러난다고 주장했다. 예를 들면 『논어』의 "學 / 而 / 時 / 習 / 之"는 다섯 개의 1음절 단어로 구성된 문장이지만 오늘날 우리가 이 문장을 설명하려면 반드시 2음절 단어로 바꾸어 표현해야 한다. '學'자는 '學習' 또는 '求學'으로 해야 하며, '時'자는 '時常'으로 해야 하며, '習'자는 '複習' 또는 '溫習'으로 해야만 한다. 이러한 2음절화 현상은 바로 불경시대부터 시작된 것이다. 예를 들면 "觀 / 自在 / 菩薩。行 / 深 / 般若 / 波羅蜜多 / 時。照見 / 五蘊 / 皆 / 空。度 / 一切 / 苦厄。"이 있다. 이 예문에서는 사선으로 단어의 경계를 나타냈는데, 이 중에는 이미 대량의 2음절 단어가 나타났다. 불경을 번역할 때 대량 2음절화로 발전했을 뿐 아니라, 동시에 3음절 단어가 존재했음을 발견할 수 있는데, '今現在', '比丘僧', '親眷屬', '權方便' 등 단어를 예로 들 수 있다. 그러나 불경에서 종종 나타나는 이러한 3음절 단어는 대부분 오늘날 사용하지 않고 있다. 이러한 상황은 중국어가 1음절에서 2음절로 발전하는 과정에서 과도기적 단계를 거쳤다는 것을 설명한다. 이것은 불안정한 단계라고도 말할 수 있다. 당시의 중국어 사용자는 두 개의 글자가 2음절 단어로 조합할 수 있다면 세 글자도 똑같이 다음절 단어로 조합할 수 있는 것 아닌가 라고 생각하였을 것이다. 그리하여 그들은 언어의 실제 응용에서 자연스럽게 이러한 실험에 참여하였을 것이다. 이

것이 바로 음절이 합쳐지는 과도기적 단계였다. 사람들은 다양한 시
도를 했을 것이고, 그 다음 선택과 도태, 약정속성約定俗成을 거치며,
점차 2음절 단어를 선택하게 되었다. 이렇게 2음절어는 중국어 조어
법의 주류가 되었다.

이러한 변화의 원인은 다음 몇 가지로 나누어 설명할 수 있다.

### ① 기호체계의 변화

문명이 지속적으로 발전하고 사회적 업무가 점차 복잡해지면서
본래의 낱글자는 사용하기에 충분하지 않게 되었다. 상고시기의 사
회는 상대적으로 단순했고, 사람들의 의식주행衣食住行이나 언어소
통에서 표현해야 하는 것들이 상대적으로 적었다. 당시의 서사 기
호체계는 1음절 한자만으로도 충분히 표현할 수 있었다. 사회가 계
속 발전하고 생활이 점차 다양해졌지만 한자의 수만 증가하면 충분
히 대처할 수 있었으며 여유도 많았다. 이 때문에 한자의 수는 갑골
문의 2,000자에서 창힐편倉頡篇의 3,000자에 이르기까지, 다시 『설
문해자』의 9,000여 자가 되기까지 글자 수의 발전 상황을 살펴볼 수
있다. 이러한 글자 수의 지속적인 증가는 사회의 변화가 점차 복잡
화, 다양화로 향해 가고 있음을 반영한다. 하지만 글자 수를 늘리는
과정에서 사람들은 학습과 식별의 부담도 커지고 있다는 것을 깨닫
게 되었다. 이런 부담이 한계점에 이르게 되면, 한자는 비효율적이
고 제어하기 어렵게 되기 때문에 효과적으로 학습하기가 더욱 어렵

게 된다. 따라서 글자의 수를 늘리는 동시에 한 글자에 여러 의미와 여러 용법을 부여하게 되었다. 이렇게 되면 어느 정도는 글자 수의 급격한 증가를 억제할 수 있게 된다. 예를 들면 3,000개의 한자가 어쩌면 8,000개, 9,000개의 다른 의미와 개념을 표현할 수 있게 되는데 이것이 바로 일자다의一字多義 현상이다. 그러나 이러한 발전에도 여전히 위험성이 있었는데, 일정한 한계에 도달하면 이 기호체계 또한 번거롭고 효율성이 떨어지게 된다는 것이었다. 이 때문에 중국어의 발전은 필연코 또 다른 출로를 모색하게 될 것이며, 글자와 글자의 조합으로 나가는 것은 하나의 불가피한 추세가 되었다.

### ② 불교의 철학적 영향

불교의 심오하고 세밀한 사유 내용은 이미 중국인들의 전통적인 철학적 범주를 초월하였기에 반드시 글자의 중첩 방식을 통해 더욱 많은 기호를 제공하여 이러한 사유내용을 표현하고 묘사해야 했다. 우리는 불경 번역의 초기단계에서 종종 본래 있던 어휘로 불교의 새로운 사유, 새로운 내용을 표현한 것을 발견할 수 있다. 예를 들면 '道'자를 사용하여 불법을 나타내고, '道人'을 사용하여 출가한 사람을 나타냈다. 그러나 옛 기호에는 고유한 사유의 내용이 있기 때문에 반드시 불교의 철학사상과 일치할 수는 없었다. 따라서 반드시 낱글자로 새로운 2음절 단어를 조합하여 새로운 기호를 만들어서 새로운 철학사상을 표현해야 했는데, 이것이 바로 대량의 불가 '명상名相'이다. 오늘날 우리가 볼 수 있는 불경에는 이러한 말들이 가득하다. 예를 들면『금강경』에는 '世尊', '衣鉢', '長老', '合掌', '如來', '云何', '諦聽', '一切', '眾生' 등이 있다. 그 중에 많은 불경의 2음절어는 오늘날까지 전해지고 있을 뿐만 아니라 사회의 보편적인 용어가 되었다. 예를 들면 '金剛', '煩惱', '平等', '吉祥', '解脫', '功德', '世界', '因果', '悲觀', '真理' 등이 그러하다. 따라서 불교의 유입은 중국어의 2음절화를 촉진한 하나의 중요한 원동력이다.

### ③ 다음절 음역어의 영향

대량의 외래어 음역어는 중국어 어휘가 다음절로 나아가도록 자극했다. 인도어는 일종의 다음절 언어로, 한 글자에 한 음을 표기하는 중국어와는 상당히 다르다. 그래서 중국과 인도의 문화 접촉 과정에서 대량의 인도 어휘를 중국어로 번역할 때 반드시 여러 개의 글자를 사용해야만 인도의 단어 한 개를 번역할 수 있었다. 예를 들면 '般若波羅蜜多(반야바라밀다)', '僧伽藍摩'(사원, 승방), '阿彌陀佛(아미타불)', '陀羅尼'(주문), '修多羅'(불경) 등이 있다. 이러한 언어의 충격을 대량으로 받게 되면서 중국어에도 많은 복음절어가 파생되었다. 외래어의 한역漢譯 자체가 다음절에 속하는데다가 이러한 여러 글자로 된 조어방식의 자극을 받게 되면서 중국어 자체에서도 단어를 만들 때 이를 모방하게 되었다. 그리하여 중국어는 더욱 빠르게 2음절화로 나아가게 되었다.

#### ④ 중국어 어음의 간화簡化

중고한어의 성모와 운모가 모두 격렬하게 축소·통합하게 되면서 동음자同音字가 대량으로 증가했다. 위진에서 송대에 이르기까지 중국어의 운모는 대량의 간화를 거치게 된다. 예를 들어 운서에서 운의 개수는 『절운』 계통의 206운에서 평수운平水韻 계통의 106운이 되었고 등운도 방면에는 『운경』의 43개의 圖에서 송대의 16개의 攝으로 변화했다. 이를 통해 운모의 수가 크게 줄어들었고, 그래서 동음자가 대량으로 증가했다는 것을 알 수 있다. 예를 들면 '支, 脂, 之'는 다른 음으로, 세 가지 다른 운에 속한다. '東, 冬, 鍾'도 다른 음으로 세 가지 다른 운에 속한다. 본래 '衣, 醫, 依, 一, 揖'는 모두 서로 다른 발음을 통해 어떤 '一' 발음인지 구별할 수 있었다. 하지만 운모가 축소·통합한 후에는 발음상으로 모두 똑같아지면서 구별할 방법이 없게 되었다. 이렇게 되면 불가피하게 의미를 구별하는데 중대한 영향을 미치게 된다. 다른 사람의 말을 이해할 수 없게 되자 자연스럽게 낱개로 사용하던 글자를 2음절로 조합하여 의미의 구별을 돕고자 했다. 그래서 우리는 '衣服', '醫生', '依靠', '作揖', '一個'로 말해야만 그 의미를 이해할 수 있게 되었다. 복음절어는 이렇게 생겨나게 된 것이다.

중국어 어휘의 변천에 있어서 불경번역시대는 하나의 중요한 관건이다. 상고한어의 1음절어는 이 시기에 점차 2음절어로 발전하였고, 중고시기의 수백 년 동안 2음절어는 점차 주류가 되어 현대한어에까지 지속되었으며, 무수히 많은 2음절어가 생겨나 현대한어의 중요한 특징이 되었다. 오늘날의 조어형태는 천 년 전 중고한어로 거슬러 올라갈 수 있으며 이러한 변화의 흔적은 불경언어 자료에서 충분히 드러난다. 더 의미 있는 것은 불경의 많은 흔적을 통해 이러한 2음절화의 추세는 갑자기 발생한 것이 아니라 오랜 실험 과정을 거치면서 하나하나의 1음절 한자의 다양한 배열조합을 통해 2음절어로 이루지거나 3음절어로 이루어지기도 했는데, 2음절과 3음절은 수백 년 동안 경쟁 국면을 이루었으며, 언어의 선택과 도태를 거친 뒤 2음절의 조어방식이 승리하여 중국어의 주류가 되었다. 이러한 실험에서는 AB와 BA의 역순 조어도 포함된 순서배열 테스트도 있었다. 즉, 두 글자에 대하여 서로 다른 결합을 하였는데, 글자의 순서를 바꾼 뒤 이들의 응용성을 테스트했다. 따라서 이 노선의 발전과정에서 두 가지 경우가 파생되었는데, 하나는 AB와 BA 사이에 의미의 구별 또는 품사의 차이가 발생하여 이 두 구조가 분업상태를 형성하게 된 것이고, 또 다른 하나는 AB와 BA가 분업을 한 적이 없고, 의미와 품사가 완전히 동일하다는 것이다. 이런 경우는 더욱 쉽게 선택 혹은 도태가 이루어지는데, 핵심은 성조와 의미에 있었다. 특히 성조는 종종 AB 또는 BA의 선택을 결정하였다. 이러한 암묵적인 규칙은 최근 몇 년 동안 학자들에 의해 점차 발견되었다. 이것은 사람들의 어감은 자신들도 모르는 사이에 잠재적인 공통성共通性을 가지고 있으며, 사람들은 마치 약속을 한 것처럼 일부 성조의 배열 모델을 선택한다는 것을 설명한다.

6장

불경연구와 어법학

## 6.1. 불경의 어법적 특징

양계초梁啓超는 『중국불교연구사中國佛教研究史』의 「어법 및 문체의 변화語法及文體之變化」에서 다음과 같은 몇 가지를 제시하며 불경의 어법적 특징을 설명했다.

1) 일반 문장에서 사용하는 '之乎也者矣焉哉' 등 글자를 불경에서는 거의 사용하지 않는다.

2) 변문가駢文家들의 아름다운 단어와 문장을 사용하지 않으며 고문가古文家들의 규칙이나 격조를 채용하지 않는다.

3) 도치구문이 매우 많다.

4) 인솔구문이 매우 많다.

5) 한 문장 또는 한 단락에 해석을 포함하고 있다.

6) 앞에 출현한 어구나 문장을 많이 반복한다.

7) 열 몇 자 심지어 몇 십자를 연결하여 만들어진 명사名詞가 있다.

8) 동격의 어구를 줄 세워 나열하는데 걸핏하면 수십 行에 이른다.

9) 한 편의 글 가운데 산문과 시가가 섞여 있다.

10) 시가의 번역본에는 운율이 없다.

양계초는 다음과 같이 주장했다.

> 무릇 이 모든 문장은 구조 형식상, 새로운 국토를 개척한
> 것이다. 말하자면, 외래어 말투의 색채가 매우 짙어, 만약 우
> 리 세대의 본래 문학적인 눈높이와 맞지 않으면, 다만, 감상
> 할 곳을 찾아서 조금만 나아간다면 스스로 일종의 조화로운
> 아름다움을 느낄 수 있다. 이러한 문체의 확립은 구마라집
> 과 그의 문하의 여러 선비들이 그 일을 감독하였다. 만일 문
> 학 방면으로만 겨룬다면, 그 이후 번역가는 구마라집과 그
> 문하를 뛰어넘을 이가 없었을 것이다.

앞에서 말한 네 번째에 따르면 는 인솔구문이 매우 많다. 예를 들
면 『아미타경阿彌陀經』에는 "舍利弗! 彼佛國土功德莊嚴。", "舍利弗!
如我今讚嘆…", "舍利弗! 南方世界…舍利弗! 西方世界…舍利弗! 南方
世界…舍利弗! 北方世界…舍利弗! 下方世界…舍利弗! 上方世界"가
자주 보인다. 『화엄경華嚴經』에는 예를 들면 "佛子….佛子…佛子…"
가 있는데 이와 같이 반복해서 재삼 당부하는 말투는 불경 문장의
상용형식이다.

다섯 번째에 따르면, 한 문장 또는 한 단락에 해석을 포함하고 있
다. 예를 들면 『대방광불화엄경大方廣佛華嚴經』39권 「33 이세간품離
世間品」에는 "佛子!菩薩摩訶薩有十種究竟大事。何等為十? 所謂…佛
子!菩薩摩訶薩有十種不壞信。何等為十? 所謂…佛子!菩薩摩訶薩有十
種授記。何等為十? 所謂…佛子!菩薩摩訶薩有十種善根迴向。何等為

十? 所謂…佛子!菩薩摩訶薩有十種得智慧。何等為十? 所謂…」가 있는데 문장에는 계속하여 '所謂'를 삽입하여 설명을 하고 있다.

여섯 번째에 따르면, 앞에 출현한 어구나 문장을 많이 반복한다. 예를 들면『금강반야바라밀경金剛般若波羅蜜經』1권에는 "希有世尊, 如來善護念諸菩薩, 善付囑諸菩薩。世尊, 善男子善女人發阿耨多羅三藐三菩提心, 應云何住? 云何降伏其心?" 佛言 : "善哉!善哉!須菩提, 如汝所說 : "如來善護念諸菩薩, 善付囑諸菩薩。"이 있다. 마지막 두 문장은 앞에서 말한 두 문장을 그대로 반복하고 있다.

일곱 번째에 따르면, 열 몇 자 심지어 몇 십자를 연결하여 이루어진 명사가 있다. 예를 들면『대방광불화엄경』17권「17 초발심공덕품初發心功德品」에서는 다음과 같이 말했다.

> "佛子!菩薩不齊限, **但為知**爾所世界眾生煩惱故, 發阿耨多羅三藐三菩提心 ; **為盡知**一切世界所有眾生煩惱差別故, 發阿耨多羅三藐三菩提心。所謂 : **欲盡知**輕煩惱, 重煩惱, 眠煩惱, 起煩惱, 一一眾生無量煩惱種種差別, 種種覺觀, 淨治一切諸雜染故 ; **欲盡知**依無明煩惱, 愛相應煩惱, 斷一切諸有趣煩惱結故 ; **欲盡知**貪分煩惱, 瞋分煩惱, 癡分煩惱, 等分煩惱, 斷一切煩惱根本故 ; **欲悉知**我煩惱, 我所煩惱, 我慢煩惱, 覺悟一切煩惱盡無餘故 ; **欲悉知**從顛倒分別生根本煩惱, 隨煩惱, 因身見生六十二見, 調伏一切煩惱故 ; **欲悉知**蓋煩惱, 障煩惱, 發大悲救護心, 斷一切煩惱網, 令一切智性清淨故, 發阿耨多羅三藐三菩提心。"

이 단락에서 동사 '知' 뒤에 있는 명사목적어는 다양한 번뇌를 나열하였는데, 길게는 수십 자에 이른다. "但爲知爾所世界眾生煩惱故, 發阿耨多羅三藐三菩提心 ; 爲盡知一切世界所有眾生煩惱差別故, 發阿耨多羅三藐三菩提心。"의 의미는 중생의 번뇌에서 '阿耨多羅三藐三菩提心(아뇩다라삼먁삼보리, 즉 최상의 깨달음)'이 생겼는데, 이는 중생의 번뇌를 살펴보고 보리심을 불러일으키게 한 것이다. 이것은 "번뇌 즉 보리"로 일종의 서로 대립되지만 서로 통하는 바가 있는 교묘한 사유의 특징이다. 이른바 '번뇌'라는 것은 헤아릴 수 없을 만큼 많다. 일반적으로 말하는 '탐, 진, 치' 외에도 '근본번뇌根本煩惱', '수번뇌隨煩惱'가 있다.

양계초가 말하는 '근본번뇌'는 다음과 같다.

> "근본번뇌에는 여섯 가지가 있으니, 탐욕貪, 성냄嗔, 어리석음음癡, 자만심慢, 의심疑, 올바른 견해를 갖지 못함不正見을 말한다."

이른바 '수번뇌'란 『백법명문론 논의百法明門論論義』 1권에서는 다음과 같이 설명했다.

> "수번뇌에는 20가지가 있는데, 대, 중, 소로 나뉜다. 작은 수번뇌에는 10가지가 있으니 분노忿, 원한恨, 번뇌惱, 배반覆, 기만誑, 아첨諂, 교만憍, 상해害, 질투嫉, 인색慳을 말한다.

중간 수번뇌에는 두 가지가 있는데, 부끄러움이 없음無慚과 수치침이 없음無愧를 말한다. 큰 수번뇌에는 8가지가 있는데, 불신不信, 태만懈怠, 방일放逸, 혼미함昏沉, 어지럽고 분주함掉擧, 올바른 생각을 잃음失正念, 바르게 알지 못함不正知, 산만함散亂을 말한다. 隨라고 말한 까닭은 이것이 근본번뇌로부터 따라 나와 나뉘어져 차별이 있게 되었기 때문이다. 소, 중, 대로 나눈 것에는 세 가지 뜻이 있다. 첫째는 부류를 따라 함께 발생하기 때문이고, 둘째는 선악善惡 두 가지를 두루 오염시켜 불선不善으로 덮여있다는 말이며, 셋째는 오염된 마음에 두루 미친다는 뜻이다. 세 가지 뜻을 모두 갖췄으면 大라고 이름하고, 하나면 갖추면 中이라고 이름하며, 모두 갖추지 않았으면 小라고 이름한다."

이른바 '육십이견六十二見'은 『신화엄경론新華嚴經論』 18권 「18 명법품明法品」에서 다음과 같이 말했다.

"육십이견이란 일체법 위에 계교로 인한 네 가지 견見이 있으니, 첫째 상常, 둘째 무상無常, 셋째 常이면서 無常인 것, 넷째 常도 아니고 無常도 아님이며, 5음陰 위에 각각 이 네 가지 見이 있어서 4와 5로써 20개가 되는데 삼세의 5음을 합해서 모두 60개가 되고, 여기에 근본 2見을 더해 62견이 된다. 일체의 벽견僻見은 이 62견을 벗어나지 못한다."

여기에 언급된 '根本煩惱', '隨煩惱', '六十二見'은 모두 번뇌에 관한 내용이다. 따라서 생겨난 '아뇩다라삼먁삼보리'는 모든 번뇌의 마음을 깨닫는 것이다. 모든 중생의 번뇌의 마음을 깨닫는 것은 즉 자신의 모든 번뇌의 마음을 깨닫는 것이다. 이에 대한 이유를 『대방 광불화엄경』 40권 「입불사의해탈경계보현행원품入不思議解脫境界普 賢行願品」에서는 다음과 같이 설명했다.

> "중생들을 기쁘게 하는 것은 여래를 기쁘게 함이니라. 왜 냐하면 제불여래는 대비심大悲心으로써 성품을 삼으시므로, 중생으로 인하여 대비심을 일으키고, 대비심으로 인하여 보 리심을 내고, 보리심으로 인하여 정각正覺을 이루기 때문이 니라."

여덟 번째는 동격의 어구를 줄 세워 나열하는데 걸핏하면 수십 行에 이른다는 것이다. 예를 들면 『대방광불화엄경』 17권 「17 초발 심공덕품初發心功德品」에서는 다음과 같이 말했다.

> "菩薩初發菩提之心, 所得功德 , 其量幾何?" 法慧菩薩言 : "此 義甚深, 難說, 難知, 難分別, 難信解, 難證, 難行, 難通達, 難思 惟, 難度量, 難趣入。雖然, 我當承佛威神之力而為汝說。"
>
> "불자시여, 보살이 처음으로 보리심을 내면 그 공덕이 얼 마나 되나이까?" 법혜 보살이 말하였다. "이 이치가 깊고 깊 어서 말하기 어렵고 알기 어렵고 분별하기 어렵고 믿고 이 해하기 어렵고 증득하기 어렵고 행하기 어렵고 통달하기 어

렵고 생각하기 어렵고 헤아리기 어렵고 들어가기 어려우니
라. 그러나 내가 마땅히 부처님의 위신威神의 힘을 받아 그
대에게 말하리라."

이곳에는 단지 "菩薩初發菩提之心, 所得功德"을 수식한 것으로 그
의미가 매우 깊어 설명하기 어렵기 때문에 연이어 열 개의 단어에
"難…難…"을 사용하여 그 의미가 얼마나 심오한지 묘사했다.

아홉 번째는 한 편의 글 가운데 산문과 시가가 섞여 있다는 것이
다. 예를 들면 『금강반야바라밀경』 1권에서는 다음과 같이 말했다.

> 佛言 : "須菩提!若以三十二相觀如來者, 轉輪聖王則是如來。"
> 須菩提白佛言 : "世尊!如我解佛所說義, 不應以三十二相觀如
> 來。" 爾時, 世尊而說偈言 :
> "若以色見我, 以音聲求我,
> 是人行邪道, 不能見如來。"
> "須菩提!汝若作是念 : "如來不以具足相故, 得阿耨多羅三藐三
> 菩提。" "須菩提!莫作是念。如來不以具足相故, 得阿耨多羅三
> 藐三菩提。"
> (부처님께서 말씀하셨다. "만약 서른두 가지의 남다른 모
> 습으로써 여래라고 미루어볼 수 있다면 전륜성왕도 곧 여래
> 라 하겠구나?" 수보리가 부처님께 사뢰었다. "세존이시어,
> 제가 부처님께서 말씀하신 뜻을 이해하기에는 반드시 서른
> 두 가지의 남다른 모습으로써 여래라고 미루어 볼 수 없겠
> 습니다." 그때 세존께서 게송으로 말씀하셨다.

"만약 육신으로써 나를 보려 하거나, 음성으로써 나를 찾
으려면 이 사람은 잘못된 길을 가는 것이다. 결코 여래는 볼
수 없으리라"

"수보리야, 그대가 혹 생각하기를 '여래는 잘 갖춰진 상호
를 마음에 두지 않았기 때문에 최상의 깨달음을 얻었다.'라
고 하지 않는가? 수보리야, 그러한 생각을 하지 말라. '여래
는 잘 갖춰진 상호를 마음에 두지 않았기 때문에 최상의 깨
달음을 얻었다'라고 하지 말라.")

이것이 바로 산문과 시가를 뒤섞고, 산문과 게송을 번갈아 가며
사용하는 상황이다.

열 번째는 시가의 번역본에는 운율이 없다는 것이다. 예를 들면
『대방광불화엄경』 14권 「11 정행품淨行品」에서는 다음과 같이 말했다.

若得美食, 當願眾生 : 滿足其願, 心無羨欲。
得不美食, 當願眾生 : 莫不獲得, 諸三昧味。
得柔軟食, 當願眾生 : 大悲所熏, 心意柔軟。
得麁澀食, 當願眾生 : 心無染著, 絕世貪愛。
若飯食時, 當願眾生 : 禪悅為食, 法喜充滿。
若受味時, 當願眾生 : 得佛上味, 甘露滿足。
飯食已訖, 當願眾生 : 所作皆辦, 具諸佛法。
(아름다운 음식을 만났을 때에는 마땅히 원하기를 모든 중
생이 소원이 만족하여 부러워하는 마음이 없어 지이다.
좋지 못한 음식을 만났을 때에는 마땅히 원하기를 모든 중

생이 여러 삼매의 맛을 얻지 못한 이가 없어 지이다.
보드라운 음식을 만났을 때에는 마땅히 원하기를 모든 중생이
대비(大悲)로 훈습하여서 마음이 유연하여 지이다.
껄끄러운 음식을 만났을 때에는 마땅히 원하기를 모든 중생이
마음에 물듦이 없어 세상의 탐애를 끊어 지이다.
밥을 먹을 때에는 마땅히 원하기를 모든 중생이
선정의 기쁨으로 밥을 삼아 법에 즐거움이 가득하여 지이다.
음식의 맛을 받을 때에는 마땅히 원하기를 모든 중생이
부처님의 상품 맛을 얻어 감로가 만족하여 지이다.
밥을 먹고 났을 때에는 마땅히 원하기를 모든 중생이
할 일을 모두 마치고 부처님의 법을 갖추어 지이다.)

「정행품」의 이 단락의 일곱 문장은 단지 가지런하게 배열한 통사형식으로 대구對句와 압운押韻을 따지지 않았다. 그리고 불자들에게 어떻게 하면 자신의 마음을 잘 사용할 수 있는지에 대해서 가르쳤는데 글에서 '若得美食'와 '得不美食', '得柔軟食'와 '得麁澁食'은 긍정적이든 부정적이든 막론하고 모두 보리심으로 전환하고 승화되었다. 그런 까닭으로 『대방광불화엄경』14권 「11 정행품」에서 다음과 같이 강조했다.

불자여, 만일 보살이 마음을 잘 쓰면 온갖 승하고 묘한 공덕을 얻어서 모든 부처님의 법에 마음이 걸리지 않으며, … 모든 법의 모양과 같이 다 통달하며, 온갖 나쁜 것을 끊고 모든 선한 것을 구족하며, …온갖 행과 소원을 모두 구족하며,

일체 법에 자재하지 못함이 없어서… 불자여, 어떻게 마음
을 써야 일체의 수승하고 묘한 공덕을 얻는가.

이것은 마음을 잘 사용하면 모든 뛰어난 공덕을 얻을 수 있으며,
이와 같이 스스로 악을 끊고 공덕을 쌓는다면 모든 법도에서 자유로
울 수 있게 된다는 뜻이다.

사실 양계초가 언급한 이러한 현상들은 문장구조의 풍격 문제이
지, 완전한 어법적인 문제가 아니다. 문장구조는 산스크리트어 원문
의 영향을 받아 원문이 어떻게 표현하면 한문 번역도 반드시 그렇게
표현했다. 어법은 반드시 산스크리트어 어법을 중국어 어법으로 전
환해야만 번역의 목적을 달성할 수 있다(언어 법칙의 전환).

문장구조의 문체에 대하여 진문걸陳文杰은 「불전 문체의 형성원
인에 대한 재토론佛典文體形成原因再討論」에서 문장구조의 풍격 측면
에서 산스크리트어 원문과 동일하게 한역불경은 게송과 산문 두 부
분으로 나뉘었다고 주장했다.

한역 게송은 문장구조가 가지런하고 4언, 5언, 6언 또는 7언 심지
어는 더 많지만 게송의 각 구절의 글자 수는 동일했다. 행을 바꾸거
나 압운을 하지 않는 것을 제외하고는 중국어의 시가와 매우 유사하
다. 형식적인 측면에서 보면 한역 게송은 문장구조에서 원문 시가의
가지런한 특징을 유지하고 있지만 이들 사이에는 여전히 어느 정도
의 차이가 있다. 초기 불교와 도교는 밀접한 관련이 있었으므로, 당
시의 불경 번역가들은 도교의 저작을 읽거나, 더 나아가 잘 알고 있

을 가능성이 매우 높았기 때문에 불교 경전의 번역에 어느 정도 영
향을 미쳤다. 따라서 도교와 방술 등에 관한 문헌이 불경 번역에 더
크고 더 직접적인 영향을 미쳤을 가능성이 매우 크다.

불경의 어법 특징은 여러 측면에서 나타나는데 품사에서 나타나
는 것도 있고, 문형에서 나타나는 것도 있고, 수식 성분에서 나타나
는 것도 있으며, 문장구조의 리듬에 나타나는 것도 있다. 아래에는
몇 가지 분명한 예를 열거하였으며, 다른 것은 독자들이 참조할 수
있도록 책의 각장에 나열했다.

불경 어법의 특징, 예를 들어 주술술어문의 문제에 대해, 상해성·
요영겸常海星·廖榮謙은 「찬집백연경 주술술어문의 의미연구撰集百緣經
主謂謂語句的語義研究」에서 『찬집백연경』은 삼국시기의 지겸支謙이 번
역한 것으로, 이 역경 자료는 구어성이 매우 강하다고 주장했다. 그
중 대량의 주술술어문이 있는데 예를 들면 다음과 같다.

　　　　能如是者, 我爲說法。

　　　　　　　　　　　　　『撰集百緣經·梵摩王太子求法緣』


위 예문의 대주어 '能如是者'는 후행 술어의 개사介詞 '爲'의 대상
이다. 원형 문장은 마땅히 '我爲能如是者說法'여야 하는데 변환하는
과정에서 개사 '爲'의 목적어가 문장 앞으로 이동하여 대주어가 되
었다.

吾家堂柱, 我見有光。

『撰集百緣經·梵志共受齋緣』

위 예문의 대주어 '吾家堂柱'는 동사 '見'의 대상의 일부분이다. 원형 문장은 마땅히 '我見吾家堂柱有光'이여야 한다.

時彼王子, 年漸長大。

『撰集百緣經·劖賓甯王緣』

時王太子, 字曰善生。

『撰集百緣經·婆羅門從佛債索緣』

向者歌聲, 其音以變。

『撰集百緣經·舞師女作比丘尼緣』

此寶珠者, 奴實盜取。

『撰集百緣經·盜賊人緣』

위의 예문들은 모두 주술술어문에 속하며, 이러한 자료를 통해 인물을 묘사하거나 평가하는 것은 한역불경에서 주술술어문의 가장 기본적인 기능임을 알 수 있다.

불경언어의 또 다른 특징은 '甚大'의 부사어 용법이다. 황증수黃增壽는 「번역불경에서 부사어로 쓰이는 '甚大'翻譯佛經中作狀語的"甚大"」에서 동한시기의 역경에서부터 '甚大'의 부사어 용법이 나타나기 시작했다고 주장했다. 예를 들면 다음과 같다.

佛語舍利弗："是為示人之大明, 已所因罪受, 其身**甚大**醜惡。"

支婁迦讖,『道行般若經卷第三·摩訶般若波羅蜜道行經泥犁品』

用是為學多負勤苦, 言泥犁禽獸薜荔**甚大**勤苦。

(同上,『卷第四·摩訶般若波羅蜜道行經覺品』)

人於世間**甚大**難。

支婁迦讖,『雜譬喩經』

弟子聞其所言, **甚大**愁毒。

支婁迦讖,『道行般若經卷第三·摩訶般若波羅蜜道行經泥犁品』

用是故, **甚大**愁憂, 啼哭而行。

同上,『卷第九·摩訶般若波羅蜜道行經薩陀波倫菩薩品』

主人長者**甚大**歡喜。

康孟祥共竺大力,『修行本起經卷上·現變品』

於是便可之, 歡喜受花去, 意**甚大**悅。

同上

불경언어의 또 다른 특징은 4언문형의 보편화이다. 조기빈趙紀彬
은「중고불전 서문발문 형식의 수렴성中古佛典序跋句式的趨同性」에서
중고시기 불경의 서문과 발문의 4언 문장형식 형성 원인에 관해서
논의했다. 그는 모종의 의미에서 보면 불전의 서문과 발문은 불전
의 구성 요소 중 하나이지만, 그 형성 시기는 필사 대상인 불전보다
늦기 때문에, 4언문형은 먼저 불전에서 나타난 뒤 점차 이와 관련이

있는 서문과 발문에 사용되었다고 주장했다. 불전의 4언문형의 형성은 오랜 과정을 거쳤는데, 초기 불전의 번역과 정리 작업에서 불전의 문장형식 처리 시 엄격한 요구가 없이 비교적 자유로웠으며 3언, 4언, 5언, 6언 모두 가능했기 때문이다. 불전번역 활동이 점차 깊이 있게 진행되면서 불전에 대한 인식이 향상되고 불전 자체에 대한 심미적인 요구가 제고되면서 불전의 문장구조는 가지런하게 발전하였고 점차 4언의 경향을 띠기 시작했다. 심지어는 문장구조의 주체가 되어서, 요즘 사람인 안합무顏洽茂, 형아령荊亞玲은 4언문형은 지요支曜, 강맹상康孟祥이 번역한 불전에서 처음 나타났다고 여기게 되었다. "지요가 번역한 『불설성구광명정의경佛說成具光明定意經』과 강맹상康孟祥이 번역한 『수행본기경修行本起經』, 『중본기경中本起經』 세 경전에서 가장 먼저 대량의 가지런하고 정돈된 4언문형이 나타났다."

위진남북조시기에 이르자 4언문형은 점차적으로 당시의 불전 번역가, 정리자 및 편찬자들의 인정을 받아서 채택되어 사용되었으며 이로써 불전의 문장형식에서 그 비율이 더욱 증가했다. 한역불전 『백유경百喻經』의 문장형식에 대한 통계에서 이 불전의 문장형식 중 4언이 차지하는 비율이 매우 높았으며 심지어 주체가 되었다. 더욱이 서진의 축법호가 번역한 『생경生經』에서 4언은 이 불전의 총 문장형식 중 79%를 차지했다. 구마라집이 번역한 『묘법연화경妙法蓮花經』에서 4언은 이 불전의 총 문장형식 중 80%이상을 차지했다. 이로써 4언은 위진남북조시기에서 광범위하게 사용되었다는 것을 알 수 있다.

수 있다.

  불경 어법의 이러한 특징이 형성된 이유는, 첫째 구어성이 매우 높다는 것이다. 많은 문언문에서 보기 드문 어법 현상은 모두 불경에서 볼 수 있으며 이것은 통속적인 구어에 기인한 것으로 당시 민간의 보편적인 언어를 반영했다. 둘째, 외래어의 영향을 받았다는 것이다. 산스크리트어, 팔리어, 티베트어 또는 중앙아시아의 일부 언어를 중국어로 번역할 때에 불가피하게 원시어元始語의 일부 특징을 지니게 된다. 또는 원문과 일치시키기 위해서 일부 고대한어의 표현방식은 다시 높은 빈도로 사용되었다. 셋째, 번역가의 중국어 실력이 제각각이라는 것이다. 비록 대부분의 불경 번역은 역장에서의 공개 토론과 많은 사람들의 지혜를 모으는 과정을 통해 이루어지지만, 결국에는 번역가의 일부 개인적 특성을 보류하게 된다. 넷째, 불경 번역은 앞뒤 천년에 걸쳐 축적되어 형성된 것인데, 이 기간 동안 중국어의 변화가 매우 큰데, 이것은 역사적인 요인이다. 이밖에도, 중국은 영토가 넓고 방언이 매우 많아 중국어를 사용하면서 많은 변체變體가 파생되었다. 세 개의 주요 번역 중심에는 서북방언을 사용하는 관중關中의 장안長安이 있고, 낙양洛陽을 대표로 하는 중원 중국어인 하락방언河洛方言이 있고, 오방언吳方言의 영향을 받은 강남江南 건강建康(남경南京) 중국어가 있다. 이것은 공간적인 요인이다. 이러한 지역의 역장에서 번역한 불경은 당연히 각양각색의 다른 어법특징을 갖게 된다.

## 6.2. 불경의 의문문

불경에는 부처님과 제자들 사이의 많은 질문과 답변이 기록되어 있다. 선종어록의 이러한 일문일답一問一答식의 대화는 특히 일반적이기 때문에 번역된 불경과 선종어록에는 중고한어의 '의문문 형식'이 많이 보존되어 있다. 따라서 불경 의문문의 연구는 불경언어학의 중요한 주제가 되었으며 이 분야의 연구 성과가 특히 풍부하다.

중국어의 의문문은 종종 문장 끝부분의 어기조사를 빌려서 표시로 삼았는데 고열과高列過는 「동한불경 의문문의 어기조사 초탐東漢佛經疑問句語氣助詞初探」에서 일부 흔히 볼 수 있는 의문 어기조사를 제시했다. 예를 들면 '乎'는 여전히 강한 생명력을 지니고 있는데, 그는 동한시기 불경에서 '乎'는 전체 사용빈도가 매우 높아 41%에 이르렀으며 기능은 동한시기 왕부王符의 『잠부론潛夫論』보다 더 완벽했다고 했다. 반어문과 시비의문문是非問句의 '乎'의 사용빈도는 각각 약 47%와 50%에 이르러 반어문 '乎'는 시비의문문을 초과하지 못했지만 둘의 사용빈도는 매우 비슷했으며, 반어문에서 '乎'를 사용할 때에는 '豈', '安' 등과 결합하여 사용했다. 특지의문문特指問句에서 '乎'의 사용은 매우 드물었으나 선택의문문選擇問句에서 '乎'의 사용은 빈번한 편이며 12개의 예가 있다.

또 다른 어기조사 '耶(邪, 那)'의 활약도 날로 증가했다. 선진시기의 의문문에서 '耶(邪)'는 '乎'보다는 활발하지 못했지만 사용 빈도는 '與(歟)'와 대등했다. 선진시기 문헌에서 '耶(邪)'의 사용빈도는 단지

'乎'의 14%밖에 안 되었다. 그러나 『잠부론』에서 '耶(邪)'와 '乎'의 비율은 약 23% 이르렀다. 불경에서 '乎'는 83번, '耶(邪, 那)'는 71번으로, 둘은 사용빈도가 비슷했다. '耶(邪, 那)'는 시비의문문에 더 많이 출현했는데, 동진시기의 불경과 『잠부론』에서 "耶(邪, 那)"는 선진시기의 상황과 유사했으며 시비의문문과 시비의문문으로 구성된 선택의문문에서 더 많이 사용하였다. 불경과 『잠부론』을 결부해서 살펴보면 동한 말기에 '耶(邪, 那)'가 점차 발전하기 시작했다는 것을 알 수 있다.

고열과는 '與'가 점차 감소하는 것에 관해서는 불경에는 어기조사와 연용連用하는 예("無爲而治者其舜也與", "鄙夫可與事君也與哉?"류는 어기를 강조하기 위한 것으로 감탄 또는 반문의 의미가 많음)가 나타나지 않았고, 『잠부론』에서는 어기조사와 연용하였는데 그 사용빈도는 3%미만이라고 주장했다. 이 두 가지를 결부해서 살펴보면, 동한 말기의 어기조사 연용은 아직 발전하지 않았음을 알 수 있다. 조장재趙長才는 『선진 한어의 어기조사 연용현상의 통시적 변천先秦漢語語氣助詞連用現象的歷時演變』에서 서한시기의 어기조사 연용 현상은 "이미 어기사의 연용 종류와 연용 횟수가 전국시대 말기에 비해 현저히 감소했다고" 지적했다.

불경 의문문에서 '耳, 爾, 焉, 矣' 등의 단어는 흔하지 않다. 불경 의문문의 어기조사 '也, 耶, 哉, 者'의 용법은 중원문헌에서 사용하는 모습과 상당히 다른데, 이것은 불경 의문문의 특수한 현상으로 다음과 같다. '也'는 불경에서 거의 볼 수 없다. '耶(邪, 那)'는 불경에서 사용빈도가 매우 높다. '哉'의 사용빈도는 불경에서 오직 1개뿐이다. 위진남북조시기의 반어문은 '乎'와 '哉'를 사용하는 경향이 있고, 위진, 육조시기 '哉'는 대부분 반어문에서 사용되었다.

고열과는 불경의 '者'를 어기조사로 여겼는데 예를 들면 다음과 같다.

何等為不持戒**者**?…是為不持戒。

安世高,『七處三觀經』

답을 하는 문장에서 보면 '者'는 있어도 되고 없어도 되는 것이기 때문에 어기조사이다.

또 예를 들면 다음과 같다.

太子後來, 問其僕曰 : "誰拄殺象?"答言 : "調達殺之。" "誰復移**者**?"答言 : "難陀。"

竺大力共康孟詳譯,『修行本起經』

앞 문장에 '者'가 없으므로 뒷문장이 어기조사라는 것을 추론할 수 있다. 불경은 축대력竺大力, 강맹상의 시대에 이르게 되면 이미 4글자에 한번 쉬는 형식이 출현했다. 뒷문장의 '者'는 음절을 증가하는 어기조사이다.

또 예를 들면 다음과 같다.

何因緣生苦為生**者**?

安世高譯,『四諦經』

舍利弗白佛言 : "⋯若有菩薩摩訶薩, 信深般若波羅蜜者, 不說
中短, 亦不狐疑。其人何所來而生是間, 為行菩薩道已來幾聞解
般若波羅蜜事, 隨教人中**者**?"

『道行般若經』

이러한 '者'는 지시성이 없으며 모두 어기조사이다.

須菩提問五百人 : "誰是汝師**者**?"

『遺日摩尼寶經』

須菩提言 : "何所菩薩惡師**者**?"

『道行般若經』

이상의 용법은 『잠부론』과 『논형論衡』에서는 보이지 않았으며,
불경 특유의 용법이다. 중원문헌과 한역불경에서 '者'가 의문문의
어기조사로 쓰일 때 모두 특지의문문特指問句에서만 발견되었다.

　　고열과는 또한 불경 의문문의 어기조사 응용 특징을 분석했다.
주로 불경과 『잠부론』을 비교하여 이러한 특징을 설명했다. 그는 불
경의 비교의문문에는 중원문헌과 동일하게 어기조사를 사용하지
않았다고 주장했다. 하지만 둘의 차이점은 매우 분명했는데, 불경
의문문은 어기조사의 사용빈도가 매우 낮다는 것이다. 전체적으로
보면 『잠부론』에서 어기조사를 사용하는 의문문은 전체의 74.2%를
차지하지만 불경은 6.9%에 불과했다. 이 점에 대해 양계초는 『불학
연구십팔편·번역문학과 불전佛學研究十八篇·翻譯文學與佛典』의 제6절
에서 이미 논의한 바가 있다. "우리 세대가 불전을 읽으면 누구라도
처음 책을 펼쳤을 때 이질감이 생겨나게 된다. 문체가 일반 책과 매
우 다르다는 것을 느끼기 때문이다. 가장 두드러진 점은 일반문장
에서 사용하는 '之乎者也矣焉哉' 등 글자를 불전에서는 거의 하나도
사용하지 않고 있다는 것이다."

　　고열과는 이러한 현상의 주된 원인은 어기조사를 사용하여 어기
를 표현하는 것인데, 이는 외국인이 중국어를 배우고 응용할 때 어
려운 점이라고 주장했다. 『마씨문통·허자권·전신조자馬氏文通·虛字
卷·傳信助字』에서는 다음과 같이 말했다. "조사는 중국어에만 있는 것
이며, 동사에 변화가 없는 부족함을 채운다." 동한시기의 불경 번역
가들의 모국어는 중국어가 아니기 때문에 어기조사를 정확하게 사
용하는 것은 의심할 여지가 없이 그들의 고충이었을 것이다. 이것은
불경에서 의문문 어기조사의 사용빈도가 낮은 주관적인 이유이다.
다음으로 구어에서 어기를 나타내는 수단의 다양성은 불경 어기조

사의 사용빈도가 낮은 객관적인 원인이다. 곽석량郭錫良은 『한어사
논집漢語史論集』에서 "중국어의 어기를 나타내는 수단은 오직 어기사
만 있는 것이 아니다."라고 지적했다. 또한 여금희黎錦熙, 왕력王力, 조
원임趙元任 등의 주장을 인용하여 "어기를 나타내는 언어 수단은 다
양하다."라고 지적했다. 불경의 3,066개의 의문문 중 오직 어기조사
만을 사용하여 의문어기를 나타내는 의문문은 52개로 전체의 1.7%
에 불과했으며 게다가 모두 '시비의문문'이었다. 이상의 이유는 불
경 의문문의 어기조사 사용빈도가 낮은 두 개의 주된 원인이다.

고열과는 또한 불경 의문문의 어기조사는 비교적 단조롭고 유형
이 적다고 여겼다. 동한시기 불경 의문문의 어기조사는 7종류 밖에
없었고 어기조사를 연용한 것은 발견하지 못했다. 『잠부론』의 의문
문에서 12개의 어기조사(3가지 어기조사 연용을 포함)를 사용한 것과
비교하면 불경 의문문의 어기조사는 비교적 단조롭다. 불경에는 평
균적으로 약 30문장에 어기조사 한번을 사용하였고, 『잠부론』에는
약 16문장에 어기조사를 한번 사용하여 사용빈도가 불경보다 훨씬
높았다.

그밖에 불경 의문문의 어기조사의 분포는 집중되어 있으며 유행
하는 어기조사의 사용빈도는 더욱 높고 반대의 경우에는 더욱 낮았
다. 불경의 의문문에서 사용하는 어기조사는 '乎, 耶, 者'에 매우 집
중되어 있으며 97%를 차지한다. 『잠부론』의 분포는 분산되어 있다.
'乎, 哉, 也, 邪(耶), 者' 5개는 92%를 차지했으나, '耳, 爾, 焉, 矣, 與, 어
기조사연용'은 불경에서 매우 적게 사용하거나 사용되지 않았다.

　　불경에 두 글자 혹은 세 글자를 연용하는 어기조사 현상이 나타나지 않는 것에 관해서 고열과는 두 가지 이유가 있다고 주장했다. 우선 불경 번역가들은 어기조사 연용을 습득하는 데 어려움이 있었다는 것이다. 곽석량은 『한어사논집』에서 별도의 한 장을 할애하여 어기조사를 연용할 때 나타낼 수 있는 몇 가지 복잡한 어기를 논의했다. 오늘날 사람들에게 있어서도 이러한 복잡한 어기는 여전히 학자들의 자세한 설명이 필요하였으니 당시의 모국어가 중국어가 아닌 불경 번역가들은 당연히 이해하기 어려웠을 것이다. 초기 번역가들은 단일 어기조사를 사용할 때 이미 기능이 많고 자세하게 고민할 필요가 없는 어기사를 사용하는 경향이 있었으니 이해하기 어려운 연용 형식을 사용한다는 것은 말할 것도 없었다. 다음으로 불경의 내용 및 서술 방식은 대체로 어기조사 연용을 사용할 필요가 없었다. 조장재는 『선진 한어의 어기조사 연용현상의 통시적 변천』에서 선진시기의 어기조사 연용은 "구어성이 강한 작품일수록 더욱 자주 사용하고 객관적인 서술 또는 사변적思辯的인 색채가 농후한 작품에는 적게 사용한다."라고 지적했다. 이것으로 불경에 어기조사 연용이 적게 나타나는 현상을 설명할 수 있다.

　　고열과는 『동한불경의 의문문 어기조사 초탐東漢佛經疑問句語氣助詞初探』에서 또 불경 의문문 어기조사의 사용빈도의 '전저후고前低後高[앞이 낮고 뒤가 높은]' 현상을 지적하기도 했다. 동한시기 불경은 번역가가 다르면 전후의 언어풍격도 달라졌다. 초기 불경 번역작업에서는 어기조사 사용빈도가 매우 낮다가 지요支曜 이후의 불경 번역작

업에서 높아졌다.[1]

안세고安世高가 번역한 불경 21권 중 19권에 의문문이 있었지만 오직 『칠처삼관경七處三觀經』, 『장아함십보법경長阿含十報法經』, 『대안반수의경大安般守意經』 3권에만 어기조사가 있었고, 안현安玄, 엄불조嚴佛調가 번역한 불경에는 2번만 사용했으며, 지참支讖의[2] 역경은 『내장백보경內藏百寶經』을 제외한 8권의 불경에 모두 사용했고, 그 뒤 3권의 역경은 편폭이 길지 않았지만 각 불경의 의문문에는 모두 어기조사가 있었다. 동한시기 불경의 의문문에서 어기조사를 사용한 빈도는 지요부터 시작하여 분명하게 증가했고 사용빈도가 가장 높은 것은 지요의 역경으로, 안세고와 안형, 엄불조의 11배에 달했다. 이것은 다양한 요인을 종합한 결과로 다음과 같은 내용을 포함한다.

1) 역경가들의 중국어가 날로 능숙해졌다.

2) 역경의 내용과 표현방식에서, 초기의 안세고, 안형, 엄불조의 역경은 집중적으로 불교의 교리, 사유, 객관적인 서술을 홍보하는 색채가 매우 농후했다. 그 뒤 일부 장절에서는 분명한 고사성故事性을 지니게 되었는데 예를 들면 『유일마니보경遺日摩尼寶經』에는 서술성이 매우 강한 비유와 묘사가 가득하다. 그들은 어기조사를 더욱

---

1    동한시기의 역경승譯經僧으로 서역인이면, 185년에 낙양에 왔다.

2    지루가참支婁迦讖, Lokakṣema, 일명 지참支讖이다. 약 2세기 동한시기에 월지 큐샨제국月支貴霜帝國에서 온 승려이다.

자주 사용하였는데, 이는 마땅히 이러한 표현방식과 관련이 있는 것으로 보인다. 『성구광명정의경成具光明定意經』, 『수행본기경修行本起經』, 『중본기경中本起經』에는 생동감 있는 대화와 심리묘사가 가득하며 어기조사의 사용은 이러한 미묘한 감정을 전달하는 것을 도왔다.

3) 서로 다른 역경의 의문문 분포율로 보면, 역경의 내용과 표현방식이 서로 다르기 때문에 역경가들은 의문문을 선택할 때 표현에 필요한 문형을 선택하는 기준이 달랐다. 다른 유형의 의문문의 경우, 어기조사를 사용하는 빈도의 차이와 밀접한 연관이 있다.

4) 역경가들의 풍격으로 보면 지요의 역경은 더욱 문언문에 가까우며, 동한시기 기타 역경들과 뚜렷한 대조를 이루었다. 허리화許理和는 『초기 한역불경에 관한 신사고關於初期漢譯佛經的新思考』에서 "그의 『성구광명정의경』에는 또 다른 높은 수준의 개인 창조성을 보여주었다.… 언어는 이전의 그 어떤 번역보다 더욱 전아典雅했다."라고 여겼다. 지요의 역경 특징에는 개인적인 풍격이 더 많았다.

중국어 의문문은 주로 어기조사를 사용하여 나타냈기 때문에 이 분야의 연구논문은 대부분 어기조사의 문제에 중점을 두고 논의했다. 그 외의 초기 불경 의문문에 관한 논문에는 왕덕걸王德傑의 「초기 한역불전의 어기조사 연구早期漢譯佛典語氣助詞研究」가 있다. 이 논문에서는 의문문 문미의 '爲', '不'를 소개했다. 1979년 주운신朱運申이 『중국어문中國語文』에 발표한 「의문문 문미의 '爲'에 관하여關於疑問句尾的"爲"」는 의문문의 '爲'에 관한 큰 토론을 불러일으켰으며, 2000년 장유張儒의 「의문문 문미의 '爲'를 또 논하다也談疑問句尾

的"爲"」, 2003년 가제화賈齊華의 「의문문 문미의 '爲'의 품사변화 탐구疑問句尾的"爲"詞性演變探略」와 용국부龍國富의 「요진 역경 중 의문문 문미의 '爲'姚秦譯經中疑問句尾的"爲"」를 통해 결론이 더욱 명확해지고 심도가 있었다. 왕덕걸은 초기 역경에서의 의문문 문미의 '爲'의 사용양상을 위주로 설명하고 문법화의 동기를 탐구했다. 그는 '爲'자의 품사에는 동사, 개사, 의문어기사 세 가지가 있다고 여겼다. 수직적 발전이라는 관점에서 보면 의문문 문미의 '爲'는 동사에서 개사로, 다시 어기조사로 발전하는 과정을 거쳤으며, 상황과 시기에 따라 '爲'의 품사가 다르게 나타났다. 주된 용법에는 '爲'와 의문사 '何'를 결합하는 경우가 있는데, 고정된 점차 고정문형을 이루었다. 예를 들면 '何用……爲' 형식이 있다.

> 龍復念言 : "今此婦女各生恐怖, 我若不能作擁護者, 何用如是
> 珠大之身我今此身爲諸龍主, 若不能護, **何用王爲**? 行正法者,
> 悉捨身命以擁護他……"
>
> 三國 吳 支謙譯,『菩薩本緣經』

'何用王爲'는 즉 '要王幹什麼'의 뜻으로 '爲'와 '何用'은 함께 반문어기를 나타냈다. 때때로 '何'자는 '安'자로 즉 '安用…爲' 형식으로 바꿀 수 있다. 예를 들면 다음과 같다.

> 已出志守寂, 豈復返懷居興家種姓意, 財利之所欲。當能斷斯

著, 終不舍離戒寧令我身沒, 其壽所憎惡, 我當捉大刀, **安用此
命爲**? 便執利刀劍除所因緣, 截垢濁已, 然後心解脫。

西晉 竺法護譯, 『佛五百弟子自說本起經』

'何用……爲' 형식은 더 자주 보였으며 이미 고정된 문장형식이
되어 반문어기를 나타냈다. 또한 '何用' 뒤쪽의 성분을 생략하여 '何
用爲' 형식으로 되는 일종의 변형 형식도 있었다. 예를 들면 다음과
같다.

有夜又鬼化作年少著好衣服, 頭戴花裡彈琴而行, 語賈客言 :
"不疲極也, 載是水草, **竟何用爲**? 近在前頭有好水草, 從我去
來, 當示汝道。"

北朝元魏吉迦夜共曇唯譯, 『雜寶藏經』

'竟何用爲'는 "이 수초를 가지고 무엇을 합니까?"라는 의미이고,
요진시기의 역경에서도 이러한 문장형식을 채용했기 때문에 이러
한 문장형식은 이미 고정된 것으로 보인다. 그 외에 '何故…爲' 형식
도 있다. 예를 들면 다음과 같다.

王性妒害, 噁心內發, 便問道人 "**何故**誘他妓女著此坐**爲**? 卿是
何人?"

東漢 曇果共康孟詳譯, 『中本起經』

여기에서는 '爲'와 '何故'로 고정형식을 구성하여 반문어기를 나타
냈다. 그 외에도 소수 '以……爲'형식이 있다. 예를 들면 다음과 같다.

> 吾以無嗣, 故育異性, 天授予柞, 今以子爲?
>
> 　　　　　　　三國 吳 康僧會譯, 『六度集經』

그 외에 '用……爲'형식이 있다. '何用……爲'형식을 생략한 '何'
에서 발전한 것이다. 예를 들면 다음과 같다.

> 太子默然而逝, 復前念言: "今我入山, 當用寶衣爲? 世間癡人,
> 皆爲財所危"
>
> 　　　　　　　東漢 竺大力共康孟詳譯, 『修行本起經』

여기서 '用'은 '何用'과 동일하며 이것은 단어 의미가 물 든 결과
이다. '用'은 종종 '何'와 함께 나타나기 때문에 '用'에 '何'의 의문의
미가 물들게 된 것이다. '用……爲'는 바로 '何……爲'이다.

다른 유형은 '……爲'형식이다. '何……爲'형식에서 '何'를 생략한
것이다. 예를 들면 다음과 같다.

> 王曰: "龍等來爲?" 對曰: "天王仁惠接臣等, 王欲以貴女爲吾
> 王妃, 故遣臣等來迎"
>
> 　　　　　　　三國 吳 康僧會譯, 『六度集經』

三人俱坐, 時有青衣出汲水開士問曰 : **"爾以水為?"** 答曰 : "給王
女浴"

三國 吳 康僧會譯, 『六度集經』

 이런 종류의 문장은 의문사 '何'를 사용하지 않고 단지 문장의 끝
에 '為'자를 연결하여 단독적으로 의문어기를 나타낸 특수한 의문
표현 방식이다. '為'자의 이러한 용법은 순수한 의문어기조사 '乎'와
유사하다.

 또 '用為……' 형식이 있는데, 예를 들면 다음과 같다.

甥告女曰 : **"用為**牽衣可捉我臂?"

西晉 竺法護譯, 『生經』

其人白佛曰 : **"用為**問我諸根變異?"

同上

 '用為'는 반문의미의 '怎麼', '幹嘛'를 나타내며 "어떤 일을 할 필요
가 없다"라는 의미이다. 이러한 형식은 '用……為'가 가까워져 '用為'
로 된 것일 수 있다. 분리되어 사용하던 두 개의 단어가 하나의 복합
어로 결합하는 예에는 '如……何'(如何), '奈……何'(奈何)도 있다.

 의문문 문미의 '為'의 문법화 동기에 관해서 왕덕걸은 의문을 나
타내는 '為'의 근원이 선진시기에 원인과 목적을 물어보는 의문을
나타내는 구 '何為'라고 보았다. '為'는 본래 동사였다가 나중에 개

사로 변했고 최종적으로 의문어기조사로 진화한 것으로 어휘의 문법화 결과이다. 주요 요인 중 첫 번째는 통사 위치의 변경이다. 대부분의 경우 어휘의 문법화는 우선 먼저 어떤 實詞의 위치가 바뀜으로 인해 유발된다. 중국어의 허사虛詞는 대부분 동사와 형용사가 허화虛化되어 이루어진 것이다. '爲'의 허화는 마땅히 '何爲' 구조에서 시작된 것으로 보인다. 선진시기 '何爲' 구조의 '爲'는 이중 품사를 가지고 있었는데, 첫째는 동사로 판단의미를 나타내고 있으며, 둘째는 개사로 원인을 나타내며 '何'는 "爲"의 전치前置 목적어이다. 나중에 '何……爲'의 구조가 생겨났는데, 이는 원인을 나타내는 '何爲' 구조에서 진화된 것이다.

통상적으로 문장의 끝에 있는 단어는 어휘의 문법화 과정에서 더 쉽게 허화되어 어기조사가 되는 것이 일반적인 규칙이다. 예를 들면 종종 문미에 나오는 대명사 '焉'은 지칭 작용이 점차 약화되고 사라지면서 문미의 어기조사로 바뀌었다. 접속사 '而'와 연용하는 동사 '己'는 종종 문미에 위치하였기 때문에 결국 어기조사로 허화되었다.

초기 역경에서 '爲'자가 어기조사로 허화된 사례가 거의 없었지만 요진시기의 역경에서 사례가 급격히 증가했다. 이로써 '爲'를 어기조사로 사용하는 용법은 이미 매우 성숙해졌다는 것을 알 수 있다.

상고시기의 '何'자는 의문을 나타내는 대명사였다. '爲'는 '何'와 오랫동안 함께 쓰였기 때문에 '何'의 의문 의미의 영향을 받게 되면서 '何'의 의문 의미를 흡수하게 되었다. 이로써 '何', '爲' 두 가지 의미를 모두 가지게 되었는데, 비의문사에서 의문사로 전환된 것이다.

"단어 의미의 변화도 단어 기능의 변화를 일으키기 때문에 새로운 문법적 위치에서 사용할 수 있게 되면서 하나의 새로운 허사虛詞가 생겨나는 것이다." '何'의 단어 의미가 다양한 것도 '爲'의 문법화의 과정을 가속화했다. '何'는 고대한어에서 '爲'와 결합하여 개빈介賓 구조를 이루어 문장에서 부사어로 쓰이면서 '爲什麼'의 의미로써 원인과 목적을 묻거나 또는 독립적으로 부사어가 되어 '爲什麼'의 의미를 나타내어 원인 또는 목적을 물었다. '何'가 독립적으로 부사어가 되어 '爲什麼'를 나타낼 수 있었기 때문에 사람들은 무의식적으로 '爲什麼'를 나타내는 의미를 '何'에게 부여하므로 '何以……爲'의 구조에서 '爲'의 기능을 있어도 되고 없어도 되는 성분으로 만들었다. 이로써 '爲'자의 기능은 더욱 위축되고 허화되면서 결국 의미가 모호한 어기조사로 변했다.

위의 논의는 역경의 의문문에 관한 것이다. 계속하여 중국 사람들이 직접 쓴 선종어록의 의문문을 살펴보고자 한다. 졸작 『언어풍격지려語言風格之旅』의 제8장 「불경의 언어풍격佛經的語言風格」에서 이 주제를 다루었다. 선종어록 중 가장 대표적인 것은 북송초의 『경덕전등록景德傳燈錄』과 오대남당五代南唐의 『조당집祖堂集』인데, 대량의 구어 자료를 보류하였기 때문에 치밀한 비교를 통해 만당晚唐부터 시작하여 송나라초기에 이르는 50여 년 동안의 언어 변화 양상을 고찰하여 이 기간 동안의 용어 풍격에 대해 알아볼 수 있다. 이비문李斐雯은 「경덕전등록 의문문 연구景德傳燈錄疑問句研究」에서 아래의 몇 가지 관점을 제기했다.

첫째, 두 책은 모두 남방 언어에 속한다. 『경덕전등록』의 저자 도원道源은 소주蘇州 승천영안원承天永安院의 선사禪師이다. 『조당집』의 저자는 정靜, 균筠 두 선사禪師이며 복건福建 천주泉州의 초경사招慶寺에 거주했다. 따라서 이 두 책에는 만당, 송초의 남방언어를 상당히 보존하고 있다.

둘째, 『조당집』의 '麼'자는 일괄적으로 '摩'자로 쓰여 있으며, 의문대명사뿐만 아니라 문장의 끝에 연결된 의문어기사 '麼'도 모두 '摩'로 되어 있다. 송나라시기의 『경덕전등록』에 이르게 되면 전부 '麼'로 쓰였고, '摩'자는 더 이상 나타나지 않았다. 또한 '怎'자의 사용에 있어서도 『조당집』에서 '怎'자는 상황을 물어볼 경우 '作摩'를 사용했다.

시비의문문의 관점에서 『경덕전등록』과 『조당집』의 차이를 살펴보면 주로 의문어기사의 문제이다. 두 책의 예문은 다음과 같다.

師曰：「汝因何從我覓？」進曰：「不從師覓，如何即得？」師曰：「**何曾失卻那？作摩？**」．

『祖堂集』

石頭曰：「汝何從吾覓？」曰：「不從師覓，如何即得？」師曰：「**何曾失卻麼？**」

『景德傳燈錄』卷14，262頁

巖云：「**風雨來怎麼生？**」師云：「蓋覆著。」巖云：「他還受蓋覆麼?」師云：「雖然如此, 且無遺漏。」

『景德傳燈錄』卷14, 271頁

云：「黑風猛雨來時作麼生?」師云：「蓋覆著。」喦云：「他還受蓋
覆也無?」師云：「雖然如此, 要且無漏。」

『祖堂集』卷5, 道吾和尚

그 외에 주벽향周碧響은 『조당집 통사 연구祖堂集句法研究』에서 더 심도 있게 『조당집』의 의문형식의 특징을 제기했다. 『조당집』의 의문형식의 응용특징을 귀납하였는데 아래 몇 가지를 포함하고 있다.

1) 정반의문문을 위주로 하여 근대한어의 색채를 충분히 보여주었다. 선택의문문이 쇠락하게 되면서 정반의문문이 주류를 이루게 된 것이다. 시비의문문은 늦게 생겨났지만 날로 강해졌다.

2) 선택의문문은 접속사가 주도했다. 고대한어에서 어기사를 사용하는 방식에서 큰 폭으로 벗어나 어조語調와 접속사 위주로 바뀌었다. 접속사 측면에서 '是'의 힘은 증가하는 경향을 보이며, 선택의문문에서 가장 강력한 1음절 접속사가 되었는데, 이것은 육조시기에 보이지 않던 현상이다.

3) 정반의문문은 신형식과 구형식을 나란히 사용했다. 구조 유형 측면에서는 여전히 문장의 끝에 부정사否定詞를 추가하는 것을 주된 구조 형식으로 삼았으며 94.3%를 차지한다. 부정사 측면에서는 상고시기에서부터 유래한 '不'이 여전히 1음절 부정사의 대종大宗

을 이루었으며 총 151개가 있다. 하지만 2음절의 '也無', '也未'는 총 266개로 전체 부정사의 62.3%를 차지하고, '不'은 35.3%에 불과하다. 따라서 정반의문문은 전체적으로 신형식과 구형식을 나란히 사용하는 특징을 나타낸다.

4) 시비의문문은 다양한 양상을 보여주었다. 시비의문문에는 독자적인 어조로 구성된 것, 부사로 구성된 것, 부정사로 구성된 것, 어기조사로 구성된 것이 있었으며 다양한 양상을 나타냈다. 상고시기에서부터 유래한 어기사 '乎', '也', '耶'는 11%에 불과했다. 어기사는 새로 생겨난 '摩'를 위주로 했다.

주벽향은 『조당집』의 문미의 어기사는 남방언어의 특징을 가지고 있다고 여겼다. 하시모토 만타로橋本萬太郎는 남방언어의 부정사에는 비음 'm-'이 많고, 북방에서는 파열음 'P-'를 위주로 한다고 말했다. 『조당집』에서 문미에 사용하는 어기사 중 부정사에서 유래한 것은 '無', '未', '不', '否'를 포함하여 483개가 있으며, 앞 두 개는 'm-' 발음을 내며 남방색채를 띄고 있고, 뒤의 두 개는 'P-' 발음을 내며 북방색채를 띄고 있다. 두 유형의 사용 횟수는 293:190으로 『조당집』의 의문문 문미의 어기사는 분명하게 남방 방언의 특색을 반영했다.

## 6.3. 불경의 가정문

가정문假設句은 인류 언어의 독특한 현상이다. 동물사이에도 의사소통 시스템 즉 그들의 '언어'를 가지고 있다. 동물의 의사소통은 대부분 사람과 동일하며 소리를 통해 정보를 전달한다. 하지만 그들에게는 '가정'의 능력이 없다. 동물은 오직 현재의 감정과 감각만을 나타낼 수 있다. 현재시점에 존재하지 않는 사물에 대해서는 반드시 '가정'의 능력을 사용해야 된다. 이 능력은 오직 인류의 언어에만 존재한다.

중국어의 가정형식은 예로부터 발전하지 못하다가 대량의 불경이 번역되면서 언어접촉을 통해 처음으로 인도유럽어족의 산스크리트어에서 발견되었는데, 기타 인도유럽어와 마찬가지로 풍부한 가정 형식을 가지고 있었다. 이때 번역을 하던 승려들은 반드시 방법을 찾아서 이러한 가정의 상황을 표현해야 했으므로 중국어 어법에도 가정을 나타내는 표지가 많이 나타나게 되었다.

필자는 2001년에 발표한 『서진 불경 중 가정을 나타내는 몇 가지 복합어西晉佛經中表假設的幾個複詞』에서 상대적으로 중국어에서 가정 방법은 훨씬 간단하다고 주장했다. 서양 문법의 이른바 '비사실적 현재', '비사실적 과거', '비사실적 미래', '가능적 미래'를 중국어에서는 형식적으로 구별하지 않고 있었기 때문이다.

고대한어의 가정문에서는 통상적으로 1음절 접속사를 가정문의 표지로 삼았다. 예를 들면 '如', '若', '苟', '誠', '使', '倘', '儻', '便',

'縱', '令', '信'(『孟子』: 信能行此五者, 則⋯.) 등이 있다. 중고시기의 중국어 어휘는 점차 복음절화로 발전하면서 가정을 나타내는 복합접속사가 점차 증가했다. 위진시기의 불경언어는 마침 이러한 현상을 반영했다. 자주 보이는 가정 표지는 다음과 같다.

1) 서진시기 불경의 복합접속사 '設使'

불경에서 '設使'는 가정을 나타내는 복문에 사용되며 일반적으로 선행절의 첫 부분에 위치한다. 예를 들면 다음과 같다.

> 又族姓子!諸聲聞學, **設使**自在, 於三昧者, 未曾有也。不逮菩薩
> 三昧之定
>
> 345『慧上菩薩問大善權經』卷上, 西晉 竺法護譯

이 문장에서 '設使自在'는 가정을 나타내는 절이다.

> **設使**菩薩說法粗略, 則入利義, 其有以草施菩薩者, 因發道意,
> 佛時授吉祥
>
> 345『慧上菩薩問大善權經』卷上, 西晉 竺法護譯

이 문장의 '設使菩薩說法粗略'는 가정을 나타내는 절이고, 후행절은 '則'자로 시작하였는데, 이것은 일반적인 가정문에서 흔히 볼 수 있는 현상이다.

기타 예는 다음과 같다.

上正眞道意, 立不退轉。**設使**遇害, 心不迴還, 由其殃罪, 一一菩
薩行, 得成無…

345『慧上菩薩問大善權經』卷下, 西晉 竺法護譯

**設使**有人, 慕樂空法, 志在無想, 興發至要, 消除自大憍慢之心,
禪定…

103『佛說聖法印經』, 西晉 竺法護譯

## 2) 서진시기 불경의 복합접속사 '設復'

**設復**掃除是 滿天下精舍

199『佛五百弟子自說本起經』, 西晉 竺法護譯

이것은 오언五言 게송에서 사용된 예이다.

…草陂水, **設復**在虛空中所倚, 即自生夕, 還食其形。在所依倚,
則亦生虫

317『佛說胞胎經』, 西普 竺法護奉制譯

則以空慧, 無相無願無所越度。其有曉了愛欲如是。**設復**有著
於愛欲者, 則於…

589『佛說魔逆經』, 西晉 竺法護譯

위 두 문장은 일반 번역에 사용되며, 모두 선행절의 시작부분에 나타났다. 뒤 절에는 '即', '則'으로 시작하여 선행절을 이어주는 접속사로 사용하면서 '設復…則…', '設復…即…'의 접속문이 형성되었다.

'設復'은 불경에서 매우 독특한 또 하나의 예이다. 기타 문헌에서는 거의 사용되지 않는다. 선진시기에도 보이지 않으며 중고시기 이후의 가정문에도 사용되지 않았다.

3) 서진시기 불경의 복합접속사 '假使'

'假使'는 본래 가정을 나타내는 단어 '假'와 '使'를 나열하여 이루어졌다. 이것은 중국어 2음절화의 대표적인 표현 중 하나이다. 불경의 예문은 다음과 같다.

> 又族姓子! 善權闓士, **假使**生在貧匱之門, 設行乞丐, 求一夕膳, 無鄙劣心。
>
> 345『慧上菩薩問大善權經』卷上, 西晉 竺法護譯

> 慧上又問 : 唯天中天, **假使**有人犯于四罪, 有所想念, 發意出家為菩薩道。
>
> 345『慧上菩薩問大善權經』卷上, 西晉 竺法護譯

> 則不得飛, 尋五體投地, 伏首誣橫。**假使**比丘不現神變, 其五仙士, 墮大地獄。
>
> 345『慧上菩薩問大善權經』卷上, 西晉 竺法護譯

## 4) 서진시기 불경의 복합접속사 '假而'

그 외에도 불경에는 '假而'를 가정문의 복합접속사로 사용하는 경우가 있었으나 자주 나타나지는 않았다. 서진시기 불경에는 다음 의 예 하나밖에 없다.

有生老病死, 亦復如是**假而**有字, 其字之本都無所住亦不不住, 所以者何, 唯然世尊,

222『光讚經』, 西晉 三藏 竺法護譯

## 5) 서진시기 불경의 복합접속사 '假令'

계속하여 또 하나의 가정을 나타내는 2음절 단어 '假令'을 살펴보 겠다.

沒五百賈人, 獨欲取寶。**假令**事建, 罪不可量。所以者何? 此 五百賈人, 皆發無⋯

345『慧上菩薩問大善權經』卷下, 西晉 竺法護譯

無我無壽, 無命無人。**假令**我身則無所有。亦復無有, 彼則無行, 亦無所⋯

627『文殊支利普超三昧經』卷上, 西晉 竺法護譯

本淨如斯, 則不想脫。**假令**度欲, 則謂為淨。貪欲空無, 計此無 二。愚冥不⋯

315『佛說普門品經』 西晉 竺法護譯

## 6) 서진시기 불경의 복합접속사 '若是'

為他人說, 令普流布, 建立菩薩。熱若有持誦為他人說, 以是像
與勸諸菩薩, 令學諷誦, 轉復宣布。所以者何? **若是**景摸久在天
下者, 則佛正道永長現矣。如來常存以是觀之, 族姓子, 佛本往
世, 如是方便。

481『持人菩薩經』卷第一, 西晉 竺法護譯

'若是'는 불경에서 거의 볼 수 없으며 번역 작품에서는 '則'과 연
용할 수 있는데 이것은 가정법의 특징 중 하나이다. 선진시기 제자
諸子의 작품에서 '若是'는 아직 가정법을 나타내는 복합접속사로 발
전하지 못했다. 아래의 예문에서 '若是'는 '이와 같다'는 의미이다.
'是'는 '此'의 의미이다.

有通士者, 有公士者, 有直士者, 有慤士者, 有小人者。上則能尊
君, 下則能愛民, 物至而應, 事起而辨, **若是**則可謂通士矣。不下
比以闇上, 不上同以疾下, 分爭於中, 不以私害之, **若是**則可謂
公士矣。身之所長, 上雖不知, 不以悖君;身之所短, 上雖不知,
不以取賞;長短不飾, 以情自竭, **若是**則可謂直士矣。庸言必信
之, 庸行必慎之, 畏法流俗, 而不敢以其所獨甚, **若是**則可謂慤
士矣。言無常信, 行無常貞, 唯利所在, 無所不傾, **若是**則可謂小
人矣。

荀子『不苟篇』

고대한어에서는 '若'을 사용해야만 가정을 나타낼 수 있었다. 선진시기의 이러한 '若是'는 비록 아직 복합접속사가 아니지만 복합접속사의 초기형태로 간주할 수 있다.

선진시기의 '若是'는 종종 '則'자와 함께 나타나 '이렇게 한다면…'의 의미를 형성했다. '若是'는 선진시기에는 단어와 단어가 결합한 구였고, 여기에서 '是'자는 지시대명사에 속하며 '此'에 해당했다. 서진시기의 불경에 이르게 되자 '是'자는 허화되기 시작하여 '若'에 접미사 '是'를 추가하는 구조로 변하여 점차 복합접속사로 되었다. 일부 학자들은 이러한 진화는 수당시기부터 시작되었다고 여겼는데, 예를 들어 오오타 타츠오太田辰夫는 『중국역사어법中國歷史語法』에서 "'若是'의 '若'에 접미사 '是'를 추가한 것은 수당시기부터 시작되었다."라고 추론하면서 아래의 예문을 증거로 열거하였다.

若是諸部所說乘大小經自立義者, 則破而不取。

三論玄義

若是無指的, 萬均必是有辭。

魏鄭公諫錄2

앞에서 서술한 불경을 보면 '若是'가 복합접속사로 진화한 시대는 마땅히 그 이전의 서진시기의 구어로 거슬러 올라가야 한다.

7) 서진시기 불경의 복합접속사 '若欲'

서진시기 구어에는 또 하나의 가정을 나타내는 복합접속사 '若欲'이 있다.

> 使諸天人所不悅喜, 不令德本而有耗減 **若欲**興建為道意者, 隨
> 順誘勸。
>
> 627『文殊師利普超三昧經』卷上, 西晉 竺法護譯

> **若欲**生天上　　天帝釋梵王
> 318『文殊師利佛土嚴淨經』卷上, 西晉 竺法護譯

이러한 예는 적지 않았으며, '若欲' 두 글자는 더 이상 따로따로 각자의 뜻을 나타내는 단어 조합형식인 구가 아니라 밀접하게 결합했다는 것을 나타냈다.

8) 서진시기 불경의 복합접속사 '若使'

서진시기 구어에서 또 하나의 가정을 나타내는 복합접속사 '若使'는 두 개의 가정을 나타내는 단어가 결합하여 이루어진 것이다.

> 阿難! 蛇虺牛之皮所懸著處, 若在壁上即化為虫還食其皮, **若使**
> 樹木苗草陂水, 設復在虛空中所倚, 即自生虫還食其形, 在所依
> 倚則亦生虫還食其形。
>
> 317『佛說胞胎經』西晉 竺法護奉制譯

而有所作, 則為魔事。**若使**志願有所受取, 而有所奪, 則為魔事。
589『佛說魔逆經』, 西晉 竺法護譯

마지막 문장은 '則'자와 연용하여 함께 가정의 의미를 나타냈다.

## 9) 서진시기 불경의 복합접속사 '當使'

若有急者, **當使**呼我八人名字, 即自得解除。
428『佛說八陽神咒經』, 西晉 竺法護譯

이 문장에서 '當使'는 후행하는 '即'과 연용하여 함께 가정의 의미를 나타냈다.

서진시기의 불경언어에 반영된 구어 어휘를 요약하면 9종류의 가정을 나타내는 복합접속사 設使, 設復, 假使, 假而, 假令, 若是, 若欲, 若使, 當使가 있다. 고대한어에서 자주 보이는 몇 개의 복합접속사는 오히려 불경에서 보이지 않았는데 예를 들면 向使, 嚮使, 但使, 假如, 誠使, 如使, 倘或, 如果, 藉使 등이 있다. 그러나 불경에서 가장 자주 나타나는 것은 設使, 假使가 있지만 일반적인 고대한어 문헌에서 출현빈도가 가장 높은 단어는 아니다. 그 중 '設使, 設復, 假使, 若是'의 불경에서의 활용은 모두 어휘 발전 역사의 중요한 이정표를 보여준다. 이러한 복합사를 구성하는 형태소를 살펴보면 조합하는 데 사용된 두 글자는 본래 가정의미를 나타내는 성분들이었다. 따라서 이러한 복합어는 대부분 동의병렬同義竝列 구조이고, '設復', '若是' 등만이 예외이다.

불경에는 가정을 나타내는 표지 '時'가 있는데 이 1음절어는 후대에 이르게 되면 점차 쓰이지 않는다.

> 彼戒師應問言 :「汝諦聽, 今是眞誠時, 我今問汝, 有當言有, 無
> 當言無。
>
> 『尼受戒法』

"당신이 만약 진심이라면 내가 그대에게 묻겠다."라는 의미이다.

> 譬如火得薪便然。無漏智慧生時。便能燒諸煩惱。不待時也。
>
> 『大智度論』

"만약 무루지혜無漏智慧가 생겨날 수 있다면 각종 번뇌를 깨끗하게 태우겠다."는 의미이다.

왕덕걸王德傑은 「초기 한역불전의 어기조사 연구早期漢譯佛典語氣助詞研究」에서 가정을 나타내는 어기사 '時'자에 대한 여러 학자들의 견해를 검토하고, 초기 역경 중의 '時'에 대해 연구를 하고, 동시에 허화의 조건, 통사 환경과 동인動因에 대해 논의했다. 가정 어기조사 '時'의 용법 중 일부는 '若…時'의 구조에서 나타났다고 주장했다. 예를 들면 다음과 같다.

> 汝今暗蔽盲無見那何不繫念思帷分別。汝今直為彼將二子, 便
> 如是動鄧若死至時, 當云何乎。
>
> 三國吳支謙譯《菩薩本緣經》

> 典寶藏臣者, 王欲得金銀琉璃水精摩尼真珠珊瑚珍寶時, 舉手向
> 地, 地出七寶向水, 水出七寶向山, 山出七寶向石。
>
> 東漢 竺大力共康孟詳譯『修行本起經』

예문 중 '若死至時'는 '만약 죽음이 다가오게 될 때'라고 이해할 수 있으며 '時'는 실사實詞로 시간을 나타낸다. 그러나 이 문장이 문장의미에서 일종의 미발생의 사실을 나타내기도 하여, "만약 죽음이 다가오게 된다면"이라고도 이해할 수 있다. 이때 '時'는 가정어기를 나타내게 된다.

> 佛告阿難"人與非人, 不能犯也。若臥出時, 所在寤寐, 無敢嬈
> 者, 況佛所說, 其聞此咒, 莫不安隱"佛說如是, 歡喜而去。
>
> 『生經』, 西晉 竺法護譯

> 雖有眾法師, 汝等修行義, 不在於彼見, 不違諸法訓。若得佛道
> 時, 轉法雨甘露, 淨洗其心垢, 諮受最法門。
>
> 『佛說普曜經』, 西晉 竺法護譯

위의 두 문장에서 '時'는 모두 두 가지 이해를 가지고 있는데 이러한 두 가지 이해에는 모두 시간의 의미를 포함하고 있지만 이미 약화되었다.

순수하게 가정의 어기를 나타내는 '時'는 구조상 두 가지 경우가 있다. 예를 들면 다음과 같다.

> 佛又稱曰"汝精進勇猛, 後得佛時, 當於五濁之世, 度諸天人, 不
> 以爲難, 必如我也。"
>
> 『太子瑞應本起經』, 三國 吳 支謙譯

'後得佛時'는 마땅히 '나중에 성불하게 되면'으로 이해할 수 있는데 시간의 의미는 완전히 소실되었으며 '時'자는 이미 허화를 완성했다고 보아야 한다.

> 如白象寶者, …力過百象。髦尾貫珠, 既鮮且潔, 口有六牙, 牙七
> 寶色, 若王乘時, 一日之中, 周遍天下, 朝往暮返, 不勞不疲, 若
> 行渡水, 水不搖動, 足亦不濡, 是故名爲白象寶也。
>
> 『修行本起經』, 東漢 竺大力共康孟詳譯

> 使我爲王, 老到病至, 若當死時, 寧有代我受此厄者否? 如無有
> 代, 胡可勿憂。
>
> 『修行本起經』, 東漢 竺大力共康孟詳譯

첫 번째 예문의 '若王乘時'는 '만약 대왕께서 타고 싶다면'이라고

해석되어야 하며, 뒤이어 나오는 문장 '若行渡水'의 문장 끝에는 '時'
자를 사용하지 않았다. 이로써 '時'는 이미 있어도 되고 없어도 되는
성분으로 변했으며 이미 완전히 허화되어 어기조사가 되었다는 것
을 알 수 있다. 두 번째 예문에는 '當'자 하나가 더 있는데 이 '當'자
는 '當……時候'가 아닌 양태동사 '應當'으로 이해되어야 한다. 따라
서 예문 중의 '時'자는 문장의 의미를 통해 이미 가정어기를 나타내
는 어기조사로 허화되어 현대한어의 '的話'와 유사해졌다는 것을 알
수 있다.

　그밖에 가정을 나타내는 '者'와 '時'를 병렬하여 사용한 것이 있
다. 예를 들면 다음과 같다.

> 若人散花者, 變成爲花蓋, 有增無減時, 是爲佛正法, 若得利無
> 利, 勤苦與安樂, 嗟歎及誹謗, 其心無增減。
> 　　　　　　　　　　　　　　　　　『德光太子經』, 西晉 竺法護譯

> 若心狹劣者, 雖多行佈施, 受者不淸淨, 故令果報少。若行惠施
> 時, 福田雖不淨, 能生廣大心, 果報無有量。
> 　　　　　　　　　　　　　　　　　『菩薩本緣經』, 三國 吳 支謙譯

　일부 문장은 '若'을 사용하는 것 외에도 '假設', '假令', '使' 등도
사용할 수 있다. 예를 들면 다음과 같다.

> …假令我捨身, 向般泥洹時, 諸腸胃五臟, 各各崩壞爛。我所作

過惡, 惡意害比丘, 所作餘罪殃, 最後當畢了。

『佛五百弟子自說本起經』, 西晉 竺法護譯

時有一鳥, 名曰我所, 止頓其中, **假使**春月, 藥果熟**時**, 人皆採取, 服食療疾。

『生經』, 西晉 竺法護譯

　　왕덕걸은 또한 가정어기조사 '時'의 유래에 관해서 논의하면서 가정어기를 나타내는 '時'는 시간의 개념인 '時'에서 유래된 것이라고 주장했다. '時'는 본래 명사였으며 동작 또는 사건이 발생하는 시간을 나타냈다. 예를 들면 다음과 같다.

君子有三戒, 少之**時**, 血氣未定, 戒之在色及其壯也, 血氣方剛, 戒之在鬥及其老也, 血氣既衰, 戒之在得。

『論語·季氏』

　　이 예문에서 '時'는 '시점'을 의미하며 상고한어의 가장 기본적인 용법이다.

　　한나라시기에 이르게 되면 '時'는 주로 VP의 뒤에 출현하며 '시점'을 나타낸다. 예를 들면 다음과 같다.

上為太子**時**, 娶長公主女為妃。

『史記·外戚世家』

趙王送璧**時**, 齋戒五。

『史記·廉頗藺相如列傳』

　위의 두 예문은 하나의 시간배경을 제공하였으며 '…할 때'로 이해할 수 있다. 두 개의 예문에서 비록 '時'의 의미는 여전히 '시점'이지만 역할에는 약간의 변화가 생겼다. 여기에서 '時'는 선행절의 뒷부분에 출현하며 시점 표지 역할을 하는 단어로 볼 수 있다.

　중고시기 초반 역경에서 '時'는 대량으로 '若VP時' 문장형식에 사용되었다. 하지만 이러한 허화에도 하나의 점진적인 과정이 있었다. 처음에 '時'는 이러한 문장형식에서 여전히 어휘적 의미를 잃지 않고 두 가지 의미를 가지고 있었지만 '時'가 예문에서 표현하는 시간의 의미는 이미 별로 중요하지 않았다. 즉, 문장에서 '時'의 어휘의미는 이미 희미해진 것이다. 결국 '時'는 어휘의 의미를 상실하고 단지 문법적 의미만 남았는데, 그렇게 가정어기를 나타내면서 문장의 가정어기 '표지사'가 되었다.

　역경에 대량의 '時'자 용례가 등장했을 뿐만 아니라 같은 시기의 중원문헌에서도 동일한 용법을 사용하는 예문이 있었다. 예를 들면 다음과 같다.

君既為儂死, 獨生為誰施? 歡若見憐**時**, 棺木為儂開。

南朝宋『清商曲辭·華山畿二十五首』

不信吾言**時**, 當看歲在酉。

北齊 『雜歌謠辭·邯鄲郭公歌』

중원문헌 용례의 문장형식을 통해 '時'가 이미 가정을 나타내는 어기조사로 허화되었다는 것을 알 수 있다. 시대의 발전과 함께 이러한 사용법은 점차 보편화되었다.

중고시기에는 '時'를 시간사로 사용하는 것이 여전히 주된 용법이었으며 동일하게 가정어기를 나타내는 '者'자와 비교하면 '時'의 문법화 정도는 아직 상대적으로 낮았다. 그 중 가장 주된 표지는 사례가 적다는 것인데, 이것은 이 시기의 '時'가 아직 보편적으로 어기조사로 사용되지 않았다는 것을 말해준다.

가정어기조사 '時'가 허화되는 의미 조건과 동인動因에 관하여, 왕덕설은 '時'는 미발생 사건을 나타내는 의미의 환경에서 허화되기 시작했으며 동시에 사용된 어법적 환경은 모두 가정복문의 선행절의 끝에 위치했다고 주장했다. 가정문은 미발생 사건을 나타내는 가정을 포함하고 있으며 동시에 시간적 요소를 표함하고 있다. 이러한 관점에서 보면 시간사 '時'가 가정의 범주에 들어간 것은 또한 우연이 아닌 필수의 요소를 가지고 있었다고 볼 수 있다. 일부 시간관계문은 가정의 의미를 겸하고 있었으며 특히 미래의 일을 언급할 때 가정의 의미가 더욱 분명하며 때로는 가정의 기능도 가지고 있었다. 시간과 가정의 관계에 있어서, 미발생의 시간을 나타내는 것이 바로 가정이며 이것은 시간과 논리관계의 인지법칙에 부합한다.

그 외에 불경 가정문의 표지에 관해서 서조홍徐朝紅은 「중고 한역
불경 접속사 연구—『본연부』 접속사를 예로中古漢譯佛經連詞研究—以本
緣部連詞為例」에서 특별히 가정을 나타내는 접속사에 대하여 논의했
다. 그는 가정을 나타내는 접속사는 가정조건과 결과 사이의 접속사
를 말한다고 주장했다. 가정을 나타내는 접속사는 주종主從 관계의
접속사에 속하며 가정접속사가 이끄는 종속절에서 가정을 제시한
뒤, 주절은 이러한 가정 뒤에 결과를 도출한다. 여숙상呂叔湘은 두 조
건 사이의 관계를 조건관계라고 불렀고, 동시에 그는 두 조건의 사
이는 '광의적인 인과관계'라고 주장했다.

형복의邢福義는 복합문을 분류할 때 가정문을 인과류 복합문으
로 분류했다. 그는 "이른바 가정이라는 것은 실제로 일종의 실현을
기다리는 원인이기 때문에 가정문은 인과류 복합문에 속한다."라
고 주장했다. 이것은 복합문의 관점에서 절 사이의 의미 관계에 대
해 논의한 것이고, 가정접속사가 이끄는 복합문과 인과접속사가 이
끄는 복합문 사이에는 여전히 차이가 있다. 가정을 나타내는 복문의
종속절과 주절은 모두 미발생의 사건에 관한 것 즉 종속절은 아직
실현하지 않는 상황이며 또한 추론의 근거로써 이 근거에서 가정의
결과를 도출한다. 전형적인 인과복문에서 주절과 종속절은 이미 발
생한 것이기 때문에 '사실적'인 추론이다.

통사 위치의 관점에서 볼 때 가정을 나타내는 접속사는 일반적으
로 선행절에 위치하는 전형적인 전치前置 접속사이다. 때로 가정접
속사가 연결하는 절이 주절의 뒤에 위치하기도 하는데, 이는 화용

표현의 필요에 의한 것이다. 한역불경『본연부』의 가정접속사에는
다음과 같은 것이 있다.

> 必其, 便, 苟, 苟其, 或, 假, 假令, 假其, 假設, 假使, 其若, 如, 如
> 或, 如其, 若, 若必, 若便, 若當, 若複, 若苟, 若或, 若令, 若其, 若
> 設, 若使, 若脫, 設, 設當, 設複, 設令, 設若, 設使, 悅或, 脫若, 正
> 使

　　가정을 나타내는 접속사는『본연부』접속사 중 수량이 가장 많은
품사이다. 그 중 가정접속사 '必'의『본연부』에서의 용법은 다음과
같다.

> 太子志妙, 世間難有。**必**得佛道, 願先度我, 太子默然而逝。
>
> 　　　　　　　　　　　　　　　　　　　『修行本起經』, 漢 竺大力共康孟詳

> 瓶沙王憙曰, 善哉薩志妙, 世間難有。**必**得佛道, 願先度我。"大
> 子默然而逝。
>
> 　　　　　　　　　　　　　　　　　　　　　　『太子瑞應本起經』, 支謙

　　가정 접속사 '必其'가『본연부』에서의 용법은 다음과 같다.

> **必其**此地無有福, 不應生是智慧人, 既現如是功德身, 應當為世
> 作聖主。
>
> 　　　　　　　　　　　　　　　　　　　　　　　『佛本行集經』, 闍那崛多

魔女復白菩薩言, 仁今少壯甚可惜, 衰朽年老時未至, 色力強盛
且悉情, **必其**羸瘦不能堪, 乃可舍此身端正。

『佛本行集經』, 闍那崛多

'便'도『본연부』에서 가정을 나타내는 접속사로 사용할 수 있는
데 예를 들면 다음과 같다.

拘律陀念曰, 吾師臨終, 囑授弟子, 令吾成濟, 今**便**委棄, 義所不安。

『中本起經』, 曇果共康孟詳

夫人言。王不相語者我當自殺…汝**便**死, 謂我無牸(ㄕˋ母羊)羊
也。…王歸。夫人言。王不爲說者當自殺耳。王言。汝能自殺,
善! 我宮中多有婦女, 不用汝爲!

『舊雜譬喻經』, 康僧會

접속사 '便'은 부사가 문법화 되어 생겨난 것으로 여전히 술어동
사와 인접해 있는 어법적 특징을 유지하고 있다.

'其若'의『본연부』에서의 용법은 다음과 같다.

婦答夫言, **其若**尊者阿那律來, 汝當自食, 施於尊者。

『雜寶藏經』, 元魏吉迦夜共曇曜

作是念言, 我諸論士, 共彼小兒, 論議得勝, 不足爲榮, **其若**不勝,
大可恥愧!

『撰集百緣經』, 吳 支謙

'設當'의 『본연부』에서의 용법은 다음과 같다.

> 對曰, 實非武士, 家婦見給從軍二物, <u>設當</u>失此二物者, 婦則委
> 去, 不成家居。
>
> 『雜譬喻經』失譯, 後漢

> <u>設當</u>眾生, 與根共滅, 與根共生者, 骸骨便當久存於世。
>
> 『出曜經』, 姚秦 竺佛念

'設復'의 『본연부』에서의 용법은 다음과 같다.

> 若人受形, 當有處胎, 冥室之患, <u>設復</u>降形, 有折體之惱。
>
> 『出曜經』, 姚秦 竺佛念

> 饒財慳不施, 為世所嗤笑, <u>設復</u>有財錢, 見乞方背去, 雖復饒財
> 寶, 名為貧衰患。
>
> 『大莊嚴論經』, 後秦 鳩摩羅什

'設復'는 '設'와 접사 '復'가 이어져 형성된 2음절 가정접속사이다.
가정접속사 '自'의 『本緣部』에서의 예문은 다음과 같다.

> <u>自非</u>如來, 至真等正覺, 孰能爾乎!
>
> 『生經』, 西晉 竺法護

> 佛是調御丈夫, 此實不虛, <u>自非</u>世尊, 誰當能解作如是說, 誰不

敬從無敢違者。

『大莊嚴論經』, 後秦 鳩摩羅什

時王答言, 今我父頭, 死來多日, 顏色不變, <u>自非</u>得道, 何由有
是?

『雜寶藏經』, 元魏吉迦夜共曇曜

 가정접속사 '自'에 관하여 『한어대사전』에서는 『좌전·성공십육
년左傳·成公十六年』의 "唯聖人能內外無患, 自非聖人, 外寧必有內憂。"
를 인용했다. 서조홍은 「본연부」에서 접속사 '自'에는 다음과 같은
특징을 가지고 있다고 주장했다. '非'와 결합하여 '自非'를 이루므로
'만약 아니라면'이라는 뜻을 나타낸다. 이것은 불경의 가정접속사
'自'가 상고시기의 용법을 계속하여 사용한 결과이다.


## 6.4. 불경의 피동문

 중국어의 피동문은 서양 어법만큼 풍부하지 않으며 고대
한어에서의 피동문 사용빈도는 한대한어에 비해 훨씬 적다. 예를 들
어 '被'자의 사용빈도는 증가했지만 이는 근대에 이르러 서양 표현방
식의 영향을 받았기 때문이다. 즉 무의식적으로 파생된 '유럽화 통사
형식'이다.

 중고한어의 불경번역은 불가피하게 영어와 같은 인도유럽어족

에 속하는 산스크리트어의 영향을 받게 되며 많은 피동문이 생겨났
다. 이와 관련해서 많은 학자들이 연구를 했다. 고열과高烈過는 「중
고 한역불경 피동식 연구개술中古漢譯佛經被動式研究概述」에서 한역불
경과 관련된 피동문의 연구 현황에 대해 소개했으며 다음과 같은 성
과를 거두었다. 그는 초기의 연구는 대부분 중고시대 역경을 이용하
여 중국어의 피동문 또는 불경 피동문에 관한 연구를 진행했다고 했
다. 중고시기 한역불경을 이용한 피동문 연구는 대체로 두 단계를
거쳤다. 초기 연구에서는 구어성이 강한 한역불경의 특징을 이용하
여 피동문의 발전양상을 묘사했다. 연구가 심화됨에 따라 학자들은
한역불경과 같은 번역 문헌의 피동문 자체의 특징에 더욱 관심을 기
울였다.

초기의 연구에서는 한역불경을 이용하여 중국어의 피동문을 고
찰했다. 20세기 80년대를 예를 든다면, 오금화吳金華는 「'R爲A所見
V'구조에 대한 시론試論"R爲A所見V"式」에서 한역불경의 이용에 착안
하여 특정 피동문의 발전, 변천과정을 묘사했으며, 당옥명唐鈺明은
「한위육조의 피동식에 대한 약론漢魏六朝被動式略論」에서 한역불경을
이용하여 중국어 피동문의 전체적인 양상의 역사적 변천을 밝히는
데 집중했다. 위배천魏培泉은 『한위육조의 지시대명사 연구漢魏六朝
稱代詞硏究』에서 '주동과 피동을 나타내는 〈見V式〉구조의 성쇠'를 논
하면서 『녹모경鹿母經』, 『현우경賢愚經』, 『출요경出曜經』, 『사분율四分
律』 등 한역불경을 중점적으로 고찰해야 할 말뭉치로 삼았다. 왕홍
군王洪君은 「'見' 분포의 변화 및 의미의 변천"見"分佈的變化及其意義的演

變」에서 '見'의 분포 변이에 대해 분석하면서 불경 중 고사성故事性이 더욱 강한 『본생경本生經』, 『비유경譬喻經』의 부분인 『수행본기경修行本起經』, 『육도집경六度集經』, 『생경生經』, 『과거현재인과경過去現在因果經』, 『백유경百喻經』을 포함시켰다. 왕모문王玥雯은 「불경자료에서 본 중고한어의 '見從V'구조佛經材料看中古漢語之"見V"結構」에서 중고한어의 불경문헌을 언어자료로 삼아 중고시기 불경에 나오는 대량의 '見V'구조를 분석했다. 유사진柳士鎭은 『위진남북조 역사어법魏晉南北朝歷史語法』의 '被動句'라는 장章에서 피동문의 양상을 설명할 때 『생경』, 『출요경』, 『백유경』, 『불설섬자경佛說睒子經』 등의 불경 사례를 나열하여 예를 들며 증명했다. 장기빙蔣冀騁은 「위진남북조 한역불경 어법 전식魏晉南北朝漢譯佛經語法箋識」에서 2음절어의 증가로 말미암아 사람들은 정돈된 문장형식, 조화로운 음절을 얻기 위해서 '所見'을 연용하여 2음절을 구성하게 되었으며, 이로 인해 언어는 더욱 리듬감을 지니게 되었다고 주장했다.

　또한 일부 학자들은 피동문은 (산스크리트어) 원전原典 언어 영향의 산물이라고 생각했다. 예를 들면 주경지朱慶之는 「한역불경 중의 '所V'식 피동문 및 그 출처漢譯佛經中的 "所V"式被動句及其來源」에서 다음과 같이 주장했다. '所V'가 바로 원문의 피동태 술어동사에 대한 '완전'한 한역漢譯이며, 그 중의 '所'자는 원문의 피동기호의 한역이다. 원문에는 결코 피동문인 '為…所…'에서 '為'를 대표하는 성분이 없었기 때문에 중국어에서 본래 사용하던 '為'는 반드시 나타날 필요가 없었으며 결국 한역불경의 언어에는 대량의 중국어와 외국어의 혼합형인 '所V'형식의 피동문이 생겨나게 되었다.

반면, 고열과高列過는 『동한불경의 피동문, 의문문 연구東漢佛經被動句疑問句研究』에서 동한시기 불경의 피동문 '所V'형식은 산스크리트어 원전의 영향을 받았는지 아니면 이와 관련된 서역 언어의 영향을 받았는지는 판정하기 어렵다고 주장했다. 그는 동한시기 불경의 'A所V'형식은 중국인 조수 엄불조嚴佛調가 참여해 번역한 『법경경法鏡經』에 없는 것 외에 기타 번역가들의 역경에는 모두 보였다는 것을 증거로 제시했다. 게다가 동한시기의 여러 역경가들은 모국어가 모두 달랐고 "(후한에서 남북조까지)불경을 번역할 때 근거한 원전은 순수한 산스크리트어가 아니라 인도 속언俗言이거나 중앙아시아 고대 언어의 중역본重譯本이다."라고 했다.

하량何亮은 「한역불경 중의 '所V'식 피동문의 출처에 대한 토론漢譯佛典中"所V"式被動句來源小議」에서 한역불경의 특수한 문장형식인 四言句, 五言句에서 글자 수 제한을 받게 되었기 때문에 역경의 문장에는 생략이 많았으며 피동문도 예외가 아니었다고 주장했다. 한역불경에서 '所V'형식의 피동문은 바로 생략형식 피동문의 변체變體이다. 그러나 고열과高列過의 『동한불경의 피동문, 의문문 연구』의 통계자료에 따르면 일찍이 동한시기의 안세고, 지참의 역경에서는 이미 이러한 종류의 문장형식을 사용하고 있었으며 지참의 역경에는 특히 많이 보였다. 글자 수의 제한, 문장의 생략설은 아마도 더욱 깊이 있는 논증이 필요한 것 같다.

그밖에 일부 학자들은 중고시기 역경의 피동문 특징을 이용하여

초기 한역불경의 언어자료 감별과 고찰을 진행했다. 예를 들면 조광
순曹廣順, 우소용遇笑容의 「언어의 각도에서 본 어떤 초기역경의 번역
연대 문제―『구잡비유경』을 예로從語言的角度看某些早期譯經的翻譯年代
問題―以<舊雜譬喩經>為例」가 있는데, 피동문을 역경 연대를 판단하는
하나의 근거로 삼아 『잡비유경雜譬喩經』의 번역 연대에 대해 고증했
다. '被'자문, '為(見)'자문의 출현빈도로부터 시작하여 고찰했는데,
『찬집백연경撰集百緣經』, 『육도집경』, 『구잡비유경』, 『생경』, 『과거현
재인과경』, 『중경찬잡비유경眾經撰雜譬喩經』, 『불본행집경佛本行集經』
에 대한 조사를 통해 『구잡비유경』[3]의 피동문 특징이 삼국시기의 역
경과 비슷하다고 주장했다.

　　방일신方一新은 「『흥기행경』 번역연대 초탐『興起行經』翻譯年代初探」
에서 『흥기행경』의 27건의 피동문 예문을 '為……', '為……所……',
'見'자문, '被'자문으로 나누어서 통계를 내고 기술을 하였으며, 동
시에 『중본기경中本起經』, 『찬집백연경』, 『육도집경』, 『구잡비유경』,
『생경』의 피동문과 비교하여 "『흥기행경』의 피동문 비율은 『구잡비
유경』과 『생경』의 사이에 있기 때문에 어느 정도는 경전의 번역연
대를 드러냈다."고 했다. 방일신은 「번역불경 언어자료 연대에 대한
언어학적 고찰―『대방편불보은경』을 예로翻譯佛經語料年代的語言學考

---

3　　오吳 천축삼장天竺三藏 강승회康僧會가 번역했지만, 『출삼장집기出三藏記集』에서
　　강승회의 번역저서譯著에 나열하지 않았기 때문에 출현 시기에 대해서 줄곧 다른
　　견해가 있었음.

察一以<大方便佛報恩經>為例」에서 『대방편불보은경』4의 38건의 피동 문을 '為…… V', '為……所V', ' ……所V', '為……之所V', '……之所 V', '見V(見자문)', '被V(被자문)' 등 7종류로 분류하고 통계를 내고 설 명을 하였는데, 동한시기 역경에는 피동문이 나타나지 않았고 『대 방편불보은경』의 피동문은 비록 단 1건의 예문밖에 없지만 이미 동 한시기의 역경과 다른 양상을 보여주고 있다고 지적했다.

방일신方一新, 고열과高列過는 「『분별공덕론』 번역연대 초탐『分別 功德論』翻譯年代初探」에서 『분별공덕론分別功德論』의 피동문에 대해 통 계를 냈는데, '為……所'와 '見' 두 종류의 문장형식을 합치면 78%이 고, '被'자문은 22%에 달했지만 신뢰할 수 있는 동한시기 역경에서 는 확실한 피동문이 보이지 않으므로, 피동문의 관점에서 보면 『분 별공덕론』은 동한시기에 번역한 것이 아닌 것으로 보인다고 했다. 그리고 『분별공덕론』의 피동문 분포와 여러 삼국시기 역경은 대체 로 유사하다고 지적했다. 더 나아가 『분별공덕론』의 번역 연대는 동 한과 그리 멀리 떨어지지 않았을 것이라고 지적했다.

고열과高列過는 「피동식으로 본 동한시기 서역 역경가의 번역풍 격從被動式看東漢西域譯經者的翻譯風格」에서 안세고의 역경 중에서 사용 한 피동문은 6종으로 종류가 적고 분포가 집중되어 있다는 것을 발 견했다. '為…所V'형식은 73%로, 지참의 57%보다 많았고, 동한시

---

4    『역대삼보기歷代三寶紀』에서는 동한의 실역경失譯經이라고 기록함. 그러나 많은
     학자들은 이 경은 동한의 역경이 아니며 번역연대는 동진 이후라고 주장함.

기 전체 역경의 72%라는 비율보다 높았다. 그러나 지참의 역경 중 피동문은 종류가 완비되어 10종에 달했으며 분포가 상대적으로 분산되어 있었다. '為…所V' 형식은 57%로, 사용비율은 동한시기 불경의 전체적인 상황과 유사했다. '為…之所V' 형식은 대략 14%로 동한시기 불경의 10%보다 높았는데, 이는 안세고보다 훨씬 더 일반적이었으며, 동시에 동한시기 불경 중 피동문의 대부분을 차지했다. 물론 이것은 역경의 수와 관련이 있다. 지참의 역경 수는 안세고보다 많다. 이 두 가지 역경에는 또한 공통점도 있었는데 모두 원전의 영향을 받은 문장형식 '所V'가 있다는 것이다. 그 외에 안세고의 역경 중 '為…所V1所V2' 형식도 전형적인 중국어 표현방법은 아니다.

허리화許理和는 「초기 한역불경에 관한 새로운 사고關於初期漢譯佛經的新思考」에서 동한시기 불경번역가들의 다양한 풍격에 대해서 설명했는데, 안세고의 역경은 "그 풍격이 '비중국식'이 분명하며, 중국의 문화언어와 일치하려는 경향이 전혀 없으며 유사한 점도 전혀 없다."라고 주장했다. 반면, 지참의 역경은 "안세고의 번역문에 비해 언어가 더욱 자연스럽고 더욱 이해하기 쉬우며 매우 생동감이 있고 유창하며 백화白話의 성분이 풍부하다."라고 주장했다. 피동문의 사용과 분포 양상 측면에서 보면 지참의 역경은 확실히 더 생동하고 유창하며, 문장형식의 종류 및 분배 비율은 안세고보다 유연하며 변화에 능했다. 예를 들면 다음과 같다.

用是故, 知**為魔所固**。

　　　　後漢月氏三藏支婁迦讖譯,『道行般若經』第7卷,「遠離品」第

　　　　　　　　　　　　　　　　　十八, 8/460/b

當知**為魔所壞**。

　　　　　　　　　　　　　　同上, 8/460/ c

**為魔所亂**, 聞是不助歡欣。

　　　　　　　　同上, 第8卷,「守行品」第二十三, 8/ 466/a

須菩提複問佛:"何等為行菩薩道? **為佛所讚歎**。"

　　　　　『道行般若經』第8卷,「強弱品」第二十四, 8/467/c

**為羅漢所稱譽**。

　　　　後漢 月氏三藏支婁迦讖譯,『般舟三昧經』,「四輩品」第六,

　　　　　　　　　　　　　　　　13/909/b


　　진수란陳秀蘭은「위진남북조문과 한문불전의 피동식 연구魏晉南北朝文與漢文佛典的被動式研究」에서 수학적 통계법을 활용하여 위진남북조의 문학작품과 한문불전에서의 피동문 사용양상을 조사하여, 피동문 사용에 있어서 두 가지 문헌의 차이를 고찰하였다. 위진남북조의 문학작품과 한문불전에서의 피동문 사용 양상 분석에서 위진남북조의 문학작품과 한문불전에는 피동문 36종이 있다고 했다. 그는 피동문의 첫 번째 글자에 따라 6종류로 나누었다.

## 1) '被'자문

時彼比丘兩手並頸並**被**繫縛, 四向顧望, 莫知所告。

後秦 鳩摩羅什譯,『大莊嚴論經』卷十一, 4/320a

諸比丘將摩訶羅詣於佛邊, 具說其人**被**打因由。

元魏 吉迦夜共曇曜譯,『雜寶藏經』卷六, 4/480b

## 2) '見'자문

將有何罪, 乃**見**迸逐, 捐國尊榮, 處深山乎?

吳 康僧會譯,『六度集經』卷二, 3/8b

複次有劫, 劫名梵歎, 吾於彼劫而複供養萬八千佛不**見**受決。

西晉 藏竺法護譯,『持心梵天所問經』卷二, 15/14c

## 3) '所'자문

한문불전에는 '所'자문이 3 종류가 있는데, 바로 '所… '(931건), '所被…'(3건), '所見…'(55건)이다.

是時四姓家遭宿命殃…雖為極困, 足不蹈無道之宅, 手不執無道之惠。志行清淨, 眾邪不能染其心。朝稟暮講, 經戒不釋於口。世尊**所**歎, 眾智**所**敬。

三國 吳 康僧會譯,『六度集經』卷三, 3/11c

("四姓……世尊所歎, 眾智所敬"은 "四姓……被世尊稱讚, 被眾智敬重。"의 뜻임.)

時彼國王, 有一大臣, 最所敬重。

吳 支謙譯,『撰集百緣經』卷五, 4 /233b

"有一大臣, 最所敬重"은 대신들이 가장 존경을 받는다는 뜻이다.

'所被'에는 한 가지 형식이 있는데, 바로 'N施+所被+V'이다.

阿須倫所被繫縛, 如是魔所繫縛複劇。

西晉 法立共法炬譯,『大樓炭經』卷五, 1/300b

'阿須倫所被繫縛'는 아수륜阿須倫에게 속박됨을 가리키며 후행하는 문장의 '魔所繫縛'과 대응한다.

'所見…'에는 두 가지 형식이 있는데, 바로 'N受+N施+所見+V'(47건), 'N受+所見+V'(8건)이다.

何故菩薩清淨無垢而複洗浴, 釋梵四天所見供侍。

西晉 竺法護譯,『慧上菩薩問大善權經』卷上, 12/161a

'菩薩……釋梵四天所見供侍'는 보살이 석범釋梵에게 사흘이나 시중을 받았다는 뜻이다.

(沙門)鬚髮自落, 法服著身, 便成沙門。精勤修習, 得羅漢果。三
明六通, 具八解脫。諸天世人, **所見**敬仰。

吳 支謙譯,『撰集百緣經』卷七, 4/235a

'諸天世人, 所見敬仰'은 불제자가 온 천상과 세간사람諸天世人에게
존경을 받았다는 뜻이다.

비교를 통해 '所⋯於⋯'는 위진남북조의 문학작품에서만 사용되
고, '所被⋯'는 한문불전에서만 사용된다는 것을 발견할 수 있다. 한문
불전에서 사용한 '所⋯' 형식의 수는 위진남북조의 문학작품보다 훨
씬 많으며, 전자는 후자의 9.9배이다. '所見⋯' 형식은 한문불전에서
55번 사용되었고 위진남북조의 문학작품에서는 한번만 사용했다.

### 4) '爲'자문

天地之間, 無一可奇, 吾不能複**爲**欲惑矣。

吳 支謙譯,『太子瑞應本起經』卷上, 3/475c

其身淸淨, 一切眾生, 適睹見之。愛欲勞病悉**爲**除愈。

西晉 竺法護譯,『如來興顯經』卷二, 10/600a

'爲⋯之所⋯'에는 두 가지 형식이 있는데, 바로 '爲+N施+之所
+V'(221건), '爲+N施+之所+VP (V+NP)'(6건)이다.

不知恩者, 現世惡名流布於外, 複為智者之所呵責。

吳支謙譯《菩薩本緣經》卷下, 3/67b

汝等當觀, 地獄中有猛火熾然…灰河壞身, 猶如微塵, 複為諸椎
之所打碎。

吳支謙譯《菩薩本緣經》卷下, 3/65a

한문불전에서 사용한 '為…', '為…所', '為…所見', '為…之所…'
형식의 수는 위진남북조의 문학작품보다 훨씬 많다. '為+V' 형식은
위진남북조의 문학작품에서 나타나지 않았다.


### 5) '於'자문

한문불전에는 '於'자문이 두 가지 있는데, 바로 '於…'(55건), '於…
所…'(3건)이다. '於…'에는 두 가지 형식이 있는데, 바로 'N受+V+於
+N施'(41건)와 'V+於+N施'(14건)이다.

世尊…分別意故, 種種得成就 ; 得供養故, 不染於結使。

符秦僧伽跋澄等譯, 『僧伽羅刹所集經』卷中, 4/133b

開化度眾生, 辯才決眾疑, 稱譽於黎庶, 除去眾想念。

西晉 竺法護譯, 『度世品經』卷一, 10/618c

'於…所…'에는 두 가지 형식이 있는데, 바로 'N受+於+N施+V'(2
건), '於+N施+所+V'(1건)이다.

時有釋女, 名曰電光, 是耶輸陀羅姨母之女, 椎胸拍脾, 嗔恚呵
罵 : "耶輸陀羅, 汝<u>於</u>尊長<u>所</u>親, 何以自損?"

元魏 吉迦夜共曇曜譯, 『雜寶藏經』卷十, 4/496b

了智慧本淨, <u>於</u>世罔<u>所</u>念, 以離竊冥眾, 乃為修道行。

西晉 竺法護譯, 『持心梵天所問經』卷三, 23b

### 6) '之'자문

한문불전에는 '之'자문이 두 가지가 있는데, 바로 '之所…'(229건)
와 '之所見…'(1건)이다.

吾已離諸欲, 世尊<u>之所歎</u>。

西晉 竺法護譯, 『慧上菩薩問大善權經』卷上, 12/157b

眼識不合無真實形, 眼識之界因顛倒雜從宿世成, 現在因緣<u>之所</u>
見縛。

西晉 竺法護譯, 『持人菩薩經』卷二, 14/630c

'之所見…'은 한문불전에서만 사용되었다. 한문불전에서 '之所…'
의 용례는 위진남북조 문학작품보다 많으며 전자는 후자의 4배이다.

진수란은 위진남북조 문학작품과 한문불전에서 피동문을 사용
하는 특징을 분석하여 위진남북조 문학작품과 한문불전에서 피동
문을 사용할 때 다음과 같은 차이점이 있다는 것을 발견했다.

(1) 피동문의 유형과 수의 관점에서 보면, 두 가지 문헌에서 피동문을 사용하는 양은 다르다. 위진남북조 문학작품에서는 19종 1,794건 사용되었으며, 한문불전에는 31종 3,603건이 사용되었으며, 후자는 각각 전자의 1.6배와 2배이다. 이것은 한문불전에서 대체로 피동문을 사용한다는 것을 보여준다.

(2) 각 피동문의 사용빈도 관점에서 보면, 두 가지 문헌에는 서로 다른 고빈도의 피동문을 가지고 있다. 위진남북조 문학작품에서 상위 3위를 차지한 피동문에는 '見…'(624건), '為…所…'(365건), '被…'(225건)가 있으며 한문불전에서 상위 3위를 차지한 피동문에는 '為…所…'(986건), '所…'(931건), '被…'(476건)가 있다. 이것은 두 가지 문헌에서 피동문에 대한 선호도가 다르다는 것을 보여주었다.

진수란은 비교연구의 관점에서 보면, 위진남북조 문학작품과 한문불전에서 피동문을 사용하는 측면에는 같은 부분도 있지만 다른 부분도 있다고 주장했다. 두 가지 문헌에 같은 부분이 있는 것은 그들이 동일한 시기에 동일한 언어를 사용하여 기록했기 때문이다. 두 가지 문헌에 다른 부분이 있는 것은 두 가지 문헌의 성격이 다르기 때문이다. 위진남북조 문학작품은 전형적인 문언문 문헌이고 한문불전은 문언문과 백화문을 혼합하고, 중국어와 외래어를 혼합한 문헌이기 때문이다.

한문불전의 피동문은 종류와 수가 매우 많다. 특히 '所…'형식은 한문불전에 용례가 매우 많다. 그 이유는 무엇인가? 주경지朱慶之의 「한역불경 중의 '所V'식 피동문 및 그 출처漢譯佛經中的 "所V"式被動

句及其來源」와 「불교 혼합한어에 대한 초보적인 토론佛敎混合漢語初論」에 따르면 산스크리트어에서는 피동을 나타내는 -ya-를 타동사 뒤에 놓으므로 이 동사의 피동 서술어의 어간형식을 구성하거나, 또는 피동의 의미를 나타내는 접사 -ta-, -na-를 동사의 뒤에 놓으므로 과거분사를 구성하여 피동을 나타내거나, 또는 피동의 의미를 나타내는 접사 -ya-, -aniya-를 동사의 뒤에 놓으므로 미래분사를 구성하여 피동을 나타냈다. 이러한 피동태는 대부분 '所…'로 번역되었으며 산스크리트어 원전에 피동문이 많았기 때문에 번역된 불전에도 피동문이 많아졌다. 산스크리트어와 중국어 대조 자료에 근거하면 피동의미를 나타내는 -ta-, -na-, -ya-, -aniya-는 '所…'로 번역되었을 뿐만 아니라 '被…', '被所…', '被…所…', '爲…', '爲所…', '爲…之所…', '…之所…', '於…' 등으로도 번역되었다.

진수란은 한문불전은 번역 작품이고 번역한 사람들은 대부분 외국 승려이므로 중국어의 응용에 대해서는 자신의 모국어만큼 능숙하지 않기 때문에 특정 어법을 잘못 사용하는 현상이 발생할 수 있었다. 따라서 예를 들어 행위자가 '被'자 앞에 나타난 예문 2건, 행위자가 '見'자 앞에 나타난 예문 2건과 같은 일부 피동문의 용법은 매우 특별해지게 되었다고 주장했다.

## 6.5. 불경의 부사

중국어의 부사는 허사虛詞의 범주에 속하는데, 형용사가
실사實詞에 분류되는 것과는 서로의 성격이 매우 다르다. 중국어의 이
러한 특성은 축가녕의 『중국어 어법으로의 여행漢語語法之旅』를 참조
할 수 있다.

### 6.5.1. 시대별로 본 불경의 부사

#### 6.5.1.1. 동한시기 불경의 부사

거시적 관점에서 초기 불경의 전체적인 부사 체계는 그 상
황이 어떠하였는지 살펴보도록 하자. 여화평呂華萍은 「동한, 삼국시기
역경의 부사 체계에 대한 비교연구東漢, 三國譯經副詞系統比較研究」에서
부사는 허사 중에서 상대적으로 복잡한 품사라고 생각했으며 그는
여러 개의 특징적인 동한, 삼국시기의 시간부사에 대해 논의했다. 예
를 들면 '甫', '甫來', '甫始', '甫當來'가 있는데 각각 '막 시작하다', '방
금', '시초의'의 의미이다. 구체적인 예는 다음과 같다.

> 過去諸佛, 今現在, **甫當**來皆由斯成, 爾必索之誦習其文, 懷識
> 其義, 奉而行之。
>
> 三國 吳 康僧會, 『六度集經』

> 佛語捨得者, 是陂陀劫中, 當有千佛, **甫始**四佛過, 菩薩摩訶薩,

欲見是諸佛者, 當願生阿閦佛剎。

東漢 支讖,『阿閦ㄔㄨˋ佛國經』

또한 부사 '向, 向者'는 일반적으로 '종전'의 의미를 나타낸다.

<u>向</u>於夢中, 見乘白象者, 空中飛來, 彈琴鼓樂。

東漢 康孟詳,『修行本起經』

我<u>向者</u>聞國王七女說經, 故來聽之。

吳 支謙,『佛說七女經』

또한 '本, 本自'는 일반적으로 '앞서, 본래'의 의미를 나타낸다.

我曹<u>本</u>為國王大臣人民理家所侍遇, 今棄不復用。

三國 吳 支謙,『佛說義足經』

阿難與調達<u>本自</u>無怨, 故不相害也。

三國 吳 康僧會,『六度集經』

또한 '先, 早, 豫'는 일반적으로 '앞서, 원래'의 의미를 나타낸다.

我<u>先</u>聞彼怨家之言居我國, 已於大眾中唱如是言。

三國 吳 支謙,『菩薩本緣經』

今兒不來, 又不睹處, 卿以惠誰, 可早相語。

三國 吳 康僧會, 『六度集經』

自知所從來生, 豫知去來現在之事, 眼能徹視, 知世間人民蚑行
蠕動之類, 所趣生死善惡之道。

三國 吳 支謙, 『賴吒和羅經』

또한 '新'은 일반적으로 '막'의 의미를 나타낸다.

佛定意七日, 不動不搖, 樹神念佛, 新得道快坐七日, 未有獻食
者。

三國 吳 支謙, 『太子瑞應本起經』

또한 '已曾, 已經, 己訖, 已自'는 일반적으로 '막'의 의미를 나타낸다.

於此世界有六十七億不退菩薩, 往生彼國, 一一菩薩, 已曾供養
無數諸佛, 次如彌勒者也。

三國 魏 康僧愷, 『佛說無量壽經』

我空飲水已經多日, 恐命不全, 是故置宜欲相舍離。

三國 吳 支謙, 『菩薩本緣經』

設會請佛, 飯食已訖, 持種種花, 散佛頂上。

三國 吳 支謙, 『撰集百緣經』

今自歸度於世者, 以佈施總持十種力, 已自伏意並化餘人, 是則

為度一切莫不供事者。

東漢 支讖, 『佛說伅真陀羅所問如來三昧經』

여화평은 동한, 삼국시기 역경의 부사에는 다음과 같은 공통점이 있다고 주장했다.

첫째, 1음절과 1음절 또는 1음절과 복음절의 형태소를 두 개씩 합쳐서 사용했는데 예를 들면 '更復', '皆俱', '普皆', '悉皆', '遍皆悉', '咸皆同', '皆悉普', '俱共同' 등이 있다.

둘째, 형태소를 간단히 합쳐서 의미상의 중복 표현을 구성했는데 예를 들면 '率皆'는 '率'과 '皆'의 의미 중복이고, '皆悉遍'은 '皆', '悉', '遍' 세 개의 음절을 간단하게 합친 것이다.

셋째, 그들은 발전 과정에는 하나의 분명한 특징이 있는데, 바로 어휘의 안정성이 강하지 않고, 글자의 출현 위치가 매우 임의적이어서 여러 위치에 나타날 수 있으며 역순의 현상도 많다는 것이다. 예를 들면 '復更', '更復', '重複', '複重' 등이 있다.

여화평은 동한, 삼국시기 역경의 2음절 부사는 자유성과 구조 불안정성을 지닌 형태소의 조합을 보여주었다고 주장했다. 또한 사용 빈도가 보편적으로 높으며 특히 자주 보이는 것은 병렬식인데, 이것은 상고한어에서 근대한어로 넘어가는 중고한어의 큰 특징임을 보여준 것으로, 현대한어와는 차이가 매우 크다. 동한시기 역경과 삼국시기 역경에서 부사는 적지 않은 새로운 구성원을 추가했으며 양자를 비교해보면 특히 동한시기 역경에 새로 생긴 부사가 많았다. 전체 중국어사에서 중고한어시기의 어휘량은 방대하며 중간이 크고 머리와 끝이 작게 보였는데, 중고시기의 절충을 거치면서 상당 부분의 수량이 도태되었다.

### 6.5.1.2. 위진육조시기 불경의 부사

단대斷代 현상에 대한 탐구는 동한 이후에 무진옥武振玉의 「위진육조시기 한역불경 중의 동의연용 총괄범위부사에 대한 초보적인 토론魏晉六朝漢譯佛經中的同義連用總括範圍副詞初論」이 있는데, 그는 총괄범위부사總括範圍副詞의 동의연용同義連用은 고대한어의 특수한 현상 중 하나이며 동의연용 형식 중 조합형식이 가장 많고 출현 빈도가 가장 높다고 주장했다. 가장 일찍이 한나라시기와 위진육조시기에 출현하여 큰 발전을 이루었으며 한역불경에서 특히 분명하게 나타났다. 만약 이러한 조합형식을 첫 번째 단어를 표지로 삼는다면 다음과 같은 그룹으로 나눌 수 있다.

'皆'조: 주로 '皆悉, 皆共, 皆同, 皆盡, 皆普, 皆俱, 皆遍, 皆咸, 皆具, 皆周' 10가지 조합형식이 있다.

四邊中外, 皆生七寶雜色蓮花, 及諸雜寶, 不多不少, **皆悉**停等。
『須摩提菩薩經』

即上生第二忉利天上, 諸天**皆共**護視。

『異出菩薩本起經』卷第一

宮殿交露, 山陵溪谷, 及人非人, **皆同**現為金色。

『方等般泥洹經』卷下

弟子承佛威神, 救舍夷國人四五千人, 今在虛空**皆盡**得脫。

『法句譬喻經』卷二

我觀一切, **皆普**平等。

『妙法蓮華經』卷三

　이 중 '皆悉'은 이 시기 한역불경에서 출현빈도가 가장 높으며 대략 전체 용례의 절반을 차지했다. '皆共'의 출현빈도도 매우 높았으며, '皆悉, 悉皆'의 뒤를 따랐다. '皆同'의 출현빈도는 앞 두 가지보다 현저하게 낮았으며, 기타 형식은 더욱 드물었다. 동일한 시기의 중원문헌과 비교해보면, 동일한 시기 중원문헌의 '皆'조에는 '皆悉, 皆共, 皆同, 皆盡, 皆總, 皆並, 皆遍, 皆通' 등 8가지 조합형식이 있다.

　'悉'조: 주로 '悉皆, 悉共, 悉普, 悉遍, 悉都, 悉同, 悉盡, 悉具, 悉俱, 悉備, 悉咸, 悉僉' 12가지 조합형식이 있다.

得值八百四千萬億那由他諸佛, **悉皆**供養承事無空過者。

『金剛般若波羅蜜經』

其邊道法清靜士女, **悉共**喜踊往詣講堂。

『幻士仁賢經』

欲**悉普**知一切眾生心心所行。

『首楞嚴三昧經』

皆各稽首以次就位, **悉都**專精志願經道。

『文殊師利佛土淨經』卷上


'咸'조: 주로 '咸共, 咸皆, 咸悉, 咸同, 咸普, 咸俱' 6가지 조합형식이 있다.


於是溥首菩薩並其大眾, **咸共**答曰：唯世尊願樂欲聞。

『普門品經』

卻後七日, 聞其兒死, **咸皆**歎言真是智者所言不錯。

『百喻經』卷第一

神圍須彌山, **咸悉**為毀壞。

『佛說如來興顯經』卷第三

聲聞緣覺菩薩諸佛, **咸同**用為將導。

『勝天王般若波羅蜜經』卷第二

既尊無所越, 名稱**咸普**流。

『普曜經』卷第一

天龍鬼神捷遝和等, **咸俱**歸命稽首為禮。

『大哀經』卷第一

이 중 '咸共, 咸皆'가 더 자주 보이며 기타 형식은 드물다. 중원문
헌과 비교해 보면 '咸普, 咸俱' 두 가지 형식이 한역불경에서 흔하지
않는 것을 제외하면 기타 형식은 모두 중원문헌에서도 보이며, '咸
共, 咸皆'는 중원문헌에서 자주 보인다.

'俱'조: 주로 '俱共, 俱(具) 悉, 俱皆, 俱咸' 6가지 조합형식이 있다.

諸天及鬼神, **俱共**發聲音。

『佛五百弟子自說本起經』

天寶花香, **具悉**如前, 滿四天下。

『大明度經』卷第二

'普'조: 주로 '普悉, 普皆, 普共, 普俱' 4가지 조합형식이 있다.

如來之功德, 一切**普悉**備。

『僧伽羅利所集經』卷下

是諸眾生見三千世界**普皆**燒盡, 而是世界無所損減。

『自在王菩薩經』卷上

불경연구와 어법학

359

惟願如來, 興隆大哀鐲除所滯, **普共**證明此聖道。

『佛說阿惟越致遮經』卷上

以**普俱**供養, 自歸於世護。

『文殊師利佛土嚴淨經』卷下


이 중 '普悉, 普皆'가 더 조금 더 많이 보이며, '普共, 普俱'는 드물게 보인다. '普皆, 普共'은 또한 동일한 시기의 중원문헌에서도 보이며 중원문헌에는 '普同'이 있기는 하지만 매울 드물다. 시간적으로 보면 '普'조는 대부분 육조시기에 새로 나타난 형식이다. 이 중 '普悉, 普皆'는 후대 한역불경에서 분명한 상승 추세를 보인다.


'共'조: 주로 '共同, 共俱' 및 '同共' 3가지 형식이 있다.


即**共同**詣普光佛所, 見燈照王。

『過去現在因果經』卷第一

謂焰花學志, 來**共俱**往詣迦葉佛。

『慧上菩薩問大善權經』卷下

時諸比丘, **同共**發意。

『生經』卷第三


이 조의 의미특징은 기타 각조와 다르며 주로 '共同, 一起'와 같은 의미를 나타냈다. 이 중 '共同'이 약간 더 많이 보이고, '共俱'가 뒤를

이었다. '同共'은 한역불경에서 매우 적게 보이며 중원문헌에서는
일반적으로 '共同' 대신 '同共'을 사용했다.

　　'盡'조: 주로 '盡皆, 盡共, 盡悉' 3가지 조합형식이 있다.

　　　　一一世界, 一一閻浮提, 恒河沙等, 諸阿羅漢, **盡皆**殺害。

　　　　　　　　　　　　　　　　　　　　　　『信力入印法門經』

　　　　復有眾生至菩薩所, **盡共**圍繞而挑其目。

　　　　　　　　　　　　　　　　　　　　　『十住斷結經』卷第六

　　　　十方天下人, 皆使所求願, **盡悉**得。

　　　　　　　　　　　　　　　　　　　　　『諸菩薩求佛本業經』

　　'盡'조의 출현빈도는 대체로 높지 않으며 그 중 '盡皆, 盡共'은 '盡
悉'보다 더 많이 보인다. 동일한 시기의 중원문헌에는 '盡皆'밖에 안
보였다. '盡皆'의 조합은 한나라시기에 이미 나타났고, 육조시기에
계속 사용되었으며, 송나라시기 이후에는 사용빈도가 가장 높은 조
합형식이 되었으며, 명청시기까지 계속 사용했다.

　　'都'조: 주로 '都悉, 都共, 都皆, 都盡' 4가지 조합이 있다.

　　　　**都悉**率自莊嚴諸土菩薩及諸天人, 悉作天上無量倡樂。

　　　　　　　　　　　　　　　　　　　　　『等目菩薩所問經』卷下

復有恆邊沙佛利人, **都共**供養是輩菩薩摩訶薩。

『摩訶般若鈔經』卷第三

如是念已, 復觀一切, **都皆**空寂。

『禪秘要法經』卷中

此人即時解其鉗　瓔珞衣物, **都盡**持去。

『百喩經』卷第四

'並'조: 주로 '並皆, 並共'이 있지만 매우 드물게 보인다.

**並皆**稱是彼醫名, 是彼醫牛馬。

『大莊嚴論經』卷十五

'僉'조: '僉皆, 僉共' 두 가지 조합형식 뿐이며 매우 드물게 보인다.

**僉皆**喜欲聞, 得地諸行相。

『十住經』卷二

諸天人民, **僉共**娛樂, 俱來聚會, 因是化之。

『度世品經』卷第六

'僉'은 상고한어에 나타난 범위부사로 후대에 거의 사용하지 않았다. 동한시기의 역경에는 '僉皆, 僉共'이 보이지 않았으며, 동일한 시기의 중원문헌에는 '僉皆'이 출현했지만 매우 드물었다.

기타 형식: 주로 '一皆, 率皆, 備悉' 등이 있다.

身及妻子, <u>一皆</u>不惜。

『賢愚經』卷第一

斯諸如來, 盡知王意, 率皆說此清靜法品。

『佛說弘道廣顯三昧經』卷第四

<u>備悉</u>成就, 三十有二, 大人之相, 得八十種, 眾好之容。

『十住斷結經』卷第一

이 중 '一皆'는 중원문헌에서 매우 흔하게 보이며 '並皆' 다음으로 많지만 한역불경에서는 거의 보이지 않는다. 이 시기의 동의연용식 총괄범위부사는 앞에서 언급한 몇 개 외에도 다음과 같은 예가 더 있다.

照彼諸黑暗, 皆悉普使明。

『撰集百緣經』卷六

過去所作一切業行皆悉盡滅。

『奮迅王問經』卷上

從下上至二十八天, 中無空缺, 皆悉遍滿。

『佛說慧印三昧經』

十方菩薩聞, **皆悉共**來集, 爲說無上道。

『思益梵天所問經』卷第一

向者我等**皆共普**見寂寞世界, 如今忽然悉無所有。

『十住斷結經』卷第八

이러한 조합형식의 출현빈도는 모두 매우 낮다. 구성방식으로 볼 때 일반적으로 흔히 보이는 두 개의 동의어 부사를 연용했는데 예를 들면 '皆悉, 皆共, 悉皆, 咸皆' 등이 있으며 다시 하나의 범위부사를 추가하여 조합한 것이다.

출현빈도의 관점에서 보면 새로 나타난 조합형식은 대체로 용례가 매우 적다. 동일한 시기의 중원문헌과 비교하면 한역불경 중의 동의연용식 총괄범위부사는 출현한 조합형식이 많을 뿐만 아니라 사용빈도도 상당히 높았다.

### 6.5.1.3. 당나라시기 불경의 부사

당나라시기는 불교의 전성기로서 이 시기에 번역된 불경의 수량이 가장 많았고, 대량의 언어자료를 남겨 우리가 충분하게 당시의 언어 상태를 관찰할 수 있게 했다. 송상위宋相偉의 「의정 역경의 부사 연구義淨譯經副詞硏究」에서는 당나라 의정義淨이 번역한 불경의 부사에 대한 전모를 묘사했다. 주로『근본설일체유부비나야根本說一切有部毗奈耶』,『근본설일체유부비나야잡사根本說一切有部毗奈耶雜事』,『근본설일체유부비나야약사根本說一切有部毗奈耶藥事』,『근본설일체유부비나야파승사根本說一切有部毗奈耶破僧事』를 조사대상으로 삼았다. 이 중 '시간부사'는 동작행위의 발생 시간, 빈도율 또는 동작의 중복 등을 나타냈다. 통사 구조에서 일반적으로 서술어의 앞에 위치했으며, 때로는 문장의 앞에 위치했으며, 일반적으로 동사성動詞性 서술어를 수식했다. 예를 들면 다음과 같다.

> 兒告母曰"**比來**常云是我之弟, 如何今日忽作婢兒"
>
> 『根本說一切有部毗奈耶』

> 其摩那利白博士曰"此菩薩有大慈悲, 一切妙法願令教之, 及諸童子亦堪教之, 唯提婆達多, **本自**惡性, 無有慈心, 願請博士勿教妙殺之法"
>
> 『根本說一切有部毗奈耶破僧事』

> 商人曰"我**近**至此, 未有交易, 不及即還。有餘知識, 交易已了, 欲歸中國, 仁可隨去, 我今將仁, 投寄知識。"
>
> 『根本說一切有部毗奈耶

의정 대사의 역경에서 동작행위가 이미 완성되었음을 나타내는 부사로는 '常(曾也), 嘗, 既, 曾, 曾經, 既已, 每, 已, 已曾, 已經, 自'가 있었다. 예를 들면 다음과 같다.

> 大臣告曰 : "我不**曾**以此木與人。然我曾見但尼迦苾芻, 作如是語"未生怨王與我此木, 仁當見與。"
>
> 『根本說一切有部毗奈耶』

領諸無量眷屬, 因過其所, 遂不能動, 心大怪愕, "我亦**曾經**處處
遊歷, 未曾有此。"

『根本說一切有部毗奈耶藥事』

諸人答曰：" 我**既已**出, 詣世尊所, 不欲卻回。"

『根本說一切有部毗奈耶藥事』

**每**于先時, 諸方苾芻, 來詣佛所。

『根本說一切有部毗奈耶雜事』

是時月護告難勝：曰"具壽, 可起共修善品。" 答曰："我**已**作了,
疲勞暫息, 汝當起作。"

『根本說一切有部毗奈耶』

王便報曰：" 聖者豈我, **已曾**許給事人耶"

『根本說一切有部毗奈耶』

송상위는 또한 어법 의미상 동작행위 또는 상황이 장차 일어나거
나 또는 발생하는 것을 나타내는 부사로 역경에는 예를 들어 '當, 方,
方欲, 將, 將欲, 且, 且欲, 欲, 便當, 垂欲, 垂將, 當復, 當欲, 當自, 要當'
등이 있다고 했다.

若能爾者, 不久**便當**病癒安樂, 氣力平復, 隨意遊行。

『根本說一切有部毗奈耶』

從夜初分, 及至後夜, 思念不息, **垂欲**天明, 便即昏睡, 都無所覺。

『根本說一切有部毗奈耶破僧事』

爾時辟支迦謂其弟曰：“卻後七日, 汝當報終, 常守此心, 莫令忘
失。七日既滿, 未得果證。**垂將**告謝, 重發誓言, 如前所願。”

『根本說一切有部毗奈耶破僧事』

具壽鄔波離白佛言：“世尊, 若律教等皆不合書者, 于當來世, 諸
苾芻等, 心無持力, 咸多忘念, 于諸緣起, 尚不能憶, 如斯等事,
**當復**云何。”

『根本說一切有部尼陀那目得迦』

의정 대사의 역경에서 새로 생긴 부사의 예를 들면 다음과 같다.

【壯】은 중고시기에 정도부사로 사용되면서 정도가 매우 심하다
는 것을 나타냈으며 '很', '非常'으로 번역할 수 있다. 예를 들면 다음
과 같다.

難陀第二七日, 胎居母腹, 臥在糞穢, 如處鍋中。身根及識, 同居
一處, **壯**熱煎熬, 極受辛苦。於母腹中有風, 自起名為遍觸。

『根本說一切有部毗奈耶雜事』

송상위는 '壯'은 형용사 앞에서 자주 사용되었고 정도가 매우 심
하다는 것을 나타냈다고 했다. '壯'은 형용사로 사용할 수 있으며
'大', '盛'의 의미를 가지고 있다. 『이아·석고일爾雅·釋詁一』에서는
"壯, 大也。"라고 했는데, 후세에 부사로 사용하면서 '매우', '지극히'
의 의미로 확장된 것이다. 이러한 용법은 중고시기에 새로 생겨난
것이며, 중원문헌에도 용례가 매우 많다.

得知中冷不解, 更**壯**濕, 甚耿耿, 服何藥耶?

『全晉文』卷二十二, 王羲之, 『雜帖』

凡人大醉, 酩酊無知, 身體**壯**熱如火者, 作熱湯, 以冷水解。

『齊民要術』笨曲並酒


【盛】 '盛'은 중고시기에 새로 생겨난 부사이며 동사 또는 형용사 앞에 사용하여 정도가 심하다는 것을 나타냈다. '多', '大', '極', '很', '非常' 등으로 번역할 수 있으며 예를 들면 다음과 같다.


既入定已, 閉塞口鼻, 其氣脹滿, 周遍身體, 其身**盛**熱, 猶二力士
執羸弱人, 內于猛火

『根本說一切有部毗奈耶破僧事』


중원문헌에도 용례가 있는데 예는 다음과 같다.


嘗泛舟後池, 番禺侯軌**盛**稱, 此中宜奏女樂。

『南史·梁武帝諸子·昭明太子統傳』


【頓】 '頓'은 본래 동사였으며, 중고시대에는 양태부사로 사용하여 급속하고 갑작스러운 동작을 나타내며 '突然', '立即', '一下子'의 의미를 나타냈다. 나중에는 범위부사로 허화되어 총괄성을 나타내었으며 '전부', '모두'의 의미를 나타내었는데 이러한 두 가지 용법은

의정 대사의 역경에서 모두 구현한 바가 있다. '頓'의 원래 의미는 '머리를 조아리다'의 의미인데 '머리를 조아리다'는 매우 짧은 시간 또는 상대적으로 빠르게 발생하는 동작이기 때문에 '頓'은 매우 쉽게 급속하고 갑작스러운 동작의 의미를 나타낼 수 있었다. 이때에는 '갑자기', '즉시', '단숨에'의 의미를 나타낼 수 있게 된다. 이러한 용법은 한나라시기에 이미 용례가 있다.

> 夫天子之所嘗敬, 眾遮之所嘗寵, 死而死耳! 賤人安宜得如此而
> **頓**辱之哉!
>
> 『漢書·賈誼傳』

의정 대사의 역경에서도 '頓'으로 '갑자기', '즉시', '단숨에'라는 뜻을 나타내는 용례를 발견할 수 있었는데 예를 들면 다음과 같다.

> 于時帝釋觀見下方, 睹是事已, 便作是念"無滅往昔曾以飲食供
> 養烏波利瑟吒辟支佛, 如何**頓**絕其食? 我今應可與其飲食。
> 『根本說一切有部毗奈耶破僧事』
>
> 長者聞已, 作如是念"如婦女言, 非福田也, 我今不應**頓**絕供給,
> 宜設方便, 令其自去" 及至明日, 減其一餅。
> 『根本說一切有部毗奈耶』

위의 '頓'에 관한 여러 예문에서는 모두 양태부사로 사용되었으며 문장에서 부사어로 사용하여 갑자기 또는 곧바로 발생하는 동작을 나타냈다. 그 외에도 의정 대사의 역경에는 '頓'을 '범위부사'로 사용하는 용례도 발견했다.

> 如來告諸苾芻曰"我于提婆達多及羅怙羅, 心生平等, 更無有異,
> 提婆達多, 諸痛苦劇, 皆悉除滅。"作是語已, 時提婆達多眾苦**頓**
> 除, 從死得蘇。
>
> 『根本說一切有部毗奈耶破僧事』

의정대사의 역경에서의 2음절 부사에 대해서, 송상위는 2음절화의 현상은 중고한어 어휘의 중요한 특징 가운데 하나이며 이러한 현상은 부사에도 반영되었다고 주장했다. 선진시기 부사의 2음절화는 맹아 단계에 있었으며, 동한시기 이후 부사는 2음절화 과정이 심화되었으며, 특히 위진육조시기에 이르러 이러한 추세는 더욱 분명해졌다. 당나라시기에 이르러 2음절 부사의 수량은 크게 증가하였고 분포 범위가 더욱 넓어지고 조어는 더욱 완벽해졌다.

당나라 초기에 나온 의정 대사의 역경은 2음절 부사의 수는 물론이고 조어 방식에 있어서도 모두 이러한 특징을 두드러지게 반영했다. 그 외에도 일부 3음절 부사 조합이 있는데 송상위는 대부분 임시적인 성격의 동의연용이며 단어로 고착되진 못했다고 주장했다.

## 6.5.2. 번역가별로 본 불경의 부사

불경의 부사에 대한 연구는 시대를 비교하는 것 외에도 초점을 특정 번역가의 번역특징에 둘 수도 있다. 위의 의정 대사의 부사에 관한 논의도 이 범주에 포함될 수 있다. 그 외에 시량병時良兵도 「지겸 역경의 부사 연구支謙譯經副詞研究」에서 이 관점에서 출발하여 지겸支謙의 부사 사용상황을 관찰했다. 그는 지겸 역경의 부사 체계와 상고한어의 부사 체계에는 큰 차이가 있을뿐만 아니라, 상당히 많은 새로운 뜻과 새로운 단어가 생겨났으며, 전체적으로 수량이 많고, 신구新舊 어휘가 공존하고, 복음절이 많고, 안정적이지 않는 등의 특징을 가지고 있다는 것을 발견했다.

시간부사 측면에서는, 동작의 진행 또는 발생 시간, 빈도 또는 동작의 중복 등을 나타내는 데 사용되었다. 지겸 불경에서 1음절 시간부사에는 '已, 旣, 畢, 訖, 竟'이 있으며 동작의 완성을 나타냈다. 예를 들면 다음과 같다.

> 如來去後, 是法當在釋氏國, 彼賢學<u>已</u>, 轉至會多尼國 ; 在中學<u>已</u>, 復到郁單曰國 ; 在中學<u>已</u>, 卻後我經但欲斷時(案 : 此後佛經如要斷絕的話), 我斯知<u>已</u>。
>
> 『大明度經』

> 譬如人摘生果, <u>旣</u>亡其種, 食之無味。
>
> 『佛說孛經抄』

隨意所欲喜樂, 不違其願也, 浴迄各自去。

『佛說阿彌陀三耶三佛薩樓佛檀過度人道經』

及國人民無數, 皆行詣佛。到已, 作禮畢, 各一面坐。

『佛說孛經妙』

賴吒和羅為父母說經竟, 便飛從天窗中出去, 如猛師子走得脫。

『佛說賴吒和羅經』


또한 '終+不, 終+無'와 같은 예도 있다.


所以者何? 無有盡戒, 至於定慧解度知見, 如來之飯, 終不可盡。

『佛說維摩詰經』

我本生處去此懸遠, 薄佑所致, 遇王暴虐。猶如師子在鹿群中, 終無一念慈善之心。

『菩薩本緣經』


또한 '累, 重, 重複'의 경우에는 반복을 의미했다.


有衣被錢財金銀寶物, 復共憂之, 重思累息, 憂念愁恐。

『佛說阿彌陀三耶三佛薩樓佛檀過度人道經』

晝夜懃加跪拜諸神, 以求福佑。第二第三, 重複入海, 船壞如前。

『撰集百緣經』

시량병은 지겸의 역경에서 복음절 부사가 2음절화 되는 경향이
있는데, 이것은 중고한어 어휘의 큰 특징이며, 이러한 경향은 동일
하게 부사에도 반영되었다고 주장했다. 구체적으로 말하자면 두 가
지 측면에서 반영되었는데, 하나는 일시적인 성격인 동의어 조합이
고, 다른 하나는 대량의 복합어와 파생어의 출현이다. 전자는 임시
성臨時性과 수의성隨意性의 특징을 가지고 있으며 출현빈도는 원래
어근보다 훨씬 낮았으며 또한 대부분은 결국 단어로 고착되지 못했
다. 예를 들면 다음과 같다.

> 遂便, 尋即, 尋便, 旋即, 輒即, 即輒, 則便, 便疾, 更復, 轉更, 轉
> 倍, 極大,其大, 倍益, 最獨, 皆悉, 皆共, 悉皆, 盡皆, 咸皆, 俱皆,
> 都皆, 皆各, 皆俱, 盡悉, 都悉, 悉都, 悉共, 悉遍, 俱共, 共俱, 畢
> 俱, 皆俱, 並共, 並相, 咸共, 咸各, 各共, 各悉, 猶故, 要必, 要當,
> 微密, 常恒, 極殊, 甚深, 橫唐, 隨時

불경에서 '~自, ~復'은 접사로 허화되는 경향이 있어 2음절 부
사를 이루었다. 지겸의 역경에서 이러한 파생어를 예를 들면 다음과
같다.

> ~自 : 尋自, 續自, 極自, 深自, 甚自, 空自, 躬自, 手自
> ~復 : 遂復, 次復, 但復, 都復, 寧復, 況復, 當復, 小復, 即復, 乃
> 復, 皆復

그 외에도 1음절의 중첩으로 2음절 부사를 이룬 것이 있다. 예를 들면 '久久, 忽忽, 日日, 稍稍, 數數, 漸漸, 各各' 등이 있다.

### 6.5.3. 단어별로 본 불경의 부사

불경 부사의 연구에는 위에서 언급한 단대斷代를 중심으로 한 연구와 번역가들을 중심으로 한 연구 외에도 개별 단어를 기반으로 한 관찰연구도 가능하다. 중고한어를 반영하는 불경 부사는 개별 단어의 관점에서 보면 어떠한 특성을 지니고 있을 것인가? 진상명陳祥明은 「중고 한문불전 중의 부사 '敢'中古漢文佛典中的副詞"敢"」에서 그 중의 한 예를 제기하였는데 바로 범위 부사 '敢'이다. 이 단어는 동한시기에서부터 서진시기의 역경에서 집중적으로 나타났으며 동진시기부터 점차 감소하기 시작했다. 예를 들면 다음과 같다.

須菩提知舍利弗心所念, 便語舍利弗言：“**敢**佛弟子所說法, 所成法, **皆**持佛威神。”(전부의 설한 법, 이룬 법)

『道行般若經』

**敢**是佛界中, **悉皆**照明。(온 불계에서)

『兜沙經』

善業知其意而答曰：“**敢**佛弟子所說, **皆**乘如來大士之作。”(모든 불제가 얘기한)

『大明度經』

그 외에도 '敢'은 '所(可)'와 연용할 수 있으며, 이때 '敢'의 총괄부사 용법과 의미는 더욱 분명해진다. 예를 들면 다음과 같다.

莫能譏謗者何? **敢所**興造, 無根原故。(모든 새롭게 만든 일)

『阿差末菩薩經』

計諸二者而無有二, **敢可**頒宣, 皆入一義。(모두 널리 펼 수 있다)

『諸佛要集經』

불전에서 '敢'의 이러한 용법의 분포에는 시간과 지역의 차이가 있다. 중고시기 불전을 시대 순서에 따라 동한, 삼국, 서진, 동진, 십육국, 남조, 북조 7개 시기로 나눈 뒤, 범위부사 '敢'이 이 7개 시기에서의 사용 상황을 살펴보면 '敢'의 총괄부사 용법은 집중적으로 서진시기의 역경에 나타나는데, 총 32번 나타났다. 그러나 동한, 삼국, 십육국의 역경에는 각각 3번, 1번, 4번 나타났으며 동진, 남조의 남방계열 역경에는 나타나지 않았다. 동한, 삼국, 서진, 십육국의 불전의 용례도 모두 북방 승려의 역경에서만 나타났다. 이로써 '敢'의 범위부사 용법은 아마도 중고시기 북방의 특정 방언 중의 요소였는데 불경 번역가들이 중국어를 배우는 과정에서 습득하게 되어 불전문헌에 나타난 것이라고도 추측할 수 있다.

결론적으로 보면, '敢'은 본래 조동사로 사용되었고 의미는 '膽敢/敢於'와 유사했다. 대략 진한秦漢시기부터 시작하여 '敢'의 부사 용법이 생기기 시작했으며 '皆, 悉' 등 단어가 문장 앞의 '敢'과 호응하

게 되면서 이러한 문장형식의 조합관계가 '敢'의 총괄부사 용법을
확립할 수 있게 했다.


## 6.6. 불경의 조사

중국어의 조사는 허사의 일종이다. 구조조사, 시태조사, 어
기조사 세 가지 유형으로 나눌 수 있다. 그 중 중국어의 특징을 가장
많이 지닌 것은 어기조사이다. 예로부터 중국어에서는 풍부하고 다
양한 어기조사를 이용하여 화자의 표정과 상태를 표현했다. 왕덕걸王
德傑은 「초기 한역불전의 어기조사 연구早期漢譯佛典語氣助詞硏究」에서
다음과 같은 몇 가지 유형을 분석했다.


### 6.6.1. 판단어기를 나타내는 '也'

이 부류는 일반적으로 긍정적인 평서문의 문장 끝에 사용
하여 긍정적인 어기를 강조한다. 예를 들면 다음과 같다.

母慈惠難喩, 子孝稀有也。

三國 吳 康僧會譯, 『六度集經』

이 문장은 '효도하는 자녀는 매우 드물다'는 뜻을 나타낸다.

夫人對曰"佛不虛言, 其實如此也。

東漢 曇果共康孟詳譯,『中本起經』

이 문장은 '진실상황은 바로 이러하다'는 뜻을 나나낸다.

또한 부정적인 평서문의 문장 끝에 사용하여 부정적인 어기를 강조하기도 한다. 예를 들면 다음과 같다.

斯雖高智, 然異國之士, 不應納吾國之女也。

三國 吳 康僧會譯,『六度集經』

이 문장은 '우리 여인에게 장가들지 말았어야 한다'는 뜻을 나타낸다.

판단문은 판단사의 유무에 근거하여 판단사가 없는 문장과 판단사가 있는 문장 두 가지 유형으로 나눌 수 있다. 두 가지 유형의 판단문에서 '也'의 구체적인 사용법은 다음과 같다.

'也'가 판단사가 없는 문장에서는 '……者, ……也'형식을 이룬다. 예를 들면 다음과 같다.

梵志師言"一逆夷衛者, 三千日月萬二千天地之中央也。過去來今諸佛, 皆生此地。"

東漢 竺大力共康孟詳譯,『修行本起經』

佛告長者"人功不偏, 所收不等**者**, 地厚薄故**也**"

東漢 曇果共康孟詳譯, 『中本起經』

또다른 한 가지는 '……者也'형식이다. 예를 들면 다음과 같다.

婦喜歎曰"斯**即**無上正真道最正覺**者也**"

三國 吳 康僧會譯, 『六度集經』

또 '……也'형식도 있다. 예를 들면 다음과 같다.

夫虎, 肉食之類**也**。

三國 吳 康僧會譯, 『六度集經』

위진시기 이전의 전통 문헌에서 이러한 유형의 문장형식은 항상 판단사가 없는 문장에서 지배적인 지위를 차지했다. 아마도 모든 형식에서 모두 '者'로 어기 휴지를 나타내면서 주어와 서술어를 분리하였고, 게다가 '者'의 문법작용이 '也'보다 중요하지 않았으므로 '者'는 쉽게 탈락하였을 것이다. 그리하여 '也'는 상대적으로 자유롭게 보여 판단문의 주류 형식이 된 것이다.

또 한 가지는 '주제+是+설명+也'형식이다. 예를 들면 다음과 같다.

構利剎帝有二女, 時在後園池中沐浴, 菩薩擧手指言"**是**吾世世
所生母**也**, 當往就生。"

　　　　　　　　　　　東漢 竺大力共康孟詳譯,『修行本起經』

迦葉五百弟子人事三火, 合事千五百三火, 明旦然之, 火了不然,
怪而白師, 師言"**是**大沙門所爲**也**!"

　　　　　　　　　　　西晉 竺法護譯,『佛說普曜經』

　이런 유형의 문장형식은 거의 사용되지 않았다. '是'는 지시대명
사로 앞부분은 주제이고 뒷부분은 설명이며 문장의 끝에는 '也'로
결말을 맺어 판단의 어기를 나타냈다.

　왕덕걸은 초기의 역경에서 진술어기조사 '也'의 용법을 상고한어
와 동시대 중원문헌과 비교했을 때 다음과 같은 특징을 나타낸다고
했다.

　첫째, '也'의 전체 사용량과 사용빈도를 상고한어와 비교했을 때
감소하는 추세를 보이고 있으며 중고시기, 동시기 본토문헌과 비교
해도 감소하는 추세를 보이고 있다.

　둘째, '也'는 비록 용례가 줄어들었지만 생명력은 여전히 상대적
으로 강했다. 기능은 비교적 전면적이고 용법은 여전히 광범위하다.
평서문에서 판단, 논단 및 긍정적 어기를 나타낼 수 있을 뿐만 아니
라 의문, 명령, 감탄 등 각종 문형에서 사용하여 각각의 어기를 강조
했다. 특히 의문문에서 '也'는 상고시기의 용법을 계승하여 특지의

문문과 반어문에서 광범위하게 사용할 수 있을 뿐만 아니라 시비의
문문, 심지어는 반복의문문反復問句에서도 사용할 수 있었지만 선택
의문문에서의 용례는 발견하지 못했다. 이것은 '也'의 적용범위가
이전보다 확대되었고, 의미표현기능도 강화되었음을 반영했으며
동시에 불경의 어기조사의 전반적인 계승과 발전 양상을 반영했다.

셋째, '也'의 판단 어기 기능은 다소 하락하였는데 근본적인 원인
은 판단사 '是'가 광범위하게 사용되면서 '也'의 이러한 기능을 크게
약화시켰기 때문이다.

## 6.6.2. 서술어기를 나타내는 '矣'

아래에서는 계속하여 불경의 기타 서술어기조사 '矣', '焉',
'爾', '耳', '夫', '哉'를 살펴보겠다.

'矣'자를 예로 들면 다음과 같다.

> 父驪馬追兒, 已為灰矣。
>
> 三國 吳 康僧會譯, 『六度集經』

> 烏曰 : "龍盜之矣 吾勢無如, 今在海中大洲之上…"
>
> 三國 吳 康僧會譯, 『六度集經』

장차 일어날 일을 나타내는 평서문의 끝에 사용하여 장차 일어날
일 또는 일어날 수 있는 상황을 예측하는 것을 나타냈다. 예를 들면

다음과 같다.

> 曰 : "子有奴使, 妾不行汲若其如今, 吾去子**矣**"婿曰"吾貧緣獲
> 給使乎"
>
> 三國 吳 康僧會譯,『六度集經』

　　왕덕걸은 '矣'가 역경에서의 사용량이 급격하게 줄어들고 기능이
축소하게 된 주요원인은 다음과 같다고 주장했다.

　　첫째, 불경 문체의 제한과 배척 때문이다. '矣'가 문언문의 색채
를 띠기 때문에 일반적으로 구어성이 상대적으로 강한 문헌은 '矣'
를 거부하거나 적게 사용하거나 또는 사용하지 않는 것을 기본원칙
으로 삼았는데 불경이 바로 이러한 상황에 해당한다. 이 점은 '也'의
전반적인 수량 감소의 원인과 유사하다.

　　둘째, 언어 내부기제의 조정때문이다. 언어의 발전에는 지속성持
續性과 점변성漸變性[점차 변하는 성질]을 지니고 있으며 동시에 간결성
簡潔性도 지니고 있다. 사회와 언어의 발전에 따라 한 단어가 다른 단
어와 동일한 문법기능을 파생하게 되는데, 이렇게 되면 언어체계 내
부에 동일한 문법기능을 지닌 두 개의 단어가 공존하는 상황이 발생
하게 되며 또한 일정기간동안 지속하게 되는데 이것이 바로 언어발
전의 점변성漸變性이다. 그러나 언어발전의 간결성은 언어체계 내부
에 장기적으로 같은 의미가 공존하는 현상을 허락하지 않기 때문에

경쟁, 심지어는 도태의 문제가 발생하게 된다. 만약 이 시기에 '也'에 사태의 변화를 나타내는 용법이 새로 생겨나고 매우 광범위하게 사용하게 된다면 이러한 활력을 지닌 새로운 용법은 점차 합쳐지게 되며, 심지어는 본래 '사태의 변화를 나타내는' '矣'를 도태시키게 된다.

셋째, 동시기 새롭게 떠오르던 '耳'의 용법은 '矣'를 밀어내게 되었는데 이는 "矣"의 쇠락과 소멸을 가속화했다.

### 6.6.3. 제시어기를 나타내는 '爾'와 '焉'

그 외에도 제시어기를 나타내는 '爾'와 '焉'이 있다. 왕덕걸은 초기 역경에서 '爾'의 용법은 기본적으로 상고시기로부터 이어졌으며 '爾'는 원래 지시대명사로 '이러하다'의 의미였다고 했다. 문장 끝에서 주로 사용했기 때문에 지시작용이 허화되면서 어기조사로 변한 것인데 이 점은 '焉'과 매우 유사하다. 어기조사 '爾'는 불경에서는 주로 평서문과 의문문에 사용되었다. 평서문에서 사용된 예는 다음과 같다.

> 聞單語, 甜美法, 渴飮飽, 如流海取法**爾**, 有何非審奉行, 到彼安
> 說議斷, 後不思, 聞尊聲, 眼每滅。
>
> 三國 吳 支謙譯, 『佛說義足經』
>
> 昔有老公, 語諸子言"今我家業, 所以諧富, 由此樹神恩福故**爾**,

今日汝等, 宜可群中取羊以用祭祠。”

北朝元魏 慧覺等譯, 『賢愚經』

초기 역경에서 어기조사 '焉'은 주로 평서문의 끝에 사용되어 제시어기를 나타냈다. 두 가지 상황으로 나눌 수 있는데 첫째는 제시와 지시 역할을 겸하고 있으며 '於此'로 번역할 수 있다. 예문은 다음과 같다.

答曰 : “子遠來求兒, 吾無違心” 太子呼<u>焉</u>, 兄弟俱矣, 又相謂曰 : “吾父呼求必以惠鬼也。”

三國 吳 康僧會譯, 『六度集經』

둘째는 '焉'은 제시어기로만 사용되며 지시 역할을 하지 않는다. 예를 들면 다음과 같다.

九親驚曰“古世之來未聞幼孩而爲斯雲, 將是天龍鬼神之靈乎當葡之<u>焉</u>。”

三國 吳 康僧會譯, 『六度集經』

### 6.6.4. 어기를 나타내는 '耳', '夫', '哉'

불경에는 또한 어기조사 '耳', '夫', '哉'가 있다. '耳'는 제한된 어기를 나타내며, 현대한어의 '而己', '罷了'에 해당하는데, 이것은

'耳'의 가장 중요한 용법이다. 초기 역경에서 '耳'이 어기조사로 사용
되는 용법은 다음과 같다.

> 曰 : "唯欲得吾珠**耳**"諸神還其珠。
>
> > 三國 吳 康僧會譯, 『六度集經』

> 時王答言 ; "我從生來, 未曾勸人而為惡事。今此身者隨汝自祈,
> 是身可惡, 猶如糞坑, 實不愛之, **但**憐憫汝墮地獄**耳**。"
>
> > 三國 吳 康僧會譯, 『六度集經』

위의 문장에서 '耳'와 범위를 나타내는 부사 '唯', '但' 등이 결합
하여 서술한 내용의 관련 범위가 제한적임을 나타냈는데 일종의 범
위를 제한하는 어기로 볼 수 있다.

'耳'는 단독으로 제한의 어기를 나타내기도 한다. 예를 들면 다음
과 같다.

> 女即問 : "王體力不安, 何故不樂"父言"坐汝令吾憂**耳**"女言"云
> 何為我"
>
> > 東漢 竺大力共康孟詳譯, 『修行本起經』

'耳'는 논단과 긍정 어기를 나타내는데, 용법은 '也'와 동일하지만
어기가 더 가볍다. 이러한 용법은 역경에서도 널리 사용되었는데 예
를 들면 다음과 같다.

是身久應陷入此地, 所以遷延得至今日, 實賴仁者執持故耳

三國 吳 支謙譯, 『菩薩本緣經』

烏云 : "彼有白珠, 其價甚重, 汝殺取其珠, 吾欲食其肉, 故笑之耳"

三國 吳 康僧會譯, 『六度集經』

愚謂大王欲奪吾位, 故相擾耳。

三國 吳 康僧會譯, 『六度集經』

'耳'는 판단어기를 나타내는데, 용법이 판단문의 판단어기조사와 비슷하다. 예를 들면 다음과 같다.

迦葉夜起, 占候見火, 明旦詣佛所曰 : "亦事火乎" 佛言 : "不也, 昨夜四王自下聽經, 是其光耳。"

西晉 竺法護譯, 『佛說普曜經』

'耳'자의 기능은 점차 확장되면서 '矣'의 사용영역을 침범하기 시작했으며 동태변화와 이미 발생한 사실을 나타냈다. 예를 들면 다음과 같다.

答其妻曰 : "以吾佈施虛耗國內, 名象戰寶以施怨家, 王逮群臣惠逐我耳。"

吳 康僧會譯, 『六度集經』

이 문장에는 분명한 어법표지가 없지만 문장의 의미에 따라 '耳'가 이미 발생한 사실을 나타내고 있다는 것을 알 수 있다. 아직 발생하지 않은 사실을 나타내는 예는 다음과 같다.

> 吾今當七分爾屍, 以謝七王耳。
>
> 三國 吳 康僧會譯, 『六度集經』

'耳'이 어기조사로 쓰이는 경우는 불전에서 사용빈도가 비교적 높다. 불전의 '耳'는 어기를 제한하는 상고한어의 용법을 계승했을 뿐만 아니라 더욱 발전했는데 주로 두 가지 측면에서 나타났다. 첫째, '耳'를 '也'처럼 사용하여 논단, 긍정어기를 나타냈고 용법도 광범위했다. 둘째, '耳'의 기능이 확장되어 '矣'와 비슷하게 사용되면서 사태의 변화를 나타내기 시작하였다.

'焉', '夫', '哉' 등 여러 어기조사가 불전에서 가지고 있는 공통적인 용법 특징은 기능과 용법이 단일하며 점차 약화되어 가는 상태라는 것이다. '焉'은 오직 평서문의 끝에서 제시어기를 나타내고, '夫'는 오직 문장의 앞에서 발어사發語詞로 사용되었으며 논의의 시작을 나타내며, '哉'는 오직 반문어기의 감탄문 끝에 사용되었으며 '快哉, 奇哉, 善哉'와 같이 여러 간단하고 짧은 어구의 뒤에 집중적으로 나타났다. 특히 '善哉'는 이미 고정된 형식으로 고착되어 불전에서 가장 일반적인 용법이 되었다.

### 6.6.5. 어기를 나타내는 '者'

그 외에 어기조사 '者'를 살펴보고자 한다. 예는 다음과 같다.

時貧人**者**, 吾身是**也**。

三國 吳 康僧會譯,『六度集經』

이러한 용법은 간단할 뿐만 아니라 판단문에 집중적으로 나타나며 상고한어와 비교해보아도 별로 변화가 없다. 또 하나의 용법은 복문에 사용된 것인데 선행절에서 현상 또는 사실을 이야기한 다음 '者'자로 분리하고 후행절에서 주된 설명을 하며 대부분 '也'자를 사용하여 마무리했다. 예를 들면 다음과 같다.

爾時鹿王, 即向諸鹿而作是言"汝等莫愁, 王今所以來至此**者**, 正爲我身, 不爲汝**也**。"

三國 吳 支謙譯,『菩薩本緣經』

### 6.6.6. 시도어기를 나타내는 '看'

현대한어의 '試試看, 摸摸看'에서의 '看'은 시도태 조사로, 많은 학자들이 이에 대해 논의해왔다. 장기빙蔣冀騁, 용국부龍國富는 「중고 한역불경 중 시도태 어기를 나타내는 '看' 및 그에 대한 통시적

고찰中古譯經中表嘗試態語氣的"看"及其歷時考察」에서 시도어기를 나타내
는 중고시기 역경의 '看' 용법을 분석했으며 위진남북조시기의 한역
불경에서 시도어기를 나타내는 '看'의 예문 17건 즉 試看(10번), 試彼
心看, 但說看, 少忍耐看, 嗅於手看, 唱看看, 思量看, 嘗看(2번), 試著看
(2번), 淘看, 抖擻看, 試我手看, 舒張看(3번), 舒張抖擻看(5번), 安鍮壯看,
捫摸臥處看(2번), 揚看 등에 대해 분석했다.

> 婦報夫言：汝若能與我隨心願, 我當說之。若不能者, 我何假
> 說? 夫複答言：汝但說看。若可得理, 我當方便, 會覓令得。
>
> 隋『佛本行集經』, T3, p798b

> 若淨人不知市價, 比丘當先教, 以爾所物買是物, 應教此物索幾
> 許, 汝好思量看。
>
> 姚秦『十誦經』, T23, p53a

'看'은 시탐試探의 어기를 나타내며 동목구조의 뒷부분에 부착되
어서 'V+O+看'형식을 이룬다.

> 精舍中庭前沙地有眾鴿鳥, 在中戲食。時尊者優陀夷見鳥已, 即
> 語長壽：借我弓箭, 試我手看。答言：可爾。
>
> 東晉『摩訶僧祇律』, T22, p377a

> 王言：將去截其小指。爾時有司速將罪人急截其指。恐王有悔,
> 時王即自試咬指看, 痛殊難忍, 即便遣信, 敕語大臣：莫截彼指。
>
> 東晉『摩訶僧祇律』, T22, p242c

'看'은 시탐의 어기를 나타내며 주어는 1인칭 또는 2인칭을 사용하여 주어가 장차 특정 행위나 동작을 시도할 것임을 나타낸다. '看'은 '試'부류의 동사 또는 이러한 동사를 서술어로 하는 동목구조의 뒷부분에 배치하는데 예를 들면 '我試彼心看', '試我手看'이 있다. 이러한 상황은 화자가 특정 사건 또는 특정 문제에 바로 대답할 수 없을 때 먼저 시도해보겠다고 요구하는 의미를 나타낸다.

> 爾時長老難陀聞佛如此語已, 手持此香, 於一刻間還放地上。爾時佛告長老難陀 : 汝今當自嗅於手看。爾時難陀聞佛語已, 即嗅自手。
>
> 姚秦『佛本行集經』, T3, p914c

의미상으로 보면 '看'의 의미는 이미 허화되어 일종의 시도어기만 나타낼 뿐이다. 형식상으로 보면 '看'에는 다음과 같은 특징이 있다. 첫째, 대부분 1음절 또는 2음절 동사의 뒤에 부착되고 일부는 동목구조의 뒤에 부착된다. 둘째, '看'의 뒤에는 음성 휴지가 있다. 게다가 대부분 문미의 휴지이다. 셋째, '看'의 앞에는 수식어가 없고 뒤에도 목적어, 보어 등의 성분이 없다. 위의 상황에 따르면 '看'은 분명히 더 이상 동사가 아니며, 동사 '看'과 의미가 다를 뿐만 아니라 형식에 있어서도 매우 다르며, 이미 시도를 나타내는 어조사가 되어 있다고 보아야 한다.

장기빙, 용국부는 시도어기를 나타내는 '看'의 출현 및 문법화 과
정은 어휘의 의미가 허화된 것으로부터 시작되었고, '보다'는 의미
에서 '시범적으로 하다'는 의미로 변하고, 다시 시도를 나타내는 어
기로 변화했는데, 변화 시기는 대략 남북조시기라고 주장했다. '看'
은 본래 동사로 사용되어 '보다'는 의미를 나타냈으며 위진남북조시
기에 보편적으로 사용되었으며 그 비율은 86%로 절대적인 우세를
차지했다. 예를 들면 다음과 같다.

> 汝等觀此跋難陀釋子, 乃手自作維自看織師織作三衣。
>
> 元魏『賢愚經』, T4, p414b

> 女復白言 : 願王往看, 王尋往視, 審是太子。
>
> 元魏『賢愚經』, T4, p414b

이 시기에 동사 '看'은 '보다'는 의미에서 '시도해 보다'는 의미가
파생되었다. 이것은 '看'이 구어자료에서 시각적인 동작에서 더 광범
위하게 사용되면서 그 사용범위가 단지 시각을 나타내던 것에서 모
든 감각기관의 시도해보는 동작으로 확대되어 '시범적으로 하다'는
의미를 갖게 되었기 때문이다. 이러한 용법은 위진남북조시기에 비
교적 유행했으며 10%의 비율을 차지했다. 예를 들면 다음과 같다.

其家有機, 讓比丘坐, 即坐小待, 複起以指內釜中, **看**湯熱不。即

語言 : 湯已熱, 可著繭。

『摩訶僧祇律』, T22, p308a

언어환경에서 제공하는 전제조건인 '以指內釜中'에 따르면 뜨겁거나 차가운 것을 테스트하는 것은 시각이 아니라 촉각에 의지하는 것이다. 따라서 위 예문의 '看'은 눈으로 관찰하는 것이 아니라 '테스트'를 가리키고 있다는 것을 알 수 있다.

時淨飯王, 作是思惟, 今我太子, 端正少雙, 未知其力, 竟複何

如。今可試**看**, 驗其強弱。

隋『佛本行集經』, T3, p703a

위 예문의 '看'은 앞의 동사 '試'와는 같은 의미의 연용으로, 일반적으로 '테스트'를 가리킨다. 이 시기에는 2음절이 대량으로 발전했기 때문에 이러한 형식은 불경에서도 다수를 차지하며 '시도하다'는 의미를 가진 기타 동사와 광범위하게 연용할 수 있었다. 예를 들며 다음과 같다.

婦來見夫, 欲共其語, 滿口中米, 都不應和。羞其婦故, 不肯棄

之, 是以不語。婦怪不語, 以手**摸看**, 謂其口腫。

蕭齊『百喻經』, T4, p554b

婆羅門不信是糞, 以手**探看**, 遂作一孔, 年歲雖久, 糞猶不爛。

『洛陽伽藍記』卷五

장기빙, 용국부는 동사 '看'은 시각적인 행동을 나타내는 '보다'에서 일반적으로 감각기관의 '시범적으로 하다'를 가리키는 것으로 변화했으며 다시 시도어기로 추상화되었다고 주장했다. 이러한 상황의 변화는 다음과 같이 도표로 나타낼 수 있다.

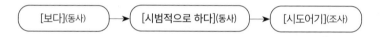

시도어기를 나타내는 '看'의 허화 전제조건에 대해 장기빙, 용국부는 "이 조건은 바로 통사구조와 어휘의미의 변화이며, 통사환경과 어휘의미의 변화는 한 단어의 '문법화'를 유발하는 두 개의 필수조건이다."라고 말했다.

첫 번째 단계에서 '看'은 '看+O'(1음절)와 병렬식 'V+看(+O)'(2음절) 통사구조에 사용되었다. '看'은 '보다'를 나타내며 동사는 가장 먼저 '보다'의 의미가 있거나 은연중 '보다'의 의미를 내포하고 있는 동사의 뒤에만 출현한다. 나중에 동사의 제한이 좁아지기 시작하여 '시범적으로 하다'는 의미를 나타내는 동사 또는 '시범적으로 하다'는 의미를 내포하고 있는 동사의 뒤에도 사용할 수 있게 되었다. 이러한 두 가지 상황은 문헌에서 함께 사용할 수 있었고, 때로는 두 가지 구조 모두 목적어를 가지고 있었다.

두 번째 단계에서 '看'은 여전히 첫 번째 단계와 동일한 통사구조 였지만 어휘의미가 추상화되었다. 시각적인 동작에서 일반적으로 '시범적으로 하다'를 가리키는 뜻으로 변화하여 허화의 토대를 마련 했다. 동사의 범위는 주로 오감에 집중되어 있다. '看'을 2음절 동사 의 뒤에 사용할 때 앞의 동사와 의미가 겹치면서 동사성이 약화되었 다. 이러한 상황에서 '看'의 문장 속 의미는 보조적인 지위에 처하게 되면서 '看'의 어휘의미가 더욱 허화되도록 했다. 이것은 "언어에서 특정 구성요소가 나타내는 의미가 만약 그다지 두드러지지 않는다 면 그것이 나타내는 의미는 쉽게 사람들의 인상에서 점차 사라져 버 릴 수 있다…"는 것이 원인이다. 또한 '看' 앞의 2음절 동사는 때로 는 여전히 목적어를 가지고 있었다.

세 번째 단계에서 '看'의 통사구조는 이전에 비해 큰 변화가 생겼 는데, 바로 'V+看', 'V+O+看' 또는 'V+C+看'이다. 이 단계에서 '看' 은 질적인 비약이 있었고, 어기사로 허화되었으며, 다음과 같은 중 요한 어법특징도 나타났다. 즉, '看'의 통사적 위치는 문미이며, 어휘 의미는 하나의 어법성분으로 고도로 허화되었으며, 일반적으로 명 령문에서 사용했다.

다시 말해, 동사 '看'은 'V+看(+O)/看+O'의 통사구조의 조건에 서 시각적인 행위의 '보다'에서 사용범위를 확대하여 모든 감각기관 으로 시도하는 행위를 나타내는 것으로 추상화되었다. 이러한 어휘 의미의 변화는 그에 상응하는 통사구조의 변화도 촉진하여 'V+看/

V+O+看/V+C+看'로 되었으며, '看'은 동사에 목적어를 가지고 있
던 형식에서 문장의 끝에 목적어가 없는 오직 시도만 나타내는 어법
성분으로 변했다.

   엘리자베스 트라우곳E.Traugott의 어법이론에 따르면, 문법화의 과
정에서 어휘의미의 변화요인은 현실에 대한 외부묘사가 지각평가
에 대한 내부묘사로 변한 것일 수 있다. '看'의 어휘의미는 눈으로
사물을 바라보는 것에서 오감의 감각으로 시도해 보는 것으로 바뀌
었다. 이를 바탕으로 의미는 더욱 허화되어 시도만 나타내는 어기
로 변했다. 이러한 어휘의미의 변화는 '看'이 문장에서의 조합관계
와 어법기능에 상응하는 변화가 생기도록 촉진하였는데, '看'이 주
요동사로 사용되어 목적어를 가질 수 있던 것에서 서술어의 성분 뒤
에 부착하여 더 이상 목적어를 가질 수 없는 것으로 변했다. 이러한
변화의 상호작용은 '看'의 어휘의미의 추상화가 어느 정도에 이르게
촉진한 뒤 어휘의미의 허화를 일으켜 결국 단지 시도어기만을 나타
내는 어법단위로 변화하도록 했다.

   장기빙, 용국부는 시도어기를 나타내는 '看'의 발전변화도 분석
했다. 위진남북조시기 "看"은 시도어기를 나타내며, 그 주어에는 1
인칭과 2인칭이 있었고, 구조는 'V+看'과 'V+O+看' 두 가지가 있었
다. 당나라시기에도 계속 사용하였을 뿐만 아니라 점차 발전했다.
예를 들면 다음과 같다.

到惠能所禮拜, 但聽莫言。吾使汝來, 所聽意旨記取, 卻來與吾
說**看**。

『六祖壇經』

鄔波難陀日 : 試喚來**看**, 即便喚至。

義淨,『根本說一切有部毗奈耶經』, T23, p746c

오복상吳福祥의『돈황변문 어법연구敦煌變文語法研究』에 따르면
『돈황변문집敦煌變文集』의 시도어기조사 '看'은 1음절 동사 뒤에 부
착된 '看'과 '看看' 두 가지 형식이 있으며, 사실『돈황변문집』이전
에 이미 이러한 종류의 변화가 나타났다고 한다. 예를 들면 다음과
같다.

鬼魅所著悶絕躄地, 置於四衢, 以白? 覆來者令唱**看看**。

唐輪波迦羅譯,『蘇磨呼童子請問經』

송대 '看'의 용법은 만당 오대의 기초에서 더욱 발전했다. 예를 들
면 다음과 같다.

爾試將一卷放在閑處**看**, 他有感應也無。

『佛果圜悟禪師碧岩錄』

若未切不得掠虛, 卻須退步向自己根腳下推尋**看**, 是個甚麼道理。

『景德傳燈錄』卷十九

이 시기에는 주로 다음과 같은 특징이 있다.

(1) 사용빈도가 증가했다. 『경덕전등록』에 총 86번 나타났다.

(2) 동목구조, 동보구조가 더욱 복잡해졌으며 동보구조 앞에 다시 부사어가 나타났다.

(3) 동사의 2음절 형식이 증가했으며, 『경덕전등록』에 총 9번 나타났다.

(4) 겸어문兼語句의 행위자에 3인칭이 나타났다. '看'은 직접 전체 문장의 주어가 3인칭인 문장에 나타나지 않고 겸어兼語에서 하나의 성분으로 나타났다.

송대에는 이미 'V—V看'의 형식이 나타나기 시작했다. 예를 들면 다음과 같다.

> 師欣然出眾日 : 和尚試**輥一輥看**。
>
> 『五燈會元』卷十九

원빈袁賓의 「『오등회원』 구어 어휘의 의미 탐색『五燈會元』口語詞探義」을 통해서 제시한, 『오등회원五燈會元』에서 발견한 하나의 사례를 제외하고 이전의 語錄에서도 하나의 사례가 있었다.

底事人人皆具, 但向前為我討一討看。

『宏智禪師廣錄』卷五

　　장기빙, 용국부는 'V一V看'형식은 동사의 'V一V'형식에서 유래
된 것이라고 했다. 예를 들면 다음과 같다.

院云 : 既從許州來, 因甚卻有江西剃刀。思明把院手搯一搯。院
云 : 侍者收取。思明以衣袖拂一拂便行。

『佛果圜悟禪師碧岩錄』

　　위 예문의 'V一V'형식은 당 오대시기에는 많지 않았지만, 송나라
시기의 선종어록에는 많이 보인다.


## 6.7. 불경의 개사

### 6.7.1. 개사란 무엇인가?

　　중국어의 개사介詞는 허사의 일종으로 독립적으로 사용할
수 없으며, 일반적으로 명사성 목적어와 결합하여 '개빈구조介賓結構
[개사-목적어 구조]'를 형성하여 수식성분으로 사용하는데, 다른 동사나
형용사를 수식한다. 부사어나 보어로 쓰이면서 시간, 장소, 도구, 물

건 등을 나타낸다.

## 6.7.2. 초기불경의 개사 양상

불경 개사에 관한 역대 연구는 상당히 많았다. 초기불경의
개사와 관련하여, 방봉란方鳳蘭은 「축법호 역경의 복음절 개사 연구竺
法護譯經複音介詞硏究」는 서진 축법호의 역경을 분석하였으며, 특히 2
음절 개사에 주의를 기울였다. 2음절 개사가 중국어 어휘가 1음절을
위주로 하던 것에서 2음절을 위주로 하는 것으로 바뀌는 전반적인 발
전 방향과 추세를 보여주었으며 또한 현대한어의 2음절 개사를 위해
토대를 마련했기 때문이다.

구체적인 특정사례 연구의 관점에서 볼 때, 한편으로 축법호 역
경은 일부 불경문헌의 특유한 2음절 개사를 반영했다. 예를 들어,
'持用', '由從', '從緣' 등의 2음절 개사는 본토문헌에서는 사용한 흔
적이 보이지 않았는데, 이는 일부 2음절 개사의 어떤 특정 어법기능
은 불경문헌에서만 고유한 것이라는 것을 반영했다. 예를 들면 '在
於', '向於'가 관련된 물건을 이끌어내는 용법은 불경문헌에서만 사
용된다. 다른 한편으로는 축법호 역경에는 일부 2음절 개사의 특수
한 용법이 나타났는데 예를 들면 '自從'을 예전 사람들은 단지 시간
만 이끌어낼 수 있다고 여겼다. 하지만 역경에서 '自從'은 동작 행위
의 시작점을 이끌어낼 수도 있었다. 그 외에 오직 역경에서만 사용
한 2음절 개사에는 예를 들면 '在著, 著於, 因從, 依著' 등이 있다.

방봉란의 통계에 따르면 축법호의 역경에는 35개의 2음절 개사
가 출현했다. 또한 불경의 용례를 열거했는데 그들은 각각 다음과
같다.

## 1) 장소를 나타내는 개사

### 【從由】

能曉醫道, 風寒, 熱病, 瘡痍, 少小以何療之? 知日月道所**從由**
行, 其色所變皆為何應?

『行道地經』卷六, 15/221/a

### 【從緣】

暢達五陰所**從緣**起, 是曰習諦。

『阿差末菩薩經』卷四, 13/597/a

‘當’은 선진시기에는 주로 시간을 나타냈으며, 한나라시기 이후
에 발전하여 장소를 나타내는 기능이 나타났다. ‘當於’에 장소를 나
타내는 기능이 새로 생겨난 것은 삼국시기부터였다.

佛言：“正使各有應儀隨是行念, 緣一覺隨是行念；各有闓士大
士於城外行遠離, 一切惡不得犯。若**當於**獨處樹間閑止, 了行闓
士大士法, 我樂使作是行, 不使遠行, 到絕無人處, 於中止。持是
遠離, 當晝夜勤行, 是故言行遠離。**當於**城傍, 我所說法如是。

爾時弊邪當往教, 行遠離法, 語之。若當於獨處樹間止, 當作是
行。

吳 支謙,『大明度經』卷五, 8/499/a

### 【因從】

佛即聽之宣揚道義, 即於佛前從座而興, 高四百里, **因從**毛孔悉
放光明, 普照世界, 自然化生微妙蓮華。

『佛昇忉利天為母說法經』, 17/797/c

### 【在著】

時見古世一親親人, 而為債主所見拘繫, 縛**在著**樹, 而不得去。

『生經』卷四, 3/98/b

### 【著於(於)】

生縛貴姓三萬人, 埋**著於**地, 但令頭現, 驅迫群象。

『佛說琉璃王經』, 14/785/a

## 2) 시간을 나타내는 개사

### 【臨當】

**臨當**上船, 更作教令, 欲捨父母, 不惜妻子, 投身沒命, 當共入海,
所以者何?

『生經』卷一, 3/75/c

## 【向於】

於時彼奴向於夜半, 人見斷絕, 即奔走前, 攊捶梵志。

『生經』卷五, 3/104/b

## 【在於】

如是濡首, 為諸菩薩眾會者, 在於中夜說菩薩藏經典祕要, 廣分
別演誼歸所趣。

『文殊支利普超三昧經』卷上(一名阿闍世王品), 15/418/b

## 【至到】

從一歲死, 至到百歲, 雖復長壽, 會當歸盡也。

『修行道地經』卷一, 15/189/a

## 3) 대상을 나타내는 개사

## 【緣從】

或有學者, 超越千四, 或有至三, 或於二住, 緣從導師, 聞是經典,
當得佛道, 顯第一誼。

『正法華經』, 9/115/c

## 【及與】

又問：“如是等習凡夫愚戇, 及與賢聖無差別乎？”

『持心梵天所問經』卷二, 15/11/b

## 4) 방식과 의존을 나타내는 개사

### 【依因/因依】

'因依', '依因'은 같은 형태소가 다른 순서로 된 단어로, 어법기능과 어법의미가 동일하다.

> 如眾水流行, 周於閻浮提, 無所不通徹, 普潤于大地, 山陵草眾木, 五穀**依因**生。
>
> > 『佛說如來興顯經』卷二, 10/602/c

> **因依**一切法, 多所而開導。
>
> > 『佛說阿惟越致遮經』卷三, 9/220/a

### 【以用】

'以'자를 『광운廣韻』에서는 "用也"라고 했고, '用'은 "以也"라고 했다.

> 仁和無二, **以用**勸助, 因發道意, 是曰忍辱。
>
> > 『劫經』卷二, 14/19/c

### 【因緣】

> 又問溥首："**因緣**吾我成就平等, 比丘由是不獲果耶?"
>
> > 『持心梵天所問經』卷二, 15/18/c

'因緣吾我成就平等'은 '我'에 의지하여 평등을 이룬다는 의미이다.

**【以用】**

> 以用親族穢, 生心相誹謗。

> 『賢劫經』卷一, 14/8/a

**【因用】**

> 從三昧起, 不復定意亦無正受, 以能慕樂, 志立道業, 而以禪思,
> 因用自娛, 不須仰人。

> 『持人菩薩經』卷三, 14/636/a

**【由以】**

> 何謂定覺意? 由以意定, 達了諸法, 分別聖慧。

> 『阿差末菩薩經』卷七, 13/609/a

### 6.7.3. 동진이후 불경개사의 변화

동진시기 이후의 개사에는 또 약간의 변화가 생겼는데 주옥요周玉瑤는 「(동진)『마하승기율』의 장소개사 연구(東晉)摩訶僧祇律處所介詞研究」에서 특별히 '장소개사'에 대해서 관찰하고 분석했다.

『마하승기율摩訶僧祇律』은 총 40권으로 동진시기의 법현法顯과 불타발타라佛馱跋陀羅가 공동 번역했다. 옛날 법현은 "율장律藏이 부족함을 개탄하여, 홍시弘始 원년(399) 기해己亥에… 천축에 가서 계율의

책을 구해오기로 했다." 그리하여 "산스크리트어본을 필사하여 얻
은 후 양주揚州로 돌아왔다. 진晉의 의희義熙 12년(416), 세歲는 수성壽
星에 있었다. 11월에 문장사門場寺에서 출발하여, 14년 2월말에 도착
해서 진秦을 위해 선사禪師와 함께 산스크리트어본을 번역하였다."
라고 했다. 여기에서 '선사'는 바로 불타발타라를 가리킨다.

법현은 상고시기의 장소개사를 계속해서 사용한 것 외에도 중고
시기에 새롭게 생겨난 장소개사를 총 10개 사용했다. 예를 들면 다
음과 같다.

若船主繫船著岸邊。

『摩訶僧祇律』卷三

長老比丘, 依王舍城住。

『摩訶僧祇律』卷三十

諸比丘多於城中寄衣, 畏火燒衣故, 急走向城。

『摩訶僧祇律』卷八

수나라시기에 이르러 불경의 개사는 계속하여 발전했으나 이전
시대와 완전히 같지는 않았다. 이나李娜는 『(수)『불본행집경』의 시간
개사 연구(隋)佛本行集經時間介詞研究』에서 시간개사에 대해 고찰하고
분석했다. 『불본행집경佛本行集經』은 수나라 개황開皇 7년에서 12년
(587~592)에 천축 승려 사나굴다闍那崛多가 번역했다. 그는 북인도 건
타라국犍陀羅國 사람으로 서기 559~560년에 장안에 도착했고 불경

을 총 38부 191권을 번역했으며 수나라시기의 중요한 번역가 가운데 한사람이다.

『불본행집경』의 1음절 시간개사는 총 18개이며 그 출처는 모두 주로 상고한어의 시간개사를 계승한 것이며 중고시기에 새롭게 나타난 것으로는 '用', '待', '經'과 '著'가 있지만 용례는 적은 편이다.

## 【用】

'用'의 본래 의미는 '시행'이며 동사인데, 상고시기에 이미 개사로 허화되었으며 주로 의존 또는 원인을 나타냈다. 예를 들면 다음과 같다.

> 是故仁者, 若弘廣心, 所以應須具足受此三種之樂, 受三樂故。
> 用年少時, 端正果報, 受法受財及受諸欲, 世間丈夫, 受欲之時,
> 生子繼立, 此是大財。
>
> 卷二十三, 3/761/a

『불본행집경』에 나타난 2음절 시간개사는 총 8개가 있는데 바로 '自從, 當於, 至於, 臨當, 在於, 及至, 經於, 經由'이다.

## 【當於】

> 時彼二樹, 高峻長大, 而彼二樹, 當於菩薩出家之夜, 忽然沒地。
>
> 卷二十, 3/745/c

【臨當】

臨當節會大歡樂時。馬王來日。乃可出言而告彼等。

卷四十九, 3/881/b

지금까지 언어의 관점에서 『고승전高僧傳』을 연구한 저작은 매우 많다. 예를 들면 포금화鮑金華의 「『고승전』의 부사 연구『高僧傳』副詞研究」, 허위동許衛東의 「『고승전』 시간부사 연구『高僧傳』時間副詞研究」, 무굉武宏의 「『고승전』의 술보구조『高僧傳』中的述補結構」, 구봉邱峰의 「『고승전』 피동문 연구『高僧傳』被動句研究」 등이 있다. 『고승전』의 개사에 대해 정리하고 연구한 것에는 이준하李俊霞의 「『고승전』 개사 연구高僧傳介詞研究」가 있다.

이준하는 어휘의미의 관점에서 유형을 나누어 『고승전』의 개사를 고찰했는데 다음 몇 가지 종류로 나누었다.

1) 시간, 장소를 나타내는 개사
『고승전』에서 동작행위의 장소를 나타내는 개사에는 '在, 到, 往, 至, 從, 向, 於, 自, 及, 就, 由, 沿, 緣, 經, 隨, 以'가 있다. 예를 들면 다음과 같다.

自敦煌至長安, 沿路傳譯寫為晉文。

卷一, P23

緣河西入月氏國, 禮拜佛肉髻骨, 及睹自沸木舫。

卷三, P93

### 2) 원인을 나타내는 개사

『고승전』에서 원인을 나타내는 개사에는 '由, 以, 因'이 있다. 예를 들면 다음과 같다.

安淸字世高, 安息國王正後之太子也, 幼以孝行見稱。

卷一, P4

康僧會, 其先康居人, 世居天竺, 其父因商賈移於交趾。

卷一, P14

### 3) 물건을 나타내는 개사

『고승전』에서 물건을 나타내는 개사에는 '從, 向, 於, 及, 就'가 있다. 예를 들면 다음과 같다.

有支亮字紀明, 資學於讖, 謙又受業於亮。

卷一, P15

後遇白頭禪師, 共讖論議, 習業旣異, 交爭十旬。

卷二, P76

### 4) 의존, 방식을 나타내는 개사

『고승전』에서 의존, 방식을 나타내는 개사에는 '依, 以, 乘, 因'이
있다. 예를 들며 다음과 같다.

> 乃**以**五色系作繩結之, 燒為灰末投水中。
>
> 卷二, P51

> 安**與**弟子慧遠等四百餘人渡河夜行, 值雷雨**乘**電光而進。
>
> 卷五, P178

### 5) 범위, 방면을 나타내는 개사

『고승전』에서 범위, 방면을 나타내는 개사에는 '在, 於, 自'가 있
다. 예를 들면 다음과 같다.

> 什譯經至此, 乃言 : "此語**與**西域義同, 但**在**言過質。"
>
> 卷六, P245

> 後居富陽縣泉林寺, 寺常有鬼怪, **自**琳居之則消。
>
> 卷十二, P474

### 6) 피동을 나타내는 개사

> 諦曰 : "向者忽言, 阿上是諦沙彌, **為**眾僧采荣被野豬所傷, 不覺
> 失聲耳。"
>
> 卷七, P279

少時家門為胡虜所滅, 禍將及暢。

卷八, P314

### 6.7.4. 선종어록의 개사 특징

선종어록은 불경번역보다 시기가 늦으며, 후자의 절정은 육조에서 당까지였지만 선종어록은 당나라에서 싹이 텄고 송나라에서 성행했다. 후자는 필연적으로 인도 산스크리트어의 색채를 가지고 있으며, 선종어록은 전적으로 본토 작품으로 순수한 중국어 구어 표현을 사용하였다.

『육조단경六祖壇經』은 불교의 선종 육조 혜능惠能이 설법한 것이고 제자 법해法海가 집록集錄한 경전이다. 판본이 많은 편이지만 돈황본이 시대가 가장 오래되었다. 진문결陳文潔은 「돈황본 단경의 개사 '於' 유형 고찰敦煌本壇經介詞"於"的分類考察」에서 돈황본 『육조단경』의 개사에 대한 정리와 통계를 통해 개사 '於'가 그 중에서 가장 많이 나타났으며 용법이 가장 풍부한 개사라는 것을 발견했다. 그는 어법기능과 의미, 수식어, 문장유형, 고정구조 등 측면에서 개사 '於'를 분류하여 고찰하였고 나아가 말뭉치로부터 개사 '於'의 기본적인 특징을 귀납해냈다.

1) '於'의 어법기능과 의미

개사 뒤에 오는 목적어 유형을 통해 고찰하면, '於'의 어법기능과
의미는 주로 다음과 같다.

동작과 관련된 장소를 이끌어내는데, 예를 들면 다음과 같다.

> 惠能大師, 於大梵寺講堂中, 昇高座, 說摩訶般若波羅蜜法, 授
> 無相戒。
> 『南宗頓教最上大乘摩訶般若波羅蜜經六組惠能大師於韶州大梵
> 寺施法壇經』一

'於'로 구성된 개빈구조介賓結構를 동사의 뒤에 두어 보어로 삼는
경우도 있는데, 예는 총 3건이 있으며 모두 '在'로 번역할 수 있다.
예를 들면 다음과 같다.

> 忽有一客買柴, 遂令惠能送至於官店。
> 상동, 二

행위동작이 시작하는 장소 또는 근원을 이끌어내는 경우도 있는
데, 예를 들면 다음과 같다.

> 有一童, 於碓房邊過, 唱誦此偈。
> 상동, 八

동작행위가 도달한 장소를 나타내는 경우도 있다. 예를 들면 다음과 같다.

> 時有一行者, 遂遣惠能於碓房, 踏碓八餘月。
>
> 상동, 三

동작과 관련된 시간을 나타내기도 한다. 예를 들면 다음과 같다.

> 五祖忽於一日喚門人盡來。
>
> 상동, 四

동작이나 상황의 발생, 출현의 범위를 나타내는 경우도 있다. 예를 들면 다음과 같다.

> 一行三昧者, 於一切時中, 行, 住, 坐, 臥, 常行直心是。
>
> 상동, 一四

동작과 관련된 물건을 이끌어내기도 한다. 예를 들면 다음과 같다.

> 儞不知大師言, 生死事大, 欲傳於法。
>
> 상동, 八

동작행위와 관련된 물건을 이끌어내어 동작행위가 누구에게 미치는지 나타내기도 한다. 예를 들면 다음과 같다.

> 莫思向前, 常思於後。
>
> 상동, 二十

동작행위와 관련된 사람과 사물을 이끌어내어 사람, 사물과 행위 사이의 상대관계對待關係를 나타내기도 한다. 예를 들면 다음과 같다.

> 但行直心, 於一切法, 無有執著, 名一行三昧。
>
> 상동, 一四

갑의 동작행위와 관련이 있는 을을 이끌어내어 동작행위가 갑을 쌍방이 공동으로 완성하거나 또는 진행했음을 나타내기도 하는데, 예를 들면 다음과 같다.

> 將此頓教法門, 於同見同行, 發願受持, 如事佛故, 終身受持而
> 不退者, 欲入聖位。
>
> 상동, 三二

비교에 사용할 대상을 나타내기도 하는데, 예를 들면 다음과 같다.

> 教是先聖所傳, 不是惠能自知, 願聞先聖教者, 各須淨心, 聞了

願自除迷, <u>於</u>先代悟。

상동, 一二

'<u>於</u>先代悟'는 듣고 나니 스스로 미혹함을 없애서 선대 성인과 다름이 없게 하다는 뜻이다.

2) '<u>於</u>'자 앞에 나타나는 수식어

『육조단경』에서 '<u>於</u>'자 앞에 나타나는 수식어로는 주로 두 가지가 있다.

① 접속사

聞其頓教, 不假外修, 但<u>於</u>自心, 令自本心常起正見, 煩惱塵勞眾生, 是小根人。

상동, 二九

② 부사

五祖忽<u>於</u>一日喚門人盡來。

상동, 四

송나라시기에 선종어록의 휘집彙集이 나타났다. 『경덕전등록景德傳燈錄』의 경덕景德은 북송 진종眞宗의 연호이다. 『경덕전등록』은 총 30권으로 송나라 경덕 원년(1004)에 승려 도원道原이 지었으며 『대정장』에 수록되었다. 『대정장』에 수록된 『경덕전등록』은 원나라 연우

延祐 3년(1316)의 중각본重刻本이며 명장본明藏本과 약간의 차이가 있다. 호정서胡靜書는 「『경덕전등록』 중의 개사 '向'의 다기능현상景德傳燈錄中介詞"向"的多功能現象」에서 『경덕전등록』의 개사에 대해 분석했다. 그는 1004년에 출판된 『경덕전등록』은 말뭉치 성격이 『조당집』과 완전히 동일하며, 시간도 단지 50여 년 차이만 있기 때문에 『조당집』의 뒤를 바로 잇는 중요한 선종어록이라고 주장했다. 따라서 당말, 송초의 언어를 연구하는 자료로 사용할 수 있다. 선종이 유행한 지역은 남방을 위주로 하기 때문에 학계에서는 보편적으로 선종 전적典籍에는 남방방언의 요소가 있다고 생각한다. 호정서는 '向'은 당나라에서부터 시작되었다고 주장했다. 그는 개사 '向'이 『경덕전등록』에서 다양한 용법으로 쓰였으며, 이에 대해 다음과 같이 각각 설명하고 있다.

① 방향을 이끌어내며, '朝, 往, 到'의 뜻을 나타낸다.
　　誰問山河轉, 山河轉向誰?(卷10)
　　忽遇法王氈上坐, 便陳疑懇向師前。(卷11)

② 동작이 발생하는 장소를 나타내며 '在'의 뜻을 나타낸다.
　　帝又問 : "佛向王宮生。"(卷6)
　　我便向遮裡住 (卷8)

③ 곧 동작이 미치게 될 귀결점을 이끌어내며, 결과 상태를 나타

낸다.

> 但知學言語, 念向皮袋裡安著, 到處稱我會禪。(卷9)
>
> 龜毛拂子, 兔角拄杖, 大德藏向什麼處?(卷14)

④ 동작행위의 출발점을 나타내며 '從'과 비슷하다.

> 師問：“此山無路, 闍梨向什麼處來?” (卷8)
>
> 只知漚向水中出, 豈知水亦從漚生。(卷30)

⑤ 동작이 발생한 시간을 나타내며, 뜻은 '在'이다.

> 眠時眠時參取, 語時語時參取, 默時默時參取, 一切作務時一切
>
> 作務時參取。既向如是等時參。(卷26)

⑥ 관련된 물건을 이끌어낸다.

> 師曰：“待吾滅後即向汝說。” (卷4)
>
> 師云：“汝問, 我向爾道。” (卷8)
>
> 若向明理人邊數, 此是壅塞人。(卷6)


## 6.8. 불경의 접속사


'연사連詞'라는 명칭에서도 알 수 있듯이 중국어 접속사는 두 개의 언어블록을 연결하는 허사이다. 실질적인 어휘의미가 없으며 기능은 마치 나사와 같아 두 개의 언어블록을 고정시켜 더 큰 언어

블록이 되게 한다. 고정시킨 두 개의 블록은 두 개의 단어나 두 개의
구, 또는 두 개의 문장이 될 수 있다. 중국어의 접속사와 영어문법의
접속사conjunction에는 유사한 점이 있지만 완전히 일치하지는 않으
며 각 언어에는 모두 각자의 특징이 있으므로 임의로 비교해서는 안
된다.

불경에서 사용하는 접속사에는 어떤 것들이 있는가? 서조홍徐朝
紅은 「중고 한역불경의 접속사 연구中古漢譯佛經連詞研究」에서 『본연
부本緣部』의 접속사를 예로 들어 병렬접속사에는 '並, 並及, 並與, 逮,
共, 合, 或, 及, 及以, 及與, 及於, 兼, 將, 乃至, 且, 若, 亦, 與' 등이 있다
고 귀납해냈다. 그는 이것은 하나의 통시와 공시, 본토와 외래 및 방
언과 공통어를 상호 융합하는 접속사 체계라고 주장했다. 이러한 접
속사는 모두 두 개의 동등한 언어블록을 고정시켜 서로에게 종속되
지 않으며 두 개 블록의 관계는 각자 독립적이기 때문에 병렬접속사
라고 한다고 했다. 중국어의 기타 접속사는 축가녕의 『중국어 어법
으로의 여행漢語語法之旅』를 참조할 수 있다.

불경 『본연부』에서 가장 자주 보이는 접속사는 '並'이다. 예를 들
면 다음과 같다.

> 沙門大王曰, 諸賢善聽, 汝等樂求菩提者,樂求福德者, 日日可往
> 海彼岸, 取海此岸牛頭栴檀香來, 給海濟婆羅門, 為如來設食,
> 並比丘僧。
>
> 失譯, 附秦錄, 『大乘悲分陀利經』

恐夫人念子懊惱或能致命, 即與群臣嚴駕出城, 追覓夫人**並**太子
消息。

北涼 法盛,『佛說菩薩投身飴餓虎起塔因緣經』

기타 접속사에는 '並及'이 있으며『본연부』의 예문은 다음과 같다.

我之齒骨, <u>並及</u>舍利,悉當變化作佛形像。

北涼 曇無讖,『悲華經』

至二月八日, 諸餘國王<u>並及</u>仙人婆羅門等, 皆悉雲集。

劉宋 求那跋陀羅,『過去現在因果經』

또한 '亦'가 있으며『본연부』의 예문은 다음과 같다.

在句留國, 縣名悉作法。時有一梵志, 字摩因提, 生女端正光世
少雙, 前後國王<u>亦</u>太子及大臣長者來求之, 父皆不應。

吳 支謙『佛說義足經』

邪<u>亦</u>正悉無有, 從何言得其短。

吳 支謙『佛說義足經』

'亦'은 병렬접속사로 중고시기 역경 특유의 접속사이며,『본연부』에
서 '亦'은 오나라 지겸의『불설의족경佛說義足經』에서만 출현한다.
　이밖에 한역불경『본연부』의 승접承接 접속사에는 '而便, 而乃, 然

後, 然則, 遂, 遂爾, 遂複, 遂乃, 因, 因便, 因爾, 因複, 因即, 於是, 則, 則便, 至於' 등이 있다.

접속사 '而'은 『本緣部』에서 다음과 같이 쓰였다.

> 菩薩對曰, 唯佛能蹈, 佛乃蹈之, 即住而笑, 口中五色光出。
>
> 漢 竺大力共康孟詳, 『修行本起經』

> 何故不於僻靜之處而求索耶?
>
> 吳 支謙, 『菩薩本緣經』

승접접속사 '而便'의 『본연부』에서의 예는 다음과 같다.

> 彼童子旣令諸人發阿褥多羅三藐三菩提心已, 作如是念, 我今欲以微少物施, 我今當爲二足四足禽獸鹿等而行佈施, 作是念已, 而便往至尸陀林中。
>
> 元魏 佛陀扇多, 『銀色女經』

> 王不忍拒, 而便聽許。
>
> 失譯, 附漢, 『大方便佛報恩經』

승접접속사 '遂爾'의 『本緣部』에서의 예문은 다음과 같다.

> 吾當制日, 不令其出, 遂爾不出, 五日之間, 舉國幽冥。
>
> 吳 康僧會, 『六度集經』

彼象龍王, 聞其母喚, **遂爾**尋聲, 往至母所。

> 隋 闍那崛多,『佛本行集經』

'則便'은 순승順承을 나타내는 접속사이며,『본연부』에서의 예문은 다음과 같다.

時王即見, 尋起迎逆, 讓之在床, **則便**就坐。

> 西晉 竺法護,『生經』

是故當知諸法如幻, 能知是者, **則便**能斷諸行之源。

> 後秦 鳩摩羅什,『大莊嚴論經』

『본연부』의 점층접속사에는 '並複, 不但, 不獨, 而況, 而且, 非但, 非獨, 何況, 加, 加複, 兼兼複, 兼且, 況, 況複, 況乃, 況是, 豈況, 且又且, 乃至, 猶, 猶尚' 등이 있다.

'並'의『본연부』에서의 예문은 다음과 같다.

夫人答言, 大王勿憂, 願王屈意, 共到佛所, 以此香瓔, 奉上世尊, **並**采聖訓累劫之福矣。王即許焉。

> 晉 法炬共法立,『法句譬喻經』

增修王御道,防制諸不淨, **並**敕善御者,瞻察擇路行。

> 北涼 曇無讖,『佛所行讚』

점층접속사 '加復'의 『본연부』에서의 예문은 다음과 같다.

> 婦即答言, 無食食之, **加復**產後身倍虛贏, 欲自殺兒, 用濟其命。
>
> 失譯, 附東晉錄, 『佛說菩薩本行經』

> 摩訶斯那言, 我複有奇特好事, 我女人身, **加復**在家, 而能除滅
> 二十身見, 得須陀洹。
>
> 元魏 慧覺等, 『賢愚經』

'兼且'는 같은 의미의 점층접속사 '兼'과 '且'를 결합한 것이다.
『본연부』에서의 예는 다음과 같다.

> 有釋大臣摩訶那摩, 其女後來太子共語, 數番往復, **兼且**微笑,
> 停住少時, 調戲言語。
>
> 闍那崛多, 『佛本行集經』

> 馭者即事報太子言, 凡名老者, 此人為於衰耄所逼, 諸根漸敗, 無
> 所覺知, 氣力綿微, 身體羸瘦, 既到苦處, 被親族驅, 無所能故,
> 不知依怙, **兼且**此人, 亦不能久, 非朝即夕, 其命將終, 以是因緣,
> 故名老壞。
>
> 闍那崛多, 『佛本行集經』

『본연부』에서 선택접속사에는 '或當, 或複, 若, 若或, 為, 為當, 為
複, 為是' 등이 있다. 그 중 '或'은 『본연부』에서 주로 선택접속사로
사용되었는데 예를 들면 다음과 같다.

復作是念, 將非我願, 未來之世, 不得成耶? 誰之遮制, 令水不
下,將非此中, 無有大德, 其餘不應受我供耶? <u>或</u>我所施, 不周普
耶? <u>或</u>是我僕使不歡喜耶?

三國 吳 支謙, 『菩薩本緣經』


증효결曾曉潔은 「수나라 이전 한역불경의 복음절 접속사 개황隋
前漢譯佛經複音連詞概況」에서 수나라 이전 불경언어 중 224개의 2음절
접속사를 연구했는데 이들은 기본적으로 중고한어 2음절 접속사의
대략적인 면모를 반영했다고 주장한다. 이러한 2음절 접속사에는
186개의 2음절 접속사, 3개의 3음절 접속사 및 7개의 4음절 접속사
가 있었다. 비교에 따르면 이 224개의 2음절 접속사 중 대략 40%는
『한어대사전』에 수록되지 않은 것들이다. 증효결은 이 224개의 2음
절 접속사를 2개의 대분류와 10개의 소분류로 구분했다.

오신화鄔新花는 「돈황불경과 『논형』의 접속사 비교연구東漢佛經與
論衡連詞比較研究」에서 동한의 한역불경과 중원문헌 『논형』 두 가지
공시적 말뭉치 중의 접속사에 대해 철저하게 통계를 내고 분석하였
다. 그는 공시적 비교와 통시적 비교를 결합하여 정성분석定性分析
과 정량분석定量分析을 하여 접속사에서 이 두 가지 언어자료의 사용
특징을 연구했다. 오신화는 두 가지 언어자료에는 총 181개의 접속
사가 있는데, 그 중 상고한어에서 계속하여 사용한 옛 접속사는 101
개이고, 새롭게 생겨난 접속사는 80개라고 했다. 두 가지 언어자료
에서 공통으로 사용하고 있는 접속사는 68개가 있으며, 그 중 계속

하여 사용하는 옛 접속사는 55개가 있고, 새롭게 생겨난 접속사는 13개가 있으며, 『논형』에만 있는 접속사는 54개인데, 그 중에서 계속하여 사용한 옛 접속사는 35개이고, 새롭게 생겨난 접속사는 19개라고 했다. 불경에만 사용하는 접속사는 59개인데, 그 중에 계속해서 사용하는 옛 접속사는 11개이고, 새롭게 생겨난 접속사는 48개라고 한다. 두 가지 언어자료를 비교하니, 두 언어자료 모두 과도기적인 성격과 신풍조를 추구하는 성격을 가지고 있지만, 이 두 가지 특징은 『논형』과 불경에서 서로 다르게 나타났다. 불경의 과도기적인 성격은 새로운 단어에 대한 점진적인 사용에서 주로 나타났지만, 『논형』의 과도기적인 성격은 상고한어의 옛 단어가 점진적으로 도태되는 것에서 주로 나타났다. 불경의 신풍조를 추구하는 특징은 『논형』보다 더 강하며, 두 가지 언어자료의 새 단어 사용횟수는 불경에서 총 1,519번, 『논형』에서 총 154번이다. 불경은 『논형』의 약 10배로 불경언어가 『논형』보다 더 신풍조를 추구한다는 것을 드러냈다. 불경과 중원문헌은 서로 영향을 미치면서 점차적으로 스며들었다. 둘 사이의 가장 두드러진 차이점은 불경의 번역가들이 무의식적으로 비규범적인 중국어를 사용하였는데, 그 위치가 규범적이지 않고 임의적인 생략을 하게 되면서 새로운 접속사가 생겨났다는 점이다. 이유기李維琦는 「수나라 이전의 불경 어휘 고석隋以前佛經釋詞」에서 언어연구에서 "특정 언어자료를 가지고 철저하게 귀납하여 … 가장 바람직한 것은 하나의 전면적인 계획을 세워서 한 사람은 필기소설을 연구하고 다른 한 사람은 한문불전을 연구해야 한다. … 그런 다음 취합하게 되면 하나의 단대斷代 연구를 완성하게 되며 그 결론은 더 믿을 만하게 된다."고 주장했다. 장례홍蔣禮鴻은 『돈황변문자의 통석敦煌變文字義通釋』에서 "고대언어 연구는 마땅히 종횡縱橫 두 가지 측면으로 시작해야 한다고 생각한다. 이른바 수평적인 측면에서 한 시대의 언어를 연구할 때, 원대와 같은 경우 그 중에는 일종의 문학작품을 포함하고 있는데 예를 들면 원대의 잡극雜劇도 이 시대의 다양한 자료를 종합해 낼 수 있으며, 원대의 잡극이외에도 당시의 소설, 필기, 조령詔令 등을 추가할 수 있다. 당연히 후자의 접근방식에서 한 시대의 계승과 발전 및 유사점과 차이점을 더 잘 관찰할 수 있다."라고 지적했다. 오신화는 『동한 불경과 『논형』의 접속사 비교연구』에서 바로 위 두 분의 견해를 바탕으로, 동한시기의 두 가지 서로 다른 유형의 언어자료의 접속사에 대해 철저한 비교연구를 했는데, 이는 기타 연구와 취합함으로서 더 과학적이고 더 심층적으로 접속사의 발전변화를 고찰할 토대를 마련하기 위함이고, 단대斷代 연구를 위하여 여러 가지 탄탄한 작업을 하기 위함이다.

## 6.9. 불경의 대명사

중국어에는 세 개의 대명사 체계가 있는데, 하나는 '你我他'와 같은 부류의 인칭대명사이고, 하나는 '這個, 那個'와 같은 부류의 지시대명사이고, 다른 하나는 '誰, 什麼'와 같은 부류의 의문대명사이다. 이 분야의 지식에 대해서는 졸작 『중국어 어법으로의 여행漢語語法之旅』을 참조할 수 있다.

먼저 불경의 1인칭대명사를 살펴보자. 증량曾亮의 「삼국시기 한역불경의 대명사 연구三國漢譯佛經代詞研究」의 통계에 의하면 삼국시기의 한역불경에는 1인칭대명사가 10개가 있다. 이는 동한시기의 한역불경보다 2개 더 많은데, 바로 '我等輩'와 '吾等輩'이다.

'我等輩'는 지겸의 역경에 7번 출현했는데, 예를 들면 다음과 같다.

> 如**我等輩**罪過深重, 是身久應陷入此地。所以遷延得至今日, 實賴仁者執持故耳。
>
> 『菩薩本緣經』

> 時諸餓鬼, 咸皆同聲, 白尊者言"今**我等輩**宿罪所致。"
>
> 『撰集百緣經』

'吾等輩'는 총 4건으로 모두 주어로 사용되었다. 예를 들면 『사가매경私呵昧經』에서는 다음과 같이 출현했다.

> 後五濁弊惡世, **吾等輩**當持法。
> **吾等輩**悉朽身, 不貪惜於壽命。

증량의 통계에 따르면 삼국시기의 한역불경에서 '我' 계통의 복수형식에는 '我輩', '我曹', '我曹等', '我等', '我等輩' 등 총 140번의 용례가 있으며, 단수형식은 '我'가 나타내는 복수보다 4배 이상 더 많다. '吾' 계열의 복수형식('吾等', '吾等輩')은 총 52번의 용례가 있었는데 '吾'의 단수 의미와 비교하면 52대 12이다. 그 중 일부 불경 번역가들의 번역작품에서 1인칭대명사의 단수와 복수 형식은 심지어 이미 완전히 분리되어 있었다. 왕력王力 선생의 『한어사고漢語史稿』의 관점에 따르면 상고한어에서 '吾'는 주로 주어와 한정어로 사용되고, '我'는 주로 주어와 목적어로 사용된다. 이러한 상황은 여전히 『사기』에 반영되어 있으나 『논형』에서는 이러한 구분이 더 이상 존재하지 않는다.

또 역경가들의 용례를 살펴보면 지겸支謙, 축율염竺律炎, 강승개康僧愷, 백연白延의 번역작품에서 '我'의 용례는 모두 '吾'보다 몇 배나 많았으며, 담제曇諦가 번역한 『갈마揭磨』에는 '吾'를 사용하지도 않았다. 그러나 강승회康僧會의 경우는 정반대였는데 '吾'의 용례가 '我'의 10배에 가까웠다. 강승회의 번역작품은 특별한 경우로 간주해야 마땅하며 의도적으로 전아한 언어를 사용했다는 것을 반영한다. 이로서 위진시기 '我'의 어법기능은 이미 '吾'의 어법기능에 완전히 융합되었고 '吾'자는 점차 도태되면서 일부 문헌에서는 이미 거의 '吾'자를 사용하지 않았음을 증명한다.

증량의 통계에 따르면 불경에는 세 개의 1인칭대명사 단수형식이 있는데 바로 '我', '吾'와 '余'이다. 그러나 통계와 비교에 따르면 '我'가 절대적인 우세를 차지한다. '吾'는 비록 용례가 있지만 구어에서 이미 거의 사용되지 않았다. '余'는 기본적으로 구어에서 사라졌다. 이 모든 것은 1인칭대명사가 단수형식의 일원화를 향해 한걸음 더 나아갔음을 나타낸다.

2인칭대명사 방면에서 삼국시기의 한역불경에 전문적으로 2인칭 복수형식을 나타내는 '爾曹', '爾等', '汝輩', '汝曹', '汝等', '汝等輩', '若曹', '若等' 등이 나타났으며, 동한시기의 한역불경보다 '爾曹', '爾等', '汝等輩'와 '若等' 등이 더 많아졌으며, 형식도 더 다양해졌다.

'爾曹'는 삼국시기의 한역불경에서 주어로 사용되었다. 예를 들면 다음과 같다.

> 佛知三摩竭心所念, 即告諸比丘 "今日當到難國食。**爾曹**各以道變化自在所為。"
>
> > 『佛說三摩竭經』

'爾等'은 삼국시기의 역경 중 강승회의 『육도집경六度集經』에 나타나며 주어, 한정어, 목적어로 사용되었다. 예를 들면 다음과 같다.

> 王曰 : "**爾等**睹青地乎" 對曰 "見之。" (주어로 쓰임)
>
> > 『六度集經』

> 鹿王乃知, 垂泣而曰 : "**爾等**斯厄, 厥尤由我也。" (한정어로 쓰임)
>
> > 『六度集經』

魚王憨曰 : "愼無恐矣。……吾濟**爾等**。"(목적어로 쓰임)

『六度集經』

'汝等輩'는 모두 지겸의 『찬집백연경撰集百緣經』에서 나타났다. 그중 주어로 사용하는 예는 다음과 같다.

時**汝等輩**, 咸皆自來, 至於會所。

『撰集百緣經』

'汝等輩'는 겸어兼語로도 쓰이는데 예를 들면 다음과 같다.

僧皆不聽布薩自悠, 心懷懊惱, 而作是言"我獨爲爾營理僧事, 令**汝等輩**安隱行道。今復返更不聽自恣布薩揭磨。"

『撰集百緣經』

'若等'의 예를 들면 다음과 같다.

**若等**諸菩薩, 當起恭敬意。

『佛說慧印三昧經』

'若等'은 이 문장에서 동위주어同位主語[어법적 지위가 같은 주어]로 쓰였다.

증량은 삼국시기의 한역불경 중 2인칭대명사는 단수와 복수로 나눌 수 있는데. 그 중 단수를 나타내는 '汝', '爾'는 다음과 같이 복수도 나타낼 수 있다고 했다.

如**汝**好形輩, 滿此閻浮利。

『佛說須賴經』

여기서 '汝'는 동위주어로 사용되었으며 복수를 나타낸다.

佛言：“**爾**群生勤苦望欲得是因致是作是求。**爾**見我得空不乎”

『大明度經』

위 문장에서 첫 번째 '爾'는 동위주어로 사용되며 복수를 나타낸다. 두 번째 '爾'는 주어로 사용되며 복수의 의미를 나타낸다.

'爾', '汝', '若'이 번역작품에서 사용된 상황을 살펴보면, 용례가 가장 많은 것은 '汝'이고, 그 다음으로는 '若'이고, '爾'의 사용횟수가 가장 적다.

증량은 중국어의 3인칭대명사의 잉태과정에서 본래 3인칭을 지칭할 수 있는 지시대명사가 새로운 발전을 거치게 되었다고 했다. 이러한 상황은 주로 '彼'로 3인칭을 지칭하는 용례가 증가하고, '其'는 더 이상 한정어에 국한되지 않고 주어, 겸어, 목적어 심지어는 문

미의 목적어로 사용할 수 있어 매우 활발해졌다는 것에서 나타난다
고 했다.

'彼'는 삼국시기의 한역불경에서 3인칭대명사로 사용되며 주어,
목적어, 한정어, 겸어로 사용할 수 있다. 예를 들면 다음과 같다.

> 梵志念曰：“**彼**其得佛吾必得也, 須當受決而佛去焉。”
>
> 『六度集經』

> 長老一心念：“我比丘某甲, 與眾多比丘受欲清淨。今有緣事,
> **彼**及**我身**如法僧事, 與欲清淨。”
>
> 『揭磨』

삼국시기의 한역불경에서 '子'는 주어, 한정어, 겸어, 목적어로 사
용할 수 있는데, 예를 들면 다음과 같다.

> 宿亭人曰：“**子**何人乎”曰“吾寄宿。”
>
> 『六度集經』

위 예문에서는 '子'를 주어로 사용했다. '宿亭人'은 그가 모르는
사람(菩薩)을 가리킨다.

> 今以首拔子之窮, 令**子**無罪矣。
>
> 『六度集經』

위 문장에서 '令子無罪' 중의 '子'는 겸어이다.

삼국시기의 한역불경에 나타난 세 가지 인칭대명사 중 1인칭 겸손표현에는 '奴', '鄙'가 있다. '奴'는 삼국시기의 한역불경에 총 3번 나타났는데 모두 지겸의 『찬집백연경』에서 출현한다.

> 於是偸人, 如智臣語, 向王首實 : "此寶珠者, <u>奴</u>實盜取, 畏不敢出。"
>
> 『撰集百緣經』

위 문장에서 '奴'는 주어로 쓰였다.

> 時彼偸臣, 旣得脫已, 前白王言 "願怒罪咎, 聽<u>奴</u>出家。"
>
> 『撰集百緣經』

이 예문에서 '奴'는 겸어로 쓰였다.

증량은 고대한어에서 타인에 대한 존중을 나타내기 위해 일부 자주 사용하는 공손한 표현, 즉 경칭敬稱 또는 존칭尊稱이 생겼다고 주장했다. 동한시기의 한역불경에서 2인칭 경칭에는 '尊', '卿', '卿曹'가 있다. 삼국시기의 한역불경에서 2인칭 경칭은 동한시기보다 '大德', '卿等', '賢者'가 더 많아졌다. 예를 들면 다음과 같다.

> <u>大德</u>, 汝今已斷一切系縛, 安住山林, 如大龍象, 自在無礙。
>
> 『菩薩本緣經』

諸**大德**, 我今忘身以憂汝身。

『菩薩本緣經』


삼국시기의 한역불경에는 새롭게 나타난 자기 자신을 지칭하는 대명사 '躬自', '己自'가 있다. 이 중 '躬自'는 모두 주어로 사용했다. 예를 들면 다음과 같다.


是時賢者**躬自**在座, 便起偏祖向佛, 叉手面於佛前。

『佛說義足經』


'己自'는 주어로 사용하기도 하는데, 예를 들면 다음과 같다.


何謂是我作非我作斷。謂**己自**無欲。

『佛說維摩詰經』

**己自**捐食肥體日耗, 間關得出。

『六度集經』


'己'와 '自'는 삼국시기의 한역불경의 두 가지 주요한 자기 자신을 칭하는 대명사이다.

증량曾亮은 『삼국시기 한역불경의 대명사 연구三國漢譯佛經代詞研究』에서 불경의 지시대명사를 논의했다. 그는 삼국시기의 한역불경에서 포괄지칭泛指과 특별지칭特指 대명사에는 '厥', '其', '之', '玆' 네

개가 있는데, 이 중 '玆'와 '厥'은 동한시기에 이미 옛 어휘가 되었다
고 주장했다. 그리고 '其'와 '之'는 주어, 한정어, 목적어, 겸어로 사
용할 수 있다고 했다.

'其'는 주어로 사용되었는데, 예를 들면 다음과 같다.

> 謂群臣曰"夫不睹佛經妙義重戒者, **其**為聾盲矣。"
>
> 『六度集經』

이 문장에서 '其'는 주어로 쓰이며 복수를 나타낸다.

'之'는 주어로 사용되었는데, 예를 들면 다음과 같다.

> 自然中自然相, 然**之**有根本。自然成五光, 五光至九色, 九色參
> 佪轉, 數百千更變。
>
> 『佛說阿彌陀三耶三佛薩樓佛檀過度人道經』

삼국시기에 가장 흔히 쓰이는 지시대명사에는 '是', '此', '斯'가
있는데 모두 근거리 지시대명사이며, 모두 주격, 소유격, 목적격으
로 사용할 수 있다. '是'는 삼국시기 한역불경 지시대명사 중에서 용
례가 가장 많은 지시대명사이며, 주어, 목적어, 한정어, 부사어 등으
로 사용할 수 있다. 가장 중요한 것은 계사系詞로 사용될 수 있다는
것이며 용례가 많다.

다음은 '是'를 주어로 사용한 경우이다.

> 如是八事莊嚴不過中食, 是則名為八戒齋法。
>
> 『菩薩本緣經』

다음은 '是'를 한정어로 사용한 경우이다.

> 爾時難國王大窮, 即自思帷"當共誰議是事。"
>
> 『佛說三摩竭經』

삼국시기의 한역불경에서 '此'를 근거리 지시대명사로 사용한 횟수는 '是'에 이어 두 번째로 높다. '此'는 주어, 한정어, 목적어로 사용할 수 있다. '此'를 주어로 사용한 예는 다음과 같다.

> 長者問言"此何等病。" 比丘報言 : "無有病也。但說深經甚有義理。疑此夫人所懷妊兒, 是佛弟子。"
>
> 『六度集經』

'此'를 한정어로도 사용할 수 있는데, 예를 들면 다음과 같다.

> 大德僧聽。此某甲, 欲求某甲剃髮。若僧時到僧忍聽。與某甲剃髮。
>
> 『揭磨』

'此'의 사용이 급격하게 상승하면서 일부 번역작품에서 '此'의 총 사용 횟수는 '是'를 초과했다. 또한 '此'가 위나라 세 역경가의 번역 작품에서 차지하는 비율은 오나라 역경가의 경우보다 크다. 따라서 '是'가 점차 계사화系詞化되는 추세 하에 '此'는 '是'를 대체하는 경향 을 보였으며 북방지역이 특히 두드러졌다.

삼국시기 한역불경에서 근거리 지시대명사의 복수형식이 새로 등장했다. 복수를 나타내는 대명사의 형식은 동한시기 한역불경보 다 훨씬 더 풍부했는데, '此輩', '此曹', '爾許', '如此輩', '如是輩', '是 曹輩', '斯輩'와 '斯等輩' 등이 있다.

'此輩'를 예로 들면 다음과 같다.

> 帝王臣民, 視**此輩**人, 天龍鬼神, 無不擁護, 助之歡喜者也。
>
> 『佛說阿難四事經』

이 문장에서 '此輩'는 한정어로 쓰였다.

'此曹'를 한정어로 사용하는 경우도 있는데, 예를 들면 다음과 같다.

> **此曹**高士, 口之所陳, 皆是諸佛之遺典也。
>
> 『佛說阿難四事經』

'是曹輩'는 모두 주어로 사용되었는데, 예를 들면 다음과 같다.

性輕易無智慮, 是**曹輩**便不樂。

『私呵昧經』


‘斯等’은 모두 한정어로 사용되었는데, 예를 들면 다음과 같다.


<u>斯等</u>道人, 不自生活, 但仰百姓。

『撰集百緣經』


‘爾許’는 담제曇諦의 『갈마揭磨』에 보이는데, 예를 들면 다음과 같다.


大德僧聽。今有<u>爾許</u>比丘集。若僧時到僧忍聽, 結小界。

『揭磨』


원거리 지시대명사 ‘彼’는 동한시기의 한역불경에서 지시대명사
로 사용되기도 하고, 인칭대명사로 사용되기도 한다. 지시대명사는
먼 것에 대한 지시를 할 수 있을 뿐만 아니라 ‘다른 것’을 의미하는
비한정대명사로 사용할 수 있다. 원거리 지시대명사는 ‘此’와 대립
한다. 예를 들면 다음과 같다.


<u>彼</u>有菩薩名維摩詰, 說上法語。今遣化來稱揚我名。

『佛說維摩詰經』


위 문장에서 ‘彼’는 주어로 쓰였는데, 한정어로 쓰이기도 하였는

데, 예를 들면 다음과 같다.

如何大地能載汝形日光赫炎不憔汝身云何**彼**河不漂汝去。

『菩薩本緣經』

삼국시기의 한역불경에는 전문적으로 '장소'를 나타내는 지시대명사가 적지 않게 나타났다. 이들은 각각 '此中', '此彼中', '是中', '此間', '彼間'와 '是間'이다.

'此中'이 주어로 쓰인 경우를 보자.

舍利弗言"我見**此中**亦有雜揉。其大陸地則有黑山石沙穢惡充滿。"

『佛說維摩詰經』

여기서 '此中'은 목적어 종속절의 주어이다.

'是中'도 주어로 사용할 수 있다. 예를 들면 다음과 같다.

世尊, **是中**若有住菩薩乘善男子善女人, 或有出家修集法行, 或有在家修集法行。

『大寶積經』

'此彼中'은 목적어로 사용되기도 했다. 예를 들면 다음과 같다.

羅云："離**此彼中**跡於泥漁, 受諸明智招諸聖賢, 降伏眾魔入五
道, 淨五眼受五力立五根, 度彼岸化異學。"

『佛說維摩詰經』

다음은 '是間'을 주어로 사용한 예이다.

**是間**無有自然, 不能自給, 當行求索, 勤苦治生。

『佛說阿彌陀三耶三佛薩樓佛檀過度人道經』

'彼間'은 일반적으로 모두 목적어로 사용된다. 예를 들면 다음과
같다.

云在**彼間**, 遙承王邊, 有乾闥婆, 善巧彈琴, 歌舞戲笑。

『撰集百緣經』

'비한정대명사'에는 '他, 人, 他人, 彼, 彼人' 등이 있다. '他'는 삼국
시기의 한역불경에서 가장 중요한 비한정대명사이며 주어, 한정어,
겸어, 목적어로 사용할 수 있다.

'他'를 주어로 사용하는 예는 다음과 같다.

若**他**犯我我則犯**他**, 若**他**奪我我則奪**他**。

『菩薩本緣經』

위 예문에서 첫 번째와 세 번째 '他'가 주어로 사용되었다.
'他'는 한정어로 사용되기도 했는데, 예를 들면 다음과 같다.

> 若入<u>他</u>家舍, 妄視不可視, 妄聽不可聽, 妄犯不可犯, 妄念不可
> 念。是爲入不知時不如法行。
>
> 『佛說佛醫經』

비한정대명사 '他'는 선진시기에는 일반적으로 한정어와 목적어
로만 사용했으며 '다른 것'을 의미했다. 서한 이후에 '他'를 주어로
사용하기 시작했지만 의미에는 변화가 없었다. 동한 후기에 이르자
'他'의 의미에는 변화가 생기기 시작했는데, 의미가 '다른 것, 다른
물건'에서 '다른 사람, 타인'으로 바뀌었다.

삼국시기의 한역불경에는 사람 또는 사물을 지칭할 수 있는 비한
정대명사 '他餘', '餘', '其餘'가 있으며, 모두 '다른 것'이라는 뜻이다.
사용법은 모두 같으며 주격, 소유격과 목적격으로 사용할 수 있다.

'他餘'를 삼국시기의 한역불경에서는 목적어, 한정어로 사용했다.
예를 들면 다음과 같다.

> 摩訶目連受佛教, 卽宣語諸比丘 : "明日當就請, 勿得<u>他餘</u>行。"
>
> 『佛說三摩竭經』

위 문장에서 '他餘'는 목적어로 사용되었다.

言常說正事, 所語輒說經道, 不說**他餘**之惡。

『佛說阿彌陀三耶三佛薩樓佛檀過度人道經』

위 예문에서 '他餘'는 한정어로 사용되었다.

'餘'는 주어로 쓰이는데, 예를 들면 다음과 같다.

弊邪主行誹謗明度言 :"我有深經, 其義玄妙, **餘**皆非法也。

『大明度經』

'餘'는 목적어로 쓰이기도 하는데, 예를 들면 다음과 같다.

婆羅門言 :"我不用**餘**。欲得王身與我作奴, 及王夫人為我作
婢。若能爾者便隨我去。"

『六度集經』

'其餘'는 주어로 쓰이는데, 예를 들면 다음과 같다.

誰之遮制, 令水不下? 將非此中, 無有大德, **其餘**不應受我供耶?

『菩薩本緣經』

삼국시기의 한역불경은 동한시기의 한역불경보다 의문대명사가
하나 더 생겼는데, 바로 수량을 나타내는 의문대명사 '幾許'이다. '幾
許'는 삼국시기 불경에서 새로 등장한 수량을 나타내는 의문대명사

이며 목적어로 쓰였다. 예를 들면 다음과 같다.

> 計是白象價直**幾許**。我當與直, 不令汝等有貧乏也。
>
> 『菩薩本緣經』

'云何, 何'의 발전 및 '何等, 何所'와 관련하여, 동한시기의 불경에서
는 '何等'이 가장 많이 출현하며, 삼국시기의 불경에서는 '何'가 가장
많이 출현한다. 삼국시기의 불경에서의 '何'의 용례는 다음과 같다.

> 佛告彌勒 : "所以者**何**諸佛國土天人之類, 自然作善不大為惡,
> 易可開化。"
>
> 『佛說無量壽經』

이 문장에서 '何'는 서술어로 쓰였다.
'云何'의 예는 다음과 같다.

> 贊花人言 : "**云何**為佛?" (주어로 쓰임)
>
> 『撰集百緣經』

> 大德阿難, 白佛言 : "世尊, 此經何名**云何**受持?" (부사어로 쓰임)
>
> 『大寶積經』

> 佈施度無極者, 厥則**云何**。(서술어로 쓰임)
>
> 『六度集經』

其夫人言 "王報<u>云何</u>?" (목적어로 쓰임)

『六度集經』

## '何等'의 예는 다음과 같다.

善業白佛言 : "闓士大夫行明度無極。<u>何等</u>為入空? 為空定?"
(주어로 쓰임)

『大明度經』

形體雖好, 而心不端。譬如畫瓶中盛臭毒, 將以自壞。有<u>何等</u>
奇?(부사어로 쓰임)

『佛說太子瑞應本起經』

## '何所'의 예는 다음과 같다.

亦不曉空, <u>何所</u>是空? 內意不除, 所行非法。(주어로 쓰임)

『佛說慧印三昧經』

時婆羅門, 問仙人言 : "汝今何故, 五熱炙身, 為<u>何所</u>求?" (전치목
적어로 쓰임)

『撰集百緣經』

7장

불경연구와 문자학

## 7.1. 『용감수감』과 역대 승려의 문자학 저작

불경의 경우는 오래 전부터 이를 대상으로 사경을 하거나 혹은 필사筆寫를 하는 전통이 있다. 그런데 각 시대마다 혹은 각 지역마다 그리고 사경을 하는 사람마다 각각 글자를 쓰는 습관에 약간씩 차이가 있어서 동일한 글자라도 사람에 따라 글꼴을 조금 다르게 쓰는 경우가 생겨난다. 돈황의 장경동藏經洞에는 천여 년 전에 필사해 놓은 수많은 불경들이 남아 있는데, 이들은 지금 우리에게 수많은 이체자異體字 자료를 제공하고 있다. 또 요대遼代의 거란 승려이었던 행균行均 대사가 편찬한 『용감수감龍龕手鑑』은 불경의 이체자를 정리한 자전인데, 이 역시 우리에게 수많은 문자학적 자료를 제공하고 있다. 이러한 자료들은 우리가 고대의 글자의 연구를 하는 데 매우 진귀한 자료가 될 뿐만 아니라, 불경 속에 출현하는 생소한 글자들을 이해한다든가 혹은 일부 어휘 중에 출현하는 특이한 글자의 용법을 이해하는 데 중요한 단서가 되기도 한다.

『용감수감』은 요나라의 승려인 행균行均이 편찬한 책인데, 이 책을 만들게 된 주된 목적은 불교도들이 불경을 읽을 때 참고할 수 있도록 한 것으로 알려지고 있다. 편찬자인 행균의 사적事跡에 대해서는 역사서에 기록된 바가 없다. 그러나 지광智光이 기술한 이 책의

서序에 의하면 행균은 대략 오대五代에서 요대遼代 성종聖宗 시기까지 생존했으며, 지금의 하북河北과 산서山西 일대에서 출가하여 승려가 되었다고 한다. 그리고 이 책의 편찬 동기에 대해 지광은 이 책의 서문에서 다음과 같이 기술하고 있다.

불교는 인도에서 생겨나고 중국에서 널리 전파되었는 바, 즉 인도로부터 당나라로 전래된 것이다. 비록 삼라만상의 본체를 깨침에는 미치지 못하더라도, 그 교리를 깨치려면 반드시 그 곧바른 말을 바르게 이해해야 한다. 곧바른 말을 제대로 이해하지 못하면 세상의 이치를 더욱 깨치지 못하고, 그렇게 되면 수양의 길이 더욱 험하게 된다. 그래서 불가의 고승들이 넓고 넓은 진리의 바다에서 진리를 찾고자 노력하고, 학문이 높은 유학자들도 앞에서 끌고 뒤에서 밀며 공부하였으며, 그 결과 보배와 같은 촛불을 밝혀 마침내『장경음의수함록藏經音義隨函錄』을 만들어내기도 했다. 또 다른 불교음의서佛敎音義書를 지은 곽이郭迻는 이름만 뛰어났으며, 향엄香嚴은 사찰에서 드러날 뿐이다. 이들은 오랜 시간이 흐르면서 전사傳寫되는 과정에서 오류가 발생하고…행균이란 훌륭한 분은…음운학音韻學에 능하고, 자서字書에 통달한 사람이다. 그는 이 책들이 불경의 내용을 밝힘이 정밀하지 못하고, 이것저것 여러 가지를 다 실어놓았음을 알았다. 뛰어난 공적과 탁월한 능력으로 오음五音을 구별하고 음운音韻을 세분하여……또한 새로운 자음字音이 있으면 이를 부처님 감실龕室에 올리듯이 하였으니, 이것은 마치 손으로

난경鸞鏡을 잡은 듯하고, 이 거울로 용모를 비추어, 아름다
움과 추함을 구분하게 한 듯하니, 이를 이름하여 『용감수감
龍龕手鏡』이라 한다.

황문박黃文博은 「요대의 용감수경 가치 분석에 대한 시론試析遼代
龍龕手鏡的價值」에서 『용감수감』에 대해 상세히 소개를 하고 있는데,
여기에 의하면 저자인 행균 대사는 자字가 광제廣濟이고 속가俗家의
성은 우씨于氏이다. 이 책은 요나라 성종 통화聖宗 統和 15년(서기 997
년)에 저술되었는데, 송나라 사람이 중각重刻할 때 송태조 조광윤趙
匡胤의 조부인 조경趙敬의 이름을 피휘避諱하기 위해 이 책의 이름을
『용감수감』으로 바꾸었다고 한다. 이 책은 모두 4권으로 이루어져
있는데, 이를 242부로 나누고, 부수部首의 순서와 각 부部에 귀속한
글자는 모두 4성四聲의 순서에 따라 배열했다. 이 책에 수록된 글자
는 26,430여 자이며, 해설에 사용된 글자는 163,170여 자이다.

『용감수경』은 대장경에 편입되지 않아서, 다른 각본刻本이 거의
보이지 않고, 필사본도 드물어 후세에 이를 아는 사람도 매우 적었
다. 현존하는 판본 중에서 비교적 중요한 것으로는 송각본宋刻本과
청각본淸刻本, 그리고 필사본이 있다. 지금까지 전하는 송각본 중에
중요한 판본으로는 3종이 있다. 하나는 국가도서관이 소장한 송각
본 4권인데, 그 중에서 제2권의 잔결殘缺된 부분은 명나라 모진毛晉
이 송초본宋抄本을 근거로 보완했으며, 후에 콜로타이프판 영인본으
로 남아있다. 두 번째는 전증상쌍감루傅增湘雙鑒樓에서 소장한 송각

본이다. 민국12년(1934)에 상해上海 상무인서관商務印書館이 이 판본을 영인하여 『속고일총서續古逸叢書』와 『사부총간속편四部叢刊續編』에 수록했다. 그렇지만 상해 상무인서관본商務印書館本 중의 제2권은 상무인서관장본商務印書館藏本으로서 사실상 전증상쌍감루傅增湘雙鑒樓 소장의 1,3,4권 판본과는 다르다. 그래서 조만리趙萬里와 두택손杜澤遜은 모두 이 제2권이 남송 초기에 절강浙江에서 중각重刻된 포종맹본蒲宗孟本이라 판정하였다. 세 번째는 국립고궁박문원國立故宮博物院 소장의 송각본이다. 이상의 송각본 3종에 대해 두택손 선생은 피휘避諱와 각수의 특성과 같은 분야에서 고찰하여, 이 셋은 모두 남송 고종高宗 시기에 만들어진 각본刻本이라 판단했다. 이 외에 국립고궁박문원에는 송나라의 가흥부嘉興府 각본도 소장하고 있다.

　　현재 전해지는 청각본淸刻本 중에 중요한 것으로는 하북사범대학河北師範大學 도서관이 소장하고 있는 건륭간정각본乾隆間精刻本이 있는데 앞부분에 이조원李調元의 제발題跋이 있다. 또 가경嘉慶 5년(1800) 신여당각본愼餘堂刻本이 있고, 국가도서관과 사천대학四川大學 도서관이 소장하고 있는 청장단명허죽재각본淸張丹鳴虛竹齋刻本이 있는데, 이것도 앞부분에 이자명李慈銘의 제발題跋이 있다. 동북사범대학東北師範大學 도서관에도 청각본인 요근원록전보당비교본姚覲元錄錢保塘批校本을 소장하고 있다. 청나라 시기의 총서본叢書本으로는 왕씨汪氏의 『정의재총서正誼齋叢書』본, 건륭乾隆, 도광道光과 광서光緒 연간의 함해본函海本과 위에서 언급한 『속고일총서續古逸叢書』본, 『사부총간속편四部叢刊續編』본 등이 있다. 이밖에 고려본高麗本 『대장경』도

『용감수경』을 수록하고 있는데, 이 판본은 본래 요나라 각본에서 유래한 것이다. 일본에서 오래 전에 이 판본을 영인하고, 1985년에 중화서국中華書局에서도 또 이것을 영인 출판했는데, 중화서국은 상무인서관의 『사부총간四部叢刊』에서 영인한 송나라 본을 근거로 제2권에 누락된 부분을 보완하였다.

현재 전해지고 있는 필사본 중에 중요한 것으로는 지금 국가도서관에서 소장하고 있는 명대에 영인한 송초본宋抄本과 상해도서관上海圖書館에서 소장하고 있는 청초본淸抄本, 북경사범대학北京師大學 도서관에서 소장하고 있는 청 건륭 31년(1776)의 경정재영 송초본經井齋影 宋抄本, 복단대학復旦大學 도서관에서 소장하고 있는 청대의 원씨정절당초본袁氏貞節堂抄本이 있다. 이 외에 왕중민王重民의 『중국선본서제요中國善本書提要』에 의하면 국가도서관에는 또 다른 초본이 하나 있는데, 그것을 보면 행관行款[판식]이 바뀌었고, 서법書法이 꽤 정밀하며, 책 안에는 '금궤채씨취경헌수장장金匱蔡氏醉經軒收藏章', '채정상장蔡廷相藏', '정상廷相', '백경보伯卿甫', '채인정정蔡印廷禎', '탁여卓如', '제양채씨도서濟陽蔡氏圖書'와 같은 날인이 남아 있다. 이 외에 심천대학深圳大學이 『중화대전中華大典』 DB를 구축하면서 『용감수감』을 수록했는데, 지금 이 전자시스템은 이미 가동되고 있다.

황문박黃文博은 자서의 발전사에 있어서 『용감수경』이 갖는 가치를 평가하면서, 이 책은 각종 자양字樣을 판별하는데 있어서 매우 정밀하다고 말하고 있다. 『용감수경』의 글자풀이 방식은 먼저 글자의 형태字形가 정자正字인지 속자俗字인지를 밝히고, 그 다음에 글자의 독음字音을 설명한 후 이어서 글자의 뜻字義을 풀이하고, 마지막에 해당 글자의 이체자들을 열거하고 있다. 예컨대『용감수경』木部에 "棲, 俗：栖, 正, 音西, 息也, 又鳥棲木也"라 한 것이 그 예이다. 또 자형이 정자正字인지를 밝히지 않은 것들도 있다. 예를 들면『용감수경』水部에 보이는 "按, 烏漢反, 抑也, 安也"와 같은 것들이다. 이 외에도 글자의 뜻을 풀이하지 않은 것도 있는데, 이들은 대부분 속자俗字인 경우이며, 그렇더라도 글자의 독음은 모두 기록하고 있다.

『용감수경』은 그 책의 성격상 자서에 속하는 것으로서, 불경 중의 속자를 대량으로 수록하고 있다.『용감수경』이전에는 이 책과 같이 많은 속자를 수록한 자서가 없었다.『용감수경』에서는 수록한 한자들을 매우 세밀하면서도 복잡한 체계에 따라 분류해놓았다. 이는『용감수경』에 '正', '俗', '俗通', '通', '變體', '誤', '古', '古文', '今', '籒文', '或作', '同'과 같은 용어들이 있는 것으로 보아 그 분류 항목이 매우 많다는 것을 알 수 있다.

『용감수경』이전에 이미 자양학字樣學이 성행했는데, 돈황 사본 중의 스타인본 제388에 수록된『정명요록正名要錄』에서는 한자 자체字體를 '正', '楷', '訛俗'의 세 종류로 나누었고,『간류보경절운刊謬補缺切韻』에서도 '正作', '本作', '古作', '俗作', '通俗作', '亦作', '或作', '今作'와 같은 용어가 보이고 있으며, 당시 자양학의 최고 성과로 인정받고 있는 당나라 안원손顔元孫의『간록자서干祿字書』에서도 한자의 자체字體를 '俗', '正', '通'의 세 종류로 나누고 있다. 이『간록자서』와 비교해볼 때,『용감수경』은 수록한 글자도 훨씬 많고, 자체字

體에 대해 분류한 것도 더욱 상세하다.

다음으로『용감수경』에 수록한 자형과 음표기 및 뜻풀이를 보면, 적지 않은 부분에서『옥편玉篇』,『절운切韻』,『설문說文』을 인용하고 있는데, 일부분의 경우는 지금 통용되고 있는『옥편』,『절운』,『설문』의 내용과 달라, 이를 근거로『옥편』,『절운』,『설문』의 이본異本을 엿볼 수도 있다.

이 외에도『용감수경』은 자서 중에서 음서검자법音序檢字法을 처음으로 시도했다.『용감수경』은 서문에서 글자의 배열방법에 대해 명확한 설명을 해놓았다. 즉 "모두 4권을 평상거입平上去入 순서대로 배열하고, 각 부수部首의 배열도 4성에 의거해서 배열했다. 또 오음도식五音圖式을 뒤에 덧붙였으니 힘은 덜 들면서 성과는 배가 되어 그 이로움이 무궁하다"라 말하고 있는데, 이 평상거입의 순서대로 하고 부수의 배열도 4성에 의거해 배열했다는 말은 바로 이 책에 수록한 2만여 자를 242개의 부수에 따라 나누고, 각 부수의 자음字音에 따라 평상거입 4성의 순서로 나눈 후, 4성에 따라 이를 4권으로 만들었다는 말이다. 즉 평성平聲을 제1권, 상성上聲을 제2권, 거성去聲을 제3권, 입성入聲을 제4권으로 한 것이다. 그리고 '金', '人', '言', '心'과 같이 평성에 속하는 97개의 부수자部首字를 평성 제1권에 귀속시키고, '手', '水', '土', '草'와 같이 상성에 속하는 60개 부수자를 상성 제2권에, '見', '面', '又', '貝'와 같이 거성에 속하는 26개 부수자를 거성 제3권, '末', '系', '肉'와 같이 입성에 속하는 59개 부수자를 입성 제4권에 귀속시켰다. 그 다음으로는 각 部마다 그 안에 속하는 글자들을 다시 평상거입의 순서대로 배열했다. 예컨대 평성 제1권의 제1부인 金部의 경우 먼저 '鈔', '鋒', '鋼', '銷', '釘'과 같은 평성의 글자를 수록하고, 그 다음으로 상성의 '鎖', '鍵', '鉅', 거성의 '銳', '鋸', '錠', '鐙', 입성의 '鐸', '錫', '鑠', '鐲'과 같은 글자를 수록하고 있다.

　이 자서는 모두 글자의 독음을 근거로 평상거입의 4성에 따라 배열했으며, '음서검자법音序檢字法의 시작'을 알린 것이다. 한대의 허신許慎이 편찬한 최초의 자서인 『설문해자說文解字』부터 『옥편』과 『유편類篇』에 이르기까지 모두 자형이나 자의에 따라 글자의 편방부수偏旁 部首를 묶어서 귀속시켰다. 그런데 『용감수경』에서 음서音序에 따라 배열하는 방법이 만들어지고 나서는 그 이후의 자서들은 모두 이 방법을 취했는데, 예컨대 『편해篇海』는 바로 이 『용감수경』의 음서법音序法에 따라 배열하였다. 그래서 유감劉鑒은 『절운지남切韻指南』에서 "오음편수五音篇首는 식별이 편하다"고 하고, 『강희자전康熙字典』에서도 "『편해』의 부수를 찾는 방법이 빠르다"고 말하고 있으니, 이것들은 모두 음서법音序法으로 글자를 검색하는 방법이 지금의 자전과 사서辭書에 이르기까지 줄곧 사용되고 있음을 알려주는 것이며, 이를 통해 『용감수경』이 처음 만든 음서검자법音序檢字法의 영향이 상당함을 알 수 있다.

　황문박黃文博은 『용감수경』이 속문자학俗文字學의 연구에서 차지하는 가치를 고찰하면서, 여기에 수록된 속자가 매우 많기 때문에, 이 책은 속문자학의 연구에 있어서 매우 중요한 역할을 하고 있다고 말하고 있다. 불경과 자서 및 여타의 다른 문헌들 중에는 아직도 쉽게 판독되지 않는 적지 않은 속자들이 존재하는데, 이 책은 수록한 속자가 매우 많고, 또한 그 자형들도 매우 다양하여 『용감수경』이 우리가 해결하지 못하고 있는 이러한 속자들을 판독하는데 도움을 줄 수 있다는 것이다.

『용감수경』에 수록한 속자들은 대부분 필사본 문헌에서 사용된 글자들이다. 수록한 속자의 수량이 매우 많을 뿐만 아니라, 매우 다양한 속체俗體와 이체異體를 담고 있어서 돈황사본 문헌을 교감하고 정리할 때 직면하게 되는 많은 난속자難俗字들도 이『용감수감』을 활용하여 판독의 단서를 찾아낼 수 있을 것이다.

이 외에,『용감수경』은 필사 과정에서 생겨난 동형어同形詞를 대량으로 수집하고, 아울러 이 동형同形에 대한 판별 작업을 진행함으로서 동형어 연구에 많은 자료를 제공하고 있다. 소위 동형어 현상이란, 서로 다른 어휘인데 자형이 같은 것을 말하며, 다른 문헌의 내용을 필사하는 것이 동형어가 만들어지는 중요한 원인이 되기도 한다.『용감수경』은 동형어 현상을 매우 중시하여, 이와 같이 필사 과정에서 만들어진 동형어를 대량으로 수집하고 동시에 이에 대한 판별 작업까지 함으로서 동형어 연구에 많은 자료를 제공하고 있다.

이『용감수경』에 대한 연구로는 여문서呂文瑞의 「용감수경 연구 종술龍龕手鏡研究綜述」이 있다. 이 책에서 그는 학자들이 이『용감수경』의 가치에 대해 어떻게 인식하고 있는지를 분석하고, 그것을 대략 다음과 같은 세 단계로 설명하고 있다.

**제1단계:**『용감수경』이 만들어지고 얼마 되지 않았을 때에는 학자들이 이 책에 대해 매우 높이 평가하고 있다. 연대 민충사燕台憫忠寺의 승려인 지광智光이『용감수경』의 앞머리에 쓴 서문에 의하면 "…행균行均은 자字가 광제廣濟이고, 속세의 성은 우씨于氏이며, 제齊와 연진燕晉의 땅에서 활동했다. 음운에 능하고, 자서에 통달한 사람이다. 그는 (과거의 불교 관련 문헌이) 불경의 내용을 밝힘이 정밀하지 못하고, 이것저것 여러 가지를 다 실어놓았음을 알았다. 뛰어난 공적과 탁월한 능력으로 오음五音을 구별하고 오음 칠성五音 七聲의 음운을 세분하여…힘들어도 자리를 피하지 않고, 제자로서 스승을 받들며, 어려운 일도 참되게 감당하면서 막히고 의심되는 것을 풀어나갔다. 승려인 지광은 명철하지도 못하고 날카롭지도 못해 이 훌륭한 것을 욕되게 하지나 않을까 하면서 서문을 적으니……또한 새로운 자음字音이 있으면 이를 부처님 감실龕室에 올리듯이 하였으니, 이것은 마치 손으로 난경鸞鏡을 잡은 듯하고, 이 거울로 용모를 비추어 아름다움과 추함을 구분하게 한 듯하니, 이를 이름하여『용감수경』이라 한다. 모두 네 권으로 되었는데, 평상거입에 따라 순서를 정하고, 각 부部도 다시 4성에 따라 배열하였다. 또 '오음도식五音圖式'을 뒤에 덧붙였으니 힘은 덜 들면서 성과는 배가 되어 그 이로움이 무궁하다"고 말하고 있다.

이 서문으로부터 우리는 지광이 행균의 절친한 친구로서, 행균의 부탁을 받아 서문을 작성했으니 자연히 이『용감수경』의 첫 번째 독자임을 알 수 있다. 지광은 행균의 행적과 이 책이 만들어지게 된 전

말을 간단히 소개하고, 이 책의 이름이 『용감수경』인 연유를 매우 정확하게 설명해주고 있다. 행균이 이 책을 저술할 시기는 불교가 성행한 지 매우 오래된 시기였으며, 이에 따라 불교와 관련된 문헌 및 자서가 매우 많이 나와 있었다. 불교가 흘러 들어온 지가 오래되었으므로, 그 동안 불교 관련 문헌을 필사하는 과정에서 자연히 속체俗體와 와체訛體[오자]가 나오는 것을 면할 수가 없었으며, 이에 따라 불경의 진면목을 일부 상실하게 되었고, 나아가 신자들이 불경을 독송하는 것에도 영향을 미치게 되었다. 승려인 행균은 박학다식하고 또 음운학, 문자학에 능했으므로, 이러한 문제점에 느끼는 것이 많아 오대산 금하사五臺山 金河寺에서 5년 동안 이 책을 저술했다. 그리고 이 책이 불경을 공부하는 사람들로 하여금 글자의 뜻과 독음을 제대로 알고 자형을 올바르게 변별할 수 있는 믿을만한 공구서가 되도록 했다. 『용감수경』이 저술됨에 따라 확실히 승속僧俗을 막론하고 많은 사람들이 불경을 공부하는데 커다란 도움을 받을 수 있었으니 이것이 바로 『용감수경』의 가치이다. 그래서 지광이 『용감수경』에 대해 높은 평가를 한 것이다.

북송 심괄沈括의 『몽계필담夢溪筆談』은 『용감수경』을 저록著錄한 가장 오래된 저작이며, 또한 후세에서 『용감수경』을 연구하는 중요한 문헌 자료이기도 하다. 심괄은 『용감수경』에 대해 꽤 후한 평가를 하고 있다. 『몽계필담』 15권에 의하면 "유주幽州의 승려인 행균이 불교 문헌 중의 문자를 수집하여 음과 뜻을 잘 풀이해 놓았다. 모두 16만 자로 된 이 책은 4권으로 나누어져 있으며 책 이름을 『용감

수경』이라 하였다. 연燕나라의 승려인 지광이 서문을 썼는데, 말이
꽤 명확하며, 거란 중희重熙 2년에 이루어졌다. 거란의 서적은 매우
엄하게 금지시켰는데, 중국으로 가져오는 자는 모두 법으로 사형에
처했다. 희녕熙寧 중에 한 포로로부터 이 책이 흘러 나와 부흠傅欽의
집으로 들어갔다. 포전정蒲傳正이 절강서부浙西를 통치할 때 이를 얻
어서 여러 판을 찍었는데, 그 서문의 말미에 '중희 2년 5월서重熙二年
五月序'라 되어 있던 것을 포전정이 이를 삭제했다. 그 글자들을 보면
음운과 배열이 모두 이치에 맞아 후세에 어느 누구도 그를 연나라
사람으로 여기지 않았다"라고 말하고 있다.

　심괄의 평가와 지광의 서문을 합하면 다음과 같은 두 가지 사실
을 알 수 있다.

　첫째, 『용감수경』의 자형은 불교 문헌에서 채집한 것이다. 이 책
에서 불교 문헌 및 음의서音義書를 여러 차례 인용하고 있는 것이 그
증거이다. 여기에 인용된 불교 문헌으로는 『구장舊藏』, 『신장新藏』,
『홍명집弘明集』, 『광홍명집廣弘明集』, 『승호경僧護經』, 『아함경阿含經』,
『현우경賢愚經』, 『발비경拔悲經』, 『서역기西域記』 등이 있고, 음의서音
義書로는 『수함隨函』, 『강서수함江西隨函』, 『서천수함西川隨函』, 『강서
경음江西經音』, 『서천경음西川經音』, 『경음의經音義』, 『음의音義』와 기
법사음基法師音, 림법사음琳法師音, 응법사음應法師音, 곽이음郭迻音, 향
엄음香嚴音 등이 있다.

　둘째, 『용감수경』은 242개의 부수를 평상거입의 4성에 따라 4권
으로 나누었는데, 평성은 '金部' 등을 포함하는 97부이고, 상성은

'手部' 등을 포함하는 60부, 거성은 '見部' 등을 포함하는 26부, 입성은 '木部' 등을 포함하는 59부로 이루어졌다. 각 부에는 다시 평상거입의 4성에 따라 각 글자를 배열했는데, 예를 들면 金部에는 평성으로 '鋒', '鏞' 等과 같은 글자를 수록하고, 상성에는 '鎖', '巨' 등, 거성에는 '鑑', '鋸' 등, 입성에는 '鐸', '鑿' 등과 같은 글자들을 수록했으며, 각 글자의 아래에는 그 글자의 자음과 자의를 풀이했다.(일부는 자음을 밝히지 않은 것도 있음). 청나라 초기 강희康熙, 건륭乾隆 연간의 학자인 심대성沈大成은 경학에 심취하여 문헌을 교정한 것이 매우 많은데, 그도 이 책에 대해 높은 평가를 하고 있다. 그는 발문에서 『용감수경』은 소학小學(문자학)이 쇠한 지 오래된 시기에 "학문을 좀 한다하는 사람들이 글자를 제멋대로 씀에 따라 자형의 제대로 된 모습을 알지 못하게 된 상태가 그대로 일상이 되어버린" 상황에서 만들어진 것이라 했다. 그리고 행균은 "이단異端과 곡학曲學이 판치는 상황에서 심혈을 기울여 이 책을 저술함으로서 옳은 것과 그른 것을 판별해주는 다리의 역할을 하게 함으로서, 이전 학자들의 미흡함을 보완하였으니 가히 제대로 된 사람이다"라고 하였다. 그리고 더 나아가 심대성은 이 『용감수경』을 당시의 소학小學 분야의 명저인 『운총韻總』과 비교하면서 "예전의 낙양 승려인 감율鑑聿이 저술한 『운총』을 구양수가 흩어짐에서 가지런히 하고, 성긴 실에서 제대로 된 실로 만든 듯하여, 비록 세밀하면서 많지만, 조리가 있으면서도 어지럽지 않다고 하였는데, 행균의 이 책도 이와 같다"고 하였다. 그리고 또 이 책이 이러한 성취를 이루게 된 것도 "불교도들의 공명을 생각지 않는 염원과 그 사람들의 노력, 그리고 마음을 오로지 하나로 하여 전념하고 바깥의 사사로움을 막은 까닭이다"라고 하였다.

　　**제2단계:**『용감수경』편찬의 본래 목적과 용도는 후세로 오면서 점점 사람들에게 잊혀지게 되었다. 후세의 학자들은『용감수경』에 대해 찬양보다는 비판을 더 많이 했으며, 심지어『용감수경』을 "없애야 할 책"으로 여기기까지 하였다. 청나라의『사고전서총목四庫全書總目』(이하『사고총목四庫總目』으로 약칭)에서는 "『용감수경』은『설문해자』와『옥편』외에도 여러 곳에서 인용을 하고 있다. 비록 행균이 불교를 존중했기 때문에 자주『중아함경中阿含經』과『현우경賢愚經』의 여러 글자들을 인용하여 육서六書의 부족한 점을 보완하였지만, 그러나 경전의 해석을 위주로 하지 않았다. 심괄이 불교문헌 중의 글자를 모아 자음과 자의를 잘 풀이했다고 했지만, 이는 매우 잘못된 말이며, 심괄이 왜 이러한 말을 했는지 알 수가 없다……이 책은 비록 속체자를 많이 참고하고 있지만 그 안에 잘못된 것도 적지 않다. 그러나 좋은 것들도 많이 남아 있어 나름대로 다행이라 할 수 있으며, 문자학자들이 귀중한 보배로 삼을 만하다."라고 말하고 있다.

　　『용감수경』의 편찬 목적과 내용에 대한『사고총목』의 오해는 심괄의 평가를 이해하기 어렵도록 만들었다. 현재의 시각에서 볼 때『사고총목』의 이러한 오해는 후대의 관련 학자들이 이 책에 대해 부정적인 평가를 하도록 잘못 유도하고 있다.

　　전대흔錢大昕은 또『용감수경』에서 속자와 와자訛字를 널리 수집한 것에 대해 비판하면서 "歪甬孬는 본래 세속에서 떠드는 망언이며…모두 자형이 비슷해서 잘못 쓴 와자인데 이들을 모두 복잡하고 다양한 것들을 채집한 후 이를 제멋대로 간편하게 처리한 것이니, 이는 결국 한자의 조자법造字法을 무시한 것이다"라고 하였다. 또 다른 청나라 말기의 학자인 이자명李慈銘도 역시 부정적 태도가 매우 강한데, 그는 허죽재虛竹齋에서 편찬한 『용감수경』의 제발題跋에서 "이 책은 오류가 많고 제멋대로여서 힐난할 것도 없으며, 글자 구성의 원리를 전혀 모르는 것들이다. 또 전사한 글자가 엉터리여서 사람들의 눈과 마음을 흐리게 하는데 그치지 않고, 널리 퍼지면서 세상 사람들을 미혹되게 할 것이니 곧바로 폐기하고 사용하지 않아야 한다…그 부수 체계는 편방偏旁을 제대로 파악하지 못하고 있으니 논할 필요도 없다. 또 瓜部가 따로 있는데도 불구하고 瓢瓢瓤㼝 등과 같은 글자들을 모두 爪部에 귀속시켜, 이 글자들이 마치 爪에서 파생되어 나온 것처럼 만들었으니 이러한 것도 역시 더 말할 필요가 없다. 특히 이것은 송나라 이전의 자서에서 글자가 없거나 혹은 뜻풀이가 없는 것, 혹은 간혹 있다고 하더라도 이들을 아주 잘 가려서 모두 모아놓은 것으로 여겨, 옛 것을 좋아하는 사람들이 이를 꽤 잘 모아 두었으나, 이는 사실 사람들로 하여금 적지 않게 실상을 호도하도록 하는 것이다."라고 말하고 있다. 이자명도 이 책에서 부수를 혼란스럽게 한 현상에 대해 엄중하게 비판하고 있으며 또한 그 가치도 철저하게 부정하고 있다. 이 두 학자의 비판은 당시와 후세의 학자들에게 많은 영향을 주었다.

이때부터 이 책은 내용이 매우 잘못되고 제멋대로인 것이라고 하여 버려지는 것이 많았고, 기껏해야 옛 자형이나 육조 시기의 별자別字와 같이 이상한 문자를 찾는데 참고하는 것으로 사용되었다. 근래의 나진옥羅振玉은 갑골문과 금문, 석각문石刻文 및 돈황사본 등을 연구하는 과정에서 『용감수경』이 석각한 경전經傳 문자를 많이 언급하고 있어서 참고할 만한 가치가 있다는 것을 알게 되었다. 그래서 그는 발문을 쓰면서 이 책의 가치를 약간 인정하여 "이 책은 불교의 경전을 읽기 위해 만들어진 것이라서 불교 문헌에 나오는 글자를 많이 수록하였는데 속칭 와체訛體라 했으며, 이에 대한 설명도 상세하다. 이 불교는 육조 시기에 성행했으므로 경전 글자를 새기는 것도 육조 시기에 매우 성행했다. 당송 이후에 전해지는 불교 문헌들은 아마도 석각한 글자를 전사한 것이 많을 것이며, 이로 인해 육조의 비별자鄙別字가 많을 수밖에 없고,[1] 『옥편』과 『광운廣韻』에 수록되지 않은 글자들도 매우 많다. 행균이 이 책을 편찬한 것은 문자 연구에 큰 공을 세운 것이다"라고 말하고 있다. 그러면서도 한편으로는 "잘못된 것이 많이 있어 지적을 하지 않을 수 없다"라든가, "고찰함에 소홀함이 있으니 이는 반드시 지적해야 할 것이다"라고 말하고 있다.

이상을 종합해볼 때, 이 단계에서의 학자들은 『용감수경』에 대해 대체적으로 비판적인 것이 다수를 차지하고 있다.

---

[1]    역주: '鄙別字'는 '近別字'라로도 하는데 이체자를 지칭하는 말이다.

**제3단계:** 지난 1970~80년대의 대만의 돈황학자인 반중규潘重規는
『용감수경』과 돈황사본의 관계를 발견하고『용감수경』의 본래 면목
을 되찾아놓았다. 반중규는 수년간 돈황사본을 읽으면서 그 사본寫
本에 쓰여진 글자들이 매우 문란하고, 게다가 만당오대시기의 사본
은 종이 전체가 와자訛字거나 속자여서 판독하기가 쉽지 않았으며,
이로 인해 사람들이 잘못된 방향으로 빠지거나 제대로 다 읽지도 못
하게 된다는 것을 알게 되었다. 그리고 한편으로는 이러한 와자나
속자들이 나름대로 조리가 있고 체계적이라는 사실도 발견했다. 행
균의 책을 반복해서 고찰하고 돈황사본과 대조하면서 마침내『용감
수경』이 왜 청나라 학자들에 의해 "글자의 편방을 제대로 파악하지
못해 엉뚱한 부수에 귀속시켰다"는 비난을 받게 되었는지 알게 되
었다. 또 '瓦凡, 瓜爪, 鬥門, 衤衣, 文攴'을 구분하지 못하는 등등 편방
을 혼동하는 글자와 자형이 고정적이 못하고, 자형의 번다함과 간결
함繁簡이 일정치 못한 상황이 사본 속자의 실제 상황과 상응하지 못
하는 것이 한둘이 아니라는 것도 발견하였다. 예컨대 衣部에 "衤古,
胡古反, 福也"라 하고, 다시 衤部에 "祜, 胡古反, 福也"라 말하고 있는
데, 이는 사본의 '祜'字가 어떤 것은 衤를 편방으로 해서 '衤古'로 하기
도 하고, 어떤 것은 衤를 편방으로 해서 "祜"로 쓰기도 하기 때문에
이를 衣와 衤 두 部에 모두 수록한 것이다. 또 瓜部의 '瓢, 瓤, 䏏, 䑏'
과 같은 글자들도 편방을 爪로 쓰기도 하기 때문에 이 역시 爪部에
동시에 수록한 것이다.

이러한 편방의 혼동 현상에 대해 행균은 다시 설명하고 있다. 衤

部 부수의 '衤'字 아래 주석에서 "이 글자와 衣部, 示部 세 部는 서로
섞어서 사용되기도 한다.(필자 의견: 三部는 衣, 衤, 示에 속하는 글자를 가리
킨다)"고 말하고 있는데, 이는 사본에서 衣, 衤, 示의 편방으로 구성된
글자들이 구분되지 않는 경우가 왕왕 있다는 것을 분명하게 설명해
준다. 또 2권의 爪部 부수의 '爪'字 아래 주석에서도 "자음은 側絞反
이고, 손가락을 뜻한다. 또 爪部와 瓜部는 서로 혼용되는데, 瓜의 자
음은 古花反"이라고 하고, 1권의 瓜部 부수의 '瓜'字 아래의 주석에
서는 "자음은 古花反이다. 또 瓜部와 爪部는 서로 혼용된다. 爪의 자
음은 側絞反"이라고 말하고 있는데, 이는 瓜와 爪를 편방으로 하는
글자들이 자주 혼용되어 분리되지 않음을 분명하게 말해주고 있는
것이며, 이러한 예들은 아주 많다.

　이렇게 볼 때, 『용감수경』의 부수 분류와 부수 아래로의 글자귀
속은 확실히 사본의 실제 상황에 따라 결정된 것이라는 알 수 있다.
육조시기부터 당오대시기는 불교가 성행했고, 불경의 번역도 이에
따라 매우 흥성했다. 당시에 만들어진 이러한 불경들은 절대 다수가
손으로 베껴 쓴 것들이었다. 왜냐하면 그 당시에는 조판 기술이 발
명된 지가 얼마 되지 않았기 때문에 판각본板刻本 서적이 그다지 유
행하지 않았으며, 이에 따라 행균이 근거로 삼았던 것은 대부분 사
본寫本으로 된 불경이었다. 육조시기부터 당오대시기까지는 와자나
속자가 매우 유행했기 때문에, 사본의 불경에서도 수많은 종류의 와
자, 속자가 출현하는 것은 자연스런 현상이었다. 이렇게 사본의 문
자를 수집했기 때문에 행균은 사본에 사용된 글자의 실제 상황에 따

라 책을 편찬한 것이다. 그렇기 때문에 반중규의 이러한 발견은 매우 중요한 의미를 갖는 것이고,『용감수경』의 실제 가치를 다시 한 번 발견하는 것이라 할 수 있다.

반중규潘重規는『용감수감신편龍龕手鑑新編』에서 돈황학敦煌學의 입장에서 이 책이 한자 연구에서 차지하는 가치에 대해 다음과 같이 통찰하고 있다.

> 『용감수감』은 불제자가 불교 문헌 필사본에 근거하여 편찬한 자서이다. 고대의 필사본은 이미 판각본 서적에 의해 환골탈태되어 편찬 당시의 기능을 상실했다고 할 수 있다. 그러나 천년이 지난 지금, 돈황사본 수만 권이 다시 이 세상에 나오게 되자, 많은 독자들이 그 내용을 밝히고자 이것저것 시도하면서, 이리저리 방법을 찾으면서 그 길을 인도할 사람을 구했으나 찾을 수가 없었다. 그런데『용감수감』이 찬연히 등불을 밝혀 천고에 빛을 발하고, 이 빛으로 모든 것을 일어나게 하였으니, 어찌 학계의 커다란 행운이 아니겠는가?…이는 바로『용감수감』은 곧 돈황사본이 만든 자서라고 말할 수 있는 것이다. 청대의 학자들은 돈황의 문헌을 보지도 못하고 진상을 제대로 파악치도 못한 채 그 가치를 폄하하여『용감수감』의 가치를 천년 동안이나 드러나지 못하게 하였다. 지금 다행히 그 오묘한 가치를 엿볼 수가 있어서 후대의 학자들이 돈황사본을 가지고『용감수감』이 진정한 『수감手鑑』임을 밝혔고, 또 이『수감』을 가지고 돈황사본을

증명하면서 돈황사본의 가치를 밝혔으니, 행균의 이 편찬은
실로 크다고 말하지 않을 수 없다.

진일매陳逸玫는 「한문불경 이체자자전 편집방법 연구漢文佛經異體
字字典編輯方法研究」에서 이 책이 "돈황사본이 만들어 낸 자서"라는
반중규가 한 말을 강조했다. 또 "찬연히 등불을 밝혀 천고에 빛을 발
하고, 이 빛으로 모든 것을 일어나게 하였으니, 어찌 학계의 커다란
행운이 아니겠는가?"라고 한 것은 전대흔 등과 같은 사람들이 평가
한 것과 많은 차이가 있다는 것을 옳게 평가했다. 또한 돈황사본이
이 세상에 나온 것은 전대前代에 알지 못했던 한자 발전의 단계를 보
여준 것인데, 『용감수감』이 때마침 많은 단서를 제공하고 있으니 그
가치는 실로 대단한 것이라 한 것에 대해서도 매우 긍정적으로 보
았다. 불경을 읽는 독자들에게 불경에 쓰인 글자들이 무엇인지 찾을
수 있도록 하려면 불경에 실제 사용된 글자의 자형 그대로를 수록하
는 것이 사리에 합당하다. 그래서 진일매는 이 책이 한자연구漢字研
究나 자양학字樣學을 확립하는데 있어서 그 가치가 어떠하든 관계없
이 이것이 공구서로서의 가치를 전혀 손상시키지 않았으며, 또한 독
자들의 수요에 입각한 편집이라는 입장은 후세 사전들의 편집에 나
름대로 새로운 방향을 제시한 것이라 여겼다.

이상을 종합해서 본다면 『용감수감』은 당시 불경 사본에 사용된
자형들의 실제 상황을 그대로 반영하여 그 안에서 발견되는 대량의
속자와 와자들을 폭넓게 수록하였으며, 비록 이것이 자서의 규범적

인 기능을 감소시켰다 하더라도, 당시 불경을 읽는 독자들의 입장에서 보면 이는 더욱 실용적이었다고 할 수 있다. 지금의 상황에서 보더라도 다른 자서에서 거의 보이지 않는 이 속자들은 근대에 발굴된 돈황유서敦煌遺書에서 사용되고 있으나 식별이 어려운 많은 글자들을 판독하는 단서를 제공했을 뿐만 아니라, 한자 발전의 과정에서 중간에 단절된 내용을 보전해주고 있다.

그러나 행균은 이자명이 말한 바와 같이 "글자 구성의 원리를 전혀 모르는 것"일까? 그 내용을 자세히 살펴보면 '瓠', '瓢', '瓤'과 같은 글자들은 모두 '瓜'의 의미에 속하는 것들로서 『용감수감』의 '瓜'部에서 찾아볼 수 있다. 이들은 또 '爪'部에서도 '爪'의 다른 형태異形으로 구성된 글자들이 수록되어 있다. 글자의 구성 이치로 볼 때 '爪'의 형체에서 자형이 와변訛變되어 만들어진 글자들은 확실히 자주 보인다. 그렇다면 이들은 당연히 수록하지 않아야만 글자를 찾는 사람들이 용자用字에 대한 의혹을 갖는 것을 피할 수 있다. 그러나 만일 수록하지 않는다면 독자들이 불경을 읽으면서 본래 '瓜'로 되어야 할 글자가 글꼴이 변하여 '爪'의 형체로 구성된 글자를 만난다면 그것이 무슨 글자인지 알 수 없게 된다. 그래서 행균은 이들을 모두 함께 수록한 것이며, 아울러 부수자인 '爪' 아래에 '瓜와는 서로 혼용되며, 瓜의 자음은 '古花反'이라 설명하고, 동시에 '瓜'의 아래 주석에는 "爪와 서로 혼용되며, 爪의 자음은 '側絞反'이다."라고 덧붙였다.

즉 이 책은 오자나 속자를 수록하면서 동시에 표준 자형의 수립에도 주목했다. 그래서 지광이 "음운에도 능하고 자서에도 많은 공부를 했다"고 말하듯이, 당시의 문란하고 복잡한 글자 사용 실태에 대해 체계적으로 분석하여 『용감수경』을 편찬함으로서 당시의 글자 사용 실태를 그대로 보존하여 후대의 자형 연구에 중요한 자료를 제공하고 있다. 교육부의 『이체자자전異體字字典』에서는 이체자형異體字形을 대략 7만여 자를 수록하고 있는데, 그 중에 약 2천여 자가 이 『용감수감』(고려본高麗本, 사고본四庫本)에 근거한 것이라는 사실로 미루어보아 이 책의 중요성과 독창성을 알 수 있다.

## 7.2. 돈황사경과 속문자 연구의 전개

광서光緒 26년 5월 26일, 막고굴莫古窟에 거주하고 있던 도사인 왕원록王圓籙(1851~1931)은 사람들을 데리고 제16굴 안쪽 입구에 쌓여 있는 흙더미를 정리하던 중, 우연히 굴의 북쪽 면에 틈이 있는 것을 발견하였다. 5월 26일 새벽에 그는 그 벽의 틈을 헐어낸 후, 이것이 벽돌로 만든 작은 문이라는 알게 되었다. 그리고 다시 벽돌들을 모두 치워 버리고는, 그 안에 있는 폭이 각 2.6미터, 높이 3미터의 네모진 굴(지금은 제17굴)을 발견했는데, 그 굴 안에는 수많은 흰색 보자기에 싸인 고대의 각종 사본寫本과 인쇄본 책자印刷本 冊子들이 가득 쌓여 있었다. 그 책자들은 경서자집經史子集 등 각종 고문헌 뿐만 아니라, 각종 관공서나 개인 간의 문서, 문학과 각종 민족 문자 문헌들로서 모두 5만여 권이 넘었다. 이 외에도 각종 비단에 그린 불화佛畵와 공양화供養畵, 불기佛旗와 각종 동불銅佛과 목불木佛들이 있었는데, 이것이 그 유명한 '장경동藏經洞'이다.

장경동 안에 있던 5만여 권 문헌 중, 가장 오래된 것은 전진 부견 원년前秦 苻堅 元年(359년)이고, 가장 시기가 늦은 것은 남송 경원 2년 南宋 慶元 二年(1196년)이었는데, 그 중에서 불교 문헌이 90% 내외로서, 그 안에는 경經, 율律, 논論, 소석疏釋, 위경僞經, 찬양문讚文, 다라니 陀羅尼, 발원문發願文, 계청문啟請文, 참회문懺悔文, 경장목록經藏目錄 등이 모두 포함되어 있다.

동굴 안의 돈황유서敦煌遺書에는 한문漢文으로 된 것이 가장 많으나, 이 외에도 토번문吐蕃文, 회갈문回鶻文, 서하문西夏文, 몽고문蒙古文, 소그드문粟特文, 돌궐문突厥文, 우전문于闐文, 범문梵文, 토카라문吐火羅文, 히브리문希伯來文 등, 10여 종의 고대 민족 문자로 된 것들도 있다. 그리고 제본된 형태로 볼 때 돈황유서는 권축장卷軸裝이 주종을 이루지만 이 외에도 범협장梵篋裝, 경절장經折裝, 호접장蝴蝶裝, 책자장冊子裝과 낱장으로 된 것 등 여러 형식이 있다. 또 탁본拓本도 있고 인쇄본과 자수본刺繡本 등도 있어서 서적발전사書籍發展史와 서적 장정사書籍裝幀史 및 인쇄사印刷史에 있어서 얻기 쉽지 않은 실물 자료들이 있다.

진일매陳逸玫는 「한문불경 이체자자전 편집 방법 연구漢文佛經異體 字字典編輯方法研究」에서, 아쉽게도 이 돈황석굴에서 출토된 각종 문물들은 청말의 전란 시기에 대량으로 유출되었는 바, 대략 3분의 2

정도가 세계 각지로 흩어져 지금의 영국 런던의 영국박물관大英博物館과 프랑스파리의 국립도서관國家圖書館, 러시아 모스크바의 러시아과학원俄羅斯科學院에서 각각 이를 소장하고 있고, 또한 비록 일부이지만 개인도 이를 소장하고 있다고 말하고 있다. 그러나 대량의 문물이 해외로 유출되었기 때문에, 후에 이 돈황 장경동에서 출토된 문물을 연구 주체로 하는 '돈황학敦煌學'이라는 국제적인 학문 연구 분야가 만들어지기도 했다.

이 중에서 전체 문헌의 95%를 차지하는 불경은 절대 다수가 사본寫本이다. 이들은 돈황에서 만들어진 것도 있고, 또 다른 곳에서 만들어진 후 이곳으로 흘러 들어온 것도 있는데, 그 중에는 조정이나 혹은 귀족들이 공양으로 올린 역경 원본과 초본抄本도 포함되어 있다. 이러한 사본을 쓴 사람은 승려도 있고 혹은 직업적으로 사경寫經을 한 사람도 있으며, 각종 직업을 가진 일반 대중들도 있다. 내용 면에서 볼 때, 비록 경율론經律論을 포함하는 경의 수량이 가장 많으며, 그 중에는 또 발원과 기복을 위해 사경한 『법화경法華經』(『묘법연화경妙法蓮華經』), 『대반야바라밀다경大般若波羅密多經』, 『금강반야바라밀경金剛般若波羅密經』, 『금광명최승왕경金光明最勝王經』, 『유마힐소설경維摩詰所說經』 등이 가장 많다. 논전論典과 율전律典의 경우, 비록 수량이 많지는 않지만 대부분이 기존의 불교 문헌 자료에 빠져 있던 것들이어서 확실하게 기존의 부족함을 보완하고 있다.

이러한 자료의 연구에 관해서는 장용천張湧泉이 「근 1세기 동안의 돈황 언어문자 연구近一個世紀以來的敦煌語言文字研究」에서 돈황에서 발견된 속문자 자료와 그 연구 상황에 대해 소개하고 있다.

돈황사본에서 발견된 주요 자서로는 『자양字樣』잔권殘卷, 『정명요록正名要錄』, 『시요자양時要字樣』과 어린 아이들의 글자 교본인 『천자문千字文』, 『개몽요훈開蒙要訓』 등이 있다. 돈황사본에는 대량의 이체속자異體俗字가 발견되어 돈황 문헌의 정리에 많은 어려움을 초래하였는 바, 이에 따라 새롭게 속자 연구가 시작되기도 하였다.

1949년 당란唐蘭은 『중국문자학中國文字學』에서 근대 문자의 연구에 대해 강조했다. 그는 "별자別字 문제, 당나라시기의 많은 자양字樣과 당대 이후의 간체자簡體字, 각판刻板이 유행한 이후의 인쇄체들이 모두 근대문자학의 범위에 있는 것이다. 중국 서부지역에서 출토된 목간 잔독木簡 殘牘과 돈황 석굴에서 나온 고사본古寫本의 각종 문헌도 또한 모두 매우 중요한 자료이다"라고 말하고 있다.

1959년 장례홍蔣禮鴻은 「중국 속문자학 연구 도입中國俗文字學研究導言」에서 돈황사본의 속자를 기초 재료로 하여 속자俗字와 정자正字의 관계, 속자 연구의 현황과 속자 연구의 의의, 속자 연구의 방향과 방법 등에 대해 독보적인 분석과 상세한 설명을 하고 있다. 80년대 후반, 곽재이郭在貽와 그의 학생 장용천은 공동으로 돈황 속자 연구를 중심으로 하여 「속자 연구와 고적 정리俗字研究與古籍整理」, 「속자 연구와 속문학 작품의 교정俗字研究與俗文學作品的校讀」과 같은 논문을 발표하였다. 그리고 후에 장용천은 다시 「돈황사본 속자의 유형 및 판별방법敦煌寫卷俗字的類型及其考辨方法」, 「돈황문서 유화자 연구敦煌文書類化字研究」, 「중국어 속자 연구의 의의에 대한 시론試論漢語俗字研

究的意義」,「대형 자전 편찬 시 속자와 관련된 약간의 문제大型字典編纂中與俗字相關的若干問題」,「돈황문헌 교정 석례敦煌文獻校讀釋例」 등 20여 편의 논문을 발표하였다.

위에서 언급한 논저 외에도 돈황 속자의 연구와 관련된 논문으로는 시안창施安昌의 「돈황사경 단대 개론—점차 변한 글자군의 규칙도 함께 논함敦煌寫經斷代發凡—兼談遞變字群規律」,「돈황사경의 점차 변한 글자군 및 그에 대한 명명敦煌寫經遞變字群及其命名」과 화무郝茂의 「돈황사본 중의 속자를 논하다論敦煌寫本中的俗字」 등이 있다.

불경을 베끼던 당시 상황에 대해 조청산趙青山은 「돈황사경의 역사와 현실적 의의敦煌寫經的歷史與現實意義」에서 다음과 같이 말하고 있다. 일반인들이 사경을 한 후에는 보통 불경의 끝에 제기題記를 써 놓았는데, 이를 '제발題跋' 혹은 "식어識語"라고도 한다. 사경의 제기題記는 사경한 사람이 불경을 사경하게 된 연유와 기원의 내용을 담은 글이었으며, 보통 불경의 끝부분에 덧붙여 놓았다. 1908년 프랑스의 펠리오는 돈황의 장경동에서 문서文書를 선별할 때, 이 수많은 돈황 문서 중에 가장 가치가 있는 것을 고르기 위해 네 가지의 표준을 세워놓았는데, 그 중의 하나가 바로 '제기題記가 있는 불경'이었다. 호적胡適도 제기題記가 "가장 의미 있고, 가장 역사적 가치가 있는 자료"라고 했다.

675년에 쓰여진 것으로서 지금 프랑스 국립도서관에 소장되어 있는 『약사경藥師經』(P.2900)은 한 임산부가 아이를 편안히 낳을 수 있도록 기도하면서 사경한 것이고, 897년의 『금광명경金光明經』은

비바람이 순조롭기를 기원하며 사경한 것이다. 또 석록산石錄山의
부친이라는 사람은 먼 길을 떠난 자식이 빠른 시일 내로 돌아와 "평
안한 가정이 이루어지도록"(S.2360) 기원한 것이어서, 비록 지금과는
천년 이상이나 떨어진 시기이지만, 자식이 집으로 돌아와 늙은 아버
지와 함께 할 수 있기를 초조하게 기다리는 모습이 눈에 선하게 나
타난다. 『금광명최승왕경제기金光明最勝王經題記』(S.1963)에는 또 노씨
盧氏 집안의 큰 어머니와 둘째 큰 어머니가 전쟁으로 의지할 곳이 없
이 타향에 떨어져 있게 됨에 따라, 그들이 전쟁하는 두 나라가 서로
화해하고 전쟁을 그만두기를 희망하는 내용을 적고 있다. 이와 같이
사경의 제기題記에서 사회의 안정과 가정의 화목, 집안사람들의 건
강을 담고 있는 것은 만고불변의 주제라는 것을 알 수 있다.

　돈황사경은 당시의 각 민족이 공동으로 완성한 사업이다. 한나라
이래로 돈황은 실크로드에서 중요한 교통 요지로서, 유소劉昭가 『속
한지續漢志』의 주석에서 말한 바와 같이 "중화中華와 서융西戎이 교류
하면서 함께 모이는 곳"이었다. 역사적으로 볼 때 여기에서 활동한
민족으로는 한인漢, 소그드인粟特, 토번인吐蕃, 우전인於闐, 서하인西
夏, 회갈인回鶻이 있다. 여러 민족이 섞여 있었기 때문에 돈황의 사경
사업이 여러 민족이 공동으로 완성하도록 했으며, 이러한 역사는 돈
황 토번 시기에 집중적으로 드러나고 있다.

　당대 정원貞元 2년부터 대중大中 2년까지는 토번이 돈황을 통치
하던 시기로서, 이 기간 동안 돈황에서는 450곳의 석굴을 조성했다.
이 지역을 처음 통치하던 시기부터 비교하면 돈황에는 사원이 초기

의 13곳에서 17곳으로 늘어났으며, 승려의 수도 3백여 명에서 6~7
백여 명 이상으로 늘어났다. 지조덕찬墀祖德贊(토번의 찬보, 815~836)
시기에는 전국적으로 발원하여 사경을 진행했는데, 돈황이 토번의
관할 지역이었기 때문에 더욱 적극적으로 대응했다. 사경의 대상인
불경은 주로 한족이 소장한『대반야경大般若經』과『무량수종요경無
量壽宗要經』이었는데, 이러한 사본은 지금 세계 각지로 흩어져 나갔
다. 일본 학자 니시오카 소슈우西岡祖秀의 통계에 의하면『무량수종
요경』의 한문 사본은 현재 영국이 298건, 프랑스 35건, 중국 513건,
러시아 52건이고, 티베트어본藏文本은 영국이 4건, 프랑스가 5건, 일
본이 8건, 러시아가 23건, 돈황시 박물관敦煌市博物館이 313건을 소장
하고 있다. 그러나 사실상 실제 수량은 이보다 훨씬 많으며, 현재 이
외에도 공과 사를 막론하고 소장하고 있는 것을 미공개한 것도 많이
있다.

　　돈황의 속체자 중에 '仏'은 '佛'의 속체이다. 이 글자는 동한의 허
신이 편찬한『설문해자』에 보이지 않고 있다. 현존하는 문헌 중에는
남북조의 북제 천보北齊 天寶 1년(550)에 조성된『장용백 형제 등 조
상기張龍伯兄弟等造像記』에 '仏'자가 보이고 있으며 수당 이후로는 비
명碑銘이나 사경한 것에서 광범위하게 보인다. 명대의『정자통正字
通』에서는 이를 "佛의 古文이다"라 말하고 있으며, 지금 일본에서 통
용되고 있다. 돈환본『단경壇經』의 초본抄本에는 '佛'이 5회만 출현할
뿐이며, 나머지는 모두 '仏'로 쓰여져 있는데, 그것이 120여 개나 된
다. 그런데 교감본에서 이를 모두 정자正字인 '佛'로 고쳐 쓰고 있다.

또 '惠/慧'의 경우, 돈황박문관본의 『단경』 초본抄本에는 '慧'가 없으며, '智慧'와 '戒定慧'는 모두 '惠'로 쓰여져 있는데, 지금은 모두 정자인 '慧'로 바꾸었다. 이 외에 돈황계열의 여러 판본 중에는 육조의 이름을 모두 '惠能'으로 쓰고 있는데, 일부 판본과 후세인들은 이를 '慧能'[2]으로 쓰고 있다.

또 '點'자의 경우 돈황 자료인 S.5469 『불설여래성도경佛說如來成道經』에 다음과 같이 쓰이고 있다.

> "如來槃而不死, 涅而不生。攪之不濁, 澄之不淸。擔複不重, **點複不輕**。幽複不闇, 顯複不明。名即不惜, 利即不爭。辱之不忿, 寵之不榮。"
>
> (如來께서는 열반에 이르러서도 죽지도 태어나지도 않는다. 어지러워도 더럽지 않고, 깨끗해도 맑지 않다. 짊어져도 무겁지 않고, 놓아도 가볍지 않으며, 깊어도 어둡지 않고 드러내도 밝지 않다. 명예에도 아끼지 않고, 이로움에도 다투지 않으며, 욕을 먹어도 화내지 않고 총애를 받아도 우쭐하지 않는다.)

각 예문들은 두 문장이 한 조가 되어 서로 반대되는 의미로 대구對句를 이루고 있다. '擔複不重'과 '點複不輕'가 상대를 이루고 있는데, 그 중에서 '點'을 어떻게 해석해야 하는지가 참 쉽지 않다. 어떤 사람은 '點'은 당연히 '故量'의 '故'으로 읽어야 한다고 한다. '點'

---

2 돈황박물관본 『壇經』 14組 이체자 판별분석 2017년 10월, 원문 홈페이지: https://kknews.cc/zh-tw/culture/jrgpl2e.html

과 '㸃'은 모두 '占'을 성부로 하고 있으며, 『광운』에서 '㪇'의 자음은 "丁兼切, 添韻端紐"이고, '點'의 자음은 "多忝切, 忝韻端紐"로서, 이 두 글자의 독음이 비슷하다.(성조만 다름) 돈황 자료 P.2609 『속무요명림·手부俗務要名林·手部』에 "㪇探, 稱量也. 上了(丁)兼反, 下丁果反."이라 하고, 또 '拑探'이라 한다고도 했다. 돈황 자료 S.6204 『자보字寶』 평성에는 "拑探, 下(丁)兼反. 又㪇量。"이라 했는데, '拑'은 '拈'의 오자誤字이다. 『집운·沾운集韻·沾韻』에는 "㪇, 㪇探, 以手稱物。或作 '拈'。"이라고 했고, 『자휘·手부字彙·手部』에는 "掂, 丁廉切, 點平聲, 手掂也。"라고 했는데, 여기에서 '掂'은 '㪇'의 후기자後起字로서, '㪇量'과 '掂量'은 모두 동의복합어同義複詞이다. 만일 '㪇'을 위의 '點'과 같이 읽는다면, 위 문장의 뜻은 '짊어져도 무거움을 모르고', '헤아려도 그 가벼움을 모른다'가 된다.

또 '孤'자의 경우, 돈황자료 S.4546 『정도삼매경淨度三昧經』 상권에는 다음과 같이 쓰여져 있다.

"第二晉平王, 典治黑繩地獄。中有鐵繩, 有三刃者, 四孤者, 八孤者以挻(拼)直人身, 鋸解之。或斧斫人身, 或四方, 或八角。"
(두 번째 진평왕은 흑승지옥을 다스렸다. 그 안에는 철승이 있는데, 이것은 세 개의 날이 있는 것도 있고, 네 개 혹은 여덟 개의 모서리(四孤者, 八孤者)가 있는 것도 있는데, 이것으로 사람의 몸을 밀어내고 톱질을 한다. 도끼로 사람 몸을 찍기도 하고, 四方으로 하기도 하도 혹은 八角으로 하기도 한다.)

위의 예문 중에서 '孤'는 '柧'의 오자이다. '孤'와 '柧'는 형체가 비슷하여 쉽게 혼동된다. 불경 중에서는 '柧'가 자주 '孤'로 쓰이고 있다. 후진後秦의 불타야사佛陀耶舍, 축불념竺佛念이 번역한 『장아함경長阿含經』 2권의 경우를 보자.

"閻浮樹, 其果如蕈, 其味如蜜。樹有**五大孤**, 四面**四孤**, 上有**一孤**。其**東孤果**乾闥和所食, 其**南孤果**者七國人所食。……其**西孤果**海蟲所食, 其**北孤果**者禽獸所食, 其**上孤果**者星宿天所食。"(T01, p0147c)

(염부나무는 그 열매가 버섯 같고, 맛은 꿀 같다. 나무에는 다섯 개의 모서리(五大孤)가 있는데, 四面에 네 개의 모서리가 있고 위에 하나가 있다. 그 동쪽 모서리(東孤)의 열매는 건달乾闥이 먹고, 남쪽 모서리(南孤)의 열매는 칠국인七國人이 먹는다……서쪽 모서리(西孤)의 과일은 바다 물고기가 먹고, 북쪽 모서리(北孤)의 과일은 짐승들이 먹으며, 위쪽 모서리(上孤)의 과일은 하늘의 별들이 먹는다.(T1, P0147c).

이 중 '孤'에 대해 『법원주림法苑珠林』 79권에서는 이를 '柧'로 했는데, 『대정장』의 교기校記에서는 송본, 원본, 명본을 인용하여 모두 '觚'로 하고 있다. '孤'는 '柧'의 형체로 인한 오자이며, '觚'는 '柧'의 차자借字이다. '柧'는 나무의 모서리를 지칭하는데, 이는 본래 의미인 '모서리(棱)'에서 의미가 확산된 것이다. 『說文·木部』에 "柧, 棱也"라고 되어 있고, 단옥재의 주석에서는 "柧와 棱은 서로 훈訓한다. 삸는 대나무 쌓아 八觚를 묶어 만든 것이며, 觚는 바로 柧이다. 후에

'觚'가 사용되고 '柧'는 사용치 않게 되었다. 응소應劭가 말하길 觚八棱은 모서리가 있는 것이다. 『통속문通俗文』에 '나무 중에 四方이 있는 것이 棱이고, 八棱이 柧가 된다.'라고 하나, 내 생각에 『통속문』은 분류해서 말한 것이고, 하나로 묶어 말하면 『급취急就』의 '七觚'는 四方으로 된 版을 말하는 것이다."라고 말하고 있다.[3] 즉 '觚'가 '棱'인데, 문헌에서 '觚'를 빌려 '柧'를 대신하고 있다. 『급취편急就篇』 1권에 "急就奇觚與眾異(진귀한 서적을 급히 만들었지만 다른 것들과는 사뭇 달랐다)"고 말하고 있는데, 이에 대해 안사고顏師古는 "觚는 간독簡牘을 말하는 것으로서, 여기에 글자를 쓰기도 한다. 나무를 깎아 만들었으며, 簡의 일종이다……형태는 六面 혹은 八面으로서 모두 글자를 쓸 수 있다. 觚는 棱이다. 棱角이 있어서 이를 觚라 한다."라고 말하고 있다.[4] 그리고 『법원주림』 10권에는 『관불삼매경觀佛三昧經』을 인용하여 "부처님의 머리에는 팔만사천개의 머리카락이 있는데, 모두 두 방향으로 쏠려서 오른쪽으로 돌면서 머리카락이 나고 있다. 그 모양이 가지런하며, 네 모서리(四觚)가 분명하게 드러난다."(T53. p0364c)라고 말하고 있는데,[5] 이 중의 '觚'는 대정장본大正藏本 『관불삼매해경觀佛三昧海經』 1권의 경문經文에는 '柧'로 되어 원본, 명본, 東

---

3    柧與棱二字互訓。叕以積竹八觚, '觚'當作'柧', '觚'行而'柧'廢矣。……應劭曰：觚八棱, 有隅者。『通俗文』曰：'木四方為棱, 八棱為柧。'按：『通俗文』析言之。若渾言之, 則『急就』'七觚'謂四方版也。

4    觚者, 學書之牘, 或以記事, 削木為之, 蓋簡之屬也。……其形或六面, 或八面, 皆可書。觚者, 棱也, 以有棱角, 故謂之觚.

5    如來頭上有八萬四千毛, 皆兩向靡, 右旋而生。分齊分明, 四觚分明。

本에는 '觚'로 되어 있다(T15, p0649a). 현응이 본 경문經文에는 '觚'로
되어 있지만, 그는 '棱'을 표시할 때 '柧'을 사용해야지 '觚'는 그 뜻
이 아니라고 판단해 '四柧'를 표목標目으로 삼았다. 그리고 설명하
기를 "자음은 古胡反이다. 『설문』에 柧는 棱이라 했다. 경문에 '觚'
라 한 것이 있는데, 이는 그릇의 이름이지, '觚'가 그 뜻은 아니다."라
고 하였다.[6] 이렇게 볼 때 경문에 쓰인 '抓'는 '柧'의 속와자俗訛字이
다. 송본에 '舺'라 쓰인 것은 바로 '觚'의 오류이다. 설사 현응이 '棱'
의 본자本字가 '柧'라 여기고, '觚'는 차자借字라 했더라도, 문헌 중에
는 '觚'로 '柧'를 대신하는 것이 보편화되어, 차자가 사용되고 본자
가 폐기되는 상황이 되었다.

위에서 인용된 것 중에서 '四孤' '八孤'의 '孤'는 자형과 자음이 모
두 '柧'와 비슷하여 이를 '柧'의 형체 오류로 간주하고 있다. 즉 예문
중의 '四孤' '八孤'는 당연히 '四柧' '八柧'로 바꾸어야 하며, 黑繩地獄
에서의 黑繩은 四棱이 있는 것도 있고, 八棱이 있는 것도 있다(목재의
사각이 교접하는 곳을 棱이라 한다).[7]

---

6   古胡反, 『說文』: '柧, 棱也。'經文作'觚', 器名也。'觚'非字義也.

7   張小豔, 「敦煌佛經疑難字詞輯釋」, 2014년 9월. http://www.gwz.fudan.edu.cn/Web/
    Show/2332

## 7.3. 승려와 『설문해자說文解字』

　　동한의 허신許愼이 편찬한 『설문해자』는 한자를 이해하는 데 있어서의 경전經典으로서, 이천년 동안 공부하는 사람들은 반드시 갖추어야 하는 기초 지식을 담고 있는 책이다. 고대의 승려들도 예외는 아니어서 불경을 통독하기 위해서는 자음을 알아야 하고(성운학), 글자를 식별할 수 있어야 한다(문자학). 그래서 당나라시기에 이르러 불경 사전을 편찬하고 불경의 음의音義를 연구하는 승려들도 모두 『설문해자』를 책상 앞에 두고 수시로 인용하는 자료로 삼았다. 예컨대 현응이 『일체경음의』를 편찬할 때 『설문해자』를 2,461條나 인용했다.[8] 혜림도 『일체경음의』를 편찬할 때 『설문해자』 등의 옛 자서에 나오는 자형의 풀이를 대량으로 인용했는데, 어떤 경우에는 자기도 그 자형들에 대해 분석을 하면서, 동시에 적지 않은 곳에 명확하게 '상형象形', '지사指事', '회의會意', '전주轉注', '가차假借'와 같은 표기를 하기도 했다.

　　불경음의佛經音義와 『설문해자』의 관계는 지극히 밀접하다. 주욱 혐周昱焮은 「『속일체경음』 1권의 『설문』 인용에 대한 고찰『續一切經音義』首卷引『說文』考」에서 희린希麟이 편찬한 『속일체경음의續一切經音義』 제1권에서 『설문해자』를 인용한 부분을 통계낸 후, 그것이 모두 130條라는 것을 밝혔다. 희린은 대량으로 『설문해자』를 인용하여 자와

---

8　　陳煥芝의 『玄應一切經音義引「說文」考』 참조.

단어에 대해 풀이했는데, 『속일체경음의』에 인용된 『설문해자』의 내용과 청대 진창치각본陳昌治刻本을 저본으로 영인한 금본今本『설문해자』의 내용을 비교한 결과, 희린이 인용한 『설문해자』의 내용과 지금 전해지는 내용은 대체적으로 거의 같으며, 조대와 판본 및 자의에 있어서 일부의 이문異文과 오류, 증감 등만 존재한다는 것을 발견했다. 『속일체경음의』에 인용된 문장과 지금 전해지는 『설문해자』의 사이에 존재하는 차이는 희린이 소재했던 시기와 사용했던 언어문자, 그리고 『설문해자』의 역사적 면모가 어느 정도 반영되었기 때문이다.

후진後晉의 가홍可洪도 대량으로 『설문해자』를 인용하여 『신집장경음의수함록新集藏經音義隨函錄』 30권(이하 『가홍음의可洪音義』로 약칭함)을 편찬했는데, 한소정韓小荊은 「『가홍음의』의 『설문해자』 인용에 대한 고찰『可洪音義』引"說文"考」에서 『가홍음의』와 『설문해자』가 관련된 예가 100개 내외라 했다.

반대의 경우로 볼 때, 문자학자들도 자주 불교문헌 자료를 인용했다. 이숙평李淑萍은 「단옥재주 『설문의 『현응음의』 인용에 대한 초탐段注說文徵引玄應音義初探」에서 청대 문자학자인 단옥재가 현응의 『중경음의衆經音義』를 인용한 것을 분석했다. 이 외에도 왕념손王念孫의 『광아소증廣雅疏證』, 왕균王筠의 『설문해자 구두說文解字句讀』, 엄가균嚴可鈞의 『설문 교의說文校議』, 심도沈濤의 『설문 고본 고찰說文古本考』 등에서도 자주 현응의 『중경음의』를 인용한 것을 볼 수 있다.

『설문해자』는 고금의 문자를 연결해주는 교량이며, 고문자를 해독하는데 있어서 중요한 계단이도 하다. 그래서 홍일 법사弘一法師는 하문廈門의 남보탑사南普陀寺에서 제자들에게 강의를 하면서 글자를 공부하는 방법에 대해 전문적으로 강의를 하면서 다음과 같은 말을 했다.

내가 글자를 공부하고자 하는 사람들에게 권하고자 하는 것은 먼저 전서篆文부터 공부하라는 것이다. 왜 일까? 몇 가지 이유가 있는데, 첫째는 『설문해자』를 제대로 연구하면 문자학에 대해 어느 정도의 상식이 생겨날 것이다.

인순 법사印順法師도 『무쟁지변: 불교사상—불학과 부처에 대한 배움無諍之辯：佛教思想—佛學與學佛』에서 다음과 같이 말하고 있다.[9]

고대의 학승學僧들은 문자학(중국에서는 중국문학을 지칭함), 윤리학(因明)이 수학의 주요 항목이었다. 왜냐면 불교에서 신앙과 수련은 언어 문자에 대한 이해가 없거나, 사유 논증의 방법이 없어서는 안되는 것이기 때문이다. 그렇지 않다면 수련에 중점을 두고 불법佛法보다는 사람에 의지하게 되어 무단적이고 주관적인 신앙으로 빠지게 된다. 이것이 오래 지속되면 반드시 시비是非가 불분명해지고, 부처와 마구니가 구별이 안되는 삿된 수련이 되어 버린다. 중국의 선종

9  http://yinshun-edu.org.tw/zh-hant/book/export/html/2340. 참조.

은 자칭 부처의 마음을 직접 받는 것이다. 인도에서 이것은 거듭 행하는 대승大乘 불교의 '진여선眞如禪'이며, 결코 교리를 떠나지 않는다(달마는 능가경楞伽經의 심인心印을 진정한 증거로 삼는다). 그러나 중국에서는 남중국 문화의 영향을 받았고(초기의 지도림支道林, 축도생竺道生 모두 이와 유사한 의경意境이 있었음), 노장老莊의 "성스러운 것을 끊고絕聖(예컨대 부처를 꾸짖고 욕하는 것呵佛罵祖)과 지혜를 버리고棄智"(예컨대 "한 글자를 아는 것이 모든 재앙의 대문"이라 말하는 것), 경서經書를 "옛사람이 남긴 찌꺼기"로 여기는 영향을 받아 중국의 남방에서는 "글자에 얽매이지 말고不立文字", "경전 등의 문자나 말에 의하지 않고 부처님의 가르침을 마음에서 마음으로 전해 받는 것教外別傳"으로 발전하여 순 경험적인 불학佛學이 되었다.

미국 법운사 불학원法雲寺 佛學院을 세운 묘경妙境 장로는 『금강반야바라밀경 시론金剛般若波羅蜜經淺釋』을 강술하시면서 다음과 같이 말씀하셨다.[10]

문자로서의 반야般若는 그저 아무렇게나 말한다면 책 위에 있는 흰 종이 위의 검은 색 글자일 뿐이다. 그러나 불법佛法에 의거해 말한다면 여기에 그치지 않는다. 부처님께서 세상에 계실 때, 결코 붓을 들어 글자로 쓰지 않으시고, 오직 "시방세계가 모두 진실한 가르침이라, 청정하여 귀에 잘 들어오도록" 하실 뿐이었으니, 부처님은 단지 말로써 진리

---

10    http://big5.xuefo.net/nr/article15/149591.html. 참조.

를 표현하신 것이었다. 언어란 발음 하나 하나가 바로 문자
이다. 그래서 언어로서 진리를 말하였으니 이것이 바로 '문
자 반야文字 般若'인 것이다. 방금 "장차 반드시 空으로 들어
가 모든 쓸데없는 의논을 끊을 것이다"라 말했는데, 空의 진
리라는 것은 일체 쓸데없는 의논에서 단절하는 것이며, 文
字相에서 벗어나고, 문자가 없는 것이다. 그러나 부처님께서
만일 문자로 표현을 하지 않았다면 우리는 어떻게 명백하게
하겠는가? 우리가 만일 명백하지 않는다면 어떻게 불법을
배울 것이며 어떻게 평범한 것에서 성스러움으로 갈 것인
가? 중간에 그런 길이 없다면 갈 수가 없는 것이다. 그래서
"만일 문자가 없다면 범부凡夫와 성인聖人은 영원히 떨어지
게 되는 것"이며, 범부와 성인은 영원히 연결될 수가 없다.
그러므로 반드시 문자가 있어야 하는 것이다. 어떤 사람이
비유해서 말하기를 "손가락으로 달을 가리키면, 손가락으로
인해 달을 보게 하는 것이다"라 하는 것은 바로 하늘에 달이
있는데, 손가락 하나로 그것을 가리켜 사람들로 하여금 달
을 보도록 하는 것이다. 그가 가리키는 것은 달이지 결코 손
가락이 아니다. 단지 손가락으로 가리켜 하늘에 있는 달을
보게 되는 것일 뿐이다. 불보살의 분별심 없는 지혜에 상응
하는 진리는 반드시 언어 문자로 설명하는 것이라서, 우리
가 언어 문자의 학습을 통해 천천히 달을 보게 되는 것이며,
진리를 보게 되는 것이다. 그렇기 때문에 '문자 반야'는 일반
범부들에게 있어서는 특별이 중요하고, 그래서 우리는 반드
시 이것부터 학습을 해야 하는 것이다. 당신은 문자가 진리
가 아니라고 말할 수 없듯이, 당신은 그것을 버릴 수도 없다.

선종에서 "문자에 얽매이지 말라"고 한 것은 수련 단계 마지막의 경계를 가리키며 말한 것이다. 만일 처음부터 문자를 버리면 불법의 본의本意에 어긋나는 것이다. 우리는 지금 『금강경』을 공부하는데, 이것은 문자이며, 그렇기 때문에 이것은 '문자 반야'이다. 우리는 부단히 문자에 의거해서 공부할 수밖에 없으며, 그렇게 해서 만일 불법에 통달한다면, 능히 불법의 진의眞意를 알게 될 것이고, 나아가 아주 익숙해지게 될 것인데, 이때가 바로 '문자 반야'인 것이다.

송나라 초기의 서현徐鉉은 『설문해자』 30권을 교정하면서 새로 402개의 글자를 증가시켰고, 부수에 따라 『설문해자』 각 부의 맨 뒤에 배열하면서 '신부자新附字'라 이름 붙여 구별했다. 『설문해자』 신부자의 수록 연대는 대략 당나라 말기부터 시작되었는데, 불교가 중국으로 들어와 불경 번역의 분위기가 매우 고조된 시기이다. 『설문해자』 신부자에서 채택한 불교용 글자로는 '梵, 刹, 僧, 魔, 塔, 疊, 盎'와 같은 것들이 있는데, 이와 관련된 것은 정진鄭珍의 「설문해자 신부자 연구說文新附考研究」와 뉴수옥鈕樹玉의 『설문해자신부자說文新附考』를 참조할 수 있다.[11]

이러한 현상은 고대의 불교계가 갖고 있는 한자에 대한 인식이 매우 강했다는 현상을 잘 설명해주고 있다. 고대 사찰의 장경루藏經樓에서 『설문해자』는 반드시 갖추고 있어야 하는 책이었다. 고대의

11    淸, 鈕樹玉, 『說文新附考』六卷, 續考一卷, 共七卷。 청나라 嘉慶元年(1796년)에 저술.

고승들이 불경을 번역하거나 풀이할 때도 역시『설문해자』를 기본
적인 공구서로 삼았다. 이러한 국학의 기초 훈련은 어린 사미승沙彌
僧 시기에 반드시 배워야 하는 학과목 중의 하나여서, 수행과 함께
학문을 익히는 것을 동등하게 간주했다. 이와 같은 조치는 지금의
불교계가 참고할 만한 사항일 것이다.


## 7.4. 불경과 이체자異體字

　　불경의 이체자異體字와 속체자俗體字는 동일한 개념으로,
불경을 베껴 쓰는 과정에서 발생한 자형 상의 각종 변화를 말한다. 사
경하는 사람들은 지식 수준이 일정치 않았기 때문에 자형 상 각종 다
양한 변체變體가 만들어졌다. 유아분劉雅芬은「혜림 일체경음의 이체
자 연구慧琳一切經音義異體字硏究」에서『일체경음의』의 정체자正體字는
주로「설문해자』의 전문篆文 계통을 따른 것이며, 여기에 실려 있는
이체자는 대부분 형부形符 혹은 성부聲符를 다른 것으로 대체해 만든
것이라 했다.

　　한자의 정체正體와 속체俗體의 구분과 관련하여 진오운陳五雲은
「일체경음의 용자이문 원류해석─당태종의 「대당삼장성교서」를
예시로─切經音義用字異文釋源─以唐太宗「大唐三藏聖教序」為例」에서 "구조
나 형태상에 있어서 다른 것이 있는 문자"가 이체자라 하였다. 이는
또 '속문자俗文字'라 하기도 한다. '속자俗字'와 '정자正字'의 경계가

항상 명확한 것만은 아니다. 『간록자서』의 구분법에 의한다고 하더라도, 거기에서 말하는 '正, 俗, 通' 3體는 음과 같이 정의된다.

"속통정 3체俗通正 三體를 모두 갖춘 것들이다. 悆(匆과 같음), 殳(刀/又와 다름), 氏(氏와 다름), 囘(回과 같음), 臼(日과 다름), 召(㕬와 다름)와 같이 편방이 같으며 많이 나오지 않는 것도 있고, 彤, 肜, 宄, 究, 禕, 禕와 같이 글자가 서로 비슷하여 혼란스러워서 함께 쓰는 것도 있다. 소위 '俗'이라 하는 것은, 그 예들이 가까운 곳에 있는데, 장부라든가 문서, 계약, 약 처방전과 같은 곳에 쓰이며, 고상한 말이라 할 수 없고, 또 쓰임도 빼어난 것이 아니다. 만일 개혁할 수만 있다면 더 이상을 추가하지 않는 것이 좋다. 소위 '通'이라 하는 것은 아주 오래전부터 사용되어 온 것인데, 표문表文이나 상주문上奏文, 서간문書簡文, 판결문判狀 같은 것에 쓰이고 있어, 힐난 정도는 면할 수 있다 (만일 문언문으로 써야 한다든가 혹은 조정의 관리 등용 시험에 쓰는 것이라면 정체正體를 함께 쓰는 것이 좋다). '正'이라 하는 것은 모두 준거가 있는 것으로서 문장文章, 대책對策을 기술하고 비명碑銘 등을 기록하는데 사용하기에 합당하다.[12](진사進士 시험에는 반드시 정체正體를 써야 하며, 명경明經이나 대책에는 합경주서본이 귀하다.[13] 또 비문은 팔분八分을 많이 사용하

---

12  역주: 대책對策은 귀현貴顯한 사람의 물음에 대답하는 책문策文을 가리킴. 『한자사전』 참조.

13  역주: 명경明經은 한나라시기에 생긴 관리를 뽑는 과목임. 당나라시기에는 진사와 함께 과제도의 기본과목이 되었음.

는데, 멋대로 옛 규칙을 물어서는 안된다.[14])”

　불경에 출현하는 이체자의 범위는 어디까지로 보아야 할 것인 가? 이에 대해 추위림鄒偉林은 「한문불전 이문異文 한자 간의 관계 고 찰漢文佛典異文字際關係考」에서 축법호의 역경 이문異文에 출현하는 이 체자에 대한 고찰을 보면 구석규裘錫圭가 말한 광의의 이체자를 채 택했는데, 그 중에는 속자도 포함되어 있다고 한다. 장용천張湧泉은 『중국어 속자 연구漢語俗字硏究』에서 “소위 속자라는 것은 정자와 구 별하여 말하는 것으로서 일종의 통속글자체이다”, “정자와 구별되 는 이체자는 모두 속자로 볼 수 있다”라 말하고 있고, 황정黃征은『돈 황속자전·서문敦煌俗字典·前言』에서 “중국어 속자는 한자의 역사에서 각 시기마다 각 사회 계층에서 유행하는 규범적이지 않은 이체자” 라고 말하고 있다. 속자는 정자에 상대되는 말이며, 예변隷辨부터 시 작했고, 행서行書, 초서草書, 해서楷書가 성행하던 위진남북조시기에 도 속자가 많이 만들어지고 유행했던 절정 시기라 할 수 있다. 수당 시기는 위진의 습속을 이어 받아 문자의 속자 성분이 더욱 많아졌 으며, 이로 인해 한문불교문헌의 이문異文 중에는 대량의 속자가 존 재하게 되었다. 예컨대 “升彼講堂坐師子床”(『普曜經』卷1, p485, a25)라 는 문장의 경우, 송본, 원본, 명본에는 ‘床’을 ‘牀’으로 쓰고 있다. 『간

---

14　역주: 팔분八分은 한자 서체의 일종으로 예서에 전서를 가미하여 장식적인 효과를 낸 것으로, 한나라의 채옹蔡邕이 만들었다고 함. ‘팔분체’라고도 함.

록자서』에 의하면 "床牀, 上俗, 下正"라 했으니, 현대에 통행하는 간체자 '床'은 고대의 속자에서 취한 것이다. '床' '牀'은 서로 다른 편방을 채택한 이구자異構字이다. '床'의 고문은 '爿'인데, 여기에 편방 '木'을 추가해 '牀'이 되었고, '牀'의 편방을 바꾸어 '床'이 된 것이다. 『옥편』에서는 "床은 牀의 속자"라 말하고 있다.

속자가 민간에서 오랫동안 사용되면서 점차 사회의 공인을 받게 되었고, 그것이 점차 광범위화 되면서, 이런 글자들은 『간록자서』와 『용감수경』 등과 같은 자서에서 말하는 '通'이 되었다. 한문불경 이문異文[같은 책의 다른 판본 또는 다른 책에 기재된 같은 사물이나 일에 대한 서로 다른 문자와 어구]에는 대량의 이체자 자료가 남아 있는데, 이들은 필획을 증가시키거나 혹은 생략시키거나 변형시켜 만든 이사자異寫字[다르게 쓰인 글자]도 있고, 편방을 대체하거나 증가시켜 만든 이구자異構字[구조가 다른 글자]도 있어서 한자의 구형이론構形理論에 풍부한 연구 소재를 제공하고 있다.

불경 이체자의 예로서 증량曾良은 「속사와 불경언어에 대한 고찰 비교의 예를 들면서俗寫與佛經語言考校舉例」에서 '摩收'를 예를 들고 있는데 『대정장』本의 『현우경』 5권에 다음과 같은 기록이 있다.

> "值時捕得呑小兒魚, 剖腹看之, 得一小兒, 面貌端正, 得已歡喜,
> 抱與大家。大家觀看, 而自慶言：'我家由來禱祠神祇, 求索子
> 息, 精誠報應, 故天與我。'即便摩收, 乳哺養之。"(4/385/b)
> (그 때 어린 아이를 삼킨 물고기를 잡아 배를 갈라 아이를 꺼내 보니

용모가 단정하여 기뻐하며 大家에게 안겨주었다. 大家가 보고는 스스
로 기뻐하며 말하길 "우리가 기도를 열심히 하면서 자식을 구했더니
정성이 통했는지 하늘이 나에게 이 아이를 주셨구나."하면서, 바로 아
이를 어루만지며(即便摩收) 젖을 먹였다.)(4/385/b)

증량曾良은 '收'와 관련하여 교감기校勘記에서 다음과 같이 말하
고 있다. 송본, 원본, 명본에는 '抴'이라 되어 있고, 『경율이상經律異
相』18권에는 '即便摩抶'으로 기록되어 있다. 내가 아는 속자의 지식
으로는 '收'는 '抶'의 형태와전形訛이다. 『대정장』本『중아함경』31
권에 "존자이신 뇌타하라의 아버지가 이 말을 듣고 크게 기뻐하며
왼손으로 옷을 잡아당기고 오른손으로 머리카락을 문지르며(右手摩
抶鬚髮) 존자이신 뇌타하라가 있는 곳으로 빠르게 나아갔다."(1/624/
c)는 문장이 있는데, 여기에서 '抶'은 교감기에서 성본聖本에 '挍'라
했다. 내 생각에 '挍'는 '抶'과 자형이 유사에 잘못 쓴 것이다. '摩抶'
과 '摩抴'은 뜻이 같다. 혜림의 『일체경음의』10권 '抴淚'條에 의하면
"莫奔反。『聲類』: 抴, 摸也。『毛詩』傳 : 抴, 持也。經文或作'抶', 武粉反,
『字林』通抶, 拭也"라 하고, 또 18권의 '抶足'條에 "上文粉反。『廣雅』:
抶, 拭也。或有誤書'抴'字, 其訓義亦通, 抴, 摸也"라고 말하고 있다.
　　여기에서 열거한 이체자는 광의의 이체자로서 통가자와 동원어,
심지어 자형의 유사성으로 인해 만들어진 오자까지 포함하고 있다.

　　석각石刻으로 된 불경의 이체자 문제에 대해 역민易敏은 「석각 불

경 문자 연구와 이체자 정리문제石刻佛經文字硏究與異體字整理問題」에서
다음과 같이 말하고 있다. 석경石經은 석각문자 중에서 목적과 내용
이 비교적 특수한 부류이다. 역대 석각 중의 유교경전, 예컨대 한나
라의 『희평석경熹平石經』이나 위나라의 『정시석경正始石經』, 혹은 당
나라의 『개성석경開成石經』과 같은 것은 당시의 한자 규범에 부인할
수 없는 영향을 주고 있는 것들이다. 그러나 불경의 석각들은 그 석
경을 만드는 목적이 달랐다. 그것들은 한자 규범을 주요 임무로 한
것도 아니었을 뿐만 아니라, 불경 초본抄本과 역대 서예 등 여러 가
지 영향을 받았기 때문에 비교적 복잡한 문자 자형의 면모를 드러내
고 있다. 방산 운거사房山 雲居寺의 석경은 7세기 초인 수나라에서 시
작하여 당唐, 요遼, 금金, 원元, 명明을 거치는 천여 년에 걸쳐 만들어진
것이다. 이 단계는 한자의 역사에서 해서가 성숙되고 정형화된 시기
로서 다시 새로운 주요 글자체가 만들어지지 않은 시기이다. 그러나
동일한 그 글자체 내부에서 일어나는 진화의 과정은 결코 끝난 것은
아니었다. 당란唐蘭은 일찍이 "해서의 문제가 가장 많은데, 별자別字
의 문제와 당인唐人 등이 바로 잡으려한 자양字樣, 唐 이후의 간체자簡
體字, 판각이 유행한 이후의 인쇄체 등은 모두 근대 문자학의 범주에
속하는 것들이다."라고 지적한 바 있다. 그러므로 문자학 연구의 과
제를 방산석경房山石經에서 보여주는 현실적인 문자 형태와 결합하여
이체자 문제에 대해 더 많은 관심을 기울여야 할 것이다.

역민은 「석각 불경 문자 연구와 이체자 정리문제石刻佛經文字硏究
與異體字整理問題」에서 오자와 이체자를 어떻게 구별할 것인가 하는

문제는 역대 자전의 편찬 과정에서 접하는 난제難題였다고 말하고
있다. 일반적으로 볼 때 조자造字의 논리적 타당도와 사회에서의 통
용성을 적절히 균형 있게 맞추는 것을 표준으로 한다고 말한다. 또
"이론적으로 본다면 오자는 이체자가 아니고, 이체자도 오자가 아
니다. 그러나 그것들을 분명하게 구별하는 것은 결코 쉽지 않다. 일
반적인 정황으로 본다면 이체자와 오자를 처리하는 과정에서 상충
되는 경우에, 별다른 참고자료가 없다면 그것들을 이체자로 간주해
야 할 것이다."라고 했다. 즉, 오자가 분명히 존재한다는 것을 부인
할 수가 없으며, 정자의 각도에서 볼 때, 필획과 부건部件이 형태상
규범 자형과 분명하게 차이가 나는 글자가 오자이다. 시대마다 '정
자正字'에 대한 판단의 기준은 약간씩 조정될 수 있다. 그러므로 '오
자誤字'도 역시 이에 따라 공시적인 판단을 해야 하는 것이다. 또 동
일한 시대라 할지라도 편찬의 목적과 원칙이 다른 자서들은 서로 판
단의 척도도 완전히 일치하지는 않는다. 예컨대 동일한 당나라의 정
자운동正字運動 중에 중요한 역할을 하고 있었던 『간록자서干祿字書』,
『오경문자五經文字』, 『신가구경자양新加九經字樣』들도 '정자'와 '오자'
의 판단 기준이 완전히 일치하지는 않는다. 만일 글자를 쓰는 과정
에서 생겨나는 구성 성분의 혼동을 정자의 각도에서 보면 오자로 판
단할 수 있다.

　　　發—発　　鐵—鉄　　斂—歛　　啓—啔

그러나 구성 성분의 분석이라는 각도에서 볼 때, 공시적인 연구에서 표준체標準體를 인정한다면 이러한 필획 상에 차이가 있는 글자들은 여전히 각 개인의 쓰기 습관書寫習慣에 속하는 다른 쓰기異寫라 할 수 있다.

속자 변화의 방향과 유형은 어떠한가? 임인任靭은 「영국 소장 흑수성 문헌 제5책 한문불경 속자 연구英藏黑水城文獻第五冊漢文佛經俗字研究」에서 흑수성 문헌에서 출현하는 속자는 송원 시기 서북 지역, 특히 흑수성 지역의 속자 사용과 쓰기 상황을 반영하고 있다고 말하고 있다.

그가 연구한 불경 문헌 중, 일부 속자는 필획의 증감으로 만들어진 것이다. '鬼'의 윗부분에 있는 삐침撇劃인 'ノ'이 빠져 있어서, 이 '鬼'가 편방으로 이루어진 '魅'자도 역시 윗부분에 필획이 하나 빠져 있다. 또 '宜, 富' 두 글자 위에 있는 '宀'의 윗부분 점劃인 'ヽ'도 생략되었고, '善'자도 역시 중간 부분의 'ヽ/'이 빠져 있다. '饑, 饉' 두 글자도 좌측 편방 부분인 '食'의 아래 부분도 역시 완전하지 않다. '第, 年' 두 글자의 중간 부분도 본래는 당연히 연결되어야 하는데 속자에서는 필획이 끊겼다.

또 다른 유형은 필획이 융합하여 만들어진 속자이다. 필획이 증가하거나 혹은 본래의 필획을 좀 길게 쓰면서 여러 가지 다양한 속자를 만들었다. 예컨대 '厭'의 위에 'ヽ'을 추가했고, '唵'의 가운데 부분에도 두 개의 'ヽ'을 추가했으며, '明'字의 왼쪽 편방은 본래 '日'

이었으나 속자에서는 '目'으로 쓰고 있고, '益'의 중간부분에도 가로 획 하나를 추가했다. '舍'의 중간부분을 '土'로 쓰고 있고, '余'의 중간 부분도 '未'로 쓰고 있다. 이러한 것들은 모두 필획이 돌출하여 만들어진 속자이다. '若'에서는 '艸'와 '右'의 필획을 연결해서 쓰고 있고, '增'의 오른 쪽 중간 부분은 필획을 연결해서 '田'으로 쓰고 있는데, 이와 유사한 것으로서 '與'도 역시 쓰기의 편리함을 위해 윗부분을 '田'으로 쓰고 있고, '蘭'도 예외가 아니며, '柬'도 '東'으로 쓰고 있다. 이러한 글자들에서 필획을 변환시킨 것은 실제 어떤 의미가 있는 것이 아니고 대부분 쓰기의 편리함을 위한 것이다. 그러나 속자의 계통성이 매우 강해 한 글자의 필법書寫法을 알면, 그 글자를 편방으로 하는 다른 글자를 쉽게 판독해낼 수 있다.

또 다른 유형은 편방을 대체해서 만든 속자인데, 『영국 소장 흑수성 문헌 제5책 한문불경 속자 연구英藏黑水城文獻第五冊漢文佛經俗字研究』에서 연구한 여러 편의 불경 중에는 편방을 대체하여 만든 속자들이 자주 출현한다. 예컨대 '彡'과 '冫', '兌'와 '兗', '父'와 '攵', '朮'과 '小', '亞'와 '西'는 모두 형체가 비슷하여 대체한 것들이다. 이 외에도 '竹'을 '艸'로 대체한 것은 의미가 비슷하여 편방을 대체한 것이다.

또 초서화草書化 되면서 만들어진 속자가 있다. 초서는 예서를 보조하는데 사용된 일종의 간편한 글자체이다. 이것은 대부분 예서의 일부분을 생략한다든가, 혹은 예서의 일부 필획을 합병하여 본래 글자의 윤곽만을 남겨 놓기도 하고, 어떤 것은 점 등의 필획으로 자형의 일부분을 대체해 만들어진다. 불경 문헌 중에도 초서화 되면서 만들어진 속자들이 자주 보이고 있다.

유아분劉雅芬은 「혜림 일체경음의 이체자 연구慧琳一切經音義異體字研究」에서 위에서 언급한 불경 속자字의 유형에 대해 완전하게 분석하여 다섯 종류로 나누고 있다.

## 1) '생략'으로 만들어진 이체자

생략省略은 다시 형부생략省形과 성부생략省聲으로 세분하고 있다.

형부생략省形: 표준 자형의 편방이나 혹은 형부形符의 부건部件을 생략해서 만들어진 것으로서, 이러한 방식은 대체적으로 이체자의 자형 구성 원칙을 변화시키지 않고 형부의 일부 부건만을 생략하는 것이다. 예를 들면 다음과 같다.

> 互相, 上, 胡故反。顧野王云:「互謂更遞也。」『考聲』云:「互猶交互也。」『說文』云:「互可以收繩也。象形字, 中象手所推握也。古文作𥯗, 同用也。」[15]
> 傲慢, 上, 吾告反。孔注『尚書』慢也。『廣雅』蕩也。『說文』倨也。從敖聲也。敖字,『說文』從出從放, 今俗從土作敖, 訛也。[16]

---

15  역주: 互는 본래 𥯗였는데, 상단부의 竹을 생략해서 互가 된 것임.

16  역주: 傲에서 敖는 본래 敖였는데, 이 자형의 좌측 상단 부분이 土로 바뀌면서 필획이 생략된 것임.

성부생략省聲: 표준 자형의 성부聲符 부건을 간략화하여 만들어진 이체자이다. 대다수가 성부의 부건을 생략했다. 예를 들면 다음과 같다.

> 蘆麥, 具于反。『韻英』云：「蘆麥草也。即蕪麥也。」, 從草盧聲, 或作薦, 亦通。[17]
> 穟既, 隨萃反。『韻英』云：「禾穎也。」『毛詩』曰：「禾穎穟也。」 『字統』云：「禾黍盛貌」, 或作穗, 亦作䅢。衛宏作䅲。樊恭作䅣, 並通。[18]

## 2) '증가'로 만들어진 이체자

증가增繁의 방법으로 만든다는 것은 바로 표준 자형의 부건을 증가시키는 것을 가리키는데 일종의 이체자 증식 방법으로 발전했다. 이것은 다시 형부증가增形과 성부증가增聲으로 나눌 수 있다.

형부증가增形: 이것은 표준 자형에 편방이나 형부의 부건을 추가하여 이체자를 만드는 방식이다. 예를 들면 다음과 같다.

> 胞初生, 庖兒反。樹花胞胎也, 忉利天上波質多樹花, 欲開時, 先生胞。『說文』婦人懷妊兒生衣也。『字書』正體作包, 或有作胞。 皰, 音蒲兒反, 其義亦通。[19]

---

17  역주: 蘆는 성부가 盧인데, 이체자인 薦는 성부인 盧에서 辶을 생략한 것임.

18  역주: 穟의 성부가 遂인데, 이체자인 穗는 성부인 遂에서 辶을 생략한 것임.

19  역주: 표준 자형인 胞의 본래 정자는 包인데, 여기에 형부 부건인 月을 추가하여 胞

如毬, 渠尤反。『字書』皮丸也, 或步或騎以杖擊而爭之為戲也,
形聲字也。經文從匊作毬, 俗字也。[20]

성부증가增聲: 이것은 표준 자형에 성부의 부건을 추가하여 이체
자를 만드는 것이다.

宋噎, 上, 情曆反。正體字也。『論文』作宛, 俗用字。『方言』云：
「宋, 安靜也。」『說文』無人聲也, 從宀未聲。宀音綿, 未音叔。[21]
流涌, 下, 音勇。顧野王曰：「水波滕涌也, 或作湧。」『說文』云：
「涌滕也。」徒能反。從水甬聲。[22]

## 3) '대체'로 만들어진 이체자

대체라는 것은 표준 자형의 형체를 대체하여 부건을 구성함으로
서, 이체자를 만드는 방식이다. 『일체경음의』에는 이러한 대체를 통
하여 이체자를 만드는 방식이 있는데, 이것도 역시 형부를 대체하는
것換形과 성부를 대체하는 것換聲, 형부와 성부를 모두 바꾸는 것形聲
遞換 세 종류가 있다.

---

라는 이체자를 만든 것임.

20 　역주: 표준 자형인 毬을 經文에서는 毬의 형부 부건인 求에 필획을 증가시킨 匊으
　　　로 대체해 毬이라는 이체자를 만든 것임.

21 　역주: 본래 宋가 정자인데, 『설문』에서는 이 宋의 성부인 未에 又를 더해 叔으로 만
　　　들어 宛이라는 이체자를 만들었음.

22 　역주: 본래 涌이 정자인데, 顧野王에 의하면 성부인 甬에 力을 덧붙여 湧이라는 이
　　　체자를 만든 것임.

형부대체換形: 표준 자형의 편방이나 형부의 부건을 바꾸어 이체자를 만드는 방식이다.

呵嘛, 呼阿反。或作訶。『周禮』曰:「不敬者呵而罰之」, 古文從止作噚。下, 呼遏反。經文作喝,非也。喝, 音烏介反。『廣蒼』云:「嘛, 亦訶也。」『廣雅』怒也。『說文』大聲而怒也。從口歇聲也。[23]

顦領, 上, 情遙反。下, 情邃反。或作憔悴, 瘦惡也。[24]

耽樂, 上, 荅含反。孔注『尚書』云:「過樂謂之耽。」『毛詩傳』云:「樂之太甚也。」『說文』作媅, 云樂也, 從女甚聲, 亦作妉。經本作耽, 俗字形也。[25]

성부대체換聲: 표준 자형의 편방이나 성부의 부건을 다른 것으로 대체하여 이체자를 만드는 방식이다. 고문자 시기부터 형성자形聲字의 성부는 음이 같거나 비슷한 다른 글자로 대체하는 경우가 자주 있었는데, 형부는 바꾸지 않았기 때문에 이는 성부만 대체된 것이라 할 수 있다.

---

23  역주: 정자인 呵에서 형부인 口를 言으로 대체해 訶라는 이체자를 만들었음.

24  역주: 정자인 顦에서 형부인 頁을 心으로 대체하여 憔라는 이체자를 만들었음.

25  역주: 본래 정자는 媅인데, 성부를 欠으로 바꾸어서 이체자인 妉을 만들었고, 여기에서 다시 형부를 耳로 바꾸어 새로운 이체자인 耽을 만든 것임.

汎漲, 上孚梵反. 或作泛. 下張兩反. 亦去聲也.[26]

泛流, 芳梵反。泛, 浮也。從水從乏, 或作汎。下, 流字從水從云

從川作流, 經作流, 略也。[27]

형부성부대체形聲遞換: 이것은 표준자형의 형부와 성부를 모두 바꾸거나 혹은 형부와 성부의 위치를 바꾸어 이체자를 만드는 방식이다.

嶄巖, 上, 巢咸反。『毛詩』嶄嶄兒也。或作礹磛三體並俗字, 亦
通用。下, 雅銜反。『毛詩』傳曰 : 巖巖積石兒也。杜注『左傳』巖
險也。『說文』巖岸也。從山巖聲, 或從石作礹, 俗字也。古文從
品作嵒, 通用。[28]

迫愶, 迸陌反。顧野王云:「, 迫猶逼也。」。『蒼頡篇』云:「近
也。」。『廣雅』陜也, 又急也。『說文』從辵, 白聲。下, 枕業反。賈
注『國語』云:「愶劫也。」。顧野王云:「威力相恐愶也。」『文字典
說』云:「嚇也, 從心脅聲。」。經作脅, 亦通也, 枕, 音香嚴反。[29]

---

26  역주: 정자인 汎에서 성부인 凡을 乏으로 바꾸어 이체자인 泛을 만든 것임.

27  역주: 이것은 위와 반대로 정자를 泛으로 보고 동일한 방식으로 성부를 凡으로 대
체하여 만든 이체자가 汎이다.

28  역주: 정자는 嶄인데, 형부인 山을 石으로 대체하고, 편방 위치도 바꾸어 이체자인
磛를 만들었으며, 또 정자인 巖은 형부인 편방 山을 石으로 대체하고 또 편방의 위
치를 바꾸어 이체자인 礹을 만든 것임.

29  역주: 정자인 愶에서 형부인 心을 생략하고, 성부인 脅에서 상단부의 편방인 力을
刀로 대체하여 이체자인 脅을 만들었음.

## 4) '와변'으로 만들어진 이체자

'와변訛變'이란 표준 자형의 형체가 잘못 변하여 부건이 됨으로서 이체자가 만들어지는 것을 말한다. 이러한 이체자의 생성 방식에는 통상적으로 정자와 이체자의 독음이나 자의 상 반드시 어떠한 관련이 있는 것은 아니기 때문에 글자의 구성 변화 원칙을 찾아내기가 어려워 예변隷變과 유사한 상황이라 할 수 있다. 이러한 것은 쓰기의 편리성이나 혹은 필획을 간소화하려는 욕구 때문에 만들어지는 것이지만, 어떤 것은 자형 전체의 균형미均衡美를 위해 만들어지는 것도 있다.

형부와변變形: 표준 자형의 편방 혹은 형부의 부건이 잘못 변하여 이체자가 만들어지는 경우이다.

仍託, 古文礽訒朷, 三形, 同如陵反。『爾雅』仍乃也。又仍因也。
郭璞曰：謂因緣也。[30]

성부와변變聲: 표준 자형의 성부 혹은 성부의 부건이 잘못 변하여 이체자가 만들어지는 경우이다.

五埵, 當果反, 其胎中精自分聚五處名之為埵, 或名五疱。經文

---

30    역주 : 正字인 仍에서 形符인 人이 訛變되어 礽, 訒, 朷와 같은 異體字가 되었다.

從肉作腄, 非也, 正從土垂聲, 或作朵垛, 並古文, 皆正體字也,
時不多用也。[31]

형부성부와변形聲皆變: 형부와 성부가 모두 변하는 것으로, 표준
자형의 편방과 형부 부건 및 성부와 성부 부건이 잘못 변하여 이체
자가 만들어지는 경우이다.

毀呰, 古文呰欻二形, 子爾反。『說文』呰呵也。『禮記』呰者, 不知
禮之所生。鄭玄曰:「口毀曰呰也。」[32]
營壘, 古文作覽, 同伇瓊反。『三蒼』營衛也。部也。下又作垒, 同
力癸反。軍壁曰: 壘壘亦重也。[33]

## 5) 다중 요인과 조자 의식 차이로 만들어진 이체자

다중 요인複生이란 표준 자형이 이체자로 만들어지는 과정에서
여러 방식이 혼합되어 만들어지는 것으로서, 이러한 방식에는 앞에
서 말한 생략省略, 증가增繁, 대체代替, 와변訛變은 물론, 가차假借와 조
자造字 방식의 차이를 모두 포괄한다.

이러한 경우에 속하는 것들은 적어도 두 종류 이상의 방식을 통

---

31   역주 : 正字인 垂에서 聲符가 訛變되어 異體字인 垛가 되었다.

32   역주: 정자인 呰에서 형부인 口가 曰로 잘못 변하고 편방의 위치도 바꾸어 이체자
     인 呰가 되었다.

33   역주: 정자인 壘에서 성부인 畾 부분이 잘못 변하여 이체자인 垒가 되었는데, 이는
     성부만 잘못 변한 것이고 형부는 변한 것으로 보기 어렵다.

하거나, 혹은 한 가지 방식이 두 번 이상 반복되는 경우이다. 한 가지 방식으로 두 번 이상 반복되는 경우와 와변의 가장 큰 차이는, 이러한 방식으로 만들어진 이체자는 어느 정도 변화의 규칙이 있으며, 와변으로 인한 것 이체자와는 필획 상의 변화가 약간 다르다.

> 甈破, 先奚反。或作𤭇, 作嘶『考聲』云:「破聲也。」[34]
> 㳂唾, 上祥延反, 俗字通用。正體從水從欠作㳄, 『說文』口液也,
> 或從水作涎, 亦俗字也。[35]
> 鐵觜, 醉髓反。『韻英』云:「鳥喙也。」。或作柴喋。『韻詮』亦云:
> 「鳥口也。」。又或作嘴, 喋, 皆觜字也。喙音吁穢反。[36]

　　소위 조자 의식의 차이라는 것은 한자가 동일 시간과 동일 지역에서 만들어진 것이 아니기 때문에, 동일한 자음字音과 자의字義를 가진 글자를 서로 다른 방식으로 만들게 됨으로서 생겨나는 이체자를 말한다. 예컨대 '嶽 / 岳, 淚 / 泪, 巖 / 岩'과 같은 것들은 하나는 형성形聲과 다른 하나는 회의會意의 조자 방식으로 글자를 만들게 됨으로서 생성된 이체자이다.

---

34　역주: 정자는 甈인데, 형부가 대체되고 자형 구조도 바뀐 새로운 이체자 𤭇와 嘶를 만들었음.
35　역주: 정자는 㳄인데, 형부와 성부를 모두 바꾸어 이체자인 㳂과 涎을 만들었음.
36　역주: 정자는 觜인데, 형부와 성부를 모두 바꾸어 이체자인 喙, 嘴, 喋를 만든 것임.

哮吼, 古文虓, 同呼交呼挍, 二反。『說文』虎鳴也, 一曰師子大怒
聲也。下, 古文呴吽二形, 今作拘又作吼, 同呼狗反。『聲類』吽嘷
謂也。
哮吽, 古文虓, 同呼交反。『說文』虎鳴也, 大怒聲也。下, 古文呴
吽二形, 今作呴, 又作吼, 同呼苟反。吽嘷也。[37]

진일매陳逸玫는 「한문불경 이체자 자전 편집 방법 연구漢文佛經異
體字字典編輯方法研究」에서 "'이문異文'과 '이체자'의 차이를 분석하면
서, 그는 서부창徐富昌이 말하는 '전적이문典籍異文'은 광의적으로 말
하는 것으로 '판본이문版本異文'을 가리키는 것이라 할 수 있다"는 말
을 인용하여 '이문異文'을 설명하고 있다. 기본적으로 일부 문헌들은
복제를 거치면서 동일한 내용이 다른 판본에서 다른 글자로 쓰여지
는 경우가 있다. 이러한 차이가 생겨나는 것은 복제의 방법에서 발
생하는 전면적인 필획의 차이로 인한 것일 수도 있고, 복제자가 고
의로 본래 판본의 글자를 교정한 것일 수도 있으며, 복제자가 실수
로 글자를 잘못 쓴 경우도 있고, 전사하는 사람이 습관적으로 사용
하는 글자로 쓰든가 혹은 당시에 유행하는 글자로 본래 판본의 자형
을 바꾸어 버린 경우도 있다. 이러한 차이와 관련하여, 학자마다 '이
문'에 대한 정의를 광의廣義로 할 것인지 협의狹義로 할 것인지가 다
르기 때문에, 이문의 범위를 어디까지 수용할 것인가 하는 문제도

---

37    역주: 吼, 呴, 吽 세 글자는 모두 의성어로서, 字音과 字義는 모두 같은데 글자를 만
      드는 사람에 따라 성부를 달리함으로서 이체자가 만들어진 것임.

이에 따라 달라지고 있다. 서부창徐富昌은 「전적 이문의 감별과 운용
—간백본과 금본 『노자』를 예시로典籍異文之鑒別與運用—以簡帛本與今本
『老子』為例」에서, 그것을 협의로 보는 사람들은 이체자와 통가자通假
字만을 이문의 범위에 포함시키고 있는데 반해, 광의로 보는 사람들
은 서로 다른 판본과 저본을 비교하여 "다른 글자를 사용한 것이든,
혹은 자형이 다른 글자이든 모두 이문으로 본다"고 귀납 설명하고
있다. 경성헌景盛軒은 「돈황불경 이문 연구의 가치와 의의에 대한 시
론—『대반열반경』을 예시로試論敦煌佛經異文研究的價值和意義—以『大般
涅槃經』為例」에서 이문異文을 '문자학적 의미에서의 이문'과 '교감학
적 의미에서의 이문'이라는 두 개의 유형으로 나누었는데, 진일매는
'이체자'란 바로 이 두 유형 중 전자에 속한다고 간주했다. 문자학적
의미에서든, 아니면 교감학적 의미에서든 '異文'의 '異'는 반드시 서
로 다른 판본에서 나타나는 대비이어야 하지만, '이체자'는 동일한
판본에서도 나타날 수 있는 것이다. 이상을 종합해서 말한다면 '이
체자異體字'와 '이문異文'의 차이는 다음과 같다.

　1) '이문'과 '이체자'의 '異'는 모두 글자의 차이를 말한다. 그러나
'이문'은 동일한 내용이 서로 다른 판본에서 글자를 달리 쓰는 것을
말하고, '이체자'는 하나의 글자가 다른 곳에서는 다른 자형으로 나
타나는 것을 말한다.
　2) '이문'의 범위는 '이체자'보다 넓다. '이문'의 유형에는 서로 완
전히 다른 글자, 혹은 같은 글자이나 다른 자형을 포함하나, '이체

자'는 주로 같은 글자의 다른 자형을 말한다.

3) '이문'의 '異'는 객관적인 묘사이나 '이체자'의 '異'는 주관적인 것일 수도 있다. '이문'의 '異'는 동일한 내용이 서로 다른 판본에서 완전히 서로 다른 글자나 혹은 이형동자異形同字를 사용하는 것에 대한 단순한 기술이지만, '이체자'의 '異'는 여러 단계의 의미가 있을 수가 있다. 즉 일자다형一字多形이 아직 정리되지 않은 단계에서는 자형의 사용이 다른 것으로 기술될 수도 있고, 정리가 된 이후의 단계에서는 정자正字와 상대되는 형체가 다른 자형으로 기술될 수도 있다. '정자'라는 것이 문자를 정리하는 사람의 '인지'에서 비롯되는 것이기 때문에 약간의 주관성이 동반되는 것이다.

8장

불경연구와 음의학音義學

## 8.1. 음의학이란?

육조 이후로 고서의 자음字音과 자의字義에 대한 주석을
'음의音義'로 부르는 경우가 많았다. 이것은 고서의 주해注解에 속하
는 한 체례로서 전주傳注, 의소義疏, 장구章句, 집해集解와 유사한 성격
을 갖고 있다. 글자로만 본다면 단순히 자음과 자의 풀이만 되어 있는
것 같지만, 실제로는 이러한 성질을 갖고 있는 저작들은 어휘와 문자,
훈고 등 다방면의 언어 정보를 포함하고 있다. '음의'라고 불리는 고
적들은 통상 언어와 관련된 제반 지식을 포함하고 있기 때문에, 고서
를 읽는다든가 혹은 고대 언어를 연구하는데 있어서 매우 중요한 도
구가 되고 있다. 고대에 '음의音義'의 이름을 붙인 전적으로는 조헌曹
憲(541~645)의 『문선음의文選音義』, 진제陳第(1541~1617)의 『굴송고음의
屈宋古音義』와 같은 것들이 있다. 그런데 가장 영향력이 있는 것으로는
당나라 육덕명陸德明(약 550~630)의 『경전석문經典釋文』 30권이다. 이
책에는 『주역음의周易音義』, 『고문상서음의古文尚書音義』, 『모시음의毛
詩音義』, 『주례음의周禮音義』, 『의례음의儀禮音義』, 『예기음의禮記音義』,
『춘추좌씨음의春秋左氏音義』, 『춘추공양음의春秋公羊音義』, 『춘추곡량
음의春秋穀梁音義』, 『효경음의孝經音義』, 『논어음의論語音義』, 『노자음의
老子音義』, 『장자음의莊子音義』, 『이아음의爾雅音義』와 같은 유가 경전

이 다수 포함되어 있는데, 이들은 모두 '음의'라는 이름을 붙이고 있다. 이와 같이 자료를 편찬하고 연구하는 것은 자연스럽게 음의학音義學으로 발전되었다.

불교계에서는 이러한 영향을 받아 불경음의佛經音義를 편찬하는 작업이 활발하게 일어났는데, 현존하는 불경음의 전문 저작으로 주요한 것은 다음과 같은 것이 있다.

1. 唐『玄應音義』25卷
2. 唐『慧苑音義』2卷
3. 唐『慧琳音義』100卷
4. 北宋 遼『希麟音義』10卷
5. 後晉『可洪音義』30卷

이 다섯 종류의 '음의'는 고대 불경언어학의 중요한 기초가 되고 있다.

'음의音義'라는 명칭은 바로 불경의 '주음注音과 석의釋義'에서 온 것이다. 즉, 독자들이 책에 있는 글자를 어떻게 읽고, 그 뜻을 어떻게 해석해야 하는지를 알려주는 것이다. 왜 주음注音이 필요한가 하면, 불경 중에는 난해한 글자도 있고, 또 음역어와 주문도 있기 때문에, 반드시 정확한 독법으로 읽어서 틀리지 않는 것이 경전에 대한 존중을 표시하는 것이다. 석의釋義 부분은 주로 불경 중의 일반 생활 용어에 대해 설명한 것이다. 이것은 불교 내용의 철학적 의미에 대한 설명에 중점을 둔 것이 아니다. 그렇기 때문에 음의서音義書는 불교 교리를 설명하는 전문서적이 아니고, 심오한 종교 철학의 함의를 언급한 것도 아니라, 일종의 언어학적 성격을 갖는 공구서이다. 그래서 불경음의의 흥기는 바로 불교가 가장 흥성하고 불경 번역이 가장 발달했던 당나라시기에 흥기한 것이다. 이것은 고대 불가의 승려들은 반드시 배워야 하는 과정이었는데, 지금에 이르러서는 불경의 뜻을 헤아리고 불법을 수행하는 중요한 길목이 되고 있다.

## 8.2. 불경 음의학 개론서 5종

오늘날까지 완전하게 보존되고 있는 불경음의서는 5종인데, 당대의 『현응음의玄應音義』, 당대의 『혜원화엄경음의慧苑華嚴經音義』, 당대의 『혜림음의慧琳音義』, 오대 후진의 『가홍음의可洪音義』, 북송 요遼의 『희린음의希麟音義』이다. 아래에서 이에 대해 하나씩 소개하기로 한다.

### 8.2.1. 『현응일체경음의玄應一切經音義』 25권

이것은 『중경음의衆經音義』 혹은 『현응음의玄應音義』라 부르기도 하며, 당대의 현응玄應이 저술하였다. 이 책은 대승大乘과 소승

小乘의 경經, 율律, 논論 총 458부에 대해 주석을 덧붙인 것으로서 현존하는 가장 오래된 불경음의서이다. 이 책은『경전석문經典釋文』의 체례를 본 떠 각 부部의 경전마다 주석을 덧붙였고, 각 권卷의 앞에 먼저 경목經目을 열거하고, 그 뒤에 권卷마다 주석을 덧붙였다. 그리고 각 경經에 있는 어휘를 표제어로 선정한 다음, 해당 어휘에 대해 먼저 반절反切로 주음하고, 그 다음에 뜻풀이를 추가했다. 이 책은 불경을 인용한 것 외에도 지금은 이미 실전失傳된『창힐편蒼頡篇』,『삼창三蒼』,『범장편凡將篇』,『근학편勸學篇』,『통속문通俗文』,『비창埤蒼』,『고금자고古今字詁』,『고문관서古文官書』,『자림字林』,『고문기자古文奇字』,『자지字指』,『자원字苑』,『소학편小學篇』,『운집韻集』,『찬문纂文』,『자략字略』,『광창廣倉』,『자통字統』,『성류聲類』,『운략韻略』,『자서字書』,『자체字體』등 100여 종의 고적 자료를 보존하고 있어서, 고대 문헌의 보존에 있어서 참고할 만한 중요한 가치를 가지고 있다.

　　저자인 현응은 당나라 장안長安에 있던 자은사大慈恩寺의 법사이다. 정관貞觀 시기에 현장이 역장을 설치하고 내용을 증명하는 증의대덕證義大德을 불러 모든 대·소승의 경·론大小乘 經論을 외우고 해석하게 하였는데, 당시의 현인들이 추천하는 12명의 고승이었다. 또한 자학대덕字學大德도 초청했는데, 바로 당시 장안 총지사大總持寺의 승려이었던 현응이었다.[1] 당나라의 도선道宣이 저술한『대당내전록大唐

---

1　　역주: 王曦·范可可의「『현응음의』(2022)의 저자 생애 및 저술에 대한 재고찰『玄應音義』作者生平及著述再考」에 의하면 현응의 원래 승적은 총지사總持寺였고, 현장의 부름을 받아 자은사慈恩寺에서 불경을 번역하다가 나중에 대자은사로 승적을 옮

『內典錄』제5권에서는 이 책을 저술하게 된 인연에 대해 다음과 같이
말하고 있다.

> 『대당중경음의大唐衆經音義』제1부 15권, 이상 1부는 경사
> 京師의 대자은사大慈恩寺 승려인 현응玄應이 저술한 것이다.
> 현응은 광범위하게 자서字書를 배웠고, 다방면에 널리 통달
> 했으며, 고금을 두루 섭렵하고 있었고, 유가와 불교도 모두
> 탐구했다. 예전에 제齊나라의 승려였던 석도혜釋道慧가『일
> 체경음一切經音』을 저술했는데, 명목이 분명하게 드러나지
> 않고 글자의 유형만 밝혀 놓았으며, 내용을 기술함에 있어
> 서도 임기응변식의 처리가 많고 의심쩍은 부분이 많았다.
> 현응은 이를 못마땅하게 여겨, 이 음의서를 저술하면서 근
> 본 증거를 조사하여 분명하게 밝히고, 사실 기록을 남기려
> 고 애썼으니, 만대의 스승이자 종사요, 당대에서도 견줄 수
> 있는 짝을 찾을 수가 없었다. 다만 아쉽게도 기술하는 것과
> 엮어 정리하는 것이 겨우 끝났으나 반복적인 변론을 거치지
> 못하고 세상을 떠났으니 매우 애석한 일이다.

여기에서 북제시기에 도혜道慧 법사가『일체경음』이라는 책을 저
술한 바가 있는데, 현응이 이를 계승한 것이라는 사실을 알 수 있다.
『대당내전록』의 설명에 의하면, 현응은 저술 작업을 완성하지 못하
고 세상을 떠났다. 진원陳垣은『중국불교사적개론中國佛教史籍概論』

---

겼다고 한다.

제3권에서 이 음의서는 "겨우 그 절반밖에 완성하지 못한 440여 부이니, 이를 '일체'라고 말할 수가 없다. 도선道宣(596~667)의 『내전록內典錄』에서는 『중경음의衆經音義』라 칭하고 있으니 매우 적합한 말이다"라 하고 있다. 후에 『개원록開元錄』(당나라 지승智昇이 730年에 편찬함)에 와서 이를 『일체경음의』라 개명했으니, 이는 도리어 더 정확하지 못한 표현이다. 『정원신정석교목록貞元新定釋教目錄』 제12권에서는 다음과 같이 말하고 있다.

승려인 현응은 대자은사에서 경을 번역했던 승려이다. 사물을 널리 보고 듣고 그것을 잘 기억하여, 숲과 동산의 넓은 표지를 거울같이 밝혔다. 근본과 갈래를 궁구하고 검토하여 고금을 아우른 오체五體[경을 배우는 다섯 가지 서체]에 통달하였다. 그러므로 글의 원류를 대조하여 바로잡고, 시대를 헤아려 조사해서 교감하였다. 또한 글이 유치하고 고루하고 거칠고 헛된 것은 깎아내고, 경박하면서 근거가 없고 뒤섞인 것은 지워 없앴다. 세상에 널리 통한 풍속을 깨치어 가르침을 드러내고, 집략集略하여 아름다움을 더하게 하였으니, 참으로 문자의 홍도鴻圖 [큰 계획]요, 말과 소리의 본보기라 할 수 있다. 정관貞觀 말기(649)에 칙명으로 역경에 참여하여 사물의 경위를 정리하여 바르게 하고 사실을 기록할 수 있도록 두루 자문하였다. 그리고 번역을 위해 장경藏經을 찾아 열람하고 모아서 음의音義를 만들었다.

『현응음의』 앞머리 부분에 있는 종남태일산終南太一山 승려(즉 도선도宣을 지칭함)의 서문에 "정관貞觀 말에 왕명을 받들어 경전 번역에 참여했고, 사물의 본말을 바르게 하고 사실을 기록하도록 자문하였고, 번역을 위해 여러 장경을 찾아내고 모아서 음의서를 만들었다. 주석을 달고 문자의 뜻을 해석하는데 여러 전적에서 인용하였으므로 증거가 뛰어나고 명백하였고 훤하고 명쾌하여 받아들일 수 있게 되어 이들을 묶어서 세 질의 책으로 만들었다"라 말하고 있는데, 이 것이 그가 『일체경음의』를 편찬하게 된 전말이다.

『현응음의』가 세상에 나온 지 꽤 오래 되자, 판본도 많아지게 되었다. 우정于亭이 「현응일체경음의 판본 고찰玄應一切經音義版本考」에서 고증한 바에 의하면 『현응음의』는 판본이 두 갈래로 나누어지는데, 하나는 고려장본高麗藏本과 조성금장본趙城金藏本이 한 계통이고, 적사장본磧砂藏本과 영락남장본永樂南藏本이 한 계통이다. 조성금장본의 초판본은 북송 태조 개보開寶 4년(971)부터 태종 태평흥국太平興國 8년(983)까지 왕명에 의해 익주益州(지금의 사천四川)에서 만들어진 관판官版인 개보장이다. 금장金藏 『불설보우경佛說寶雨經』의 제기題記에 보면 "대송 개보 6년 계유세에 칙명을 받들어 조각함大宋開寶六年癸酉歲奉敕雕造"라 되어 있고, 『법원주림法苑珠林』 1권의 끝 부분에 있는 제기에도 "대송 함풍 원년 칙명을 받들어 새김大宋咸平元年奉敕印"이라 된 것들을 보면 이 조성금장본은 개보장의 복각본覆刻本이라는 것을 알 수 있다. 고려장高麗藏의 초판본도 역시 개보장이다. 이렇게 볼 때 고려장 계통의 『현응음의』 판본은 우리나라 첫 번째 조판대장경雕版大藏經인 북송 초기의 개보장까지 거슬러 올라간다. 적사장본의 판식은 송대 복주福州 동선사東禪寺의 숭녕만수장崇寧萬壽藏과 완전 일치하는데, 숭녕만수장은 우리나라 남장 계통 대장경의 비조鼻祖이므로 적사장본『현응음의』의 초판본도 숭녕만수장까지 거슬러 올라갈 수 있다. 이러한 판본 계열로 보면 적사장의 앞에는 복장본福藏本이 있어서 도움을 주었고, 적사장 이후로는 순서대로 원나라의 보녕장普寧藏과 명나라의 영락남장永樂南藏, 북장北藏, 가흥장嘉興藏, 청나라의 무진장씨각본武進莊氏刻本으로 이어진다. 우정于亭은 고래대장경과 조성금장본을 북송 계열로 통칭하고, 적사장본을 남본南本 계열로 통칭하고 있다.

이 책은 사찰의 장경각藏經閣에 수집되어 있었지만, 당송 이래로 학자들의 주목을 받지 못하였고, 청대에 이르러 임대춘任大椿과 손성연孫星衍이 이에 대해 연구하기 시작했다. 건륭乾隆 51년, 무진武進 사람인 장흔莊炘이 함녕咸寧 대홍선사大興善寺로부터 백은 오백 냥을 주고 이 책을 사들이고『해산선관총서海山仙館叢書』에 포함시키면서 세상이 다시 나오게 되었다. 이에 청대 학자들이 좀 더 정리하고 교정했는데, 예를 들면 청대의 손성연, 전점錢坫, 장흔 등의 교정본이 그것이다. 그리고 1985년에 북경의 중화서국中華書局은 총서집성초편叢書集成初編을 만들면서 해산선관본을 영인해 편입시켰다. 민국시기에는 1962년에 주법고周法高가 현응『일체경음의』를 편찬하여 중앙연구원역사언어연구소中央研究院歷史語言研究所에서 출판했다. 이 외에 2008년에는 상해고적출판사上海古籍出版社에서 서시의徐時儀가 교정하고 주석한『일체경음의 교정본 합장본一切經音義校本合刊』

을 출판했는데, 상권이 『현응음의』이며, 신식 표점新式標點을 추가함
으로서 읽기 편하도록 했다.

　판본 문제와 관련하여 서시의徐時儀는 「현응음의 각본의 이동에
대한 고찰玄應音義各本異同考探」에서 『현응음의』의 판본에 대해 세밀
한 연구를 진행했다. 그에 의하면 『현응음의』 각 판본의 차이는 먼
저 풀이한 불경이 서로 다르고, 그 다음은 풀이한 어휘가 서로 다르
며, 그 다음으로 풀이한 문장이 어떤 것은 상세하고 어떤 것은 소략
하여 서로 다르다고 했다. 이러한 차이점은 각 판본의 원류를 찾아
가는데 중요한 단서가 되며, 또한 개보장開寶藏, 거란장契丹藏, 금장金
藏, 고려장高麗藏, 적사장磧砂藏의 판본 연구에 중요한 예증例證을 제
공할 수 있도록 한다. 각 판본의 차이는 대체적으로 고려장과 적사
장의 양대 계열로 나뉜다. 둘의 차이점은 거란장에 수록된 『현응음
의』의 차이점에서 유래한 것일 가능성이 높다. 돈황 당사본唐寫本 잔
권殘卷과 『현응음의』에 기록된 『현응음의』의 내용으로 미루어 볼
때, 이 둘 간의 차이는 개보장이 간인되기 전인 돈황사본에 이미 존
재한다. 적사장 5권에 누락되었던 21부 경의 사본이 개보장 초판
본初刻本이 근거로 삼는 초판본으로 여겨져, 후에 이것이 적사장보
의 한 계열로 편입된 것이 있는데, 돈황사본에는 이것이 없고, 오히
려 적사장 5권에 누락되었던 21부 경의 사본이 거란장이 근거로 삼
는 초판본으로 여겨져 후에 고려장본의 한 계열로 편입된 것은 있
다. 적사장 계통의 불경 해석은 444부인데, 고려장 계통은 458부로
서, 이 둘을 합치고 보충하면 모두 465부가 된다. 『혜림음의』에서는

현응의 책에서 328부를 수록했는데, 그 중에는 원문을 베껴 쓴 것도
있지만, 일부는 삭제하거나 보충하는 수정 작업을 진행하여 다른 판
본들에 비해 보다 많은 원래의 모습을 보존하고 있다. 『현응음의』의
각 판본의 차이점에서 개보장과 거란장에서 근거한 사경의 저본이
다르다는 것을 알 수 있는데, 서시의는 다음과 같이 도표로서 『현응
음의』의 전승傳承을 설명하고 있다.

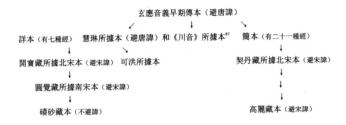

　　중국에 있는 판본 외에 일본에서도 일부 고대 필사본을 보존하고
있는데, 반목천潘牧天은 「일본 고사본 현응 『일체경음의』의 문헌적
가치에 대한 고찰日本古寫玄應『一切經音義』文獻價值考論」에서 다음과 같
이 말하고 있다.

　　　현응의 『일체경음의』 중, 현재 전해지는 판각본으로는 고
　　려장 초조본初雕本과 재조본再雕本, 조성금장본과 적사장본
　　이 있고, 사본 중에는 돈황 투루판사본吐魯蕃寫本 외에도 일
　　본 고사본古寫本인 금강사본金剛寺本, 칠사본七寺本, 석산사
　　본石山寺本 및 서방사본西方寺本 등이 있다. 이들 사본들은

내용이나 글자사용에 있어서 모두 판각본과는 다른 특징을
갖고 있다. 예컨대 석산사 사본에서 "旃檀, 瞻察, 純一, 懈怠,
族姓, 蕭笛, 帝相" 등과 같은 9개 조목條目은 다른 판본에 없
는 것으로서 매우 가치가 크다.

다음은 고려장에 있는 『현응음의』이다.

## 8.2.2. 『혜원신역대방광불화엄경음의慧苑新譯大方廣
佛華嚴經音義』2권

『혜원신역대방광불화엄경음의』는 『신역화엄경음의新譯華
嚴經音義』, 『화엄경음의華嚴經音義』 또는 『혜원음의慧苑音義』라고도 칭하
며, 당나라의 혜원慧苑이 편찬한 것이다. 이 책은 당나라의 실차난다實
叉難陀가 번역한 『화엄경』(80권본)에 음과 뜻을 주석한 것으로서, 동진
의 불타발타라佛陀跋陀羅의 구역본舊譯本 『화엄경』(60권본)과는 구별되

며, 그래서 이것을 신역新譯이라 칭한다. 이 책의 체례는『현음음의』를 본떠 경문 중의 어려운 글자를 선별한 다음, 그 아래에 음을 달고 뜻풀이를 덧붙였는데, 고자서古字書를 인용하여 증명한 것이 매우 많다.

혜원 법사는 법장法藏²의 제자로서, 80권본『화엄경』에 의거하여 이 책을 저술했다. 이것은 대정장 제54책과 혜림의『일체경음의』 21~23권에 수록되어 있는데, 역사에서는 이를『대방광불화엄경음의大方廣佛華嚴經音義』이라 칭하고, 또『혜원음의慧苑音義』이라 줄여서 칭하기도 한다. 당초에 이 경전을 채록했던 편집자는 이『혜원음의』를 혜림의『일체경음의』안에 부속시켜 놓았다. 혜원의 이 책은 분량이 비교적 적어서 겨우 3권에 지나지 않을 뿐만 아니라, 혜림의『일체경음의』와의 동질성도 높아서 이를『일체경음의』의 하나로 붙여 놓았다.

『혜원음의』의 특색은 책 안에『화엄경』에 있는 산스크리트어에 대해 '정번正翻'과 '약해略解'를 덧붙여 놓았으며, 여러 문헌을 인용하여 이 번역어의 자음과 자의를 설명해놓았다는 것이다. 또 인용한 서적도 매우 많아서, 불교 문헌 외에도『논어』,『맹자』,『역경』,『모시』,『상서』,『예기』,『관자』,『산해경』과 같은 다양한 문헌 및 적지 않은 주석본도 있을 뿐만 아니라, 여러 분야의 형음의 사전形音義 詞典도 망라되어 그 수가 백여 종에 이른다. 이로써 혜원이 책을 매우

---

2    法藏大師(643~712)는 당나라시기의 고승임. 康居國人으로 조부때 장안長安으로 이사하여 거주하기 시작함. 그러므로 康을 姓으로 삼았다. 華嚴宗의 三祖法藏임.

폭넓게 읽었음을 알 수 있다.

『혜원음의』와 관련된 연구로는 축가녕이 「불경언어 연구 종술—음의 연구佛經語言研究綜述—音義的研究」에서 소개한 진원원陳源源의 「『묘법연화경 석문』에 인용된 불전 '음의서'에 대한 고찰—혜원의 『화엄경음의』와 행도의 『대장경음소』를 예시로『妙法蓮華經釋文』所引佛典"音義書"考—以慧苑『華嚴經音義』與行瑫『大藏經音疏』為例」이 있다. 이 논문에서는 중산中算의 「법화 석문法華釋文」[3]에 인용된 혜원의 『화엄경음의』와 행도의 『대장경음소』의 예문에 사용되고 있는 '음의' 자료에 대해 고찰했다.

또 묘욱苗昱의 「『화엄음의』 판본 고찰『華嚴音義』版本考」이 있는데, 이 연구는 『화엄경』과 『화엄음의』 두 자료에 대해 고찰한 후 『대방광불화엄경』은 세 차례의 대규모 번역이 있었다고 말하고 있다. 첫 번째는 동진 의희義熙 14년으로서, 이것은 후세 사람들이 말하는 구역舊譯 『화엄』이고, 두 번째는 무조武照 때로서, 이것은 신역新譯 『화엄』이다. 세 번째는 당나라 덕종 정원貞元 연간으로 후세 사람들이 말하는 『보현행원품普賢行願品』이다. 이 중에서 구역 『화엄』을 위해 음의서를 편찬하여 지금까지 전해지는 것은 현응의 『화엄음의』뿐이다. 신역 『화엄』이 번역된 후, 이것은 매우 폭넓게 퍼졌는데, 이것을 위해 음의서를 편찬한 것은 여럿이며, 그 중에 비교적 이른 시기의 책들은 법장法藏에서 시작되었다.

---

3    日本 승려 中算이 漢文으로 저술한 佛典音義 著作으로, 976年에서 완성함.

다음은 고려장에 있는 신역『화엄경음의』이다.

## 8.2.3.『혜림일체경음의慧琳一切經音義』100권

이것은 당나라의 혜림慧琳이 원화元和 2년(807년)에 편찬한 것으로서,『혜림음의慧琳音義』라고도 불린다. 이 책의 서문에 의하면, 주석한 불경이 "모두 1,300부, 5,700여 권"이라 하고,『희림음의希麟音義』의 서문에서는 "5,048권"이라 말하고 있는데, 실제는 1,225부, 5,314권이다.『개원석교록開元釋教錄』에 들어 있는 경론經論 전부에 대해 주석을 했다. 혜림은 한나라시기부터 당나라시기에 이르기까지 여러 학자들이 이룩한 글자의 음운 성과의 기초 위에서 현응, 혜원, 운공雲公, 규기窺基가 편찬한 음의서의 내용을 수정 보완했는데, 내용이 많이 증가되고 주석도 상세해졌으며, 인용한 음운전적音韻典籍도 매우 광범위해졌다.

책 안에 있는 경심景審의 서문에 의하면『혜림음의』는 "건중 말년

(783)에 만들기 시작했고, 원화 2년(807)에 비로소 완성되었다.", 또 『불조통기佛祖統紀』 41권에 의하면 원화 2년에 "하중부河中府의 승려인 혜림이 『일체경음의』103권을 편찬했다."고 한다.[4]

서시의徐時儀의 『혜림음의 연구慧琳音義硏究』에 의하면 『혜림음의』가 완성된 후, 서명사西明寺에서 소장하고 있었는데, 경심이 이를 위해 서문를 썼다고 한다. 고제지顧齊之 처사가 개성開成 5년(840)에 서명사의 현창玄暢 법사한테서 이 책을 보고, 그도 역시 서문를 썼다. 그때는 아마도 아직 전사傳寫가 유행하기 전이라서 대중大中 5년(851)에 다시 주청하여 수록하고 유행시킨 것 같다. 고려국高麗國은 "주현덕 중천사周顯德 中遣使가 황금을 주고 절강 중부로 들어가 『혜림경음의』를 구하고자 했다". 당나라시기는 불경의 전사가 매우 활발했는데, 스타인과 펠리오가 돈황에서 훔쳐 온 당본 고서唐本古書에는 『현응음의』 사본 잔권寫本殘卷 2종[5]이 있다.

요나라의 승려인 희린은 『속일체경음의서續一切經音義序』에서 "당 건중建中 말, 승려인 혜림이 20년간 온 힘을 기울여 일체경을 다 읽고 음의서을 편찬했는데, 모두 100권이었다. 『개원석교록』에 의하면 이 책은 『대반야大般若』에서 시작하여, 『호명법護命法』으로 끝나는데, 모두 5,048권(경심 서문에 의하면 5,700여 권)이었다"라고 말하고 있다.

---

4    역주: 河中府는 당나라시기에 설립한 행정구역으로, 지금의 산서성 영제현 포주진 山西省永济县蒲州镇을 가리킨다.

5    스타인 3538, 펠리오 3734.

　　찬녕贊寧은 태평흥국 7년에 왕명을 받들어『송고승전宋高僧傳』을 짓기 시작하여 단공원년端拱元年(982~988)에 이를 완성했는데, 그 책에서 "『혜림음의』는 전해지지 않는다." 그때는『혜림음의』가 비록 요나라에서는 존재했지만 송나라에서는 이미 실전失傳되었다. 그래서 고려국에서는 사신을 절강 중부로 보내『혜림음의』를 구하려 했지만 구하지 못했고, 후에 경經을 다시 요청함에 따라 거란에서 이를 구할 수가 있었다. 명나라 천순天順 2년(1458)에 일본은 조선에서『혜림음의』를 얻었다.

　　일본사람 반담槃譚은『신조혜림장경음의기사新雕慧琳藏經音義紀事』에서 "고려국은 비록 일찍이 중국에서 이를 구하려했지만 구하지 못하고, 후에 다른 나라(거란 소장본을 말함)에서 이를 구하고, 해인사에 보관했다"라고 말하고 있다. 이로 보아 도요토미 히데요시豐臣秀吉가 조선을 침략하기 전에 일본은 이미 조선으로부터『혜림음의』를 얻은 것이라고 할 수 있다.

　　고려국 해인사 소장판본은 병마로 인해 훼멸되었다. 그래서 일본 승려인 닌쵸忍澂가 이를 다시 판각板刻하여 세상에 전하고자 했는데, 겨우 10여 권을 판각한 후에 입적하여, 그의 제자인 육력戮力이 이를 이어 판각을 완성했다. 그 초각初刻은 건륭 2년(1737)에 시작되었으나 8년이 흐른 후에 완성되었는데, 이것이 지금 볼 수 있는 일본 겐분元文 2년(1737) 사곡백련사본獅谷白蓮社本이다.

　　원나라시기 이후『혜림음의』는 역사의 기록에서 사라지고, 국내에서는 이미 실전되었다.『혜림음의』는 광서 초년光緒初年에 양수경

楊守敬이 이를 얻게 되었는데, 정복보가 이 책을 구입한 것은 그 후의 일이다. 1912년 빈가정사頻伽精舍에서는 일본에서 구한 판본을 근거로 삼아 『혜림음의』를 다시 인쇄하여 세상에 내놓게 되었다.

『혜림음의』가 편찬된 이후 하나의 줄기를 따라가듯 전해졌는데, 수초본手抄本에서 각인본刻印本으로, 그리고 거란각본契丹刻本에서 조선 해인사본海印寺本을 거쳐 일본 사곡백련사본으로 이어졌고, 또 실전되었다가 다시 얻게 되고, 수많은 우여곡절을 거치면서 마침내 본래의 자리로 돌아왔으니 서시의가 말하는 바와 같이 "가히 세계문화교류사에 있어서의 일대사一大事"라 할 수 있다.

저자인 혜림은 서기 737~820년에 생존했던 사람이고, 성은 배씨裴氏이고, 서역의 소륵국疏勒國(지금의 신강 카슈카르新疆 喀什)사람이다. 『송고승전宋高僧傳』 5권에 의하면 그는 당현종 개원 25년(737)에 출생했고, 당헌종 원화 15년(820)에 서명사에서 84세의 나이로 입적했다고 한다. 그런데 경심의 서문에 의하면 그는 원화 12년 2월 30일에 서명사에서 절필絶筆했다고 한다.

『혜림음의』의 편찬 내용을 보면, 당태종의 『대당성교서大唐聖教序』, 당고종의 『술삼장기述三藏記』와 대승의 『대반야바라밀다경大般若波羅蜜多經』에서 시작하여 소승의 『호명방생법護命放生法』에서 끝나며, 모두 1,300부, 5,700여 권으로 되어 있다. 따로 300여 부의 경經을 『현응음의』에서 가져왔는데, 다만 여기에 약간의 수정을 가했다. 또 100여 부의 경은 책이름만 있고 음의가 없다. 이 외에 여러 경음의經音義는 혜림이 편찬한 것으로 모두 800여 부이다. 수록한 표제어(진

언과 주문을 포함)는 약 31,000여 조이다. 『혜림음의』에 수록된 표제어
중에서 가장 오래된 것은 동한시기의 『사십이장경四十二章經』인데,
그 훈석은 위로는 『이아』, 『설문해자』와 선진시기의 전적부터 아래
로는 당나라시기의 구어까지 포함하고 있어 통시성을 가진 전문 사
전이라 할 수 있다. 『혜림음의』는 주로 단어의 각도에서 단어를 수
록하고 뜻을 풀이했는데, 그 표제어에는 독자들이 약간 생소하다거
나 혹은 어렵다고 느낄 수 있는 일반 용어가 대량으로 선택되었다.
『혜림음의』에서는 각 표제어에 대한 설명마다 "표제어, 발음, 뜻풀
이, 문헌상의 예증, 자형 풀이, 편집자 의견"의 여섯 항목으로 구성
되었다. 표제어는 한 글자로 된 것이나, 세 글자 혹은 그 이상의 글자
로 된 것은 매우 적고 대부분이 두 글자로 구성된 것들이다.

   혜림은 책에서 700여 종의 전적을 인용했는데, 그 안에는 불교전
적 외에도 당시에 볼 수 있는 각종 문헌을 모두 망라하여 표제어 해
석에 활용했다. 어떤 경우에는 방언과 결합하여 음과 뜻을 해석하기
도 했다. 이 때문에 『혜림음의』는 불학 전적을 교정하고 숙독할 수
있도록 하는 진귀한 참고자료가 될 뿐만 아니라, 유교와 불교의 경
계를 넘어 당나라 이전 소학小學 저작의 총결편이라 할 수 있다. 그
가치는 불경을 연구하는 분야뿐만 아니라, 성운, 문자, 훈고, 집일輯
佚[실전된 옛 자료를 집록하다], 사전사辭典史, 사전 편찬과 문화사 등 각 분
야에 있어서 모두 상당한 가치를 지니고 있다.

   다음은 고려장에 있는 『혜림음의』이다.

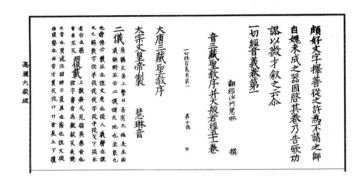

다음은 대정장에 있는 『혜림음의』이다.

524

## 8.2.4. 『가홍신집장경음의수함록可洪新集藏經音義隨函錄』30권

가홍可洪은 후진後晉의 승려로서 역대의 승전에는 누락되어 그의 생애에 대해 알 길이 없다. 그의 『신집장경음의수함록』은 필사한 불경에 있는 판독이 어려운 속자들을 교감하고 분석하는 것을 주 목적으로 한 대형 불교음의서이다.

가홍이 참고했던 불교 음의서 중 주요한 것으로는 현응의 『일체경음의』, 『곽이음郭迻音』, 『서천경음西川經音』, 『강서경음江西經音』, 『아미경음峨嵋經音』, 『남악경음南嶽經音』, 『절서운浙西韻』, 『장균화상운萇筠和尚韻』, 『화엄경음의華嚴經音義』, 『부주편郇州篇』, 『누장경음수함록樓藏經音隨函錄』, 『광제장수함廣濟藏隨函』과 기타 '장경수함음의藏經隨函音義'(가홍은 '별수함別隨函'이라 부름)가 있는데, 그 중에서 『현응음의』를 가장 많이 참고했다.

가홍은 『현응음의』를 매우 존중했다. 주석 중에는 명확하게 『현응음의』의 자료를 언급한 것이 1,000여 조나 되는데, 『가홍음의』 25권에는 거의 한 권의 분량을 모두 『현응음의』에 나오는 표제어와 주석어 중에 어려운 어휘에 대해 음과 뜻풀이를 덧붙였으며, 풀이한 어휘만 해도 4,000개 전후가 된다. 그러나 가홍도 그 책에서 『현응음의』에 대해 적지 않게 오류를 수정하고 보완했으며, 현응이 풀이하지 않은 어휘에 대한 풀이도 보충하고 주석의 오류도 바로 잡았다.

판본 문제와 관련하여, 허단용許端容은 「가홍의 『신집장경음의

수함록』돈황사본에 대한 고찰可洪『新集藏經音義隨函錄』敦煌寫卷考」에서 돈황사본 S.5508, P.2948, P.3971과 北8722 등 네 개의 돈황사본은 모두『가홍음의』의 초본抄本이며, 그 중의 P.2948은 사실상『고려장』에서 수록하고 있는『가홍음의』와 완전 일치하는 판식이며, 또한 장경동을 봉쇄한 연대를 근거로 한다면 P.2948이 근거로 하는 간행본은 늦어도 11세기 중엽 이전에 세상에 나왔을 것이라고 했다.

다카다 도키오高田時雄는「가홍의 수함록과 행도의 수함음소可洪隨函錄と行瑫隨函音疏」에서 또 S.3553과 S.6189 두 개도『가홍음의』사본寫本의 잔편殘片이며,『수함록』은 송초, 아마도 10세기 중엽, 즉 오늘 날『고려장』본과 조금도 차이가 없는 판식으로 간행되었으며, 그 후에 한편으로는 서쪽의 돈황으로 전해지고, 다른 한편으로는 바닷길을 따라 고려로 전해졌다고 여겼다.

『가홍음의』의 연구와 관련된 것으로서 축가녕은『불경언어연구종술―음의 연구佛經語言研究綜述―音義的研究』에서 다음과 같은 관련 논문을 열거하고 있다. 먼저 진오운陳五雲의「가홍음의에 대한 사소한 기록可洪音義碎拾」이다. 여기에서는『장경음의수함록』을 정리하면서, 그 안에서 많은 속자를 발견하고, 그에 대해 일일이 분석하고 증명하였다. 예컨대 전사傳寫 과정에서의 오류인 것 중, '牀'을 '牁'로 잘못 쓴 것이 있는데, 가홍이 열거한 14개의 예가 그 증거이다. 이러한 현상의 근원을 살펴보면 이는 사실상 예변隷變으로 인해 생겨난 것으로서, '爿'으로 쓰는 글자들은 글씨를 쓸 때 편방에서는 '牛'로 쓰여지는 경우가 많다. 필자는 또 '상황에 따라 글자를 쓰는 예'도 설명하고 있는데, 예를 들면 '綜'에서 '宗'의 우측 아래의 한 획이 누락되어 있고, '苦'의 중간 '十'이 빠졌으며, '乾'의 좌측 편방 두번째 필획인 짧은 가로획이 결여되었다고 한다.

다음은 저태송儲泰松의 「『가홍음의』주석의 내용 및 특색『可洪音義』注釋的內容及其特色」이다. 여기에서는 가홍의 『신집장경음의수함록』(『가홍음의』이라 약칭함)은 주로 불전의 어려운 어휘를 설명하기 위해 편찬한 것이라 하고, 주석 내용은 음의에 국한하지 않고 불전의 정위正僞와 열독閱讀 문제까지 다루고 있다고 한다. 본문에서는 『가홍음의』의 특징과 체례에 대해 설명하면서 다음과 같은 몇 가지 의견을 제시하고 있다.

첫째, 불경의 정위正僞를 판단하는 문제. 『가홍음의』에서 인용한 저본이 되는 장경은 연조사장延祚寺藏이다. 장경에 수록한 것은 주로 『개원록』에 의거한 것이며, 이로 인해 록錄에 보이면 정본正本으로 간주하고, 별록別錄에 보이기 때문에 장경에 수록한 것이면 일반적으로 위경僞經으로 간주했다. 그 외에도 가홍은 경문을 전사한 종이의 많고 적음, 용어의 아속雅俗, 경문의 내용, 사용된 글자의 진속眞俗 등으로 일부 경의 진위眞僞를 판정했다.

둘째, 불경의 의미에 근거하여 이문異文을 증명하고, 경문의 문자가 오류인지 여부를 정했다. 경전은 여러 대를 거치면서 전사되고, 또 베껴쓰는 사람들이 대부분 글자에 대한 식견이 그리 높지 않은 신도들인데다, 이것이 여러 번 반복되면서 잘못된 것이 옳은 것으로 간주되는 경문이 생겼고 이런 경문은 자연히 불경을 정확하게 이해하는 데 영향을 주게 되었다. 이런 경우 가흥은 항상 이문異文을 바로 잡는데 경의 의미를 추정하여 판단하였다.

담취譚翠는 「사계장수함음의와 중국어 속자 연구思溪藏隨函音義與漢語俗字研究」에서 수함음의隨函音義란 불경의 함말函末 혹은 권말卷末에 덧붙여 있는 것을 뜻하는 것으로서, 불경 중의 어려운 글자나 어휘에 대해 음을 달고 자형을 판별하며 뜻을 풀이하는 일종의 음의체音義體라고 여겼다. 현존하는 『사계장』에는 대량의 수함음의가 있는데, 그 중에는 불경의 어려운 글자나 속자 자형이 많이 보존되어 있어 역대 사전에서 누락하고 있는 불경의 속자를 보충할 수 있다. 즉, 경마다 주석하는 형식을 취함으로서 쉽게 이러한 어려운 속자를 본래 출현하고 있는 경문의 원문으로 환원시켜 식별할 수 있도록 하여 속자의 연원을 이해하는데 도움을 줄 수가 있다.

다음은 고려장에 있는 『가흥음의』이다.

## 8.2.5. 『희린속일체경음의希麟續―切經音義』10권

『희린음의希麟音義』이라 칭하기도 한다. 요나라의 승려인 희린希麟이 편찬한 것으로서, 혜림의 『일체경음의』의 속작이며, 북송 옹희雍熙 4년(987)에 완성되었다. 이 책은 원조圓照의 『대당정원속개원석교록大唐貞元續開元釋教錄』에 들어 있는 모든 경론經論과 불공不空, 의정義淨, 언종彥琮 등이 번역한 불경 266권에 주석이 빠진 것을 보충한 것이며 체례는 『혜림음의』를 모방했다.

『속일체경음의』 연구와 관련된 것으로서는 축가녕의 『불경언어연구종술―음의 연구佛經語言研究綜述―音義的研究』에서 소개한 이의활李義活의 「속일체경음의 반절 연구續―切經音義反切研究」가 있다. 이 논문에서는 희린의 『속일체경음의』 10권을 분석하면서, 이 책에 수록된 반절은 비록 겨우 2,943조에 불과하지만 풍부한 언어와 속자, 방언, 타인의 『음의』 등 자료를 보존하고 있을 뿐만 아니라 전대에 저록된 것이었으나 오래도록 전해지지 않는 저작들도 수록하고 있다고 했다. 이 논문은 『속일체경음의』의 편찬 시기와 이 책이 전해지는 과정 및 내용에 대해서도 분석하고 있다. 또 『음의』의 반절 체례와 성류고聲類考, 운류고韻類考를 서술하면서 39성류聲類와 207운류韻類를 밝혔으며, 『희린음의』의 음계音系에 대한 연구도 진행했다. 부록으로 『희린음의』 음계표, 『희린음의』와 『광운』 음계 비교 도표, 『희린음의』와 다른 사람이 편찬한 『음의』의 음계 비교 도표를 수록했다.

## 8.3. 『현응음의玄應音義』와 불경

현응의 『일체경음의』에 대한 연구로서 축가녕은 『불경언
어 연구종술―음의 연구』에서 다음과 같은 관련 논술을 하고 있다.

먼저 백조린白兆麟의 「불경문헌의 진귀한 보물을 펼쳐 중국어 연
구의 공백을 채우다―『현응 중경음의 연구』에 대한 논평展現佛經文
獻之瑰寶, 填補漢語研究之空白―評玄應眾經音義研究」이다. 이 글은 서시의徐
時儀의 박사학위논문인 『현응음의 연구玄應音義研究』에 대해 논평하
면서 현응의 『중경음의』 관련 연구에 대해서까지 언급하고 있으며,
『현응음의 연구』가 판본의 원류原流에 대해 잘 정리하여 각 판본의
이동異同을 비교하여 전현前賢들의 소홀했던 부분과 잘못된 부분을
바로 잡았다고 하였다. 다음으로 이 책은 중국어사와 훈고학의 각도
로부터 시작하여 『현응음의』 각 판본 중에 반절이 다른 것이 1,100
여 개나 되는 것을 찾아내고, 언어학자인 왕사원王士元의 "어휘확산
이론"을 운용하여 반절의 차이가 반영하는 200여 개 음의 변화과정
을 자세히 검토했다. 왕사원은 일찍이 음의 변화는 점진적으로 어휘
에 영향을 미치며, 하나의 음이 변화되면 음의 변화 조건에 부합되
는 모든 어휘는 시간이 지나면서 점차 변화된다고 하였다. 음의 변
화는 연속 과정이지만, "역사의 재료들은 어느 특정 시간상의 기록
일 뿐"이라는 것이다. 저자는 서시의의 연구가 『현응음의』의 각 판
본이 갖고 있는 반절 차이의 상황을 충분히 잘 보여주고 있다고 말
하면서, "이것은 반절에 사용된 글자의 차이일 뿐만 아니라, 그 반절

의 음운 지위도 다르다는 것을 보여준다."고 말하고, 또한 "이것은 어휘의 확산 과정 중에 나타나는 동태적인 변화 양상을 잘 반영해주고 있다"고 하였다.

다음은 진환지陳煥芝의 「『현응일체경음의』에서 인용한 『설문해자』에 대한 고찰玄應一切經音義引說文考」이다. 그는 『현응음의』가 본래는 불교계에서만 소장되어 왔으며, 유가의 사람들은 이를 인용하지 않았다고 한다. 청나라시기에 이르러 임대춘장任大椿이 『자림고일字林考逸』을 저술하고, 손성연孫星衍이 『창힐편』을 편집하는 과정에서 이 책을 참고하여 자기들의 저술을 완성했다. 건륭 51년에 장흔莊炘은 함녕咸寧 대흥선사大興善寺 소장본의 『현응음의』을 간행했는데, 이것이 소위 '장본莊本'이며, 고적을 교감하는 학자들이 이를 사용하기 시작했다. 중앙연구원中央研究院에서 간행된 책의 『중인현응일체경음의서重印玄應一切經音義序』의 편집과 범례에 따르면, 『현응음의』의 판본은 고려장본과 송원명장본의 두 갈래 경로가 있는데, 장본莊本은 후자에 근거하여 간행한 것이다. 일본의 홍교서원弘敎書院은 일찍이 고려장에 근거하여 한 부를 인쇄하고, 다시 명나라 소장본에 근거하여 다른 한 부를 인쇄하면서 송원장본을 근거로 교정했다. 본문은 중앙연구원 역사언어연구소歷史語言研究所 전문간행물47인 『중인현응일체경음의重印玄應一切經音義』 25권을 저본으로 하고, 장본莊本을 부본副本으로 하여 현응이 주석에서 『설문해자』를 인용한 내용 2,461조를 수집한 후, 『설문해자』의 순서에 따라 배열하였다. 그리고 과거의 잘못된 내용들을 바로 잡았는데, 이를 정리하면 다음과 같은 몇 부류로 나뉜다.

(1) 대서본大徐本『설문해자』에 있는 오류 : "髀, 股也"라 했는데,
'股' 아래에 '外'자를 보충해야 함.

(2) 소서본小徐本『설문해자』에 있는 오류 : "導, 導引也"라 했는데,
'引'자 앞의 '導'字를 삭제해야 함.

(3) 단주본段注本『설문해자』에 있는 오류 : "隙, 壁際也"라 했는데,
'際' 앞에 '孔'자를 보충해야 함.

(4) 현응이『설문해자』를 인용하면서 많이 잘라내고 전문을 수록
치 않거나, 혹은 판본이 달라서 잘못된 것이 많은 것 : "禱", "告事求
請為禱", "告事求神為禱"이라 했는데, '請', '神'은 '福'字를 전사하는
과정에서 잘못 쓴 것임을 알았음.

(5) 현응이『설문해자』를 인용하면서 뜻풀이를 허신에 의거하고,
자형도『설문해자』에 의거하여 고친 것.

다음은 주민혜周玟慧의 「중고음 방언층으로 본 절운의 성질에 대
한 재고―『절운』,『현응음의』,『혜림음의』의 비교 연구從中古音方言
層重探切韻性質―切韻, 玄應音義, 慧琳音義的比較研究」이다. 여기에서는『절
운』이 금릉음金陵音인가 아니면 낙양음洛陽音인가 아니면 종합적인
음계音系인가? 만일 종합 음계라면 그 안에는 또 어떤 성분이 들어
있는가? 하는 문제를 다루었다. 문헌 자료와 학자들의 토론에 의하
면 현재 적어도『절운』은 금릉과 업하鄴下(낙양) 두 지방의 방언이 층

차를 이루고 있다는 것을 알 수 있다. 저자인 육법언陸法言은 과연 장
안음長安音의 서운을 『절운』에 산입시켰는가? 이와 관련해서는 현
재 학자들의 연구를 근거로 방언의 특징을 남북으로 나누어 검토하
고, 또 장안음의 특징을 찾아냈는데, 이를 위해 『절운』, 『현응음의』,
『혜림음의』 등 세 권의 책에 있는 음운과 비교하여 참고의 기준으로
삼았다. 이 외에 세 책에 있는 방언 자료와 음계의 성질을 검토하고,
또 『현응음의』에 기록된 남북 방언의 이동異同을 분석했으며, 장안
음의 개별적인 특징을 찾아서 세 책의 같은점과 다른점을 서술했다.
그리고 마지막으로 『현응음의』와 『혜림음의』에서 거론하고 있는 남
북 방언과 관중關中 지역 특유의 방언 어휘를 기초로 하여 『절운』에
있는 어휘와 비교했다.

　　또 황인선黃仁瑄은 「『현응일체경음의』 중의 자의玄應一切經音義中
的字意」에서, 현응이 당시의 불전을 주석하는 과정에서 글자를 분석
하면서 '자의字意'라는 명칭을 자주 사용하고 있는데, 이 중의 '자의
字意'라 표시한 것 중에는 『설문해자』의 '회의會意'를 말하는 것도 있
다고 했다. 연구의 결과에 의하면 현응이 말하는 '자의字意'는 『설문
해자』의 '회의' 성질을 이해하는데 도움을 주고 있으며, 또한 현응의
'자의字意'에는 합체合體도 있고 독체獨體도 있다고 서술하고 있다.

　　먼저 합체合體를 보도록 하자.


　　(1) 二合 : 如「蠱道」公戶反。『聲類』弋者反。『說文』蠱, 腹中蟲也。謂行蠱毒。字从蠱在皿, 字意也。[6]

『四分律』48권

(2) 三合(三體結構為義者): 如「盥手」公緩反。『說文』澡手也。案,
凡洒澡物皆曰盥, 不但手也。字从臼, 水, 皿上意也。[7]

『成具光明定義經』

(3) 四合(四體結構為義者): 如「日暴」蒲穀反。暴, 晒也。『說文』暴,
晞干也。字从日从出从収, 米, 字意也。[8]

『阿毘曇毘婆沙論』26권

다음은 독체獨體에 해당하는 경우이다.

司獵 : 『廣雅』司, 主也。『說文』臣司事於外也。字意也。[9]

『雜阿毘曇心論』3권

中夭 : 又作殀, 同, 於矯反。『說文』夭, 屈也。『廣疋』夭, 折也。
如物夭折中也。字从大, 象形, 不申也。又, 不盡天年謂之夭。

---

6 　역주: 문맥상 蠱는 蟲의 오자로 보임. 수정하면 "字从蟲在皿 , 字意也"임. 이 말은 蟲
이 皿의 위에 있다는 말임. 즉『설문해자』와 같은 방식으로 본다면 이는 蟲과 皿이
라는 두 개의 글자로 구성된 會意라는 말임.

7 　역주: 盥은 臼, 水가 皿의 위에 있다는 말로서, 이 세 글자로 이루어진 會意라는 말임.

8 　역주: 暴은 日, 出, 収, 米의 네 글자로 이루어진 會意라는 말임.

9 　역주: 司에 대한 설명으로, 司란 (君在內司於外. 君이 아닌) 신하로서의 일을 하는 사
람이라는 뜻이다.『설문해자』에 의하면 여기서의 司는 從反后로서, 后가 독체이므
로 司는 合體字가 아닌 獨體文이다. 여기에서의 字意란 司가 會意라는 뜻이 아니라,
말 그대로 司의 뜻을 말하는 것으로 보인다.

字意也。[10]

『阿毗達摩俱舍論』6권

이렇게 볼 때 현응이 말하는 '자의字意'는 육서六書의 '회의'와는 개념이 완전 일치하는 것은 아니다.

섭완흔聶宛忻은 「『현응일체경음의』 중의 차음玄應一切經音義中的借音」에서 『현응음의』에 '차음借音'이라 표명된 36조의 예를 찾아서 그것들이 『현응음의』에 나오는 가차假借나 차자借字라 표현된 것과 어떠한 관계가 있는지를 연구했다.

가차는 '본무기자本無其字'의 가차와 '본유기자本有其字'의 통가通假를 모두 포괄한다. '본무기자本無其字'의 가차로서 현응 주석에 보면 "頗有 : 借音, 普我反. 諸書 : 語辭也。本音普多反。(『묘법연화경』 5권)"이라 되어 있는데,[11] '頗'의 본의는 '머리'와 관련이 있는 것으로서, 『설문해자』頁部에는 "頗, 頭偏也"라 하였으며, 인신引申되어 '不正'을 뜻한다. 이는 바로 '본무기자本無其字'의 가차이다.

'본유기자本有其字'의 통가通假의 예로는 현응의 주석에 "陶家 : 又作匋. 『字林』, 大老反"이라는 부분이 있다. 필자는 서역에는 도자기를

---

10    역주: 夭는 從大인 獨體文으로 상형이란 말이다. 여기에서의 字意는 夭가 會意라는 뜻이 아니라, 말 그대로 夭의 의미가 "不申也"란 뜻이란 말이다.

11    역주: 頗가 차음(借音)으로서 음이 "普我反"이며, 여기에서의 뜻은 어휘로 쓰이고 있기 때문에 가차(假借)라는 말이다.

굽는 가마가 없고 노출된 채로 도기를 구울 뿐이고, 『사기』에 "陶,
瓦器也"라 되어 있고, 『창힐편』에는 "陶, 作瓦家也, 舜始為陶。諸書亦
借音為姚"(『대반열반경大般涅槃經』 4권)라고 되어 있으며,[12] 陶의 고음은
喻, 窯, 姚, 遙의 네 글자와 같아서, 옛 문헌에서는 陶를 窯로 자주 바
꾸어 쓴다고 주장했다.

또한 현응이 여러 경전을 풀이하는 과정에서 가장 많이 인용한
것은 『설문해자』로서, 총 2,241회나 된다. 더욱이 주석에서 본음本音
이나 혹은 본의本義라고 말한 것들은 『설문해자』에 의거한 것이 많
다. 그러므로 허신의 가차설은 현응의 가차설에 많은 영향을 주었다
고 할 수 있다고 보아야 한다고 하였다.

황인선黃仁瑄은 「『현응일체경음의』 중의 가차와 차자玄應一切經音義
中的假借, 借字」에서, 동한시기의 허신이 밝힌 '육서'이론을 후세 학자
들이 많이 따르고 있지만, 각자 이해하고 있는 것이 다르다고 말하고
있다. 이 논문에서는 현응의 『일체경음의』에서 '가차假借', '차자借字'
라고 밝혀 놓은 예들을 발견했다. 현응의 시대가 한나라시기와는 그
리 멀지 않기 때문에, 이러한 예들에 대한 분석은 현응 혹은 허신의
'가차'에 대한 인식을 연구하는데 중요한 의미를 지닐 수 있다.

'차자借字'라고 표명한 것으로는 "網鞥 : 莫槃反。『倉頡篇』, 鞥, 覆
也. 今亦謂覆蓋物為鞥. 或作縵, 漫二形, 借字耳。"(『대보살장경大菩薩藏經』

---

12    역주: 陶는 여러 문헌에서 姚로 쓰기도 하는데, 이것은 차음(借音)이며, '본유기자
(本有其字)'인 통가(通假)라는 말이다.

21권)가 있는데, 그는 緩, 漫이 鞔의 가차자假借字라 하였다. 황인선은 이와 같은 분석을 통하여 『현응음의』에서 말하는 '가차'와 '차자'는 그 의미가 서로 다르지 않으며, 현응의 '가차'는 지금 우리가 말하는 '통가'라고 말하고 있다.

    서시의徐時儀는 「『현응일체경음의』 주음근거에 대한 고찰玄應一切經音義注音依據考」에서, 『현응음의』가 주음할 때 근거로 삼은 것이 무엇인가에 대한 의견이 학자마다 다르며, 그것은 대체로 다음과 같은 세 부류의 주장으로 나뉜다고 하였다. 첫째는 『운집韻集』이라는 주장이다. 당란唐蘭은 『당사본 왕인구의 『간류보결절운』 발문唐寫仁昫刊謬補缺切韻跋』에서 "현응은 『운집』을 인용했는데, 옛사람들이 이를 여서呂書로 오해하고 있다. 사실 여서呂書라고 칭한 것들은 반드시 『여정운집呂靜韻集』이라고 표시하고 있으며, 단순히 『운집』이라고 말한 것은 결코 여서呂書가 아니다. 이 『운집』은 대략 수당 사이에 나온 것이며, 그래서 '『韻集』出唐'이라 말하고 있는 것이다"라 말하고 있다. 그러나 실제로 현응이 여정呂靜의 『운집』이라 표명한 것은 겨우 한군데 밖에 없으며, 그나마 주음도 하지 않았다. 그 외에 다른 곳에서 인용하여 주음한 것도 겨우 4개이며, 이로 인해 현응이 『운집』만을 주음의 근거로 삼은 것은 아니다. 다음은 『운집』이나 혹은 다른 운서를 베낀 것이 아니라는 주장이다. 주법고周法高는 『현응반절에 대한 고찰玄應反切考』에서 현응이 주음한 것은 결코 『운집』이나 혹은 다른 운서를 베낀 것이 아니라고 주장했다. 세 번째는 『옥편』이라는 주장이다. 오오타 이츠쿠太田齋는 「『옥편』에 대한 『현응

음의』의 응용玄應音義對玉篇的應用」에서 『현응음의』의 석문釋文에 반
절이 같은 것이 있는 것들을 근거로 『현응음의』는 『옥편』을 인용하
거나 혹은 서명을 생략했을 가능성이 있다고 주장한다.

서시의는 『현응음의』와 『옥편』, 『절운』 및 『운집』의 음계가 기본
적으로 같기 때문에, 그 주음의 근거는 당시의 통용 독서음讀書音이
라 할 수 있으며, 그렇기 때문에 『대당내전록』5권에 이 책을 수록하
면서 "근거들을 모두 모아 살펴보면 당시의 실제 기록들을 잘 보존
하고 있다"고 말한다.

또 서시의는 「『현응중경음의』의 『방언』 인용에 대한 고찰玄應眾經
音義引方言考」에서 현응의 『중경음의』에서 『방언』을 인용한 것이 모
두 430여 개 인데, 이중에서 지금까지 전해지는 양웅揚雄의 『방언』
과 같거나 비슷한 것은 80여 개이고, 약간 다르지만 대체적으로 같
은 것이 140여 개라고 한다. 이 논문에서는 『중경음의』에서 인용한
『방언』과 금본今本 『방언』이 차이가 있는 210여 개에 대해 연구했
다. 그에 의하면 이는 다음과 같은 세 부류를 포함하고 있다.

1) 『방언』에서 인용한 것이 아니고, 당나라 이전의 문헌에서 인용
한 것이다. 예컨대 "鼲鼠, 『方言』, 有毒者也。或謂之甘口鼠也."(20권,
鼲鼠)이라 했는데, 『방언』에는 이것이 없으며, 이는 곽박郭璞의 『이
아』 주석에서 인용한 것이다.

2) 소위 말하는 '방언'이란 사실상 당시의 그 지역 토속어를 지칭
하는 것이며 『방언』이란 책을 지칭하는 것이 아니다. 예컨대 "杬, 俗

作粳, 同。加衡反, 不黏稻也。江南呼粳為籼, 音仙. 方言也"(21권, 秔稻) 라 말하고 있는데, 현응의 풀이에 따르면 여기에서의 '방언'은 강남 지역의 방언을 말하는 것이다.

3) 전사 과정에서의 오류이다. 예컨대 "腦根, 奴老反. 方言 : 腦後玉 枕也"(11권, 鼺鼠)라 말하고 있는데, 이것은 적사장본磧砂藏本에서 잘못 연유되어 온 것으로서 『방언』에는 이것이 없다. 여기에 있는 '方'자는 고려장본高麗藏本에는 없으며, 적사장본에서 연유한 것이다.

현응이 인용한 '방언'과 금본 『방언』이 다른 원인은 세 가지가 있는데, 이는 다음과 같다.

1) 본 것이 다른 것으로서, 현응이 본 『방언』은 양웅의 고본古本 원래의 모습을 보존하고 있을 가능성이 높다. 예컨대 '素'에 대해 "『方言』素, 本也"(2권, 素在)라 되어 있는데, 금본 『방언』 13권에는 "㴾, 本也"라 되어 있다.

2) 곽박의 주석을 『방언』의 원문으로 본 것이다. 예컨대 "芬,『方言』: 芳, 和調也"(2권, 芬馥)라 말하고 있지만, 『방언』 13권의 "芬, 和也"에 대해 곽박의 주석에 "芬香和調"라 한 것으로 보아 『현응음의』는 곽박의 주석과 부합하고 있다.

3) 『방언』을 인용했지만 당시의 지역 방언 어휘로 대신 풀이한 것이다. 예컨대 "惹, 『方言』: 惹, 語亂也"(8권, 惹頭)라 했는데, 이것은 현응이 『방언』의 '惹'를 인용한 것으로서 당시의 어휘인 '語亂'으로

'薏'를 풀이한 것이다.

   또 서시의는 「『현응중경음의』의 방언속어에 대한 고찰玄應眾經音義方俗詞考」에서 『현응음의』에서 인용한 방언 속어는 약 500여 개인데, 상당수가 당나라 시기의 지방 속어와 구어라 했다. 아울러 그 중에서 12개의 방언어휘에 대해 고증·해석을 했는데, 이를 살펴보면 다음과 같다.

> 撥身 : 撥, 蒲沫反。回也, 謂撥然回身也。古字通用也。
>
>                              卷5 釋『不必定入印經』撥身

   '撥'은 『설문해자』에 수록되지 않았는데, 현응의 풀이에 의하면 '撥'은 '회전'의 뜻이 있다고 한다. 장례홍蔣禮鴻은 『돈황변문 자의 통석敦煌變文字義通釋』에서 '撥'은 '회전(回轉)'이라고 했다. "현재 절강 가흥嘉興과 평호平湖 일대에는 '돌리다'는 뜻을 '撥'로 쓰며 발음은 'bʌ'이다. 예컨대 '撥轉頭去一看(머리를 돌려 보다), 撥轉身去(몸을 돌려서 보다)'는 말이 있는데, 이는 옛날 말이 방언에 남아있는 예라 할 수 있다."

> 項很 : 項, 胡講反。謂很人強項難回, 因以名也。即『郁伽羅越問經』云, 『強項人』, 『無量清淨平等覺經』云, 『項很愚癡』是也.
>
> (卷3, 『放光般若經』第9卷의 "項很"에 대한 풀이)

이는 『방광반야경放光般若經』 제9권의 '項佷'에 대한 풀이이다. '項佷'은 '項佷'이라고도 했다. 다음은 '佷'에 대한 『설문해자』의 풀이이다.

　　『說文』: 佷, 不聽從也.

지금 광동어粵語에서는 어린 아이들이 짓궂게 장난치면서 말을 듣지 않는 것을 '佷'이라 한다. '項'은 목의 뒷부분이며, '項佷'은 횡포스러우면서도 집요하게 말을 듣지 않는 것으로서, 이는 현응이 풀이한 '佷人強項難回'의 의미이다.[13]

또 서시의는 「『현응중경음의』에서 해석한 상용어휘에 대한 고찰玄應眾經音義所釋常用詞考」에서 현응이 편찬한 『중경음의』는 동한 시기부터 당나라 시기에 이르는 거의 천년에 걸친 시기의 불경을 풀이한 것이기 때문에 『중경음의』에서는 중국어 어휘가 상고시기부터 근대시기까지 변화되어가는 변천 과정을 살펴볼 수 있다고 말하고 있다.

예컨대 '槍'에 대해 "千羊反。『說文』: 槍, 距也。『三蒼』: 木兩端銳曰槍"(『대반열반경大般涅槃經』 제4권, '木槍'에 대한 풀이임.)이라 말하고 있다. '槍'은 처음에는 한쪽 끝부분이 뾰족한 나무 막대기로서 원시사회에서 사냥에 사용하던 도구였다. 이 외에 한쪽 끝을 뾰족하게 깎

---

13　　역주: '項'은 뒷덜미이고, '佷'은 말을 안 듣는다는 뜻으로서, '項佷'은 남의 말에 머리를 돌려 들으려 하지 않고 고개를 뻣뻣하게 한다는 뜻임.

은 나무 막대기는 흙더미를 풀어헤쳐 흙을 부드럽게 할 수가 있어서 농기구의 뜻도 가지고 있다. 또 '槍'은 양쪽 끝이 뾰족한 '못'을 가리 키기도 한다. 지금 복건福建, 하문廈門에서는 담장 위에 만든 나무 울 타리를 뜻하기도 하는데, 이는 옛날 제도가 잔존하고 있다는 것을 보여준다. '槍'은 후에 양쪽 끝이 뾰족한 나무 막대기에서 한쪽 혹은 양쪽 끝에 쇠날을 덧붙여 찌르는 무기로 발전되었는데, 현응이 말 하는 "木槍, 鐵槍"은 바로 이것이다. 『중경음의』의 예는 어휘가 발전 변화하는 사실을 보여줄 뿐만 아니라, 어느 정도에서는 어휘의 의미 변화가 왕왕 방언의 구어에서 시작되고 있다는 것을 보여주고 있다.

또 서시의는 「『현응중경음의』에서 해석한 어휘에 대한 고찰玄應眾 經音義所釋詞語考」에서 중국어사의 각도에서 보면 양웅의 『방언』과 복 건服虔의 『통속문通俗文』 이후 당송에 이르기까지의 방언속어를 모아 체계적으로 연구를 한 것이 없다고 주장한다. 그래서 학계에서는 이 시기의 방언속어의 연구에 대해 '不祥' 혹은 '闕如'라는 말을 자주 사 용한다. 현응의 『중경음의』에서 풀이한 어휘 중에는 한나라, 당나라 시기의 방언 구어에 대해 언급한 것이 꽤 많이 보이는데, 그것은 이 공백 시기에 해당하는 방언 속어 연구에 있어서 그 시기의 부족한 곳 을 보완할 수 있는 매우 중요한 자료를 제공하고 있다.

예컨대, '栽'에 대해 "子來反。栽, 植也。今時名草木植曰栽"(12권, 이는 『수행도지경修行道地經』 제1권의 '枝栽'에 대한 풀이임. 24권, 이것은 『아비 달마구사론阿毗達摩俱舍論』 제13권의 '心栽'에 대한 풀이임.)라 한 것이 있다. 현응의 풀이에 의하면 당나라시기에 "초목을 심는 것을 栽라 한다"

고 하는데, '栽'는 조본식물早本植物의 새싹을 말한다. 예컨대 두보杜甫의 『蕭八明府處覓桃栽』에 "奉乞桃栽一百根, 春前為送浣花村"라 했는데, 구조별仇兆鰲은 주석에서 "桃栽란 속칭 복숭아 묘목을 말한다."라고 말하고 있다. 또 백거이白居易는 『送李校書趁寒食歸義興山居』에서 "到舍將何作寒食? 滿船唯載樹栽歸"라 말하고 있는데, 여기에서 '樹栽'는 '나무 묘목'을 말한다.

또 서시의는 「현응과 혜림의 『일체경음의』에 대한 비교玄應與慧琳『一切經音義』的比較」에서 현응과 혜림의 두 음의서는 선후로 이어진다고 말한다. 현응은 불경의 어휘를 풀이하면서 왕왕 '차음借音'이란 용어로 그것이 본음本音과 다르다는 것을 표시하고 있고, 혜림은 '가차자假借字'라는 말로 경문에서의 통가通假 현상을 표시하고 있다. 현응이 말하는 '가차'에는 의미상 관련이 있는 어휘가 일부 있고, 혜림이 말하는 '가차자' 중에는 실제로 의미상으로 인신引伸된 어휘들도 일부 있다. 현응이 말하는 '가차' 중에는 방언의 음을 기록한 글자도 일부 있고, 혜림이 말하는 '가차' 중에도 속어의 음을 기록한 글자도 약간 있다. 『혜림음의』가 후에 나오면서 더욱 정밀해졌다는 것을 강조하기도 한다. 현응은 『대방광불화엄경大方廣佛華嚴經』부터 『아비달마순정리론阿毗達摩順正理論』까지 모두 454부의 대소승 경·율·론大小乘經律論에서 어휘를 선택해 그것에 대해 주석을 덧붙였는데, 혜림은 1,200부의 불경에서 어휘를 선택해 주석함으로서 음의서의 규모 면에서 현응을 훨씬 앞지르고 있을 뿐만 아니라 고서를 인용한 것도 매우 광범위하다. 서시의는 혜림이 현응에 비해 후에 편찬함으로서 더욱 정밀해진 것 중에 주요한 것으로서 첫째, 육서六書를 표명했고, 둘째, '호견互見'의 체례를 발명했으며, 셋째, 어원을 밝혀놓았다고 설명하고 있다.

황곤요黃坤堯는 「현응의 음계에 대한 분석玄應音系辨析」에서 육덕명陸德明, 육법언陸法言, 현응玄應 세 사람은 모두 수당 시기의 언어학 대가로서 음운에 정통하고 또한 조예도 깊었다고 말하고 있다. 한자를 주음하는데 있어서 반절용자反切用字가 일치하지는 않지만 전체의 음운 계통은 기본적으로 일치하며 대동소이하다. 현응의 주음은 기본적으로 유가 전통의 속박에서 벗어나 당시의 장안아음음계長安雅言音系를 생생하게 표현했는데, 이것이 비록 반드시 당시의 장안말이 아닐지라도, 장안을 중심으로 하고 낙양과 금릉金陵에서도 통행되고 있는 공통어임이 분명하다. 육덕명의 남음음계南音音系(금릉의 아음), 육법언의 종합음계綜合音系(낙양과 금릉의 아음雅言)와는 상대적으로, 현응의 음계는 장안의 아음과 경음經音일 것이다. 현응의 음계는 『석문』, 『절운』의 음계와 대동소이하며, 성운의 기본 구조는 거의 완전 일치하고 있다. 물론 약간의 분합分合이 있지만. 이는 일부 지역의 특색을 표현하는 것일 수도 있고 혹은 공통어 속의 방언 차이를 말하는 것일 수도 있다. 본문에서 작자는 경순음, 설상음, 중뉴重紐, 성조의 차이와 이독異讀, 방언의 차이 등, 여러 측면에서 고찰하여 '현응음'의 특징에 대해 설명하고 있다.

또 방일신方一新은 「현응의 『일체경음의』 12권 『생경』 음의 찰기玄應『一切經音義』卷十二『生經』音義劄記」에서 현응과 혜림의 『일체경음

의』는 어휘를 풀이한 것을 보면 그 글자들이 지금 전해지는 『대장
경』의 문자와 다르기 때문에 이를 교감 대조해야 한다고 했다. 그는
『대정장』과 『중화대장경』을 예로 하여 『대장경』과 『현응음의』에서
차이가 나는 원인을 분석했다. 문자 분야에서는 고금자古今字(賈/價),
이체자異體字(訶/呵, 踏/蹹)와 통가자通假字(鋃鐺/狼當, 송본宋本에 '狼當'라
한 것은 '鋃鐺'의 차자借字임. '鋃鐺'는 고서에 자주 보이지만, 문자 상으로는 다
른 것임), 그리고 속체자俗體字(자형이 유사해서 오류인 것, 翕眼/翕眠, 『生
經』에 '翕眼'이란 한 것은 '眨眼'의 뜻임)가 있고, 어휘 방면에서는 동의어
(謹呼/喧呼)가 있다.

　　또 증소총曾昭聰은 「현응의 『중경음의』 중의 어원 연구에 대한 논
평玄應『眾經音義』中的詞源探討述評」에서 중국어의 어원을 연구하는 사
람들이 위진남북조시기에서 수당오대시기까지에 대한 연구 성과는
아직 많이 부족하므로, 이 분야에 종사하는 사람들은 반드시 새로운
자료를 발굴해야 한다고 주장한다. 현응의 『중경음의』 내용은 매우
광범위하여 『설문해자』 계통의 자서와 『이아』 계통의 사전, 『절운』
계통의 운서 및 고대 전적의 주소註疏에 나오는 글자와 어휘를 이 한
권의 책에 모두 모아 놓았다고 한다. 필자는 또 현응 『중경음의』의
어원 고찰에 대한 몇 가지 공헌을 소개하면서, 그 중에서 대량의 외
래어를 풀이한 것과, 서로 다른 각도에서(주로 사물 이름의 유래) 어원
을 추적한 두 가지를 가장 중요한 것으로 꼽고 있다.

　　초연肖燕은 「상이 판본 『현응음의』의 『석명』 인용에 대한 고찰『玄
應音義』不同版本引『釋名』考」에서는 『현응음의』의 서로 다른 4가지 판본

에서 각각 『석명』을 인용한 것을 추출하여, 이들을 조목별로 하나하나 비교 대조한 후 『현응음의』의 각 판본과 비교하여 그 이동異同과 전승 상황을 파악했다. 예컨대 해본海本과 영본永本을 비교하고, 해본과 영본, 해본과 산본山本, 산본과 금본金本의 비교하여 해본, 영본과 산본, 금본은 차이가 현저하고, 산본과 금본에서 인용한 것은 해본과 영본에 비해 간략하며, 인용한 어휘상으로도 약간 다르다고 한다. 또한 『혜림음의』 중 『현응음의』을 그대로 가져온 부분과 산본山本을 비교했는데, 이 둘은 연대가 비교적 가깝기 때문에 혜림이 가져온 『현응음의』는 다른 판본에 비해 본래의 면모를 훨씬 많이 보존하고 있다고 한다.

## 8.4. 『혜림음의慧琳音義』와 불경

『혜림음의』는 여러 불경음의佛經音義를 집대성한 것이다. 이 안에 있는 주음은 많은 어음 변화의 현상을 반영하고 있어 연구 가치가 매우 크다. 요영명姚永銘은 『혜림 『일체경음의』 연구慧琳一切經音義研究』에서 반오운潘悟云은 『혜림음의』와 조금 이른 시기의 『오경문자五經文字』를 근거로 순음脣音을 경순음輕脣과 중순음重脣의 두 부류로 나누고, "8세기 70년대의 장안 방언에는 이미 경순화輕脣化가 발생했다"는 사실을 밝혔다고 한다.

성조 분야에서도 요영명은 『혜림음의』가 상성자의 주음을 특별

히 중시하고 있는 현상을 밝혀냈다. 예컨대,

消殄　　下田演反。俗字也, 上聲呼。
當紹　　韶繞反。上聲字。
牙頷　　下合感反。上聲字。
啖蒜　　上談敢反, 上聲字也。

　이러한 상성자들은 모두 전탁 상성자全濁上聲字라는 공통점이 있
다. 전탁 상성자는 당나라시기부터 거성去聲으로 진화되기 시작했는
데,[14] 혜림이 이러한 글자들에 대해 특별히 주음한 이유는 당시의 탁
상성이 이미 거성으로 변했다는 것을 설명해줄 수 있으며, 또한 혜
림은 옛 것을 보존하기도 하고, 주석을 덧붙이는 것을 번거롭게 생
각하지 않았기 때문이다.
　이와 연결하여 『혜림음의』는 또한 전탁 상성자에 대해 주음을 덧
붙였는데, 예를 들면 다음과 같다.

南贍部洲　　時染反。**去聲**。
**藉**此　　情夜反。**去聲字**。
畏**憚**　　下彈旦反, 去聲字也。

　어떤 글자들은 상성과 거성 두 가지 음으로 읽는 것도 있다. 예를

---

14　이것이 바로 이른 바 '탁상성이 거성으로 바뀌다(濁上變去)'이다.

들면 다음과 같다.

> 玄奘 藏浪反, **亦通上聲**。『方言』: "奘, 大也, 壯也。"『考聲』: "多
> 力也。健也, 捷也。"『說文』: "從大壯聲也。"
> 藻繢 下回罪反。『韻英』云: "畫也。"彩色明也。**上聲字, 亦去聲**
> **也**。
> **拌**之 上盤滿反, **上聲字也, 亦通去聲**。

어떤 때는 상성자와 거성자가 서로 주석을 하기도 한다. 예를 들면 다음과 같다.

> 百釬 下寒旦反, 讀與旱同。

'釬'은『광운』에서 '侯旰切'('寒旦反'과 같음)로 거성 翰韻에 속한다. '旱'은『광운』에서 '胡笴切'로 상성 旱韻에 속한다. 혜림의 반절일 경우는 거성을, '讀若'의 경우는 상성을 사용하고 있다.

이렇게 상성과 거성이 서로 혼용되는 상황은『혜림음의』에 자주보인다.

더 심한 것으로서『혜림음의』에서 거성의 반절 하자反切下字를 사용하면서 '상성자'라 표명하고 있는 것들도 있다.

> 誇衒 下玄絹反, 玄字上聲。『韻英』云: "行賣曰衒。"『集訓』:
> "衒, 自矜藝也。從行玄聲也。"

彼溷　　**魂困反, 上聲字也**。溷濁也, 不清也。

疲倦　　下**權院反, 上聲字**。經從心作倦, 亦通。

　　위의 세 글자의 반절 하자인 '絹', '困', '院'은 모두 거성자이나 혜림은 이 세 글자를 모두 상성자로 보고 있다.

　　이와 비슷한 예로서 혜림은 또 상성자를 거성자의 반절 하자로 사용하는 것들도 있다.

皆**鈍**　　下鈍音**徒混反**。『蒼頡篇』: "鈍, 頑也。"『說文』: "從金
　　　　屯聲出。"

暗**鈍**　　**徒混反**。『蒼頡篇』云 : "鈍, 頑也。"案 : 暗鈍者, 識暗濁
　　　　不明了也。『說文』云 : "鈍, 錭(大牢反)也。(錭, 頑鈍也。)從金屯聲。"

磨**鈍**　　下**屯混反**。不利也, 頑也, 刃不利也。

論**榻**　　上**盧混反**。

　　위에서 '鈍'과 '論'은 모두 거성자이며, 그 반절하자反切下字인 '混'은 오히려 상성자이다.

　　이러한 현상은 혜림 시대는 전탁 상성자가 이미 거성으로 넘어가는 단계이지만, 서면어의 수구守舊 전통이 본래의 상성음을 유지하려고 하고 있어서, 이러한 현상은 한편으로는 귀찮아하지 않고 구분하려는 상황을 초래했고, 다른 한편으로는 혼동 현상이 자주 출현하게 되는 상황을 초래했다는 것을 설명해준다.

이밖에 반절에 대한 이독異讀 현상, 즉 한 글자에 반절이 여러 개인 현상이 있는데, 『혜림음의』의 관련 자료를 통해 일자다음一字多音의 원인을 요영명은 다음과 같은 몇 개의 부류로 나누었다.

첫째, 서로 다른 방언음으로 인한 것으로서, 가장 자주 보이는 현상이다. 예를 들면 다음과 같다.

> 復　『廣韻·宥韻』"扶富切", 又『屋韻』"房六切"。

『혜림음의』 27권의 표제어 '無復'에 "下吳音扶救反, 秦音馮目反"이라 했는데, '扶救反'은 '扶富切'에 해당하고, '馮目反'은 '房六切'에 해당된다. 『혜림음의』에 따르면 하나는 '오음吳音'이고, 다른 하나는 '진음秦音'이다.

> 打　『廣韻：梗韻』"德冷切", 又『迴韻』"都挺切"。

『혜림음의』 3권의 표제어 '捶打'에 "下德梗反……江外音丁挺反。吳音, 今不取也。"라 하고, 또 27권의 표제어 '捶打'에 "下吳音頂, 又都挺反, 今取秦音得耿反"라 하고 있는데, 『혜림음의』에 의거하면 하나는 '오음'이고, 다른 하나는 '진음'이다.

> 揣　『廣韻：紙韻』"初委切", 又『果韻』"丁果切"。

『혜림음의』 59권의 표제어 '搏食'에 "『律』文作搋, 音都果反, 北人行此音 ; 又初委反, 江南行此音。"이라 하고, 또 72권의 표제어 '搏食'에 "『論』文作搋……音初委反……江南行此音 ; 又都果反……關中行此音"이라 했는데, 『혜림음의』에 의거하면 하나는 '북음北音'(관중음關中音)이고, 다른 하나는 '강남음江南音'이다.

둘째, 정음正音과 방언음方音을 분별한 것이다.

　　厭　『廣韻·葉韻』"於葉切", 又『琰韻』"於琰切"。

『혜림음의』 17권의 표제어 '厭人'와 59권의 표제어 '厭禱'에 "於冉反……山東音於葉反"이라 했는데『혜림음의』에 의하면 하나는 정음이고, 다른 하나는 방언음이다.

　　礐[15]『廣韻·覺韻』"苦角切", 又『屋韻』"空谷切"。

『혜림음의』 26권의 표제어 '卵殼'에 "口角反, 殼字同, 吳會之間音口木反"이라 하고, 또 73권의 표제어 '礐出'에 "口角反, 吳會間音哭"이라 했는데, 『혜림음의』에 의하면 하나는 정음이고, 다른 하나는 방언음이다.

---

15　〈ㄑㄩㄝˋ〉 산골짜기의 바위이다. 지금의 대북 사림(臺北 士林)과 양명산(陽明山) 지구에 '菁礐'이 있는데, 청나라 시기 시냇가 남염갱(藍染坑)의 유적이다.

셋째, 정음과 속음俗音이다.

鎧 『廣韻·泰韻』“苦蓋切”, 又『海韻』“苦亥切”。

『혜림음의』1권의 표제어 '擐鎧'에 “下開蓋反……今通俗上聲音之
爲苦改反”이라 했는데, 『혜림음의』에 의하면 하나는 정음이고, 다른
하나는 속음이다.

虹 『廣韻·東韻』“戶公切”, 又『絳韻』“古巷切”。

『혜림음의』12권의 표제어 '天弓'에서 “或名帝弓, 即虹蜺也, 俗呼
虹字爲降音,『詩』云蝃蝀, 皆一也”라 하고, 또 17권의 표제어 '日虹'에
서 “胡公反, 江東音絳”이라 했으며, 71권의 표제어 '虹電'에는 “古文
狂, 同胡公反, 俗音絳”이라 하고 있다.

넷째, 본음本音과 차음借音이다.

索 『廣韻·鐸韻』“蘇各切”, 又『麥韻』“山責切”。

『혜림음의』18권 '以索亡珠'에 “所革反……借音字也, 本音桑洛反”
이라 말하고 있는데『혜림음의』에 의하면 하나는 본음이고, 다른 하
나는 차음이다. '索'자는 '糸'을 편방으로 취하고 있으며, 본 뜻은 '새

끼줄', 본음은 '桑洛反'이다. 후에 가차되어 '찾다'는 뜻을 갖게 되었고, 차음은 '所革反'이 되었다.

　　畫　『廣韻·卦韻』“胡卦切”, 又『麥韻』“胡麥切”。

『혜림음의』100권의 표제어 '畫碌'에 “上華罵反。借音用也, 本音獲”이라 하고, 또 25권의 표제어 '畫水'에 “橫虩反。『玉篇』: ‘分界也。’若音胡卦反, 形也, 象也, 非經義也, 取前音為正”라 했으며, 또 41권의 표제어 '畫師'條에 “上胡卦反。『爾雅』: ‘畫, 圖物形也。’。又音獲, 今不取也”라 하고 있다. 이에 의하면 '畫'는 거성과 입성의 두 가지 독법이 있는데, 본음은 입성이고 뜻은 '경계를 나누다'이며, 차음은 거성이면서 의미는 '그림'이다.

요영명은 『혜림음의』에 기록된 방언음 자료를 가지고 다음과 같이 귀납했다.

첫째는 남북의 방언음이 다르다. 『혜림음의』에서는 자주 남북의 방언음이 차이가 있음을 언급하고 있는데, 특히 오음吳音과 진음秦音의 차이에 대해 자주 언급한다. 예컨대, “載, 上敷務反, 見『韻英』, 秦音也。諸字書音為敷救反, 吳楚之音也。又茂盛, 上莫候反, 吳楚之音也。『韻英』音為摸布反”이라 한 것이 있다. 두 번째는 산동山東과 관서關西의 방언음에 차이가 있다. 예컨대 “毒螫, 式戀反。『字林』: 蟲行毒

也. 關西行此音, 又呼各反, 山東行此音。又蜂螫, 一音屍赤反, 是關西音
也；又音呼各反, 山東音也"이라 말하고 있다.

축가녕竺家寧은 「현응과 혜림의『음의』의 독음 차이를 논하다論玄
應與慧琳音義的音讀差異」에서 『혜림음의』에 있는 몇 가지 음변音變 현
상에 대해 이야기하고 있다. 그는 현응의 『일체경음의』는 당나라 영
휘永徽 6년(655)부터 용삭龍朔 3年(663) 사이에 만들어진 것이고, 혜
림(737~820)은 당덕종 정원貞元 4年(788)부터 당헌종 원화元和 5년년
(810) 사이에 음의서를 완성했다. 이 두 시대는 약 100여 년의 차이
가 나므로, 이 두 사람의 주음으로 당나라의 이 100여 년 사이의 어
음 변화를 살펴볼 수 있다고 했다.
예컨대 泥모와 娘모를 구분하지 않는 현상이다.

**[不撓9.360b](대정장의 권수와 쪽수임)**

撓 玄應 乃飽反, 泥母肴韻上聲。
慧琳 鐃巧反, 娘母肴韻上聲。

다음은 탁음濁音의 청화淸化 현상이다.

蚑, 玄應 渠支反, 群母支韻平聲, 巨宜反, 群母支韻平聲。
慧琳 妓羈反, 見母支韻平聲。

다음은 [k]와 [x]가 교체되는 현상이다.


**[熙怡9.359a]**

　　熙, 玄應 虛之反, 溪母之韻平聲。

　　慧琳 喜肌反, 曉母脂韻平聲,


다음은 운모 분야의 예로서 3등과 4등을 구분하지 않는 현상이다.


**[恬然9.359a]**

　　恬, 玄應 徒兼反, 定母添韻平聲。

　　慧琳 田鹽反, 定母鹽韻平聲。


다음은 음성陰聲과 양성陽聲의 맞바꾸는 현상이다.[16]


**[虜掠9.360a]**

　　掠, 玄應 力著反, 來母藥韻上聲。

　　慧琳 力尚反, 來母陽韻平聲。


---

16　역주: 음성자는 운미가 없고 元音만 있는 글자를 말하고, 양성자는 鼻輔音이 있는
　　글자로 운미는 m, n, 로 끝나는 글자이다. 李鏡淑, 「通假字와 古今字에 대한 小考」,
　　『중국문학연구』 제49집, 2012년.

다음은 2등자인 佳운과 麻운을 구분하지 않는 현상이다.


[罣礙9.358c]

罣, 玄應 胡卦反, 匣母佳韻去聲。

慧琳 胡瓦反, 匣母麻韻上聲, 華寡反, 匣母麻韻上聲。


다음은 1등자인 灰운과 泰운을 구분하지 않는 현상이다.


[霈然24.460b]

霈 玄應 普昧反 滂母灰韻去聲

慧琳 滂貝反 滂母泰韻去聲


다음은 2등자인 山운과 刪운을 구분하지 않는 현상이다.


[頑嚚25.466c]

頑 玄應 吳鰥反 疑母山韻平聲

慧琳 五關反 疑母刪韻平聲


다음은 3등자인 真운과 欣운을 구분하지 않는 현상이다.


[頑嚚25.466c]

嚚 玄應 魚巾反 疑母真韻平聲

慧琳 魚斤反 疑母欣韻平聲

　　이러한 현상은 육조시기부터 당나라시기까지의 어음 변천을 반영하고 있는 것이다.

　　『혜림음의』는 문자학 방면에서 매우 귀중한 연구 가치를 지니고 있다. 요영명은 『혜림일체경음의 연구慧琳一切經音義研究』에서 한나라말기에 『설문해자』가 만들어지고 난 후, 수백 년을 거치면서 여러 번 전사되었지만, 다시 당나라시기에 이양빙李陽氷이 제멋대로 이를 고치고 난 후 이 책의 내용이 잘못되거나 빠진 부분들이 많게 되어 본래의 모습을 잃고 말았다고 말한다. 지금 전해지고 있는 판본은 대서본大徐本인데, 이는 서현徐鉉이 송태종 옹희雍熙 3년(968)에 왕명을 받들어 교정한 것이다. 『혜림음의』는 비록 이양빙 이후에 만들어진 것이지만, 그 안에는 매우 중요한 내용들을 갖추고 있다. 즉, 『현응음의』(정관貞觀 말년부터 인덕麟德 원년 사이, 즉 서기 664년 이전)와 운공雲公의 『음의』[17]와 규기窺基(632~682년)의 『음의』는 모두 이양빙이 고친 시기(당나라의 대력大歷연간, 766~779년)보다 앞서는데, 『혜림음의』는 이들을 모두 포용하고 있다. 다른 한편으로 『혜림음의』는 서현의 교정보다 앞설 뿐만 아니라 『설문해자』를 자주 인용하여 우리에게 당나라시기의 『설문해자』 관련 자료를 많이 남겨주고 있다. 이 외에 남조 양梁나라의 고야왕顧野王의 『옥편』부터 시작하여, 송나라 사마

---

17　『혜림음의』 25권에는 "開元二十一年壬申歲, 終南太一山智炬寺集"라는 말이 있으나, 운공의 『대반열반경음의大般涅槃經音義』의 편찬은 개원 21년(733년)보다 늦지는 않을 것이다.

광사마광司馬光의『유편類篇』, 요나라 승려인 행균의『용감수감』, 명나라 매
응조梅膺祚의『자휘字彙』, 장자열張自烈의『정자통正字通』을 거쳐 청나
라의『강희자전』과 현대의『중화대자전』에 이르기까지 거의 다시
는 자형에 대한 분석을 하지 않고 있는데『혜림음의』만은 예외이다.
『혜림음의』는『설문해자』등 옛 자서의 자형 풀이를 대량으로 인용
하고 있을 뿐만 아니라, 어떤 경우에는 자체적으로 일부 자형에 대
해 분석을 시도했고, 나아가 여기에 '상형', '지사', '회의', '전주', '가
차'와 같은 것까지 표명하기도 했다. 예를 들면 다음과 같다.

> 矛刺 案：矛字**象形**, 即今槍槊之類也。
> 火炙 徵亦反。從肉在火上, **會意**字也。
> 清泠 清泠二字並從水……**形聲**字。
> 昏耄 『說文』："耄, 老也。"杜注『左傳』："亂也。"『曲禮』云：
> "八十九十曰耄。" **轉注**字也。
> 大族 叢斛反。『禮記』："五家爲比, 比, 鄰也；五比爲閭, 閭, 裏
> 也；四閭爲族, 使之相助葬也。"『說文』："矢鋒也。"本音子錄反。
> **假借**字。

이 외에『혜림음의』는 형성자의 구조에 대해 구체적인 분석을 하
기도 했다. 예를 들면 다음과 같다.

> 諷誦 ……並左形右聲。
> 氛氳 ……上形下聲字也。

囷圖 ……外形內聲字也。

형성자 중에 일부분은 '생성省聲'자가 있는데, 성부가 생략된 것이다. 예를 들면 다음과 같다.

　　珊 從玉**刪省聲**
　　融 從鬲**蟲省聲**
　　炊 從火**吹省聲**

그러나 『설문해자』에서 말한 '성부생략省聲'에 대해 예전부터 이에 대한 논란이 매우 많았다. 『설문해자』의 '省聲'은 후대 사람들이 제멋대로 고친 것들이 적지 않으며, 아울러 이들 대부분은 옛날 음을 모르기 때문에 잘못 고친 것들이다. 예를 들면 다음과 같다.

　　怍 大徐本作**"從心作省聲"**。
　　迮 大徐本作**"從辵作省聲"**。

그런데 『혜림음의』 62권의 표제어 '內迮'을 보면 "『說文』: '迫也, 從辵乍聲'라 되어 있고, 또 67권의 표제어 '迫迮'를 보면 "『說文』: '從辵乍聲。'"라 되어 있으며, 또 88권의 표제어 '愧怍'에는 "『說文』云: '怍, 慚也。從心乍聲。'"이라 되어 있다. 이로 미루어볼 때 당본唐

本『설문해자』에는 아직 '乍聲'이라 되어 있다.[18]

    悦 大徐本作"從心況省聲"。

이에 대해 『혜림음의』 38권의 표제어 '悦忽'에는 "『說文』: '狂皃
也。從心兄聲。'"이라 되어 있다.[19]

    懿 大徐本作"從壹從恣省聲"。

이에 대해 『혜림음의』 77권의 표제어 '懿摩'와 85권의 표제어 "懿
列王', 그리고 100권의 표제어 '懿典'에 인용한 『설문해자』에서는
"從壹恣聲也。"라 되어 있다. 이를 근거로 한다면 『설문해자』의 본래
내용은 '恣聲'이며, '恣省聲'이라 한 것은 모두 문자의 오류로 인해
잘못 고친 것이다.

    唏 大徐本作"從口稀省聲"。

이에 대해 『혜림음의』 54권의 표제어 '嘘唏'에는 "『說文』: '從口希

---

18    역주: 大徐本의 '作省聲'은 『혜림음의』에 인용된 唐本 『설문해자』에 근거한다면 '乍
    聲'이 맞고, '作省聲'은 잘못 고친 것이다.

19    역주: 大徐本의 '況省聲'은 『혜림음의』에 인용된 唐本 『설문해자』에 근거한다면 '兄
    聲'이 맞으며, '況省聲'은 잘못 고친 것이다.

聲。'"이라 되어 있다.[20]

魯 大徐本作"從日魯省聲"。

이에 대해『혜림음의』13권의 표제어 '魯樸'에는 "『說文』: '從魚 從曰。'"이라 되어 있다.[21] (내 생각에 '從魚, 從曰'에서 '曰'은 '甘'자이며, '魯' 는 '從口'이고 의미는 같다. 즉 맛이 좋다는 뜻이다)

受 大徐本作"從又舟省聲"。

이에 대해『혜림음의』3권의 표제어 '唐量'에는 "下酬帚反。『方 言』: '受, 盛也, 容也。'『說文』: '相付也。從口從舟省。'"라 되어 있다.[22]

哭 大徐本作"從吅獄省聲"。

대해『혜림음의』10권의 표제어 '亡喪'에는 "哭字從犬從吅, 吅音

---

20  역주: 大徐本의 '稀省聲'은『혜림음의』에 인용된 唐本『설문해자』에 근거한다면 '稀 聲'이 맞음. 즉, 잘못된 大徐本의 '稀省聲'을『혜림음의』에서는 수정했다는 뜻이다.

21  역주: 大徐本의 '魯省聲'은『혜림음의』에 인용된 唐本『설문해자』에 근거한다면 '從 魚'가 맞음. 즉, 大徐本의 '魯省聲'은 잘못된 것이며『혜림음의』에서 이를 수정했다 는 뜻이다.

22  역주: 大徐本의 '舟省聲'은『혜림음의』에 인용된 唐本『설문해자』에 근거한다면 '從 舟省'이 맞음. 즉, 大徐本의 '舟省聲'은 잘못된 것이며『혜림음의』에서는 이를 수정 했다는 뜻이다.

喧, 會意字也。"라 되어 있다.[23]

　이러한 자료로 미루어볼 때『혜림음의』의 문자에 대한 해석은 초기의『설문해자』에 있는 원시 자료를 잘 보존하고 있음을 알 수 있을 뿐만 아니라, 혜림 또한『설문해자』의 해석이 타당하지 못한 것들에 대해서는 나름대로 교정까지 하고 있음을 알 수 있다.

　이 외에『혜림음의』는 매우 풍부한 속문자 자료를 보존하고 있다. 예를 들면 다음과 같다.

> 蝸贏 下盧和反。『經』中作螺, **俗字**也。
> 椎打 上墜追反。『韻英』云："掊擊也。"太公『六韜』云："方頭鐵椎, 重八斤, 柄長五尺。"顧野王云："所以擊物者也。"『說文』："擊也。從木佳聲。"『經』作鎚, 所以擊物者也。鎚, **俗字**也。
> 匙箸 下除廬反。『古今正字』："從竹著省聲也。"『傳』文中從助作筯, 非正, **俗字**也。

　또 '俗用字'라 부르는 것도 있다. 예를 들면

> 兩腕 烏灌反, 或作捥, 皆**俗用字**也。鄭玄注『儀禮』云："掌後節

---

23　역주: 大徐本의 '獄省聲'은『혜림음의』에 인용된 唐本『설문해자』에 근거한다면 '從犬'이 맞음.

也。"楊雄曰 : "腕, 據也。"[24]

暫瞚 下輪潤反。『莊子』云 : "終日視而目不瞚。"『呂氏春秋』
云 : "萬世猶一瞚。"『說文』作瞚, 云 : "目搖開闔也。從目寅聲。"
『經』本作瞬, **俗用字**也。

怒拳 下音權。『譜』作捲, 俗用字。

또 '통속자通俗字', '속찬자俗撰字', '속행용자俗行用字', '속통용자俗
通用字', '시속공용자時俗共用字', '변체속자變體俗字', '전변속자轉變俗
字'라 칭한 것도 있다. 예를 들면 다음과 같다.

毀訾 咨此反。『韓詩』云 : "訾, 不善之兒也。"郭璞云 : "賢都陵
訾, 姦黨熾盛也。"諸字書從言此聲。『說文』從吅作譬, 義同。吅
字音喧。『經』從口作訾, 通俗字。

『혜림음의』에는 방언 속자도 발견된다. 38권의 표제어 '錐鉏'에
"此江南俗字也。字體作鋪, 山卓反。『埤蒼』云 : '鋪, 長一丈八尺也。'"라
말하고 있고, 또 52의 표제어 '鋪刺'에 "『經』文……又作鉏, 江南俗字
也。"라 말하고 있다.

『혜림음의』의 풍부한 속문자 자료는 한자 역사 발전의 연구, 특
히 속문자의 발전 과정을 연구하는데 있어서 문자학 연구의 보고寶
庫라 할 수 있다.

---

24  내 생각에는 寸口[손목에서 가장 가까운 맥 짚는 곳] 전, 손바닥 뒤를 腕이라 하는
    것 같다.

『혜림음의』의 문자 관념은 약정속성約定俗成의 원칙을 매우 중시하며, 맹목적으로 『설문해자』의 내용만을 따르지 않는다. 그래서 책 안에서 '순속順俗', '순시順時', '수속隨俗'라는 말을 여러 차례 언급하고 있다. 예를 들면 다음과 같다.

> 寐寢 上音悟。『蒼頡篇』云 : "寢覺而有言曰寤。"覺音教。『說文』: "從寢省吾聲也。"下侵審反。『廣雅』: "寢, 幽也。"『說文』: "寢, 臥也。"篆文從帚從又, **今順俗從省略**, 從宀侵聲也。
> 鍼刺 上執任反。『廣雅』: "鍼亦刺也。"『禮記』: "婦右佩鍼管線纊。"『說文』: "所以縫也。"『玉篇』: "綴衣也。"俗用從十作針, **亦順時且用也**, 正從金從箴省聲。
> 不瞬 瞬, 舒閏反。『說文』曰 : "瞬謂目開閉數搖也。"字正體作瞚, **今並隨俗作瞬也。**
> 偏袒 壇爛反。**順時借用字也。**『說文』云 : "衣縫解也。"音為丈莧反, 今非此義。案 : 經去偏袒者, 以右髆去衣露肉也, 彼方謂虔敬之儀極也。從衣旦聲。『說文』從肉從亶作膻 : "『詩』曰 : '膻錫暴虎。'從肉亶聲。"

이 외에 『혜림음의』는 또 '이체자'의 개념을 제기하면서, 음과 뜻은 동일하나 서로 다른 사람이 서로 다른 자형으로 만든 것이라 하고 있다. 예를 들면 다음과 같다.

> 上腭 昂各反。『考聲』從肉作腭, 『經』文從齒作齶, 俗字也……古文本此字, 先賢隨俗語書出, 右或從肉, 從齒, 皆非正, 相傳共用,

音五各反。

　　축가녕은 「『혜림음의』 혹체자 성부의 교체를 논하다論慧琳音義或
體字聲符的更換」에서 성부를 다른 글자로 대체하는 현상에 대해 토
론하고 있다. 형성자의 경우, 성부는 주음의 기능을 담당하는 것이
기 때문에, 당시에 성부를 대체할 수 있다는 것은 바로 당나라시기
에 어떤 성부들이 서로 발음이 유사한지를 보여주는 것이다. 그러나
『광운』의 반절反切은 혜림이 대체한 두 성부들이 반드시 음이 같은
것은 아니었다. 이것은 바로 음의 변화가 있거나 혹은 당시 방언의
차이가 있었다는 것이며, 이는 음운을 이해하는 데 중요한 단서를
제공하거나 부족한 부분을 채워주는 귀중한 자료가 된다. 예를 들면
다음과 같다.

> 混濁 (上渾穩反。顧野王云：混亦穢濁。『說文』：從水昆聲, 或作溷。)
> 混 魂韻 胡本切
> 溷 魂韻 胡困切

　　이 두 글자는 성조가 다르다. 이는 아마도 당시에 '混'이 이미 탁
음 상성이 거성으로 바뀌어가기 시작했음을 말하며, 거성으로 변화
된 대로 읽기 때문에 '混'과 '溷'은 음이 같은 이체자가 되었다.

> 飢饉 (上既希反。郭注『爾雅』云：饑, 謂五穀不熟也。『穀梁傳』云：五穀

不熟為大饑。『說文』：從食几聲, 或作饑也。『爾雅』云：蔬不熟為饉。郭注
云：凡草木可食者通名為蔬穀。『梁傳』云：三穀不升謂之饉。『說文』：從食
堇聲。堇, 音謹也。）
飢 脂韻 居夷切
饑 微韻 居依切

이 두 글자는 서로 통하는 것으로서, 모두 3등운 止攝字인 脂韻과
微韻으로, 차이가 없다.

項胭 (上巩講反。『說文』云：前曰頸, 後曰項。下宴堅反。『聲類』：胭, 喉
也。『蒼頡篇』：胭也。『古今正字』從肉, 因聲。案：胭即頸之異名也, 或作
朣, 皆古字也。經從口作咽, 非也。頸, 音經郢反。咽音宴。巩, 音項江反。）
胭 先韻 烏前切
朣 廣韻無此字

『오음유취五音類聚』에서는 "朣, 朣喉也"라 하고, 『용감수감』肉部
에서는 "朣, 同胭", 당나라 심아지沈亞之의 『몽유진궁夢遊秦宮』에 "春
景似傷秦喪主, 落花如雨淚朣脂"라 한 것으로 보아 '胭, 朣'은 이체자
관계로 볼 수 있다.

繪以 (音會, 孔注『尙書』云：會, 畫以五彩曰繪。鄭注『論語』云：繪, 畫也。
或作繢也。）403a
繪 泰韻 黃外切
繢 灰韻 胡對切

이 두 글자는 음이 유사하며, 당시에는 당연히 동음同音에 속하는 이체자였다. 현재 '貴'가 성부인 '潰繪'와 동음인 것과 같다.

이 외에 또 섭완흔聶宛忻, 황인선黃仁瑄은 「"耄"와 "考""老"—혜림『일체경음의』의 '전주'에 대한 고찰"耄"和"考""老"—慧琳『一切經音義』"轉注"考」에서 혜림의 『일체경음의』에 수록되어 있는 언어자료인 '老耄', '衰耄', '西耄', '應耄'의 '耄'자는 '毛'음에 의부意符인 '老'를 덧붙여 만든 전주자轉注字라 하였다. 이것을 전제로 하여 '考'와 '老'의 관계를 연구한 후, '考'는 '老'의 전주자로서, '考'는 '老'에서 전주된 것이라 하였다. 그리고는 혜림이 말하는 '전주'란 바로 표의 기능을 하는 성부에 의부를 추가해 만드는 일종의 조자造字 방식이라 하였다.

혜림의 『일체경음의』에 관련된 논문에 대해 축가녕은 「불경언어연구종술—음의 연구佛經語言硏究綜述—音義的硏究」에서 다음과 같은 관련 논문들을 소개하고 있다.

먼저 사미령謝美齡의 「혜림『일체경음의』의 성류에 대한 재고慧琳一切經音義聲類新考」이다. 본 논문은 혜림의 『일체경음의』의 반절 시스템을 연구한 것으로서 그 간행과 전해오는 과정을 서술하고 있다. 그 중에서 성류聲類 고찰에서는 후喉, 아牙, 설舌, 치齒, 순脣의 순서에 따라, 그 안에 있는 40 성류의 순서대로 토론하고, 각 계열마다 반절 상자가 사용된 횟수와 계련系聯의 상황 및 각 부류 반절 상자가 다른 성류와 혼용되는 경우가 있는지에 대해 서술했다. 이 외에 혜림 반절 중의 중뉴重紐 문제에 대해서도 연구했는데, 반절 상자 분야에 있어서 중뉴 A류와 B류는 반절 상자를 서로 혼용하지 않는다고 했다.

또 혜림의 반절에 속한 음계音系는 당시의 수도인 장안長安 위주의
'사대부 계급의 독서음'이라 했다.

다음은 사혜기謝慧綺의 「혜림『일체경음의』속자 분석慧琳一切經音
義俗字析論」이다. 이 논문에 의하면 과거의 속자들은 계속 중시를 받
지 못했으며, 자양학을 강조함으로서 속문자학俗文字學이 홀시를 받
았다고 한다. 예컨대『자림』,『간록자서』,『옥편』과 같은 자서가 만
들어졌지만, 속자의 정리를 목적으로 하는 자서는 거의 보이지 않는
다.『용감수감』에 이르러서야 처음으로 요나라의 속자 현황을 충실
하게 반영하여 불학을 공부할 때 글자를 파악하는 용도로 만들어졌
다. 비록 속자가 학계의 중시를 받지 못했지만, 속자를 사용하는 현
상은 중단된 적이 없다. 혜림이 편찬한『일체경음의』에는 불경의 자
음과 자의를 설명해놓았다. 본 논문은 주로 일본에서 번각한 고려장
본 '혜림, 희린의 종속편正續編『일폐경음의』' 중에서 정편을 활용하
여, 위로는 혜림이 정리한『일체경음의』의 근원을 고찰하고, 아래로
는 역대 글자사용의 발전을 추적하였으며, 옆으로는 여러 학자들의
판본에 대한 주장까지 언급하였으며, 나아가『일체경음의』의 속자
체례와 그 시대의 속문자 사용 상황을 귀납 정리함으로서 오늘 날
문자 정리에 있어서의 주요한 참고가 될 뿐만 아니라 정자正字의 표
준을 확립시켰다.

다음은 증소총曾昭聰의 「불경음의 연구의 역작—혜림 일체경음
의 연구를 읽고佛經音義研究的力作—讀慧琳一切經音義研究」이다. 이 논문
에서는 혜림의『일체경음의』부터 서시의徐時儀의『혜림음의연구慧琳

音義研究』까지를 체계인 탐색이 시작된 것으로 보고 있다. 이어서 또 요영명姚永銘이 『혜림일체경음의 연구慧琳一切經音義研究』를 발표하면서, 『혜림음의』의 두 가지 특징을 강조했다. 하나는 '전면성全面性'이다. 표제어 '杘械'에 보면, 그는 많은 문헌을 인용하여 '杘'이 나무의 이름이지 형구刑具가 아님을 증명했다. 또한 『혜림음의』 중에는 丑, 刃 두 종류의 편방이 혼용되고 있다. 불경에는 이러한 예가 적지 않기 때문에 '杘'을 '杽'로 교정하고 있는데, 이것이 바로 문헌 인용의 '전면성'이다. 둘째는 '심입성深入性'이다. 예컨대 '성부 생략省聲'은 한자 구조에 있어서 객관적으로 존재하는 현상이다. 그렇지만 『설문해자』에서 말한 '省聲'에 관해서는 역대로 수많은 논쟁이 있어왔는데, 『혜림음의』에서 대량의 예증을 통해 『설문해자』 '省聲'의 진상을 다시 확인시켰다.

다음은 이하李霞의 「『혜림음의』의 『옥편』 인용에 대한 고찰『慧琳音義』引『玉篇』考」이다. 이 논문에서는 『혜림음의』에 인용된 『옥편』이 모두 2,005항목이며, 그 중에서 현존하는 『옥편』 잔권殘卷에서 검색할 수 있는 해당 항목은 모두 132개로서, 중복된 65개를 줄였으며, 『혜림음의』에서 실제 인용한 『원본옥편原本玉篇』은 모두 67개라고 한다. 또한 『혜림음의』에 인용된 『원본옥편』 잔권 중에서 찾을 수 있는 항목과 원본 잔권의 내용이 같은 것은 40% 정도라고 했다.

또 황인선黃仁瑄은 「혜림일체경음의 중의 가차慧琳一切經音義中的假借」에서 혜림의 『일체경음의』에는 '가차'라고 명확하게 밝힌 것들이 있는데, 혜림이 말하는 '가차'에는 다음과 같은 세 가지 내용을 포함한다고 한다.

첫째, '원래 없는 글자本無其字'의 가차이다. 예컨대 "可汗, 音寒, 假借字也。北狄王號。"(『대당자은사삼장현장법사본전大唐慈恩寺三藏玄奘法師本傳』83권)이라 한 것이 있는데, 여기에서 '可'자는 단지 발음만 관련이 있을 뿐이다. 즉, '可汗'은 '本無其字'의 가차자이다.

둘째, '원래 있는 글자本有其字'의 가차이다. 예컨대 "借兵. 上精亦反。『倉頡篇』云：借, 假他。『古今正字』：趦取他。从人, 昔聲。經作債, 是債負字, 非假借, 傳寫誤也。"(『경율이상經律異相』78권)라 말하고 있는데, 여기에서 '借兵'을 경문에서는 '債兵'이라 기록된 것과 관련하여 혜림은 글자를 쓰는 과정에서 잘못 쓴 오류로서, 가차와는 무관하며, 여기에서의 가차는 '本有其字'의 가차이다.

셋째, 글자의 뜻 사이에 인신引伸 관계가 있는 가차이다. 예컨대 "大樂. 郎各反。『考聲』：喜暢甚也. 假借字也. 本音岳也。"(『대반야바라밀다경大般若波羅蜜多經』578권)이 있다. 여기에서 '大樂'은 "令大菩薩大樂最勝成就大樂最勝成就(令大菩薩의 훌륭한 음악이 가장 위대한 성취를 이루었다)"에서 온 것이다. 즉 여기에서 '악樂'의 본 뜻과 음악이 관련이 있으며, '락樂'(郎各反)은 '악樂'(讀如岳)의 가차자이다.

혜림이 말하는 세 종류의 '가차'는, 그것이 세 종류 중의 어느 것이라 할지라도 모두 글자의 음과 밀접하여 불가분한 관계에 있다. 또한 혜림이 말하는 '가차'는 사람들이 상상하는 것보다 훨씬 복잡하다.

위와 같이 학자들의 연구를 통해 『혜림음의』는 불교계의 진귀한

경전일 뿐만 아니라 고대한어와 한자연구에 매우 진귀한 자료라는
것을 알 수 있다.

9장

불경언어 연구의 역사

## 9.1. 불경 번역에서의 의역과 직역에 대한 이해

불경 번역에서의 의역意譯과 직역直譯에 대해서는 지금까지 많은 논의가 있었다. 증소영曾素英은 「중국 불경번역에서의 두 가지 경향: 직역과 의역中國佛經翻譯中的兩種傾向:直譯和意譯」에서 직역과 의역으로 칭하는 것은 고대의 표현방법을 따라 '질직質直'과 '문식文飾'으로 칭하는 것만 못하다고 주장했다. 번역에서 이 두 가지 방법을 직역과 의역이라고 부른 것은 대략 청나라 말, 민국 초기부터 시작되었다. 모순茅盾은 1934년에 「직역, 순역, 왜역直譯, 順譯, 歪譯」에서 일찍이 다음과 같이 말했다. "'직역'이라는 단어는 五四 이후가 되어서야 비로소 권위적인 표현이 될 수 있었다." 그리고 주광잠朱光潛은 다음과 같이 말했다. "이른바 '직역'이라는 것은 원문에 의거하여 문자 표면상의 뜻대로 번역하는 것을 의미하며, 한 글자, 한 구절이면 한 글자, 한 구절로 번역하여 글자와 문장의 순서도 변경하지 않는 것으로, '축자번역逐字翻譯'과 좀 비슷하다." 의역에 대하여 주광잠은 다음과 같이 말했다. "이른바 '의역'이라는 것은 원문의 의미를 중국어로 표현하는 것을 의미하며 완전히 원문의 문자 표면의 순서를 따를 필요가 없다."

왕동평汪東萍은 「불전한역의 문질 분쟁과 서방의 의역, 직역 분쟁에 대한 비교연구佛典漢譯的文質之爭與西方意譯, 直譯之爭的對比研究」에서 다음과 같이 주장했다. 문질文質 문제가 의역, 직역과 동등한가? 우리가 역사로 돌아가 불전한역의 문질文質에 관한 논의와 서양의 의역, 직역의 출처, 함축된 의미와 논쟁 과정을 비교 연구 해보면 의역, 직역의 논쟁은 기원전 46년 키케로(Cicero)가 찬술한 『가장 우수한 연설가를 논하다論最優秀的演說家』에서 비롯되었다.[1] 키케로는 고대 로마의 유명한 정치가, 웅변가, 철학자이며, 서양 번역사 상의 최초의 번역이론가이다. 왕동평은 불전 한역의 문질에 관한 논의와 의역, 직역의 구분은 출처가 다를 뿐만 아니라 함축한 의미도 다르다고 주장했다.

번역문에 문식文飾이 필요한지, 언어풍격은 화려해야 되는지 질박해야 되는지에 관한 논쟁은 번역문의 언어 풍격에 관한 논쟁이다. 그러나 의역, 직역의 논쟁은 서양의 고전번역에 관한 논쟁에서 비롯된 것으로 서양 문화의 영향을 깊이 받았으며 의미를 번역하는 것인지 단어를 번역하는 것인지에 관한 논쟁으로 번역 방법에 관한 논쟁이다. 불전 한역의 문질 논쟁은 의역, 직역의 논쟁과는 전혀 연관이 없으며 둘은 역사적 교차점 또한 없으므로 우리는 간단하게 불전 한역의 문질 논쟁을 서양의 의역, 직역의 논쟁에 견강부회해서는 안된다.

필자는 이러한 견해가 정확하다고 생각한다.

---

1    역주: 국내 연구성과에서는 주로 『최고 유형의 웅변가에 대하여』로 번역이 되고 있다.

고대 번역가 또는 번역이론에서는 그들의 번역 방식이 의역인가 또는 직역인가에 대해서 논한 적이 없다. 근대 학자 임계유任繼愈는 다음과 같이 지적했다. "중국의 불경 번역사에는 항상 '질박質樸'과 '문려文麗' 두 유파가 존재했다." 이것은 번역의 원칙 문제가 아니라 번역의 풍격 문제이다. 이른바 번역의 유일한 목표란 A언어를 B언어로 변환하는 것이며 B언어로 변환한 후 반드시 B언어의 어음, 어휘, 어법규칙과 "신·달·아信·雅·達"에 이르는 목표에 복종해야만 성공적인 번역이라고 할 수 있다. 이것은 고대 번역가들이 한결같이 노력한 방향이다. 본래도 직역을 사용할 것이라거나 의역을 사용할 것이라는 말을 하지 않았다. 불경번역을 의역 또는 직역으로 나누는 것은 현대인의 해석과 이해이며, 이러한 이해가 반드시 정확한 것은 아니다.

두 가지 언어 대역對譯의 기본적인 원칙은 A언어를 B언어로 변환하는 것이지만 B언어가 완전히 A언어의 영향을 받지 않는다는 것을 의미하지는 않는다. '언어접촉'이란 과제에 관한 연구는 우리에게 서로 다른 언어의 접촉은 많거나 적거나 항상 어느 정도의 영향이 발생한다는 것을 알려준다. 오늘날의 경우를 예를 들어본다면, 현대한어에는 외래어와 서구화된 문법이 넘쳐나는데 바로 이런 영향때문이다. 불경번역도 이러한 영향을 피할 수 없었다. 예를 들면 중국어의 복수 형식의 발전, 대상 주어의 발전, '自V' 구조의 발전, 긴 주어長主語의 증가, 'V於O' 구조의 출현, 한정어의 위치이동에는 모두 산스크리트어의 그림자가 존재한다. 그러나 이것은 직역 또는 의역과는 다른 개념이다.

예를 들어, 어떤 사람은 서진시기 축법호竺法護의 『정법화경正法華經』은 번역의 초기단계로 기교가 아직 성숙하지 않아 일종의 직역이었으며, 요진姚秦 시기에 이르러 구마라집이 번역한 『묘법연화경妙法蓮華經』은 읽기에 수월하고 이해하기 쉬웠는데 이것은 번역 기교가 이미 성숙하였고 의역을 선택했기 때문이라고 주장한다. 과연 그럴까?

꼼꼼하게 분석해보면 구마라집도 직역한 부분이 있다는 것을 발견할 수 있는데, 그 중의 'V於O' 구조는 바로 산스크리트어의 영향이다. 즉, 산스크리트어의 어법 '업격業格'(또는 목적격賓格, 대격對格이라고 칭한다)에서 온 것이다. 예를 들면 『묘법연화경』에서는 '轉於法輪'으로 '轉法輪'을 대체하고, '度脫於我等'으로 '度脫我等'을 대체하고, '震動於一切'로 '震動一切'을 대체하며, '說於因緣'으로 '說因緣'을 대체했는데, 이것들은 바로 번역 과정에서 번역자도 의식하지 못하는 사이에 산스크리트어의 영향을 받아 그 어법을 가져온 것이다.

또 『묘법연화경』에는 대량의 '대상 주어'가 출현했는데, 이 또한 산스크리트어의 영향이다. 예를 들면 『법화경·서품法華經·序品』에는 다음과 같은 문장이 있다. "或有菩薩, 駟馬寶車, 欄楯華蓋, 軒飾布施。" 당나라 현응의 『일체경음의』 6권에는 다음과 같은 문장이 있다. "軒飾, 安車也……飾, 謂以物莊飾車也。" 용국부龍國富의 『묘법연화경 어법연구妙法蓮華經語法研究』 8쪽에서는 산스크리트어에 따르면 동사 '布施'의 목적어는 앞에 있기 때문에 한역한 "駟馬寶車, 欄楯華蓋, 軒

飾布施"에서도 목적어를 동사 '布施' 앞에 놓아서 대상 주어가 된 것이라고 주장한다.

또 『묘법연화경』에는 다음과 같은 문장이 있다. "世尊往昔說法既久, 我時在座, 身體疲懈, 但念空, 無相, 無作, 於菩薩法, 遊戲神通, 淨佛國土, 成就眾生, 心不喜樂。" 용국부의 『묘법연화경 어법연구』 9쪽에 따르면 이 또한 산스크리트어의 영향으로 한정어 후치 현상에 속한다. 하지만 만약 이 말을 중국어 어법의 관점에서 보면 "只念想空, 無相, 無作, 對於菩薩法門的遊戲神通, 清淨佛國土, 造就眾生等等的事, 內心並不感到歡喜, 快樂。"라는 의미인데 어법상으로는 마땅히 동사 "喜樂"의 목적어를 앞으로 옮겨야 된다. 즉, 원형은 "心不喜樂於菩薩法, 遊戲神通, 淨佛國土, 成就眾生之事"이다. 이는 어순에 관해서는 여전히 어느 정도 산스크리트어의 영향을 받았다는 것을 말해준다.[2]

그러나 직역이라고 간주되는 『정법화경』에서 산스크리트어의 영향을 받은 부분은 『묘법연화경』보다 많지 않았다. 호상영胡湘榮의 「구마라집과 지겸, 축법호 역경의 어휘 비교鳩摩羅什同支謙, 竺法護譯經中語詞的比較」에서는 많은 예를 언급하였는데, 『정법화경』의 번역이 매우 현지화 되어있다는 것을 설명한다. 예를 들면 '煩惱'를 『정법화

---

2    역주: 다음 불경 해석본은 위 설명을 돕기 위한 것이다. "세존께서 옛날부터 법을 설하신 지 오래이거늘, 저희가 그때 자리에 있었으면서도 몸이 게을러서 공하고 모양이 없고[無相] 지을 것이 없는 것[無作]만 생각했을 뿐, 보살의 법과 신통에 즐거워함과 부처님 국토를 깨끗이 함과, 중생을 성취하는 일에는 마음에 즐거워하지 않았습니다. ("世尊往昔說法既久, 我時在座, 身體疲懈, 但念空, 無相, 無作, 於菩薩法—遊戲神通, 淨佛國土, 成就眾生—心不喜樂。")

경』에서는 '勞', 또는 '勞塵', '塵勞'로 번역했다. 상고시기 '勞'의 상용 의미는 '憂愁'이다. 『시경』에서 '勞'는 총 38번 출현하는데, 이 중 11개의 예에서 '憂愁'의 의미로 해석되었다. 예를 들면 「패풍·연연邶風·燕燕」에서의 "瞻望弗及, 實勞我心。"과 같다. 모전毛傳에서는 '憂勞'처럼 연결하여 출현하는데, 예를 들면 「제풍·보전齊風·甫田」에서는 "切切, 憂勞也。"로 되어 있어서, 동의어 두 개를 나란히 사용한 것이 분명하다. 이로부터 축법호의 번역이 100% 중국어라는 것을 알 수 있다.

또 다른 예로 『정법화경』에서는 '稱嘆'을 '咨嗟'로 번역했는데 이 또한 매우 현지화 된 것이다. 왜냐하면 상고한어에서 '咨嗟'의 의미가 바로 '讚嘆'이기 때문이다. 『초사·천문楚辭·天問』에서는 '咨嗟'를 사용하여 '稱嘆'의 의미를 나타냈다. 왕일王逸의 주석에서는 "嘆而美之也。"라고 했다. 이로써 축법호는 비록 서역사람이지만 중국어에 대한 조예가 상당히 깊었으며 번역할 때 가능한 중국식의 표현을 사용했다는 것을 알 수 있다.

어법적인 측면 또한 마찬가지로 현지화 특징이 두드러지다. 홍욱결洪郁絜은 「축법호의 생경 허사 연구竺法護生經虛詞硏究」에서 축법호의 또 다른 경전 『생경生經』을 분석했는데, 그 분석에 따르면 그 중의 허사虛詞 용법은 모두 중국어의 전통적인 표준 용법이며 억지로 산스크리트어를 적용한 흔적이 보이지 않았다. 『생경』의 부사 '多, 相'의 어법특징, 『생경』의 개사 '爲, 以'의 어법특징, 『생경』의 조사 '者, 所'의 어법특징 등이 포함되는데, 모두 고대한어의 어법 규칙에 부합하며 산스크리트어에 영합하는 곳은 보이지 않았다.

따라서 『정법화경』과 『묘법연화경』의 언어적 차이는 결코 직역과 의역의 차이가 아니라 시간(100년 정도의 시간 격차), 공간(축법호와 구마라집의 활동 영역이 다름), 및 개인의 번역 풍격에 차이에 따라 생긴 중국어의 차이와 변천인 것이다. 문제의 요점은 중국어 자체에 있는 것이지 번역에 있는 것이 아니다. 간단하게 직역과 의역을 가지고 대입해서는 안 된다.

청나라 말기, 서학동진西學東漸[서양 학문의 동양 유입]에 따라 번역이 성행하게 되면서 사람들은 당시에 체득하여 얻은 의역, 직역을 불경 번역에까지 유추하게 되었던 것이다. 예를 들면 양계초梁啓超는 동한 말기 불경 번역이 막 시작되던 시기의 안세고安世高와 지참支讖을 미성숙한 직역파로 분류하고, 삼국과 서진 사이의 지겸支謙과 축법호竺法護를 미성숙한 의역파로 분류하고, 그 후의 도안道安과 구마라집을 각각 불경 번역 사업이 발달한 시기의 직역파와 의역파로 분류했다. 범문란范文瀾은 또한 『중국통사中國通史』에서 중국의 불경 번역 활동을 직역파와 의역파로 분류했는데 그는 구마라집은 의역파의 창시자라고 주장했다.

민국 초기의 이러한 견해는 인용되고 계승되면서 오늘날 일부 사람들의 인식으로 자리잡게 되었다. 20여 년간 불경언어에 대한 연구가 흥기하면서 당시 고대한어에 관한 이해가 더욱 심화되었으며 학자들도 초기의 역경譯經을 읽을 때 어색하고 난해하지만 후기의 불경은 매끄럽고 읽기 쉬운데 그 원인은 직역과 의역의 다름에 있는 것이 아니라 중국어 자체의 문제라는 것을 서서히 발견했다.

본질적으로 말하자면 불경 번역이 사용한 것은 상류층의 문언문文言文이 아니라 당시의 구어이다. 공간적으로 보면, 동한시기에서부터 삼국, 위진 시기에 이르러서는 남방지역이 흥기하였고 건강建康(건강, 지금의 남경)은 점차적으로 경제, 문화의 중심이 되었다. 건강 또한 역경의 중심이 되면서 북방의 역경 중심인 장안, 낙양과 함께 3개의 중심으로 정립되었다. 당시 한족의 공용어 규범성은 오늘날의 국어 또는 보통화普通話보다는 못하지만 비교적 분명한 지방적인 색채와 방언의 영향을 지니고 있다. 설령 오늘날에 이르러서도 우리는 어떤 사람이 구사하는 것은 대만 국어, 홍콩 국어, 상해 국어, 북경 국어라고 말한다. 천년이전의 아언 관화雅言 官話의 지역적 차이는 필시 더욱 분명했을 것이다. 장안에서 번역한 불경에는 관중關中 지역 방언(서북 방언)의 영향을 지니고 있으며, 낙양에서 번역한 불경에는 중원관화中原官話(낙양말)의 영향을 지니고 있으며, 건강에서 번역한 불경에는 오방언吳方言(오늘날 절강성浙江省, 강소성江蘇省의 방언)의 영향을 받아 그 특징을 지니고 있다.

그 외에 시간적인 측면에서 보면 구어는 변천성變遷性이 매우 심해서 변천 속도가 문언문보다 훨씬 빠르다. 동한, 삼국시기에 번역한 불경에서 사용한 언어는 수당시기에 번역한 불경에서 사용한 언어와 당연히 아주 큰 차이가 생기게 된다. 비교적 오래된 번역은 언어 장벽으로 인해 이해할 수 없게 되었는데 우리는 흔히 민국 초기의 번역 관념을 적용하여 그 원인은 직역 때문이라고 생각했다.

'중역경重譯經'(동경이역同經異譯)의 풍조는 바로 동일한 불경을 흔히 한번 번역하고 나서 다시 번역하는 것을 말한다. 언어의 변천 때문에 반드시 계속하여 새롭게 바뀐 후의 언어를 사용하여 옛 언어로 번역된 불교 경전을 다시 번역하여 끊임없이 언어를 업데이트해야만 많은 중생들이 불경을 이해하고 불교를 받아들일 수 있다.

초기 불교경전은 다른 시공간 언어를 사용하여 번역되었기 때문에 언어 장벽이 생겨 읽기의 어려움이 많았다. 이러한 상황은 구마라집에 이르러서야 변화가 생겼다. 구마라집은 역경사譯經史에서 숭고한 지위와 중요한 영향력을 가지고 있으며, 어떤 어휘, 어떤 명상名相을 사용할지를 포함한 그가 번역한 언어형식은 그가 번역한 경전의 전파와 영향 하에 표준적인 '불경언어'가 되었다. 이후의 불경 번역은 모두 그를 모방하여 이 표준에 따라 번역했다. 설령 가장 위대한 번역가 현장이라도 그가 구마라집과 다른, 많은 번역 용어를 사용하였음에도 불구하고 오늘날에 이르기까지 우리가 자주 사용하는 불경 어휘는 대부분 구마라집이 정한 것이지 현장의 것이 아니었으니 그 영향력이 매우 크다는 것을 알 수 있다. 따라서 우리는 구마라집은 불경번역 언어의 분수령이라고 할 수 있으며, 구마라집 이전의 불경을 우리는 '초기불경'이라고 부를 수 있으며 동한, 삼국, 위진이 포함된다. 동진 이후 구마라집의 영향을 받은 불경은 '후기불경'이라고 부른다.

'초기불경'은 상술한 바와 같이 여러 가지 요인의 영향을 받아 오늘날 읽고 이해하기가 쉽지 않다. '후기불경'은 불경을 읽어본 경험을 조금 가지고 있다면, 그 중의 전문용어, 표현방식은 대체적으로 그다지 큰 차이는 없다는 것을 알 수 있을 것이다. 그러므로 우리는 쉽게 이것은 매끄러운 '의역'때문이라는 것과 연관 짓게 된다. 의역과 상대적인 것은 바로 직역이다.

예를 들면『법화경』계열에서 동진 축법호(229~306)의『정법화경』과 후진後秦 구마라집(344~413)의『묘법연화경』을 비교해보면 알기 쉬운 정도에 있어서 전자는 후자보다 못하다는 것이 분명하다. 이것은 직역과 의역의 차이가 아니라 언어의 시공간 배경의 차이 때문이다.

구마라집 이후의 불경을 쉽게 읽을 수 있었던 것은 그가 번역 문체文體에 미친 영향이 매우 컸기 때문이다. 구마라집 이후의 불경 번역 용어, 체재, 풍격은 모두 그의 영향을 받았고 그의 번역 언어를 따랐으며, 그 이후에는 번역 용어의 표준 모델이 되었다. 반대로 구마라집 이전의 불경 번역은 통일된 모델이 없었고 또한 시간, 지역, 개인 풍격의 영향을 받게 되면서 용어에 있어서 각자 자신의 방식대로 사용했기 때문에 우리가 오늘날 읽을 때 낯설고 읽기 어려운 것이다. 따라서 자연스럽게 번역의 성숙과 미성숙 또는 직역과 의역의 차이와 연결 짓게 된다. 사실 초기불경 읽기의 어려움을 극복하려면 전적으로 언어의 장벽을 극복하여 중고한어의 모습을 정확하게 이해하고 그 특성을 장악해야 한다. 다시 말해 중국어의 성운, 어휘, 어법 지식을 통해 불경언어학을 장악하는 것이다.

이러한 연유로 불경언어를 연구할 때 번역한 시간, 장소, 번역자의 언어풍격에 주의를 기울여야 한다. 언어는 시간의 흐름에 따라 변하고, 방언 지역에 따라 달라지기 때문에 설령 시공간이 동일하다고 해도 번역자가 다르면 풍격 또한 달라질 수 있다. 고대의 문질文質에 관한 논쟁은 언어풍격의 문제이며 이것은 우리가 불경을 읽고 불경을 연구할 때 누락해서는 안 되는 기본 훈련이므로 간단하게 직역 또는 의역에 억지로 연결시키는 것은 적합하지 않다. 또한 마땅히 중국어의 변천 규칙과 불경언어학의 기본 훈련에 더욱 관심을 기울여야 한다.

## 9.2. 현대 학자들에 의한 불경언어 연구의 부흥

### 9.2.1. 고대의 불경언어학

불경 번역은 동한시기부터 시작되어 수백 년을 거치면서 당나라시기에 이르러서는 절정에 이르렀다. 이에 따라서 한문불전 연구도 활발해지기 시작했다. 이러한 연구는 불경의 명상名相에 있지 않았고, 의리義理, 철학, 종교적 함의에 관한 것도 아니었으며, 불경언어 연구의 관심사는 일상생활에서 사용하는 어휘였다. 이러한 어휘는 당시의 광범위한 중생이 가장 익숙한 언어이다. 그러나 구어의 변천 속도가 매우 빠르기 때문에 일정한 시간이 지나면 경전을 다시 번역하여 언어를 새롭게 바꾸어야만 불경을 중생들에게 이해시킬 수 있었다. 한편으로 대대로 내려온 불경 어휘에 대해서는 주해를 하고 사전을 편찬하였는데 여기에는 주음注音과 석의釋義를 포함했다. 이것이 바로 일련의 '불경음의佛經音義'의 탄생이다. '음의音義'라는 두 글자는 중국 전통 훈고학의 용어로 각종 문헌에 음을 표기하고 뜻풀이를 하여 사람들이 모두 알아볼 수 있게 하는 것을 가리킨다. 불경도 중국의 전통 문헌 중의 하나이기 때문에 이러한 훈고의 전문용어를 계속 사용했다. 고서에서 최초의 음의서音義書는 동한 손염孫炎의 『이아음의爾雅音義』이다. 그 후 삼국 위소韋昭의 『한서음의漢書音義』가 있었으며, 잇따라 서광徐廣의 『사기음의史記音義』, 심중沈重의 『모시음의毛詩音義』 등이 있다. 위진시기에는 음의서가 특히 더욱 성행했다. 당나라시기에 이르자 음의서를 집대성한 육덕명陸德明의 『경전석문經典釋文』이 있었으며, 이 책에는 육조이래의 수많은 음의 자료를 수집했다.

불교계에서 이러한 훈고의 전통을 계승했기 때문에 북제北齊에는 도혜道慧 법사의 『일체경음一切經音』이 있었으며, 수나라시기에는 지건智騫 법사의 『중경음衆經音』, 당나라시기에는 현응의 『일체경음의』, 혜원慧苑의 『신역화엄경음의新譯華嚴經音義』, 운공雲公의 『열반경음의涅槃經音義』가 있었으며, 잇따라 혜림 대사의 『일체경음의』가 있어 그 성과를 집대성했다. 이러한 관련 자료들은 이 책의 제8장 「불경의 음의지학佛經的音義之學」을 참조할 수 있다. 이러한 것은 모두 고대 불경언어 연구의 진귀한 연구 성과이며 또한 우리들이 오늘날 불전을 읽는데 중요한 도구이기도 하다. 이러한 도구를 통해 우리들은 효과적으로 천 년 전에 당시 중국어로 번역한 불경을 파악할 수 있다.

## 9.2.2. 한문불경의 가치에 대한 새로운 인식

현대의 학자 또는 불제자들은 불경에 대해서 서서히 새로운 인식이 생기게 되었고 더 이상 불경은 불교계의 책이라고 생각하지 않고 불경은 종교의 가치에서 의리적義理的, 사상적, 철학적 가치로 확대되었고, 더 나아가 문학적 가치로 확장되었다. 최근 수십 년 동안 불경은 언어학의 보고寶庫로 그 속에는 풍부한 고대한어 자료를 포함하고 있었기 때문에 연구에 있어서 아무리 취하여도 다함이 없고 아무리 써도 없어지지 않는 무궁무진한 말뭉치로 삼을 수 있다는 것을 알게 되었다. 또한 불법을 깨닫고 원만한 정각正覺의 도를 추구하는 것은 단지 이 중의 명상名相에 관심을 가지는 것만으로는 부족하다는 것을 깨달았다. 불경 중의 일반용어, 생활어휘도 불경을 읽고 이해하는 관건이다. 따라서 불경은 한편으로는 고대한어 언어학의 가치가 있고, 다른 한편으로는 불법에 정통하고 수행하여 도리를 깨닫는 가치가 있다. 언어학자, 불제자들에게 있어서 불경은 모두 숭고한 가치를 지니고 있다.

## 9.2.3. 불경언어학 학술대회의 개최

불경에 대한 새로운 인식을 바탕으로 2002년 대만 중정대학中正大學 중문학과와 불광산佛光山에서 공동으로 제1회 불경언어학 국제학술대회第一屆佛經語言學國際學術研討會를 개최했다. 중국과 대만,

한국, 일본, 미국, 유럽의 불경언어학자들을 초청하여 함께 거사를 치렀다. 이 최초의 시도는 불경언어학 연구의 절정기를 열었다.

그 이후 대만과 중국 그리고 동아시아 국가들이 돌아가며 이 학술대회를 주최하여 끊김 없이 지속되면서 국제학술계의 성대한 행사가 되었다. 역대 한문불전언어학국제학술대회漢文佛典言語學國際學術硏討會의 개최상황은 다음과 같다.

제1회는 2002년 11월 1일~5일에 대만 중정대학中正大學 중문학과 및 불광산佛光山에서 공동으로 주최했다. 총 6개 나라와 지역의 학자들을 초청하여 회의에 참석하였고, 총 40여 편의 논문을 발표하였으며, 참가자는 100여 명에 달했다. 회의가 끝나고 아리산阿里山을 방문했다.

제2회는 2004년 9월 15일~19일에 중국 장사시長沙市의 호남사범대학湖南師範大學에서 주최했다. 17~19일은 장가계張家界를 답사했다. 회의 논문은 『고한어연구古漢語研究』에 발표되었다.

제3회는 2008년 10월 31일부터 11월 2일까지 대북국립정치대학台北國立政治大學, 법고산불학원法鼓山佛學院, 법고문리학원法鼓文理學院(금산金山)에서 공동으로 주최했다. 11월 3일은 야류野柳를 탐방했다.

제4회는 2009년 8년 2일부터 8월 4일까지이며 장소는 처음에는 북경대학北京大學으로 정했으나 나중에 녕파 향산교사寧波 香山教寺로 변경되었다. 선다회禪茶會, 개광의식開光儀式 등을 거행했다. 향산교사는 당나라 천보天寶 14년에 창건되었으며 지금으로부터 1250년의 역사를 가지고 있으며, 역사적으로 황제의 하사을 세 번 받았으며 수천 명의 승려가 운집하였고 향불이 그치지 않았다. 청나라 동치同治 연간에 전쟁으로 파괴되었다가 2002년에 재건되었는데 사원의 면적은 400여 묘³이며 이미 완공된 원통보전圓通寶殿, 삼성전三聖殿, 장경루藏經樓, 동서 행랑채를 포함하고 있다. 회의에는 전문가 47명이 참석하였으며 논문 35편을 발표했다.

제5회는 2010년 10월 29일에부터 11월 1일까지 중국 화중과학기술대학華中科技大學에서 주최했다. 무한대학武漢大學, 황강사범대학黃岡師範學院, 무한시武漢市 불교협회, 한양귀원선사漢陽歸元禪寺, 무창보통선사武昌寶通禪寺에서 후원했다. 회의가 끝나고 황매오조사黃梅五祖寺를 방문했다.

제6회는 2012년 10월 13일부터 15일까지 한국 충주대학교(한국교통대학)에서 주최했다. 회의가 끝나고 해인사를 방문했다.

제7회는 2013년 8월 23일부터 27일까지 중국 귀주성貴州省 귀양貴陽에서 거행하고 귀주사범대학 문학원貴州師範大學 文學院에서 주최했다. 26일에 황과수대폭포黃果樹大瀑布에서 문화 고찰을 했다.

제8회는 2014년 11월 1일부터 11월 4일까지 중국 남경사범대학南京師範大學에서 열렸다.

제9회는 2015년 8월 25일부터 27일까지 일본 홋카이도대학(일본 삿포로)에서 열렸다. 일본 국내 13명의 학자와 기타 지역의 학자 45

---

3    역주, 묘(畝)는 중국식 토지면적 단위이며 1묘는 약 666.7제곱미터이다.

명을 포함한 총 58명의 학자가 논문을 발표했다.

제10회는 2016년 10월 28일부터 30일까지 중국인민대학 문학원 中國人民大學 文學院에서 열렸다.

제11회는 2017년 11월 3일부터 5일까지 대만의 국립중앙대학國 立中央大學, 불광대학佛光大學에서 공동으로 개최했다.

제12회는 2018년 11월 2일~6일 서울 연세대학교에서 개최했고 전등사를 문화탐방했다.

제13회는 2019년 중국 광서장족자치구廣西壯族自治區의 계림桂林 에서 열렸다.

2002년부터 2019년까지 17년 동안 대만에서 3회 주최하고 중국 에서 7회(북방 1회, 남방 6회), 일본에서 1회, 한국에서 2회 주최했다.[4] 회의는 대만에서 시작하여 성화는 동아시아 전역으로 전달되었으 며 참여한 학자들은 노년, 중년, 청년 구분 없이 잇달아 이 릴레이 경주의 바통을 이어받았다. 젊은 학자들이 매회 증가하면서 학문이 대대로 전수되었는데, 이것은 이 학술 영역이 점점 더 많은 중시를 받고 있으며 점차 하나의 현학顯學이 되고 있음을 의미한다.

---

4     역주: 제14회는 2021년 12월 10~12일에 홍콩중문대학香港中文大學과 홍콩교육대 학香港教育大學에서 공동주관하였다. 이번 학회는 미증유의 코로나19 상황으로 온 라인상에서 개최되었다. 제15회는 2022년 11월 4~6일에 절강대학浙江大學에서 주 관하였고 코로나19 상황으로 온라인상으로 개최하였다.

## 9.2.4. 전문서, 논문을 통한 연구의 번영

불경언어에 관한 논저에는 축가녕竺家寧의 『불경언어연구종술佛經語言研究綜述』과 관련된 일련의 글이 있으며, 어휘편, 음운편, 문자편, 훈고편, 어법편, 음의편 등 몇 가지로 분류할 수 있다. 이러한 단편들은 2008년에서 2009년까지 연속적으로 향광불학원香光佛學院의 『불교도서관관간佛敎圖書館館刊』(가의죽기嘉義竹崎)에 발표되었는데, 주로 당시 중국, 대만 학자들의 이 분야에 관한 연구 성과를 소개했다.

그 외에 축가녕은 『중국어 어휘학漢語詞彙學』에서 불경 어휘의 구조에 대해서 소개했다. 축가녕은 『불경언어초탐佛經語言初探』에서도 불경 어휘의 다양한 특색을 소개했다. 축가녕의 「재밌는 불경어휘有趣的佛經詞彙」는 불광산의 『인간복보·종횡고금人間福報·縱橫古今』 칼럼에 2004년 4월 8일부터 2005년 1월 7일(매주 목, 금)까지 발표했는데 여기에서도 불경어휘 소개에 중점을 두었다.

축가녕의 국가과학 및 기술위원회國科會 전문주제계획은 1995년부터 2003년까지 8년 동안 진행되었는데 이 방면에서 다음과 같은 몇 가지 특별 프로젝트가 있었다.

『早期佛經詞彙硏究：西晉佛經詞彙硏究』,
수행기간: 1995.06.01~1996.07.31
『早期佛經詞彙硏究：三國時代佛經詞彙硏究』,

수행기간: 1996.08.01~1998.07.31

『早期佛經詞彙研究 : 東漢佛經詞彙研究』,

수행기간: 1998.08.01~1999.07.31

『慧琳一切經音義複合詞硏究』,

수행기간 : 2000.08.01~2001.07.31

『安世高譯經複合詞詞義研究』,

수행기간: 2001.08.01~2002.07.31

『支謙譯經語言之動詞研究』,

수행기간: 2002.08.01~2003.07.31

이 연구는 주로 불경에 대해 시대별로 관찰하여 언어의 이동異同, 그리고 언어의 변천을 분석했다. 또한 번역가들이 어떻게 중국어를 사용하여 번역하는지를 통해 그들의 언어 특징과 풍격을 탐구했다.

중국 학자들의 불경언어 연구는 더욱 활발했다. 수많은 노년, 중년, 청년 학자들이 상당한 연구 성과를 쌓았다. 이 중 경험이 풍부한 연장자 중 대표적인 학자는 다음과 같다. 홍콩교육대학香港教育大學의 객원교수 주경지朱慶之, 상해사범대학上海師大의 서시의徐時儀, 진수란陳秀蘭, 일본 난잔대학南山大學의 객원교수 양효홍梁曉虹, 북경 청화대학北京 淸華大學의 장미란張美蘭, 북경대학北京大學의 호칙서胡敕瑞, 남경대학南京大學의 동지교董志翹, 중국인민대학中國人民大學의 유광화劉廣和, 주관명朱冠明, 절강대학浙江大學의 방일신方一新, 왕운로王雲路, 화중과학기술대학華中科技大學의 황인선黃仁瑄, 무한대학武漢大學의 노열홍盧烈紅, 호남사범대학湖南師大의 이유기李維琦, 장기빙蔣冀騁

등이 있다.

중국학자들의 일부 저술은 『불광산·법장문고佛光山·法藏文庫』의 「중국불교학술논전中國佛教學術論典」 제6집에 수록했는데, 다음과 같다. 주경지朱慶之의 「불전과 중고한어 어휘 연구佛典與中古漢語詞彙硏究」, 동곤董琨의 「한위육조 불경에 출현하는 일부 신흥 어법 성분漢魏六朝佛經所見若干新興語法成分」, 황선의黃先義의 「중고불경어휘 선별해석中古佛經詞語選釋」, 양효홍梁曉虹의 「한위육조 불경 의역어 연구漢魏六朝佛經意譯詞硏究」, 왕병王兵의 「위진남북조 불경어휘 집석魏晉南北朝佛經詞語輯釋」, 장미란張美蘭의 「오등회원 동량사 연구五燈會元動量詞硏究」, 안합무顏洽茂의 「위진남북조 불경 어휘 연구魏晉南北朝佛經詞彙硏究」, 안합무의 「남북조 불경 다음절어 연구南北朝佛經複音詞硏究」, 양효홍의 「불교어휘의 구조와 중국어 어휘 발전佛教詞語的構造與漢語詞彙的發展」, 호칙서의 「논형과 동한불전 어휘 비교연구論衡與東漢佛典詞語比較硏究」 등이 포함되었다. 그리고 제7집에는 동지교董志翹의 「『입당구법순례행기』의 어휘 연구入唐求法巡禮行記』詞彙硏究」, 장전지張全眞의 「『법현전』과 『입당구법순례행기』의 어법 비교 연구『法顯傳』與『入唐求法巡禮行記』語法比較硏究」, 주광영周廣榮의 「중국에서의 범어 실담장의 전파와 영향梵語悉曇章在中國的傳播與影響」, 노열홍의 「『고존숙어요』의 대명사 조사 연구『古尊宿語要』代詞助詞硏究」, 진문걸陳文杰의 「초기한역불전의 언어연구早期漢譯佛典語言硏究」, 요영명姚永銘의 「『혜림음의』 언어연구『慧琳音義』語言硏究」, 서시의의 「『혜림일체경음의』 평술『慧琳一切經音義』評述」, 유리명俞理明의 「한위육조 불경 대명사 분석

漢魏六朝佛經代詞探析」, 소홍蕭紅의 「『낙양가람기』 통사연구『洛陽伽藍記』
句法研究」, 갈유균葛維鈞의 「『정법화경』으로 본 축법호의 번역특징從
『正法華經』看竺法護的翻譯特點」 등등을 포함하고 있다.

학위논문에는 중국과 대만 청년학자들의 박사논문과 석사논문
을 포함하고 있으며 저서 또한 매우 많았다. 이것은 이 분야의 연구
가 끊임없이 뿌리를 내리고 꽃을 피워 열매를 맺고 있음을 반영하고
있다.

일본과 한국 학자들의 연구에서도 대가들이 연달아 나타났다. 예
를 들면 일본의 모리노 시게오森野繁夫, 시무라 요이시志村良志, 오오
타 타츠오太田辰夫, 마쯔에 다카시松江崇, 가라시마 세이시辛嶋靜志, 한
국 학자 이규갑 등이 있다.

이상의 연구 성과는 모두 인터넷에서 쉽게 검색할 수 있다.

최근 몇 년 동안 대만의 여러 불학 관련 단과 대학과 대학교, 연구
기관에서는 잇달아 한문불전언어 관련 강좌를 개설했다. 예를 들면
국립정치대학國立政治大學 중문과 석박사과정의 '한문불전언어 전제
연구漢文佛典語言專題研究', 법고문리학원法鼓文理學院 불교학과 석박사
과정의 '불경음의연구佛經音義研究', '한문불전 어법연구漢文佛典語法研
究', 남화대학南華大學 불교학과의 '불경언어연구佛經語言研究', 고웅정
각승가대학高雄淨覺僧伽大學의 '중국어 계열 불경 문법漢系佛經文法' 등
이 있다. 대학의 종교학과, 문사철학과는 물론이고 여러 불학원佛學
院에서도 점차 한문불전언어 지식을 이해하는 것은 단지 중국어 연

구의 중요한 분야일 뿐만 아니라 불교계에서 불경을 이해하고 도를 깨닫는 중요한 방법이라는 인식이 생겼다는 것을 의미한다. 예견할 수 있는 미래에는 이러한 인식이 더욱 대중화되어 문학역사학자, 불 제자들의 기본적인 소양이 될 것이다.

# 참고문헌

## 1. 단행본

〔日〕太田辰夫,『漢語史通考』, 四川 : 重慶出版社, 1991.

〔日〕橋本萬太郎,『語言地理類型學』(余志鴻譯), 北京 : 世界圖書出版公司, 2008.

〔法〕馬伯樂,『唐代長安方言考』, 北京 : 中華書局, 1920/2005.

〔美〕羅傑瑞,『漢語概說』(張惠英譯), 北京 : 語文出版社, 1995.

〔瑞典〕高本漢,『中國音韻學研究』, 台北 : 台灣商務印書館, 1970.

〔韓〕李圭甲,『高麗大藏經異體字典』, 首爾 : 高麗大藏經研究所, 2000.

丁福保,『佛學大辭典』, 上海 : 上海書店出版社, 2015.

于淑健,『敦煌佛典語詞和俗字研究 : 以敦煌古佚和疑偽經為中心』, 上海 : 上海古籍出版社, 2012.

王力,『漢語史稿』, 北京 : 中華書局, 1980.

朱慶之,『佛典與中古漢語詞彙研究』, 台北 : 文津出版社, 1992.

吳福祥,『敦煌變文語法研究』, 湖南 : 岳麓書社, 1996.

呂叔湘,『中國文法要略』, 北京 : 商務印書館, 1982.

李常姸,『『龍龕手鏡』正字研究』, 上海 : 華東師範大學, 2009.

李維琦,『佛經釋詞』, 長沙 : 岳麓出版社, 1993.

邢福義,『漢語複句研究』, 北京 : 商務印書館, 2003.

季琴,『支謙譯經詞彙研究』, 成都 : 巴蜀書社, 2013.

季羨林,『原始佛教的語言問題』, 北京 : 中國社會科學出版社, 1985.

林慶勳, 竺家寧, 孔仲溫,『文字學』, 台北 : 國立空中大學出版部, 1995.

竺家寧, 林慶勳,『古音學入門』, 台北 : 學生書局, 2012.

竺家寧,『聲韻學』, 台北 : 五南圖書出版股份有限公司, 1991.

竺家寧,『漢語詞彙學』, 台北 : 五南圖書出版股份有限公司, 1999.

竺家寧,『佛經語言初探』, 台北 : 橡樹林文化出版公司, 2005.

竺家寧, 『語音學之旅』, 台北: 新學林出版股份有限公司, 2016.

竺家寧, 『聲韻之旅』, 台北: 五南圖書出版股份有限公司, 2016.

竺家寧, 『古音之旅』, 台北: 國文天地雜誌社, 2017.

竺家寧, 『詞彙之旅』, 台北: 正中書局, 2017.

竺家寧, 『語言風格之旅』, 台北: 新學林出版股份有限公司, 2017.

竺家寧, 『漢語語法之旅』, 台北: 洪葉文化事業有限公司, 2018.

竺家寧, 『訓詁學之旅』, 台北: 新學林出版股份有限公司, 2019.

俞敏, 『後漢三國梵漢對音譜』, 北京: 商務印書館, 1999.

姚永銘, 『慧琳一切經音義研究』, 江蘇: 江蘇古籍出版社, 2003.

姜南, 『基於梵漢對勘的法華經語法研究』, 北京: 商務印書館, 2011.

柳士鎮, 『魏晉南北朝歷史語法』, 南京: 南京大學出版社, 1992.

胡敕瑞, 『論衡與東漢佛典詞語比較研究』, 成都: 巴蜀書社, 2002.

唐蘭, 『中國文字學』, 台北: 開明書店, 1949.

徐時儀, 『慧琳音義研究』, 上海: 上海科學院出版社, 1997.

曹仕邦, 『中國佛教譯經史論集』, 台北: 東初出版社, 1990.

梁曉虹, 『漢魏六朝佛經意譯詞研究』, 南京: 南京師大, 1982.

梁曉虹, 『佛教與漢語詞彙』, 佛光文選叢書, 高雄: 佛光山文教基金會, 2001.

郭錫良, 『漢語史論集』, 北京: 商務印書館, 1997.

陳義孝, 『佛學常見詞彙』(二版), 台北: 文津出版社, 2018.

辜琮瑜, 『聖嚴法師的禪學思想』, 台北: 法鼓文化出版, 2002.

路復興, 『龍龕手鑑文字研究』, 台北: 中國文化大學, 1985.

熊十力, 『佛家名相通釋』, 台北: 廣文書局, 1969.

潘重規, 『龍龕手鑑新編』, 台北: 石門圖書公司, 1980.

潘重規, 『龍龕手鏡新編』, 北京: 中華書局, 1988.

蔣妙琴, 『龍龕手鑑引新舊藏考』, 台北: 中國文化大學, 1976.

蔣禮鴻, 『敦煌變文字義通釋』, 上海: 上海古籍出版社, 1988.

鄭賢章, 『龍龕手鏡研究』, 長沙:湖南師範大學, 2002.

鄭賢章, 『漢文佛典疑難俗字匯釋與研究』, 成都:巴蜀書社, 2016.

盧烈紅, 『古尊宿語要代詞助詞研究』, 武漢:武漢大學出版社, 1998.

龍國富, 『妙法蓮華經語法研究』, 北京:商務印書館, 2013.

韓小荊, 『可洪音義研究—以文字為中心』, 成都:巴蜀書社, 2009.

魏培泉, 『漢魏六朝稱代詞研究』, 語言暨語言學專刊甲種之六, 台北:中央研究院語言學研究所, 2004.

羅常培, 『唐五代西北方音』, 國立中央研究院歷史語言研究所, 1933.

## 2. 학술지논문

[日] 太田齋著, 何琳譯, 「玄應音義中『玉篇』的使用」, 收入『音史新論:慶祝邵榮芬先生八十壽辰學術論文集』, 223~237, 北京:學苑出版社, 2005.

[日] 水谷真成, 「慧琳の言語系譜:北天系轉寫漢字の対音」, 『佛教文化研究』, 5(1955年11月), 1~24, 1955.

[日] 水谷真成, 「慧琳音義雜考」, 『中國語史研究:中國語学と インド学との 接点』, 東京:三省堂, 1994.

[日] 矢放昭文, 「『慧琳音義』所收『玄應音義』的一側面」, 『均社論叢』, 8(1979年5月), 1979.

[日] 矢放昭文, 「慧琳音義反切的等韻學的性格」, 『均社論叢』, 10(1981年10月), 1981.

[日] 矢放昭文, 「慧琳音義反切的等韻學的性格」, 收入『王力語言學論文集』, 1~58, 北京:商務印書館, 1981/2000.

[日] 辛嶋靜志, 「『道行般若經』和『異譯』的對比研究—『道行般若經』與異譯及梵本對比研究」, 『漢語史研究集刊』, 第4輯(2001年9月), 2001.

[日] 辛嶋靜志, 「『道行般若經』和『異譯』的對比研究—『道行般若經』中的難詞」, 『漢語史研究集刊』, 第5輯(2002年11月), 2002.

[日] 河野六郎, 「慧琳眾經音義反切特色」, 『中國文化研究會會報』(東京教育大學)5-1, 『河野六郎著作集2 中國音韻學論文集』, 東京:平凡社, 1955.

[日] 高田時雄, 「レニングラドに ある チベッド文字轉寫法華經普門品」, 『內陸ア

ジア言語の研究』, VI(1991年3月), 1134頁, 1991.

[日] 高田時雄, 「可洪隨函錄と行瑫隨函音疏」, 『中國語史の資料と方法』, 京都大學 人文科學研究所研究報告, 118~124, 1994.

[日] 森野繁夫, 「六朝訳経の語法と語彙」, 『東洋学術研究』, 22卷2期(1983年11月), 68~81, 1983.

[法] 馬伯樂著, 馮承鈞譯, 「晚唐幾種語錄中的白話」, 收入『西洋漢學家佛學論集』, 台北:華宇出版社, 1985.

[荷] 許理和著, 顧滿林譯, 『關於初期漢譯佛經的新思考』, 『漢語史研究集刊』, 第4輯, 286~312, 2001.

丁邦新, 「國語中雙音節並列語兩成分間的聲調關係」, 『史語所集刊』, 第39本, 155~173, 1969.

刁晏斌, 「『祖堂集』正反問句探析」, 『俗語言研究』, 1994年 第1期, 1994.

刁晏斌, 「『景德傳燈錄』中的選擇問句」, 『俗語言研究』, 1997年 第4期, 1997.

于亭, 「玄應『一切經音義』版本考」, 『中國典籍與文化』, 2007年 第4期(總第63期), 38~49, 2007.

方一新, 高列過, 「『分別功德論』翻譯年代初探」, 『浙江大學學報』, 2003年 第3期, 2003.

方一新, 「『興起行經』翻譯年代初探」, 『中國語言學報』, 第11期(2003年9月), 2003.

方一新, 「翻譯佛經語料年代的語言學考察―以『大方便佛報恩經』為例」, 『古漢語研究』, 2003年 第3期, 2003.

方一新, 「玄應『一切經音義』卷十二『生經』音義劄記」, 首屆佛經音義研究國際學術研討會, 2005年9月21~23日, 上海:上海師大古籍所, 2005.

方壯猷, 「三種古西域語之發見及其考釋」, 『女師大學術季刊』, 第1卷 4期, 1930.

王力, 「南北朝詩人用韻考」, 『清華學報』, 第11卷 第3期, 1936.

王力, 「玄應一切經音義反切考」, 『湖北大學學報』(哲學社會科學版), 1980 第3期, 1980.

王力, 「玄應『一切經音義』反切考」, 『語言研究』, 1982年 第1期, 1~5, 1982.

王玥雯, 「從佛經材料看中古漢語之"見V"結構」, 『襄樊學院學報』, 2005年 第4期, 75~79, 2005.

王玥雯, 「三部『維摩詰經』疑問詞比較研究」, 『長江學術』, 2006年 第3期, 2006.

王洪君,「「見」分布的變化及其意義的演變」,『語言學論叢』, 第16輯, 191~221, 北京：商務印書館, 1991.

王珊珊,「梵漢對音中的一個特殊現象」,『古漢語研究』, 2003年 第1期, 2003.

王琪：周楊,「悉曇與漢語語音史研究概述」,『學術論壇』, 2007年 第2期((總第193期), 2007.

王璞,「佛經"樂"字辨音」,『漢字文化』, 2002年 第2期, 2002.

王錦慧,「『祖堂集』繫詞"是"用法探究」,『中國學術年刊』, 第19期, 1998.

王錦慧,「晚唐五代佛典在語法史上的價值」, 語言學與漢文佛典演講暨座談會, 1999.

王曦,「論『玄應一切經音義』喉音聲母"曉, 匣, 雲, 以"的分立」,『中南大學學報』, 2014年 第3期, 2014.

王曦,「玄應『一切經音義』重紐韻舌齒音考察」,『湖南師範大學社會科學學報』, 2015年 第3期, 2015.

王繼紅,「玄奘譯經的語言學考察—以『阿毗達磨俱舍論』梵漢對勘為例」,『外語教學與研究』, 第38卷 第1期(2006年1月), 2006.

白兆麟,「展現佛經文獻之瑰寶, 填補漢語研究之空白—評玄應眾經音義研究」,『學術界』, 總第118期(2006年5月), 289~295, 2006.

任韌,「英藏黑水城文獻第五冊漢文佛經俗字研究」,『勵耘學刊』, 2016年 第3期, 北京：北京師範大學, 2016.

伍華,「論『祖堂集』中以"不, 否, 無, 摩"收尾的問句」,『中山大學學報』, 1987年 第4期, 1987.

朱運申,「關於疑問句尾的"為"」,『中國語文』, 1979年 第6期, 1979.

朱慶之,「從魏晉佛典看中古"消息"詞義的演變」,『四川大學學報(哲社版)』, 1989年 第2期, 1989.

朱慶之,「試論漢魏六朝佛典裡的特殊疑問詞」,『語言研究』, 1990年 第1期, 1990.

朱慶之,「試論佛典翻譯對中古漢語詞匯發展的若干影響」,『中國語文』, 1992年 第4期, 1992.

朱慶之,「漢譯佛典語文中的原典影響初探」,『中國語文』第5期, 1993.

朱慶之,「漢譯佛典中的"所V"式被動句及其來源」,『古漢語研究』, 1995年 第1期, 29~31, 45, 1995.

朱慶之, 「漢譯佛典在原典解讀方面的價値擧隅—以KERN英譯『法華經』爲例」, 『學術集林』, 第6輯, 上海：上海遠東出版社, 1995.

朱慶之, 「從梵漢『法華經』看"偈""頌"的所指」, 『漢語史硏究集刊』, 第3輯, 成都：巴蜀書社, 2000.

朱慶之, 「佛敎混合漢語初論」, 『語言學論叢』, 第24輯, 北京：商務印書館, 2001.

朱慶之, 「梵漢『法華經』中的"偈""頌"和"偈頌"」, 『華林』, 第2卷, 北京：中華書局, 2002.

朱慶之, 「漢譯佛經與佛敎混合漢語」, 『東西文化交流硏究』, 第4輯(2002年5月), 韓國敦煌學會, 2002.

朱慶之, 「一個梵語詞在古漢語中的使用和發展」, 『中國語文』, 2011年 第4期(總第343期), 373~382頁, 北京：中國社會科學院語言硏究所, 2011.

江傲霜, 「從維摩詰經管窺同經異譯在詞彙發展中的重要地位」, 『上饒師範學院學報』, 第26卷 第2期(2006年4月), 2006.

江傲霜, 「同經異譯的『維摩詰經』及其對漢語詞彙發展的貢獻」, 『海南大學學報(人文社會科學版)』, 2007年 第2期, 2007.

獻何亮, 「漢譯佛典中"所V"式被動句來源小議」, 『古漢語硏究』, 2007年 第3期, 75~80, 2007.

吳金華, 「試論"R爲A所見V"式」, 『古文獻硏究叢稿』, 南京：江蘇古籍出版社, 1995.

吳相洲, 「永明體的産生與佛經轉讀關係再探討」, 『文藝硏究』, 2005年 第3期, 2005.

吳敬琳, 「從『法華經』密咒看中古舌音之分化」, 『第35屆中區中文硏究所碩博士生論文發表會論文集』, 37~54頁, 台中：逢甲大學中文系, 2008.

吳福祥, 『敦煌變文的疑問代詞"那"(那個, 那裡)』, 『古漢語硏究』, 1995年 第2期, 1995.

呂文瑞, 「龍龕手鏡硏究綜述」, 『漢字文化語言文字學術硏究』, 2007年 第2期(總第76期), 2007.

呂幼夫, 「『祖堂集』詞語選釋」, 『遼寧大學學報』, 1992年 第2期, 1992.

宋寅聖, 「『祖堂集』所見唐五代口語助詞硏究」, 『華岡硏究學報』, 1996年 第1期, 1996.

李建生, 「兩部『維摩詰經』"云何"歷時硏究」, 『湖北廣播電視大學學報』, 2008年 第2期, 2008.

李思明, 「『祖堂集』中"得"字的考察」, 『古漢語硏究』, 1991年 第3期, 1991.

李崇興, 「『祖堂集』中的助詞"去"」, 『中國語文』, 1990年 第1期, 71~74, 1990.

李淑萍, 「段注說文徵引玄應音義初探」, 第27屆中國文字學國際學術硏討會論文集, 台中 : 國立台中教育大學, 中國文字學會, 2016.

李無末, 于冬梅, 「日本學者的漢梵對音譯音硏究」, 『延邊大學學報社會科學版』, 第39卷第3期(2006年9月), 2006.

李維琦, 「隋以前佛經釋詞」, 『古漢語硏究』, 1992年 第2期, 1992.

李維琦, 「漢文佛典中的"著"」, 『湖南師範大學社會科學學報』, 1993年 第1期, 115~120頁, 1993.

李維琦, 「考釋佛經中疑難詞語例說」, 『湖南師範大學社會科學學報』, 第32卷 第4期 (2003年7月), 121~125, 2003.

李廣明, 「從天水方言看禪錄中"懷羅", "狼藉"詞義―兼論漢語詞"梵漢雙源"現象」, 『唐都學刊』, 第15卷(1999年1月), 1999.

李霞, 「『慧琳音義』引『玉篇』考」, 首屆佛經音義硏究國際學術硏討會, 2005年9月 21~23日, 上海 : 上海師大古籍所, 2005.

汪東萍, 「佛典漢譯的文質之爭與西方意譯, 直譯之爭的對比硏究」, 『暨南學報(哲學社會科學版)』, 2012年 第8期(總第163), 2012.

汪榮寶, 「歌戈魚虞模古讀考」, 『國學季刊』, 第1卷 第2期, 1923.

肖燕, 「『玄應音義』不同版本引『釋名』考」, 首屆佛經音義硏究國際學術硏討會, 2005年9月21~23日, 上海 : 上海師大古籍所, 2005.

周法高, 「玄應反切考」, 『歷史語言硏究所集刊』, 第20本上冊, 386~444, 上海 : 商務印書館, 1948.

周法高, 「從玄應音義考察唐初的語音」, 『學原』, 1948年 第3期, 39~45, 1948.

周法高, 「玄應反切考」, 收入周法高『玄應反切字表(附玄應反切考)』, 香港 : 崇基書店, 1948/1968.

周法高, 「玄應反切考」, 收入周法高『中國語言學論文集』, 台北 : 聯經出版事業公司, 1948/1975.

周法高, 「玄應反切再論」, 『大陸雜誌』, 第69卷 第5期, 1984.

周祖謨, 「校讀玄應一切經音義後記」, 『問學集』, 192~212, 北京 : 中華書局, 1966.

周達甫, 「怎樣硏究梵漢翻譯和對音」, 『中國語文』, 1957年 4月號, 1957.

季羨林,「吐火羅語的發現與考釋及其在中印文化交流中的作用」,『語言研究』, 1956 年 第1期, 1956.

易敏,「石刻佛經文字研究與異體字整理問題」,『北京師範大學學報(社會科學版)』, 2006年 第1期(總第193期), 2006.

林傳芳,「格義佛教思想之史的開展」,『華岡佛學學報』, 第2期, 45~84, 台北: 中華學術院佛學研究所, 1972.

武振玉,「『入唐求法巡禮行記』中所見的語法成分」,『古漢 語研究』, 1997年 第4期, 1997.

武振玉,「魏晉六朝漢譯佛經中的同義連用總括範圍副詞初論」,『吉林大學社會科學學報』, 2002年 第4期(2002年7月), 2002.

竺家寧,「大藏字母九音等韻之韻母異讀」, 中國音韻學國際學術研討會, 1994年8月, 天津, 1994.

竺家寧,「大藏字母九音等韻的特殊音讀」, 第12屆全國聲韻學研討會, 1994年5月, 新竹: 國立清華大學, 1994.

竺家寧,「大藏字母九音等韻之韻母異讀」, 收入『李爽秋教授八十壽慶祝壽論文集』, 305~312頁, 台北: 萬卷樓, 1994/2006.

竺家寧,「西晉佛經中"仁"字的詞義研究」, 發表於第一屆國際暨第三屆全國訓詁學研討會, 1997年4月18~20日, 高雄: 中山大學, 1997.

竺家寧,「西晉佛經並列詞之內部次序與聲調的關係」,『中正大學中文學術年刊』, 創刊號(1997年12月), 1997.

竺家寧,「佛經同形義異詞舉隅」,『國立中正大學學報』, 第9卷 第1期, 人文分冊 1-34(1998年 12月), 嘉義, 1998.

竺家寧,「佛典的閱讀和音韻知識」,『香光莊嚴』, 第57期(1999年3月), 146~155, 嘉義, 1999.

竺家寧,「魏晉佛經三音節同義詞素的構詞現象」, 紀念王力先生百年誕辰語言學學術國際研討會, 2000年8月14~16日, 北京: 北京大學, 2000.

竺家寧,「西晉佛經中表假設的幾個複詞」,『古漢語語法論文集』, 289~296頁, 高等社會科學院(EHESS), Collection des cahiers de linguistique asie orientale 6, ≪Collected essays in Chinese grammar≫, edited by Redouane DJAMOURI Centre de Recherches Linguistiques sur l'Asie Orientale. Paris, 2001.

竺家寧, 「支謙譯經語言之動詞研究」(國科會專題研究計畫NSC-91-2411-H-194-026), 2003.

竺家寧, 「仁從何來?—佛經中的"仁"與"仁者"」, 『香光莊嚴』, 第87期(2006年9月), 112~123, 嘉義, 2006.

竺家寧, 「佛經語言研究綜述—音義的研究(上)」, 『佛教圖書館館刊』, 第47期, 134~140, 2008.

竺家寧, 「佛經語言研究綜述—音義的研究(下)」, 『佛教圖書館館刊』, 第48期, 112~118, 2008.

竺家寧, 「論慧琳音義或體字聲符的更換」, 漢語與漢字關係國際學術研討會, 2008年11月23~26日, 廈門：廈門大學人文學院, 2008.

竺家寧, 「從佛經看漢語雙音化的過渡現象」, 『中正大學學術年刊』, 2011第1期(總第17期), 27~52, 嘉義, 2011.

竺家寧, 「論佛經詞彙研究的幾個途徑」, 『漢文佛典語言學』, 第三屆漢文佛典語言學國際學術研討會論文集, 539~562, 台北：法鼓佛教學院, 2011.

竺家寧, 「論玄應與慧琳音義的音讀差異」, 第7屆漢文佛典語言學國際學術研討會, 2013年8月23~27日, 貴陽：貴州師範大學, 2013.

竺家寧, 「有趣的佛經詞彙」, 『人間福報』縱橫古今專欄(每週4,5), 台北, 2014.04.08~2015.01.07.

邱峰, 「『高僧傳』被動句研究」, 『寧夏大學學報(人文社會科學版)』, 2008年 第6期, 2008.

金克木, 「梵語語法『波你尼經』概述」, 『印度文化論集』, 北京：中國社會科學出版社, 1983.

俞敏, 「後漢三國梵漢對音譜」, 收入俞敏『中國語文學論文選』, 東京：日本光生館, 1979/1984.

俞敏, 「等韻溯源」, 『音韻學研究』, 第1輯, 北京：中華書局, 1984.

俞敏, 「佛教詞語小議」, 收入『俞敏語言學論文集』, 吉林：黑龍江人民出版社, 1989.

俞敏, 「後漢三國梵漢對音譜」, 收入『俞敏語言學論文集』, 北京：商務印書館, 1999.

俞理明, 「從漢魏六朝佛經看代詞"他"的變化」, 『中國語文』, 1988年 第6期, 1988.

俞理明, 「從佛經材料看中古漢語人己代詞的發展」, 『四川大學學報』, 1989年 第4期, 1989.

俞理明, 「從早期佛經材料看古代漢語中的兩種疑問詞"為"」, 『四川大學學報(哲社版)』,

1991年 第4期, 1991.

姚衛群, 「古代漢文佛典中的同詞異義與異詞同義」, 『北京大學學報(哲學社會科學版)』, 第41卷 第2期(2004年3月), 110~116, 2004.

施向東, 「玄奘譯著中的梵漢對音和唐初中原方音」, 『語言硏究』, 1983年第1期(1983年1月), 27~48頁, 1983.

施向東, 「鳩摩羅什譯經與後秦長安音」, 收入『芝蘭集』, 北京: 人民敎育出版社, 1999.

施向東, 「關於鳩摩羅什譯音中的幾個問題」, 『道德與文明』增刊, 1999.

施向東, 「十六國時代譯經中的梵漢對音(韻母部分)」, 『天津大學學報(社科版)』, 第1期, 2001.

施向東, 「十六國時代譯經中的梵漢對音(韻母部分)」, 收入『音史尋幽』, 101~109, 天津: 南開大學出版社, 2009.

施向東, 「梵漢對音和兩晉南北朝語言」, 『語言硏究』, 2012年 第3期, 2012.

施安昌, 「敦煌寫經斷代發凡—兼談遞變字群規律」, 『故宮博物院院刊』, 1985年 第4期, 1985.

施安昌, 「敦煌寫經遞變字群及其命名」, 『故宮博物院院刊』, 1988年 第4期, 1988.

柳士鎭, 「『百喻經』中若干語法問題的探索」, 『中州學刊』, 1985年 第5期, 1985.

柳士鎭, 「『百喻經』中被動句式」, 『南京大學學報』, 1985年 第2期, 1985.

胡敕瑞, 「略論漢文佛典異譯在漢語詞彙硏究上的價値—以『小品般若』漢文異譯爲例」, 『古漢語硏究』, 2004年 第3期, 2004.

胡湘榮, 「從鳩摩羅什的佛經重譯本與原譯本的對比看繫辭"是"的發展」, 『湖南師大學報』, 1993年 第3期, 118~121, 1993.

胡湘榮, 「鳩摩羅什同支謙, 竺法護譯經中語詞的比較」, 『古漢語硏究』, 1994年 第2期(總第23期), 1994.

胡靜書, 「景德傳燈錄仲介詞"向"的多功能現象」, 『語文學刊』, 2009年 第1期, 2009.

苗昱, 「『華嚴音義』版本考」, 首屆佛經音義硏究國際學術硏討會, 2005年9月21~23日, 上海: 上海師大古籍所, 2005.

唐鈺明, 「漢魏六朝被動式略論」, 『中國語文』, 1987年 第3期, 1987.

唐鈺明, 「漢魏六朝佛經"被"字句的隨機統計」, 『中國語文』, 1991年 第4期, 1991.

唐鈺明, 「利用佛經材料考察漢語詞彙語法札記」, 『中山大學學報』, 1993年 第4期,

1993.

唐賢清,「佛教文獻三音節副詞特點及產生, 衰落的原因」,『古漢語研究』, 2007年 第4
    期(總第77期), 2007.

徐時儀,「玄應眾經音義方俗詞考」,『上海師範大學學報(哲學社會科學版)』, 第33卷 第4
    期(2004年7月), 2004.

徐時儀,「玄應眾經音義所釋常用詞考」,『語言研究』, 第24卷 第4期(2004年12月),
    2004.

徐時儀,「玄應一切經音義注音依據考」,『黔南民族師範學院學報』, 2005年 第2期,
    2005.

徐時儀,「玄應眾經音義引方言考」,『方言』, 2005年 第1期, 2005.

徐時儀,「玄應眾經音義所釋詞語考」,『南陽師範學院學報(社會科學版)』, 第4卷 第7期
    (2005年7月), 2005.

徐時儀,「玄應與慧琳『一切經音義』的比較」, 首屆佛經音義研究國際學術研討會,
    2005年9月21~23日, 上海:上海師大古籍所, 2005.

徐時儀,「玄應音義各本異同考探」, 第11屆漢文佛典語言學國際學術研討會, 2017年
    11月3~5日, 中央大學, 佛光大學, 2017.

徐通鏘:葉蜚聲,「譯音對勘與漢語的音韻研究」,『北京大學學報』, 1980年 第3期,
    1980.

徐富昌,「典籍異文之鑒別與運用—以簡帛本與今本『老子』為例」,『臺日學者論經典詮
    釋中的語文分析』, 167~198, 2010.

袁賓,「『五燈會元』口語詞探義」,『天津師大學報』, 1987年 第5期, 1987.

袁賓,「敦煌變文中的疑問副詞"還"」,『語文月刊』, 1988年 第4期, 1988.

袁賓,「禪宗著作裡的口語詞」,『語文月刊』, 1988年 第7期, 1988.

袁賓,「再談禪宗語錄中的口語詞」,『語文月刊』, 1989年第3期, 12~13, 1989.

袁賓,「祖堂集"被"字句研究」,『中國語文』, 1989年 第1期, 53~62,1989.

袁賓,「敦煌變文語法札記」,『天津師大學報』, 1989年 第5期, 1989.

袁賓,「禪宗著作詞語釋義」,『中國語言學報』, 1991年 第4期, 1991.

袁賓,「禪著作裡的兩種疑問句—兼論同行語法」,『語言研究』, 1992年 第2期, 1992.

郝茂,「論敦煌寫本中的俗字」,『新疆師大學報』, 1996年 第1期 ; 人大報刊複印資料

『語言文字』分冊(1996年8月), 1996.

馬乾,「佛經譯音字用字研究」,『唐山學院學報』, 第27卷 第2期(2014年03月), 2014.

高列過,「從被動式看東漢西域譯經者的翻譯風格」,『西域研究』, 2002年 第2期, 2002.

高列過,「東漢佛經疑問句語氣助詞初探」,『古漢語研究』, 2004年 第4期(總第65期), 2004.

高列過,「中古漢譯佛經被動式研究概述」,『浙江教育學院學報』, 2010年 第6期(2010年11月), 2010.

高列過,「中古同經異譯佛典語言研究概述」,『貴州師大學報(社科版)』, 2013年 第6期, 2013.

高名凱,「唐代禪家語錄所見的語法成分」,『燕京學報』, 第34期, 49~84, 1948.

高名凱,「唐代禪家語錄所見的語法成分」,『高名凱語言學論文集』, 北京:商務印書館, 1948/1990.

高增良,「六祖壇經中所見的語法成分」,『語文研究』, 1990年 第4期, 33~38頁, 1990.

常青,「『祖堂集』副詞"也""亦"的共用現象」,『天津師大學報』1989年 第1期;又收入『語言文字學』, 1989年 第4期, 54~56頁, 1989.

常海星, 廖榮謙,「撰集百緣經主謂謂語句的語義研究」,『現代語文』, 2012年 第6期, 2012.

張湧泉,「敦煌寫卷俗字的類型及其考辨方法」,『九州學刊』第4卷 第4期, 1992.

張湧泉,「敦煌文書類化字研究」,『敦煌研究』, 1995年 第3期, 1995.

張湧泉,「敦煌文獻校讀釋例」,『文史』, 第41輯, 北京:中華書局, 1996.

張湧泉,「試論漢語俗字研究的意義」,『中國社會科學』, 1996年 第2期, 1996.

張湧泉,「大型字典編纂中與俗字相關的若干問題」,『中國社會科學』, 1997年 第4期, 1997.

張湧泉,「近一個世紀以來的敦煌語言文字研究」, 2008/04, 文章網址: https://book.douban.com/review/1357484/, 2008.

張儒,「也說疑問句尾的"為"」,『中國語文』, 2000年 第2期, 2000.

曹小云,「『祖堂集』被字句研究商補」,『中國語文』, 1993年 第5期, 1993.

曹廣順, 遇笑容,「從語言的角度看某些早期譯經的翻譯年代問題—以『舊雜譬喻經』為例」,『漢語史研究集刊』, 第3卷(2000年10月), 1~9, 2000.

曹廣順,「『祖堂集』中與語氣助詞"呢"有關的幾個助詞」,『語言研究』, 1986年 第2期, 1986.

曹廣順,「『祖堂集』中的"底(地)""卻(了)""著"」,『中國語文』, 1986年 第3期, 1986b.

梁曉虹,「論佛教對漢語詞彙的影響」,『語文建設通訊』, 第28期, 1990.

梁曉虹,「佛經用詞特色雜議：複數稱代詞」,『浙江師大學報(社科版)』(金華), 1991年4月, 1991.

梁曉虹,「佛經譬喻造詞之特色」,『語文建設通訊』, 第33期, 1991.

梁曉虹,「漢魏六朝譯經對漢語詞彙雙音化的影響」,『南京師大學報(社科版)』, 1991年 第2期, 1991.

梁曉虹,「佛教典籍與近代漢語口語」,『中國語文』, 1992年 第3期, 1992.

梁曉虹,「現代漢語中源於佛教的時間詞」,『語文建設通訊』, 第36期, 1992.

章炳麟,「與汪旭初論阿字長短音書」,『華國』, 第1卷 第5期, 1924.

許良越,「梵漢對音法的提出及其在音韻研究中的影響」,『西南民族大學學報(人文社科版)』, 總第209期(2009年1月), 2009.

許理和,「關於初期漢譯佛經的新思考」,『漢語史研究集刊』, 第4輯, 四川：巴蜀書社, 2001.

許端容,「可洪『新集藏經音義隨函錄』敦煌寫卷考」, 漢學研究中心『第二屆敦煌學國際研討會論文集』, 235~250頁, 北：漢學研究中心, 1991.

郭在貽, 張湧泉,「俗字研究與古籍整理」,『古籍整理與研究』, 第5輯, 北京：中華書局, 1990.

郭在貽, 張湧泉,「俗字研究與俗文學作品的校讀」,『近代漢語研究』, 北京：商務印書館, 1992.

陳五雲,「可洪音義碎拾」, 首屆佛經音義研究國際學術研討會, 2005年9月21~23日, 上海：上海師大古籍所, 2005.

陳五雲,「一切經音義用字異文釋源—以唐太宗「大唐三藏聖教序」為例」, 第3屆漢文佛典語言學國際研討會論文集, 台北：國立政治大學中國文學系, 法鼓山佛教研修學院, 2008.

陳文杰,「佛典文體形成原因再討論」,『宗教學研究』, 2001年 第4期, 2001.

陳文杰,「同經異譯語言研究價值新探」,『古漢語研究』, 2008年 第1期(總第78期), 2008.

陳文傑,「試論佛典裡不同層次的外來成分」,『漢語史研究集刊』, 第19輯, 2015.

陳秀蘭,「從常用詞看魏晉南北朝文與漢文佛典語言的差異」,『古漢語研究』, 2004年 第1期, 91~96頁, 2004.

陳秀蘭,「魏晉南北朝文與漢文佛典的被動式研究」,『綿陽師範學院學報』, 第25卷 第6期(2006年12月), 2006.

陳涵韜,「陳寅恪在歷史考據中之對音勘同法使用」,『無錫教育學院學報』, 第13卷 第1期(1999年3月), 1999.

陳祥明,「中古漢文佛典中的副詞"敢"」,『玉溪師範學院學報』, 第22卷 1期, 2006.

陳祥明,「從異譯經看中古部分語法現象的歷時層次」,『岱宗學刊』, 2007年 第3期, 2007.

陳祥明,「異譯經在漢語詞彙語法研究上的作用」,『泰山學院學報』, 第30卷 第1期(2008年1月), 2008.

陳源源,「『妙法蓮華經釋文』所引佛典"音義書"考―以慧苑『華嚴經音義』與行蹈『大藏經音疏』為例」, 首屆佛經音義研究國際學術研討會, 2005年9月21~23日, 上海:上海師大古籍所, 2005.

陳源源,「同經異譯佛經人名管窺―以『法華經』異譯三經為例」,『西南交通大學學報(社會科學版)』, 2008年 第3期, 2008.

陳寶勤,「六祖壇經範圍副詞研究」,『六祖慧能思想研究―慧能與嶺南文化―國際學術研討會論文集』, 333~346頁, 1998.

陸招英,「『切韻』系韻書中歌戈韻與梵漢, 漢藏對音比較」,『莆田學院學報』, 第11卷 第2期(2004年6月), 2004.

普慧,「齊梁詩歌聲律論與佛經轉讀及佛教悉曇」,『文史哲』, 2000年 第6期(總第261期), 2000.

曾良,「俗寫與佛經語言考校舉例」,『中國文字學報』, 第5輯, 北京:商務印書館, 2014.

曾昭聰,「佛經音義研究的力作―讀慧琳一切經音義研究」,『中國圖書評論』, 2004年7期, 54~56, 2004.

曾昭聰,「中古佛經中的委婉語考析」,『廣州大學學報(社會科學版)』, 第4卷 第2期(2005

年2月), 16~18, 2005.

曾昭聰,「玄應『眾經音義』中的詞源探討述評」, 首屆佛經音義研究國際學術研討會, 2005年9月21~23日, 上海:上海師大古籍所, 2005.

曾素英,「中國佛經翻譯中的兩種傾向:直譯和意譯」, 『武漢理工大學學報(社會科學版)』, 第20卷 第4期(2007年8月), 2007.

曾曉潔,「隋前漢譯佛經複音連詞概況」, 『淮北煤炭師範學院學報(哲學社會科學版)』, 第26卷第1期(2005年2月), 2005.

程曉朝,「『修行本起經』與其異譯本『過去現在因果經』詞語比較舉隅」, 『遵義師範學院學報』, 2012年 第5期, 2012.

馮春田,「試說『祖堂集』, 『景德傳燈錄』"作麼(生)"與"怎麼(生)"之類詞語」, 『俗語言研究』, 1995年 第2期, 1995.

馮淑儀,「『敦煌變文集』和『祖堂集』的形容詞, 副詞詞尾」, 『語文研究』, 1994年 第1期, 1994.

黃仁瑄, 聶宛忻,「慧苑音系聲紐的研究」, 『古漢語研究』, 2007年 第3期(總第76期), 2007.

黃仁瑄,「玄應一切經音義中的假借, 借字」, 『南陽師範學院學報』, 第2卷 第7期(2003年7月), 2003.

黃仁瑄,「慧琳一切經音義中的假借」, 『南陽師範學院學報(社會科學版)』, 第2卷 第2期(2003年2月), 2003.

黃仁瑄,「玄應一切經音義中的字意」, 『華南師範大學學報』, 第31卷 第4期, 2004.

黃仁瑄,「玄應音系中的舌音, 唇音和全濁聲母」, 『語言研究』, 2006年 第6期, 27~31頁, 2006.

黃文博,「試析遼代龍龕手鏡的價值」, 『赤峰學院學報(漢文哲學社會科學版)』, 第34卷 第7期(2013年7月), 2013.

黃坤堯,「玄應音系辨析」, 首屆佛經音義研究國際學術研討會, 2005年9月21~23日, 上海:上海師大古籍所, 2005.

黃坤堯,「玄應音系辨析」, 收入徐時儀, 陳五雲, 梁曉虹編『佛經音義研究—首屆佛經音義研究國際學術研討會論文集』, 7~22, 上海:上海古籍出版社, 2006.

黃增壽,「翻譯佛經中作狀語的"甚大"」, 『中南大學學報(社會科學版)』, 第11卷 第2期(2005年4月), 2005.

楊伯峻,「古漢語中之罕見語法現象」,『中國語文』, 1982年 第6期, 1982.

楊淑敏,「敦煌變文語法問題試探」,『東岳論叢』, 1987年 第5期, 1987.

董志翹,「漢譯佛典的今注今譯與中古漢語詞語研究—以『賢愚經』『雜寶藏經』譯注本爲例」,『古籍整理研究學刊』, 2002年 第1期(2002年1月), 2002.

董琨,「漢魏六朝佛經所見若干新興語法成分」, 收入『研究生論文選集,語言文字分冊』, 11 4~128頁, 南京:江蘇古籍出版社, 1985.

董琨,「"同經異譯"與佛經語言特點管窺」,『中國語文』, 2002年 第6期, 2002.

賈齊華,「疑問句尾的"爲"詞性演變探略」,『中國語文』, 2003年 第5期, 2003.

遇笑容, 曹廣順,「也從語言上看『六度集經』與『舊雜譬喩經』的譯者問題」,『古漢語研究』, 1988年 第2期, 1988.

鄒偉林,「漢文佛典異文字際關係考」,『湖南科技學院學報』, 第37卷 第3期(2016年3月), 2016.

趙金銘,「敦煌變文中所見的"了"和"著"」,『中國語文』, 1979年 第1期, 1979.

趙長才,「先秦漢語語氣助詞連用現象的歷時演變」,『中國語文』, 1995年 第1期, 1995.

趙青山,「敦煌寫經的歷史與現實意義」,『中國社會科學報』, 2017年 第2期, 2017.

趙紀彬,「中古佛典序跋句式的趨同性」,『世界宗教文化』, 第1期, 北京:中國社科院世界宗教研究所雜誌社, 2015.

劉子瑜,『敦煌變文中的三種動補式」,『湖北大學學報』, 1994年 第3期, 1994.

劉子瑜,『敦煌變文中的選擇問句式」,『古漢語研究』, 1994年 第4期, 1994.

劉勛寧,「『祖堂集』"去"和"去也"方言證」, 收入郭錫良『古漢語語法論集』, 北京:語文出版社, 1998.

劉廣和, 儲泰松, 張福平,「音韻學梵漢對音學科的形成和發展」,『博覽群書』, 2017年 第4期, 2017.

劉廣和,「東晉譯經對音的晉語聲母系統」,『語言研究』增刊, 1991.

劉廣和,「東晉譯經對音的晉語韻母系統」, 收入『芝蘭集』, 北京:人民教育出版社, 1996.

劉廣和,「東晉譯經對音的晉語韻母系統」, 收入『薪火編』, 山西:山西高校聯合出版社, 1996.

劉廣和, 「『圓明字輪四十二字諸經譯文異同表』梵漢對音考訂」, 『中國人民大學學報』, 1997年 第4期, 1997.

劉廣和, 「西晉譯經對音的晉語聲母系統」, 『中國語言學報』, 第10期, 2001.

劉廣和, 「介音問題的梵漢對音研究」, 『古漢語研究』, 2002年 第2期, 2002.

潘牧天, 「日本古寫玄應『一切經音義』文獻價值考論」, 第11屆漢文佛典語言學國際學術研討會, 2017年11月3~5日, 中央大學, 佛光大學, 2017.

潘重規, 『龍龕手鑒與寫本刻本之關係』, 『敦煌學』, 第6輯, 1983.

潘重規, 「龍龕手鑒及其引用古文之研究」, 『敦煌學』, 第7輯, 1984.

潘悟云, 「中古漢語輕唇化年代考」, 『溫州師專學報』, 1983年 第2期, 1983.

蔡鎮楚, 「試談古漢語介詞結構的語法功能」, 『語文研究』, 1983年 第4期, 1983.

蔣宗許, 「詞尾"復"淺論」, 『荷澤師專學報(社科)』, 1991年 第1期, 27~31, 1991.

蔣紹愚, 「『祖堂集』詞語試釋」, 『中國語文』1985年第2期, 1985.

蔣紹愚, 「也談漢譯佛典中的"NP1,NP2+是也/是"」, 『中國語言學集刊』, 第3卷 第2期, 2009.

蔣冀騁, 龍國富, 「中古譯經中表嘗試態語氣的"看"及其歷時考察」, 『語言研究』, 第25卷第4期, 武漢 : 華中科技大學, 2005.

蔣冀騁, 「魏晉南北朝漢譯佛經語法箋識」, 『古漢語研究』, 1993年 第4期, 1993.

蔣冀騁, 「隋以前漢譯佛經虛詞箋識」, 『古漢語研究』, 1994年 第2期, 1994.

蔣禮鴻, 「中國俗文字學研究導言」, 『杭州大學學報 : 中國語文專號』, 1959.

鄭賢章, 「刻本漢文佛典俗字的研究價值芻議」, 『中國語文通訊』, 第55期, 2000.

鄭賢章, 「漢文佛典疑難俗字考釋」, 『合肥師範學院學報』, 2011年 第1期, 2011.

鄭賢章, 「漢文佛典疑難俗字劄考」, 『古漢語研究』, 2011年第2期, 2011.

鄭賢章, 「漢文佛典與『集韻』疑難字研究」, 『語文研究』, 2011年 第3期, 2011.

盧巧琴, 「論同經意譯的語言學價值─以『無量清靜平等覺經』等三部異譯經為例」, 『中南大學學報(社會科學版)』, 2008年 第1期, 137~142頁, 2008.

鋼和泰, 「音譯梵書和中國古音」, 『國學季刊』, 第1卷 第1期, 1923.

龍國富, 「姚秦譯經中疑問句尾的"為"」, 『古漢語研究』, 2003年 第2期, 2003.

龍國富, 「從梵漢對勘看早期佛經翻譯對漢譯佛經人稱代詞數的影響」, 『外語教學與研究』, 2008年 第3期, 222~228, 2008.

儲泰松, 「梵漢對音與中古音研究」, 『古漢語研究』, 1988年 第1期, 1988.

儲泰松, 「梵漢對音概說」, 『古漢語研究』, 1995年 第4期(總第29期), 1995.

儲泰松, 「鳩摩羅什譯音研究」(聲母部分), 『語言研究』, 1996增刊, 1996.

儲泰松, 「梵漢對音與中古音研究」, 『古漢語研究』, 1998年 第1期(總第38期), 1998.

儲泰松, 「鳩摩羅什譯音研究」(韻母部分), 『語言研究』, 1998增刊, 1998.

儲泰松, 「鳩摩羅什譯音的韻母研究」, 『安徽師範大學學報』(人文社會科學版), 1999年 第2期, 1999.

儲泰松, 「『可洪音義』注釋的內容及其特色」, 首屆佛經音義研究國際學術研討會, 2005年9月21~23日, 上海：上海師大古籍所, 2005.

韓小荊, 「可洪音義引「說文」考」, 『長江學術』, 2013年 4期, 2013.

聶宛忻, 黃仁瑄, 「"者"和"考""老"—慧琳『一切經音義』"轉注"考」, 『河南教育學院學報(哲學社會科學版)』, 2002年 第4期(總82期), 2002.

聶宛忻, 「玄應一切經音義中的借音」, 『南陽師範學院學報』, 第2卷 第11期(2003年11月), 2003.

聶鴻音, 「番漢對音和上古漢語」, 『民族語文』, 2003年 第2期, 2003.

聶鴻音, 「床禪二母佛典譯音補議」, 『語文研究』, 2014年 第2期(總第131期), 2014.

顏洽茂, 荊亞玲, 「試論漢譯佛典四言格文體的形成及影響」, 『浙江大學學報(人文社科版)』, 第5期, 177~185頁, 2008.

顏洽茂, 「說"逸義"」, 『古漢語研究』, 2003年 第4期, 2003.

羅常培, 「知徹澄娘音值考」, 『中研院史語所集刊』, 3本1分, 1931.

羅常培, 「梵文順音五母的藏漢對音研究」, 『中研院史語所集刊』, 3本2分, 1931.

羅常培, 『經典釋文和原本玉篇反切中的匣於兩紐」, 『中研院史語所集刊』, 8本1分, 1937.

譚翠, 「思溪藏隨函音義與漢語俗字研究」, 『西南交通大學學報(社會科學版)』, 第17卷 第6期(2016年11月), 2016.

## 3. 학위논문

方鳳蘭,『竺法護譯經複音介詞研究』, 桂林 : 廣西師大碩士論文, 2008.

王玥雯,『姚秦譯經疑問句研究』, 武漢 : 武漢大學博士論文, 2007.

王德傑,『早期漢譯佛典語氣助詞研究』, 南京 : 南京師大碩士論文, 2008.

王錦慧,『敦煌變文與『祖堂集』疑問句比較研究』, 台北 : 國立台灣師範大學國文研究所博士論文, 1997.

王曦,『玄應音義音注新探』, 南京 : 南京大學博士論文, 2009.

伍華,『唐宋禪宗語錄的疑問句研究』, 廣州 : 中山大學碩士論文, 1982.

何運敏,『『六度集經』同經異譯研究』, 湖南 : 湖南師範大學碩士論文, 2007.

吳碧真,『紹興重雕大藏音字樣研究』, 桃園 : 國立中央大學中國文學研究所碩士論文, 2010.

呂華萍,『東漢, 三國譯經副詞系統比較研究』, 湖南 : 湖南師大碩士論文, 2006.

宋相偉,『義淨譯經副詞研究』, 南京 : 南京師大碩士論文, 2005.

宋寅聖,『祖堂集虛詞研究』, 台北 : 中國文化大學中文研究所博士論文, 1996.

李吉東,『玄應音義反切考』, 濟南 : 山東大學博士論文, 2006.

李娜,『(隋)佛本行集經時間介詞研究』, 四川 : 四川師範大學碩士論文, 2010.

李斐雯,『景德傳燈錄疑問句研究』, 台南 : 國立成功大學中國文學研究所碩士論文, 2001.

李義活,『續一切經音義反切研究』, 台北 : 中國文化大學中國文學研究所博士論文, 1990.

李鍾九,『大藏字母九音等韻音系研究』, 高雄 : 國立高雄師範大學中國文學研究所碩士論文, 1992.

汪禕,『中古同經異譯佛典詞彙比較研究—竺法護和鳩摩羅什譯經為例』, 南京 : 南京師範大學碩士論文, 2005.

周玉瑤,『(東晉)摩訶僧祇律處所介詞研究』, 浙江 : 浙江大學碩士論文, 2008.

周玟慧,『從中古音方言層重探切韻性質—切韻, 玄應音義, 慧琳音義的比較研究』, 台北 : 國立台灣大學中國文學研究所博士論文, 2003.

周碧香,『祖堂集句法研究—以六項句式為主』, 嘉義 : 國立中正大學中國文學研究所博士論文, 2000.

周曉雯, 『兩晉佛典的副詞研究―以兩部法華經之譯品為主』, 嘉義 : 南華大學碩士論文, 2002.

季琴, 『三國支謙譯經詞彙研究』, 浙江 : 浙江大學博士論文, 2004.

林昭君, 『東漢佛典之介詞研究』, 嘉義 : 國立中正大學中國文學研究所碩士論文, 1998.

武宏, 『『高僧傳』中的述補結構』, 陝西 : 陝西師範大學碩士論文, 2007.

洪郁絜, 『竺法護生經虛詞研究』, 台北 : 台北市立教育大學中國語文學系碩士論文, 2008.

倪小蘭, 『『無量壽經』同經異譯』, 浙江 : 浙江大學碩士論文, 2009.

徐珍珍, 『新集藏經音義隨函錄俗字研究』, 台中 : 逢甲大學中國文學研究所碩士論文, 1997.

徐朝紅, 『中古漢譯佛經連詞研究』, 湖南 : 湖南師範大學博士論文, 2008.

時良兵, 『支謙譯經副詞研究』, 南京 : 南京師大碩士論文, 2004.

高列過, 『東漢佛經被動句疑問句研究』, 杭州 : 浙江大學博士學位論文, 2003.

張皓得, 『祖堂集否定詞之邏輯與語義研究』, 台北 : 國立政治大學中國文學研究所博士論文, 1999.

梁曉虹, 『佛教詞語的構造與漢語詞彙的發展』, 杭州 : 杭州大學博士論文, 1991.

許衛東, 『『高僧傳』時間副詞研究』, 山東 : 山東大學博士論文, 2006.

郭維茹, 『句末助詞"來", "去"―禪宗語錄之情態體系研究』, 台北 : 國立台灣大學中國文學研究所碩士論文, 2000.

陳飛龍, 『龍龕手鑑研究』, 台北 : 國立政治大學中國文學研究所博士論文, 1974.

陳逸, 『漢文佛經異體字字典編輯方法研究』, 台北 : 輔仁大學中國文學系博士論文, 2018.

陳煥芝, 『玄應一切經音義引說文考』, 台北 : 文化大學中國文學系研究所碩士論文, 1970.

曾亮, 『三國漢譯佛經代詞研究』, 湖南 : 湖南師範大學碩士論文, 2007.

曾憲武, 『『菩薩念佛三昧經』同經異譯詞彙研究』, 浙江 : 浙江大學碩士論文, 2011.

黃仁瑄, 『唐五代佛典音義音系研究』, 武漢 : 華中科技大學博士論文, 2005.

楊如雪, 『支謙與鳩摩羅什譯經疑問句研究』, 台北：國立台灣師範大學國文學系博士論文, 1998.

葉千綺, 『祖堂集的助動詞研究』, 嘉義：國立中正大學中國文學所碩士論文, 2006.

路復興, 『龍龕手鑑文字研究』, 台北：中國文化大學中國文學研究所碩士論文, 1986.

鄒偉林, 『『普曜經』詞彙研究』, 湖南：湖南師範大學碩士論文, 2006.

鄔新花, 『東漢佛經與論衡連詞比較研究』, 湖南：湖南師大碩士論文, 2006.

熊娟, 『中古同經異譯佛典詞彙研究』, 浙江：浙江大學碩士論文, 2007.

劉雅芬, 『慧琳『一切經音義』異體字研究』, 台南：國立成功大學中國文學系博士論文, 2006.

蔣妙琴, 『龍龕手鑑引新舊藏考』, 台北：中國文化大學印度文化研究所碩士論文, 1987.

鄭珍, 『說文新附考研究』, 北京：首都師範大學碩士論文, 2003.

鮑金華, 『『高僧傳』副詞研究』, 南京：南京師範大學碩士論文, 2005.

謝美齡, 『慧琳一切經音義聲類新考』, 台中：東海大學中國文學研究所碩士論文, 1988.

謝慧綺, 『慧琳一切經音義俗字析論』, 新北：淡江大學中國文學系研究所碩士論文, 2004.

顏洽茂, 『南北朝佛經複音詞研究』, 遼寧：遼寧師範大學碩士論文, 1981.

저자

**축가녕**(竺家寧)

대만의 저명한 언어학자이다. 대만 정치대학政治大學에서 퇴임하고, 현재 영국 웨일스 대학에서 특임교수로 재직 중이다. 일찍이 한국 단국대학교(1982~1983)와 오스트리아 비엔나대학(2011)의 객원교수로 재직했고, 프랑스 파리 EHESS(École des hautes études en sciences sociales, 사회과학고등연구원)의 방문학자로도 있었다(1996~1997). 아울러 대만 중정대학中正大學 중문학과 학과장 및 중문연구소 소장을 역임했으며(2000~2003), 미국 IACL(The International Association of Chinese Linguistics, 국제중국언어학회) 이사(2005~2007), 한국 국어교육학회의 해외학술위원으로 초빙되었으며, 중국성운학회中國聲韻學會 이사장을 역임했다(2008~2012). 저서로는『四聲等子音系蠡測』등 20여 권이 있다. 저서『古今韻會擧要的語音系統』는 일본 고마자와대학駒澤大學에서 일본어로 번역하였다. 최근에는 전문서적『詞彙之旅』(2009),『聲韻之旅』(2015) 등이 있다. 2004년에는 중국언어학회에서 평가한『中國現代語言學家傳略』에 선정되었다.

역자

**양도희**(梁導喜)

(장경도량)고려대장경연구소 총괄기획센터 센터장으로 재직 중이며, 부산대학교 중국연구소 객원연구원을 겸하고 있다. 연세대학교 중어중문학과에서 석·박사 학위를 받았으며, 현재 중국문법연구, 어휘비교연구, 중국어교재개발연구에 주력하고 있다. 저서로는『중국어 프레젠테이션 실무회화』(공저),『설레는 중국어와의 첫 만남: 두근두근 중국어 상·하』(공저),『신HSK 백발백중 회화 트레이닝 고급편』(공저)가 있으며, 역서로는『유래를 품은 한자 5: 기물제작』등이 있고, 주요 논문으로는「현대중국어 연동문의 완료상과 부정」,「현대중국어 '不怎麼'의 주관량 인식조건」외 다수가 있다.

경성대학교 한국한자연구소 번역총서 4

# 불경언어학
불경언어로 떠나는 여정

(원제 佛經語言之旅)

초판1쇄 인쇄 2023년 4월 12일
초판1쇄 발행 2023년 4월 24일

| | |
|---|---|
| 저자 | 축가녕(竺家寧) |
| 역자 | 양도희(梁導喜) |
| 펴낸이 | 이대현 |
| 편집 | 이태곤 권분옥 임애정 강윤경 |
| 디자인 | 안혜진 최선주 이경진 |
| 마케팅 | 박태훈 |

| | |
|---|---|
| 펴낸곳 | 도서출판 역락 |
| 출판등록 | 1999년 4월 19일 제303-2002-000014호 |
| 주소 | 서울시 서초구 동광로 46길 6-6 문창빌딩 2층 (우06589) |
| 전화 | 02-3409-2060 |
| 팩스 | 02-3409-2059 |
| 홈페이지 | www.youkrackbooks.com |
| 이메일 | youkrack@hanmail.net |

| | |
|---|---|
| ISBN | 979-11-6742-448-8 94720 |
| | 979-11-6742-333-7 94080(세트) |

이 저서는 2018년 대한민국 교육부와 한국연구재단의 지원을 받아 수행된 연구임
(NRF-2018S1A6A3A02043693)